979-11-7519-247-8

KB260611

2025 공무원 시험대비【10월분】

-제1회-
[정답 및 해설]

이 름: ________________

제1과목 국어
제2과목 영어
제3과목 한국사
제4과목 행정법총론
제5과목 행정학개론

주간 모의고사 정오표

합격까지 박문각

국 어

출제교수: 강세진 교수님

1. ④ 【해설】 국어문법
'낳은[나은], 않아[아나], 쌓이다[싸이다]'처럼 어간 말 'ㅎ' 뒤에 모음이 오면 'ㅎ'은 예외 없이 탈락한다. 따라서 '쌓아'와 '쌓이다' 모두 'ㅎ' 탈락이 일어나므로 ④가 옳다.
① '놓고[노코]' 역시 'ㅎ'과 뒤의 'ㄱ'이 합쳐져 축약된 것이므로 '잃고'와 동일한 원리다. 따라서 '달리'라고 한 설명은 틀렸다.
② '빚하고[비타고]'는 받침 'ㅈ'이 먼저 [ㄷ]으로 교체된 뒤에 축약이 일어난다. 순서가 반대로 제시되어 틀렸다.
③ '밟히다[발피다]'는 받침 'ㅂ'과 뒤의 'ㅎ'이 합쳐져 [ㅍ]으로 된 것이다. 'ㅂ'과 'ㅎ'이 탈락하고 'ㄹ'이 연음된다는 설명은 맞지 않는다.

2. ① 【해설】 국어문법
'빗다'는 '빗어'로 활용되는 규칙 활용 용언이고, '잇다'는 '이어'로 활용되는 불규칙 활용 용언이다.
② '긋다'는 '그어'로 활용되는 불규칙 활용 용언이고, '짓다'는 '지어'로 활용되는 불규칙 활용 용언이다. 둘 다 불규칙 용언이다.
③ '잡다'는 '잡아'로 활용되는 규칙 활용 용언이고, '덮다'도 역시 '덮어'로 활용되는 규칙 활용 용언이다.
④ '굳다'는 '굳어'로 활용되는 규칙 활용 용언이고, '먹다'도 역시 '먹어'로 활용되는 규칙 활용 용언이다.

3. ④ 【해설】 국어문법
㉠은 본용언과 보조 용언을 이어 주는 보조적 연결 어미로, '보다-싶다'처럼 본용언에 문법적 의미를 더하는 보조 용언이 뒤에 온다. 즉 '따지고 들다', '울고 있다', '먹고 싶다'는 모두 본용언과 보조 용언으로 이루어져 있다. 그러나 ④만이 본용언과 본용언으로 이루어져 있으므로, 정답은 ④이다.

4. ④ 【해설】 신유형
(1) B(참여) → C(보고)
(2) A(프로젝트) → B(참여)
(3) ~C(보고) → ~D(보고) ≡ D(보고) → C(보고) <대우 규칙>
----
(1)~(2)의 결론: A(프로젝트) → C(보고) ≡ ~C(보고) → ~A(프로젝트) <대우 규칙>
"A가 프로젝트를 시작하면, B도 참여한다. 그리고 B도 참여하면, C도 보고한다."가 참이므로, 이 명제의 대우 역시 참이다.
① D(보고) → B(참여), D가 보고하면, C가 보고하는데, B가 참여하는지는 알 수 없다.
② ~B(참여) → D(보고), B가 참여하지 않으면, A가 프로젝트를 시작하지 않는데, 그렇다고 하여 D가 보고하는지는 알 수 없다.
③ A(프로젝트) → D(보고), A가 프로젝트를 시작하면, B도 참여하지만, B가 참여한다고 하여, D가 보고하지 않는지는 알 수 없다.

5. ② 【해설】 신유형
(1) X(회의) → ~Y(작성) ≡ Y(작성) → ~X(회의) <대우 규칙>
(2) ~Y(작성) → Z(출장) ≡ ~Z(출장) → Y(작성) <대우 규칙>
(3) ~Z(출장)(T)
----
(2)~(3)의 결론: ~Z(출장)(T) → Y(작성)(T)
Z가 출장을 가지 않았다는 사실이 주어졌다. 그런데 "Y가 작성하지 않으면 Z가 출장을 간다"가 참이므로, Z가 가지 않았다는 것은 Y가 보고서를 작성했다는 뜻이다. 따라서 ②가 반드시 참이다.

6. ① 【해설】 신유형
(1) 판사 → 재판관
(2) 재판관 → 법을 적용
----
(1)과 (2)의 결론: ① 판사 → 법을 적용
               ② ~판사 → ~법을 적용

을은 '결론의 이'도 역시 참이 되려면, 그 대우인 '법을 적용 → 판사' 역시 참이어야 한다고 말한 것이다. 따라서 정답은 ①이다.
② 판사 → ~법을 적용, 모든 판사는 법을 적용하므로, ①과 충돌한다.
③ ~법을 적용 → 판사, 갑의 결론과 무관하며, 판사의 범위를 잘못 확장하였다.
④ ~판사∧법을 적용, ②의 상황과 충돌되므로 답이 될 수가 없다.

7. ④ 【해설】 신유형
(가) 본선 출전 → 예선 통과
(나) 본선 출전∧~스폰서 확보, ~스폰서 확보∧본선 출전 <교환 법칙>

(가)와 (나)의 결론: ~스폰서 확보∧예선 통과
(가)에 따르면 본선에 출전할 수 있는 팀은 모두 예선을 통과한 팀이다. (나)에 따르면 그중 어떤 팀은 스폰서를 확보하지 못했다. 따라서 그 팀은 예선을 통과했지만 스폰서를 확보하지 못한 경우다. 결국 "예선을 통과한 팀 가운데는 스폰서를 확보하지 못한 팀도 있다"라는 결론이 나온다. 따라서 ④가 정답이다.
① 예선 통과 → 본선 출전: (가)를 역으로 추론한 것으로, 오류에 해당한다.
② 본선 출전∧~예선 통과: (가)와 모순된다.
③ ~스폰서 확보 → ~본선 출전: (나)와 충돌된다.

8. ② 【해설】 어휘
㉠은 '무전'과 같이 어떤 메시지를 보내는 것과 관련이 깊다. 이와 유사한 대상으로 '전보'가 있다. 따라서 ②가 정답이다.
※ 치다(동사): 일정한 장치를 손으로 눌러 글자를 찍거나 신호를 보내다.
① 치다(동사): 가늘게 썰거나 저미다.
③ 치다(동사): 날개나 꼬리 따위를 세차게 흔들다.
④ 치다(동사): 점괘로 길흉을 알아보다.

9. ④ 【해설】 작문
(라)는 결론의 첫 항목으로, 보고서의 정책 제안에 대한 기대 효과가 들어가야 한다. 그러나 ④는 '자막 업무 과중 문제 해결'이라는 새로운 문제 제기 또는 부수적 과제에 해당하며, 기대 효과로 제시되기에는 방향성과 논점이 어긋난다. 따라서 결론 구조에 맞지 않는 ④가 정답이다.
① (가)는 서론의 필요성 항목으로, 정보 격차 문제를 통해 자막 접근권 개선의 필요성을 잘 드러낸다.
② (나)는 2장의 실태 항목으로, '생방송 자막 미제공'은 자막 접근권 제약 사례로 타당하다.
③ (다)는 2장의 2인 '자막 품질 저하' 문제에 대응하는 정책적 방안으로 적절하다.

10. ① 【해설】 작문
'위탁하다'는 업무를 맡기는 주체의 입장에서 사용하는 말이고, '수탁하다'는 업무를 맡는 대상의 입장에서 사용하는 말이다. 문장의 주체가 '정부'이고, 정부가 민간 기관에 아동 복지 서비스를 맡긴 것이므로 '위탁했다'가 올바른 표현이다. 이를 '수탁했다'로 바꾸면 의미의 방향이 뒤바뀌는 표현 오류가 발생하므로 부적절하다.
② '교체시키다'는 불필요한 사동 표현으로, '교체하다'로 고치는 것이 자연스럽다.
③ '학부모와 학생을 대상으로'라는 표현은 설문 대상이 모두인지, 학생만인지 중의적이므로, '학부모와 협의하여 학생을 대상으로'로 바꾸는 것이 적절하다.
④ '방안 마련과 개정'처럼 명사 + 동사 형태는 구조상 어울리지 않으므로, '마련하고, 개정한다'로 용어 활용 구조로 통일한 수정이 타당하다.

11. ① 【해설】 화법
을은 '정부가 통제하려고 들면 시장이 더 왜곡될 수 있어'라고 명시적으로 말하고 있다.

② 갑은 '국가가 제도적으로 규제하고 개입해야 해'라고 명시적으로 동의하고, 을은 '과도한 규제는 기술 발전을 막는다'며 분명히 반대했다.
③ 병은 '최소한의 투명성 확보'라는 표현을 통해 개입의 필요성에 동의하지만, 갑은 '시장 자율에 맡기는 건 위험하다'며 정부의 개입은 필요하다고 더욱 주장한다. 따라서 '갑은 동의하지 않는다'는 부분이 틀렸다.
④ 병은 '투명성 확보는 필요하지만 전면 규제는 안 된다'는 입장이며, 갑은 보다 강한 개입을 주장한다. 즉, 병은 제한적 개입에 동의하지만 갑과는 개입 수준에서 입장이 다르다.

12. ④ 【해설】독서
지문은 자동화로 인한 일자리 축소와 기업의 효율성 추구로 인한 단기 계약직 증가가 불안정 고용 확산의 핵심 배경이라고 밝히고 있다. 따라서 ㉠의 원인으로 가장 적절한 것은 ④이다.
① 노동 시장 진입자 수 감소는 지문에서 언급되지 않았다.
② 청년층의 기술 부족은 일부 요인이 될 수 있으나, 지문은 불안정 고용 확산의 주된 원인으로 제시하지 않았다.
③ 새로운 산업이 늘어난 것은 오히려 일자리 기회 확대와 연결되므로, 불안정 고용 확산의 원인으로는 맞지 않는다.

13. ② 【해설】독서
(가): '파이는 제한되어 있다.'는 말은 결국 전체의 양이 늘 수 없다는 의미이다.(②, ③)
(나): '제로섬 이론'에 따르면 득과 실의 총량이 제로가 된다는 점을 짚은 것이다.(②, ④)
정리하자면, 정답은 ②이다.

14. ③ 【해설】독서
(1) (나)는 글의 출발점으로서 가장 적절하다. 현대 사회에서 '개인'은 고립된 존재가 아니라 사회와 긴밀히 연결되어 있다는 관점을 제시하며, 이후 논의를 이끌어갈 중심 명제를 던진다.
(2) (가)는 이러한 맥락에서 사회학자들이 주목한 개념인 '내면화'를 정의하며, 사회가 개인에게 영향을 미치는 구체적 방식을 설명한다. '이러한 맥락에서'라는 표현이 (나)와의 연결성을 강화한다.
(3) (다)는 이 '내면화' 개념을 구체적인 사례로 설명하며, 세수나 인사 같은 일상적 행동조차도 사회적 규범에 의해 형성된 것임을 보여 준다.
(4) (라)는 '따라서'라는 접속어를 통해 개인과 사회가 상호작용하는 관계임을 종합적으로 정리하며 글을 마무리한다.
(5) 정리하자면, (나)-(가)-(다)-(라)가 가장 자연스럽고 논리적인 전개 순서이다.

15. ④ 【해설】독서
글은 환경 보호를 위해 개인의 편리함을 줄이고 생활 습관을 바꿔야 한다고 강조한다. 이는 일회용품 줄이기, 대중교통 이용, 올바른 분리배출과 같은 구체적 실천으로 제시된다. 따라서 '개인의 편리함을 최우선으로 하는 것'은 글쓴이의 주장과 정면으로 배치된다.
① 일회용품 줄이기는 글쓴이가 직접 제시한 실천 방안이다.
② 대중교통 이용 역시 자동차 남용을 줄이자는 맥락에서 적절하다.
③ 올바른 분리배출은 환경 보호를 위한 생활 습관으로 강조된 부분이다.

16. ④ 【해설】독서
홉스는 자유를 외적 제약이 없는 상태로 이해했지만, 무제한적 자유는 '만인의 만인에 대한 투쟁'을 불러오므로 절대적 주권자의 권위 아래에서만 안전과 최소한의 자유가 보장된다고 보았다. 따라서 ④가 정답이다.
① 루소는 자유를 단순한 욕망 충족으로 보지 않고, 공동체의 일반의지를 따르는 자율로 이해했다.
② 루소는 무제한적 자유가 오히려 혼란을 낳는다고 보았으며, 안전을 보장한다고 보지 않았다.
③ 사회적 합의 속 자율을 강조한 것은 루소의 입장이며, 홉스의 자유 개념과는 다르다.

17. ④ 【해설】독서
지문은 디지털 격차가 단순히 기기 보급 여부 같은 접근 문제에 그치지 않고, 정보 활용 능력과 질적 차이에서 비롯된다고 설명한다. 따라서 교육과 사회적 지원이 필요하다는 점을 강조하므로 ④가 정답이다.
① 단순 보급만으로는 격차 해소가 불가능하다고 지문에서 밝혔다.
② 고령층 사례가 제시되었지만, 문제를 특정 집단에만 한정하지 않았다.
③ 지문은 개인 노력이 아닌 사회적 대응이 필요하다고 주장한다.

18. ④ 【해설】독서
지문은 발표를 단순한 정보 나열이 아니라 청중과 상호작용하며 효과적으로 전달하는 과정으로 설명한다. 청중의 반응에 따라 도입·중간·결론·질의응답을 조절하는 점이 강조되므로 ④가 정답이다.
① 질의응답은 중요한 요소지만, 지문의 중심 내용은 아니다.
② 신뢰 형성은 결과적 효과일 뿐, 지문의 전체 주제가 아니다.
③ 도입부 구성은 일부 과정일 뿐, 지문의 핵심을 대표하지 못한다.

19. ④ 【해설】독서
㉠(×): '인간이 사물을 범주화하는 일도 신체화되어 있는 방식의 한 결과이다. 대체로 범주화는 의식적인 사유 작용의 산물이 아니다.'에서 알 수 있듯이 '언어를 통해서만 이성으로 사물을 범주화'한 것은 아니다.
㉡, ㉢(×): '대체로 범주화는 의식적인 사유 작용의 산물이 아니다.'에서 알 수 있듯이, 의식적인 사유 작용의 산물을 모든 생물이 활용한 것도 아니고, 인간이 하는 모든 범주화도 의식적인 사유 작용의 산물로만 볼 수 없다.

20. ④ 【해설】독서
㉡(○): '음극의 금속 원자에서 튀어나와 음극선을 이루는 입자의 전하와 질량의 비율(e/m)은 유리관 안에 들어 있는 기체의 종류에 상관없이 수소이온의 경우에 비해 약 1,000배가 된다는 것을 알아냈다.'에서 알 수 있다.
㉢(○): '음극선 입자의 전하와 수소이온의 전하는 크기가 같으므로'를 꼭 확인해야 한다. 이 사실을 토대로 원자 내 전자의 존재를 알게 된 것이다.
① ㉠(×): '음극선에 전기장이나 자기장을 걸었을 때 음극선이 휘어지는 정도를 측정하였다.'에서 알 수 있듯이 '수소 원자의 질량을 측정하기 위함'은 아니다.

영　어

출제교수: 김세현 교수님

1. ③
【해설】
sheer는 '순전한, 순수한, 완전한'의 뜻으로 이와 가장 가까운 유의어는 ③ utter이다.
【해석】
롤러코스터를 타는 것은 감정의 폭주일 수 있다. 즉, 당신이 좌석에서 안전벨트를 맬 때의 초조한 기대감, 그리고 당신이 높이, 높이 또 높이 올라갈 때 오는 의문과 후회, 그리고 롤러코스터가 첫 번째 하강할 때 몰려드는 순수한 아드레날린 분출과 같은 것이다.
【어휘】
dash ①돌진 ②폭주　nervous 초조한　anticipation 기대(감)　strap into a seat 안전벨트를 매다　questioning 의문　regret 후회　sheer 순수한, 순전한　rush ①돌진 ②분출　scary 무서운　imaginary 가상의, 상상의　impartial 공정한, 객관적인

2. ④
【해설】
medium은 '매개체'의 뜻으로 이와 가장 가까운 유의어는 vehicle이다.
【해석】
점잖은 행동 하나가 당신의 메시지를 알게 하는 뛰어난 매개체가 될 수 있다.
【어휘】
decent 점잖은, 품위 있는　get across 알게 하다, 이해시키다　container 용기, 그릇　fellow 동료, 친구　departure 출발　vehicle ①차량, 탈것 ②매개(체)

3. ①
【해설】
시민들이 건강보험개혁의 실행가능성을 간절히 바란다는 내용의 글이므로 빈칸에 들어가기에 가장 적절한 것은 ① viable이다.
【해석】
많은 시민들은 국회의원이 새로운 건강보험 개혁안을 위한 실행 가능한 해결책을 제공하기를 간절히 바라고 있다.
【어휘】
civilian 시민　look forward to ~ing ~하기를 간절히 바라다, 학수고대하다　National Assembly 국회　offer 제공하다　health care 건강보험　reform 개혁(하다)　bill ①법안 ②지폐 ③청구서, 계산서　viable 실행 가능한　monotonous 단조로운　trivial 사소한　anonymous 익명의

4. ①
【해설】
① 가정법 과거완료시제를 묻고 있다. 주절의 시제가 would have invited이므로 종속절에는 과거완료(had+p.p)시제가 필요하다. If를 지우고 주어동사를 도치시킬 수 있으므로 Had I known이 빈칸에 들어가기에 가장 적절하다.
② 주절의 시제가 would have invited이므로 종속절에는 과거완료(had+p.p)시제가 필요하다. 따라서 If절의 have known은 had known으로 고쳐 써야 한다.
③ If 없는 가정법 과거완료시제는 어법상 적절하지만 known 다음 접속사 that이 생략된 명사절 목적어가 있으므로 수동태 been known은 능동의 형태 known으로 고쳐 써야 한다.
④ 주절의 시제가 would have invited이므로 종속절에 과거완료(had been known)시제의 사용은 어법상 적절하지만 known 다음 접속사 that이 생략된 명사절 목적어가 있으므로 수동의 형태는 어법상 적절하지 않다. 따라서 been known은 known으로 고쳐 써야 한다.
【해석】
당신이 오는 것을 알았더라면 내가 James와 Jenny를 초대했을 텐데.
【어휘】
invite 초대하다

5. ②
【해설】
② 빈칸 다음 문장구조가 불완전(provides의 목적어가 없다)하므로 관계대명사 that이 빈칸에 들어가기에 가장 적절하다.
① 빈칸 앞에 선행사 advantages가 있으므로 관계대명사 what은 빈칸에 들어가기에 적절하지 않다.
③ 빈칸 다음 문장구조가 불완전 하므로 in which는 빈칸에 들어가기에 적절하지 않다.
④ 빈칸 앞에 선행사 advantages가 있으므로 복합관계대명사 whichever는 빈칸에 들어가기에 적절하지 않다.
【해석】
달리기가 제공하는 다양한 이점은 명백한 것 같다.
【어휘】
various 다양한　provide 제공하다　apparent 명백한, 분명한

6. ③
【해설】
③ 형용사 aware를 수식하는 것은 부사여야 하므로 형용사 keen은 부사 keenly로 고쳐 써야 한다.
① that 다음 문장구조가 완전하므로 동격의 접속사 that의 사용은 어법상 옳다.
② 준동사 ignoring 다음 목적어 long-term cost가 있으므로 능동의 형태는 어법상 적절하다.
④ 부분주어 most of 다음 복수명사(homebuyers)가 있으므로 복수동사 are의 사용은 어법상 옳다.
【해석】
사람들이 단기적으로 가능한 한 적게 쓰는 데에 지나치게 신경 쓰는 반면, 장기적인 지출 비용은 무시하는 경우가 흔하다. 주택 건설업자들은 대부분의 주택 구매자들이 가능한 가장 낮은 가격에 집을 사려고 열망한다는 것을 잘 알고 있다.
【어휘】
case 경우, 사례　concerned 걱정하는, 신경 쓰는　short term 단기간　long-term 장기간　cost 비용　expenditure 지출　homebuilder 주택 건설업자　keen 열망하는　aware 알고 있는　homebuyer 주택 구매자

7. ①
【해설】
출장지가 잘못되어 그 부분을 바로잡겠다는 대화의 흐름이므로 빈칸에 들어갈 말로 가장 적절한 것은 ① '내 실수야. 올바른 날짜로 표를 바꿀게'이다.
【해석】
Peter: 이봐, 우리 출장이 다가오고 있어. 기차표 샀어? (10:35 am)
Kate: 응, 샀어. 기차표 확인해 볼게… 부산행, 11일 토요일 맞지? (10:36 am)
Peter: 오! 목적지는 맞는데 토요일은 아니잖아! (10:37 am)
Kate: 내 실수야. 올바른 날짜로 표를 바꿀게. (10:37 am)
② 알았어. 나 혼자 기차역에 갈 수 있어.
③ 우리는 아직 어디로 갈지 결정하지 못했어.
④ 왜 아니겠어? 그 지역은 인기 있는 관광지야.
【어휘】
business trip 출장　destination 목적지　correct 올바른　by myself 혼자, 홀로　decide 결정하다

8. ②
【해설】
배가 고프고 그래서 한국식당에서 밥을 먹으러 가는 상황이므로 대화의 흐름상 빈칸에 들어갈 말로 가장 적절한 것은 ② '그렇다면, 기다릴 필요가 없잖아?'이다.
【해석】
A: 피곤하고 배고파 죽겠어
B: 나도 마찬가지야. 뭐 먹고 싶어?
A: 물론, 한국음식이지. 너도 알다시피 나는 돼지불고기 광팬이야.
B: 그래, 근처에 괜찮은 한국식당이 있다는 얘기를 들었어.
A: 그렇다면, 기다릴 필요가 없잖아?
B: 좋아! 당장 갈까?
A: 물론이지. 예약이 필요하지는 않을까?
B: 아마도, 전화해서 물어볼게.
① 되는 일이 없는 것 같아.

③ 와, 믿을 수가 없어. 거저나 다름없어.
④ 잠시 시간 좀 내줄래?
【어휘】
starving 배고픈　absolutely 전적으로, 절대적으로　huge
fan 광팬　spiced 양념된　pork 돼지고기　reservation 예약
probably 아마도　That(It, This) is a still 아주 싸다, 거저나
다름없다

9. ③ 【해설】
이메일의 도입부에서 새로운 운동장으로 인한 소음에 대한 내용을 언급하면서 마지막 부분에서 이 소음에 대한 대책을 마련해달라는 요청을 하고 있으므로 이 글의 목적으로 가장 적절한 것은 ③이다.

10. ② 【해설】
문맥상 steps는 '대책, 조치'의 의미이므로 이와 가장 가까운 것은 ② measures이다.
【해석】
수신: Clifton 지역 사무실
발신: Rachael Beasley
날짜: 6월 7일
제목: 과도한 소음 수준
관계자에게,
이 이메일을 당신이 잘 보실 수 있기를 바랍니다. 특히, 우리 동네 근처에 있는 새로운 운동장에서 발생하는 지나친 소음 수준에 관하여 저의 걱정과 좌절을 말씀드리고자 이 글을 쓰고 있습니다. Clifton 지역의 거주자로서 전 늘 우리 공동체의 평화에 감사하고 있습니다. 하지만, 계속되는 소음 방해가 상당히 우리 가정의 행복과 전반적인 삶의 질에 영향을 주고 있습니다. 그 소음의 원천은 관중들의 응원, 선수들의 외침, 휘슬소리 그리고 공이 맞는 소리 등입니다. 당신께서 이 문제를 살펴보시고 소음방해를 해결하실 수 있도록 적절한 조치를 취해주실 것을 정중히 요청 드립니다. 이 문제에 관심을 기울여 주실 것과 우리 이웃의 고요함에 대한 복원을 위해 즉각적인 도움을 주실 것에 감사드립니다.
진심을 다해서, Rachaell Beasley가
【어휘】
to whom it may concern 관계자에게　express 표현하다
concern 걱정, 근심　frustration 좌절　regarding ~에 관하여, ~에 대하여　excessive 과도한　specifically ①특히 ②분명하게　resident 거주자　district 지역　appreciate 감사하다
ongoing 계속 진행 중인, 계속되는　disturbance 방해
significantly 상당히, 꽤 많이　impact ~에 영향을 주다
well-being 행복, 안녕　overall 전반적인　crowds 군중, 관중
kindly 정중하게, 간절하게　look into (주의 깊게)살펴보다, 조사하다　appropriate 적절한, 적당한　step 단계, 과정, 절차　address 다루다, 해결하다　prompt 신속한, 즉각적인
restore 복원하다　tranquility 고요함, 평온함　measure ①재다, 측정하다 ②대책, 조치

11. ① 【해설】
본문 두 번째 문장에서 "Held annually in a major financial hub" (매년 주요 금융 중심지에서 개최된다)라고 했으므로, ① '이 포럼은 매년 선도적인 금융 중심지에서 개최된다'는 본문의 내용과 일치한다.
【해석】
세계 금융법 포럼
세계 금융법 포럼은 전 세계의 법학자, 실무자, 정책 입안자들을 한자리에 모아 글로벌 금융의 법적·규제적 측면을 검토한다. 이 포럼은 매년 선도적인 금융 중심지에서 열리며, 다양한 토론을 통해 대화와 국제 협력을 촉진한다.
주요 프로젝트
− **글로벌 패널:** 전문가들이 금융 규제의 새로운 동향을 분석하고 국제 은행법에 관한 연구를 발표한다.
− **사례 연구 세션:** 매일 열리는 워크숍에서는 기업 지배구조, 국경 간 무역, 디지털 통화 규제에 관한 주요 사례를 다룬다.
− **문화 교류:** 참가자들은 전통 공연과 지역 음식을 포함한 네

트워킹 행사에 참여한다.
− **지속가능성 중점:** 포럼은 친환경 자재를 사용하고 디지털 문서를 통해 종이 낭비를 줄이는 데 중점을 둔다.
① 이 포럼은 매년 선도적인 금융 중심지에서 개최된다.
② 이 포럼은 국제적 사안이 아니라 국내 은행법만을 분석한다.
③ 이 포럼은 전통 공연과 지역 음식을 포함한 문화 활동을 배제한다.
④ 이 포럼은 디지털 파일 대신 인쇄 문서를 요구하여 종이 낭비를 증가시킨다.
【어휘】
forum 회의　practitioner 실무자　legal scholar 법학자
policymaker 정책 입안자　examine 검토하다, 조사하다
regulatory 규제의　dimension 측면　finance 금융
annually 매년　promote 촉진하다　dialogue 대화
cooperation 협력　panel 토론단, 패널　expert 전문가
analyze 분석하다　emerging 새로 나타나는　trend 경향, 동향　regulation 규제　present 발표하다　banking law 은행법
case study 사례 연구　session 회의　corporate 기업의
governance 지배구조　cross-border 국경 간　trade 무역
digital currency 디지털 통화　participant 참가자　engage
참여하다　regional 지역의　cuisine 요리　sustainability 지속가능성　material 자재　emphasize 강조하다　reduce 줄이다　documentation 문서화　leading 선도적인, 주도적인
center 중심지　domestic 국내의　exclude 배제하다

12. ③ 【해설】
지문 아래 부분의 Eligibility에서 "Open to current university students(현재 대학에 재학 중인 학생 누구나)"라고 했으므로 ③ "이 세미나는 대학원생만 신청할 수 있다"은 본문의 내용과 일치하지 않는다.
【해석】
2025 아프리카계 미국인의 인권보호정책 세미나
아프리카계 미국인의 인권보호정책 세미나는 시민권을 보호하고 사회 정의를 증진하기 위한 주요 전략을 논의하기 위해 마련되었다. 이 3일간의 세미나는 대학생, 학자, 지역 사회 지도자들을 초대하여 학문적 활동과 실질적 활동에 참여하게 한다.
세미나 하이라이트
· 시민권 역사와 현대 정치 이슈에 대한 강연 참석
· 옹호와 법적 전략에 관한 워크숍 참여
· 지역 활동가들과의 공동체 토론 참여
· 아프리카계 미국인의 유산을 강조하는 문화 프로그램 탐구
일정: 2025년 8월 5일-8월 7일
장소: 워싱턴 D.C.
지원 자격: 현재 대학에 재학 중인 학생 누구나
참가비: 300달러 (자료와 식사 포함)
신청 마감일: 7월 10일 (온라인 제출 필수)
① 이 세미나는 시민권 보호와 사회 정의 증진을 위한 전략을 논의하기 위해 마련되었다.
② 이 세미나는 3일 동안 열리며 대학생, 학자, 지역 사회 지도자들을 초대한다.
③ 이 세미나는 대학원생만 신청할 수 있다.
④ 이 세미나는 아프리카계 미국인의 유산을 보여주는 문화 프로그램을 강조한다.
【어휘】
human right 인권　policy 정책　strategy 전략　civil right
시민권　advance 증진하다　justice 정의　invite 초대하다
scholar 학자　engage 참여하다　practical 실질적인　attend
참석하다　lecture 강연　policy 정책　participate 참여하다
advocacy 옹호　legal 법적인　strategy 전략　local activist
지역 활동가　explore 탐구하다　highlight 강조하다
heritage 유산　eligibility 지원 자격　current 현재의
application 신청　submission 제출　last 지속되다
graduate-level 대학원 수준의　emphasize 강조하다
feature 보여주다

13. ④ 【해설】
주어진 지문은 로즐랜드 커뮤니티에서 주최하는 가상 스포츠

데이 행사 참여를 알리고 독려하는 내용이므로, 이 글의 목적으로 가장 적절한 것은 ④ '로즐랜드 가상 스포츠 데이 행사에 대해 알리기 위하여'이다.
【해석】
수신: 로즐랜드 커뮤니티 주민 여러분
발신: 로즐랜드 커뮤니티 이벤트팀
날짜: 2025년 10월 5일
제목: 함께하는 계절
로즐랜드 커뮤니티 회원 여러분께,
저희는 연례 가상 스포츠 데이가 10월 25일에 열린다는 소식을 전하게 되어 매우 기쁩니다. 이 온라인 행사는 가족과 이웃이 함께 모여 활기차고 즐거운 하루를 보내도록 마련되었습니다. 프로그램에는 라이브 스트리밍 경기, 참여형 도전 과제, 그리고 건강과 공동체 정신을 증진하기 위한 건강 세션이 포함됩니다. 모든 활동은 무료이며 모든 연령대의 참가자에게 열려 있습니다. 친근한 경쟁을 즐기든 다른 사람들을 응원하든, 여러분의 참여를 권장합니다. 전체 일정과 등록 세부 사항은 커뮤니티 웹사이트에서 확인할 수 있습니다. 올해 로즐랜드 가상 스포츠 데이에서 건강과 단결을 함께 축하합시다!
진심을 담아,
로즐랜드 커뮤니티 센터
① 로즐랜드 가상 스포츠 데이 행사를 위한 새로운 스포츠 장비 정보를 제공하기 위해
② 작년 로즐랜드 가상 스포츠 데이 행사에 대한 피드백을 요청하기 위해
③ 로즐랜드 가상 스포츠 데이 행사에 대한 안전 규칙을 설명하기 위해
④ 로즐랜드 가상 스포츠 데이 행사를 알리기 위해
【어휘】
resident 주민 annual 연례 virtual 가상의 fitness 체력 include 포함하다 competition 경기 wellness 건강 session 회기 promote 촉진하다 free 무료 participant 참가자 cheer 응원하다 registration 등록 unity 단결 sincerely 진심으로 provide 제공하다 safety 안전 announce 알리다

14. ② 【해설】
문맥상 prominence는 '명성, 평판'의 뜻으로 사용되었으므로, 이와 가장 가까운 유의어는 문맥상 ② 'reputation(명성, 평판)'이다.

15. ③ 【해설】
본문 5번째 문장에서 인종차별이 그녀를 은행업과 금융법을 공부하도록 이끌었다고 했으므로 ③ '인종 차별로 인해 은행 금융법 공부를 시작할 수 없었다'는 내용과 일치하지 않는다.
① 아프리카계 미국인을 위해 설립된 학교에 다녔다.
② 졸업 후 자신이 공부했던 학교에서 교사로 일했다.
③ 인종 차별로 인해 은행 금융법 공부를 시작할 수 없었다.
④ 자선 단체와 대중 간의 소통을 장려하고자 신문사를 설립했다.
【해석】
인물 탐구
매기 L. 워커는 사업가이자 지역사회 지도자로서 전국적인 명성을 얻었다. 그녀는 새로 설립된 아프리카계 미국인을 위한 공립학교에 다닌 최초의 흑인 학생들 중 한 명이었다. 졸업 후, 그녀는 자신이 공부했던 밸리 학교에서 3년 동안 교사로 일했다. 1900년대 초반, 백인 은행가들이 소유한 버지니아 은행들은 아프리카계 미국인 단체나 개인과 거래하려 하지 않았다. 백인 은행가들의 인종 차별은 그녀가 은행업과 금융법을 공부하도록 이끌었다. 그녀는 자신이 속한 자선 단체와 대중 간의 더 긴밀한 소통을 촉진하기 위해 신문을 창간했다. 곧이어, 그녀는 세인트 루크 페니 세이빙스 은행을 설립했는데, 이 은행은 대공황을 견뎌내고 다른 두 은행과 합병했다. 이 은행은 2009년까지 아프리카계 미국인에 의해 지속적으로 운영된 가장 오래된 은행으로 번창했다. 워커는 아프리카계 미국인의 생활 방식을 개선하려는 비전으로 성공을 이루었다.
【어휘】
prominence 명성, 평판 newly-established 새로 설립된

*establish 설립하다, 세우다 attend 다니다, 들어가다 unwilling ~하려 하지 않는 racial 인종의 discrimination 차별 drive A to B A를 B하도록 이끌다 banking 은행업 financial law 금융법 promote 촉진하다 closer 더 긴밀한 charitable 자선의 organization 단체 belong to ~에 속하다 found 세우다, 설립하다 Great Depression 대공황 combine 합치다, 합병하다 thrive 번창하다 continually 지속적으로 operate 운영하다 improvement 개선 way of life 생활 방식

16. ② 【해설】
주어진 지문은 운동이 신체적 건강뿐 아니라 정신적 건강도 증진시킨다는 내용의 글이므로 이 글의 제목으로 가장 적절한 것은 ② '건강한 신체에 건강한 정신이 깃든다.'이다.
【해석】
운동의 장점은 신체의 건강 증진을 훨씬 뛰어 넘어선다. 많은 사람들은 건강을 유지하는 것만큼이나, 정신적인 그리고 영적인 행복을 위해서 운동을 한다. 신체적으로 활발한 것이 당신을 행복하게 할 수 있을까? 그것이 삶의 스트레스를 없애주는 데 도움이 될까? 그것이 더 정신적이고 종교적인 삶을 이끌 수 있을까? 많은 사람들에게 그 대답은 'yes'이다. 걷기와 같은 운동은 뇌로의 혈액 순환을 향상시킨다. 60세 이상의 사람들에 대한 한 연구에 따르면 시속6킬로미터로 하루에 45분 걷는 것이 참가자들의 사고력을 증진시켰다. 그들은 15분 걷기로 시작하여 점점 운동 시간과 속도를 증가시켰다. 그 결과, 참가자들은 이러한 걷기 프로그램으로, 정신적으로 더 예리해졌다고 밝혀졌다.
① 운동: 우리 인생에서 최고의 선생님
③ 연습이 완벽함을 만든다
④ 서두르면 일을 망친다
【어휘】
benefit 혜택, 이점 work out 운동 improvement 증진, 개선 physical 신체적인, 육체적인 mental 정신적인, 정신의 spiritual 영적인 well-being 행복, 안녕 fit 건강한 flow ① 흐름 ②흐르다 enhance 증진시키다, 향상시키다 participant 참가자 skill ①기술 ②능력 gradually 점진적으로 sharp 예리한, 영민한

17. ② 【해설】
주어진 지문은 사람들이 자신들 주변에 있는 사람들에 의해 영향을 받는다는 내용의 글이므로 빈칸에 들어가기에 가장 적절한 것은 ② '모방자들'이다.
【해석】
모든 사람들은 그들 주위에 사람들의 말, 태도, 몸짓, 그리고 심지어 생각하는 습관에 의해 대체로 영향을 받는다. 그러므로 젊은이에게 자신보다 더 나은 사람들과 관계를 맺게 하고, 특히 자신이 정복하기 어렵다고 생각하는 그런 종류의 결점들을 가지고 있지 않은 사람들과 어울리게 해라. 그들의 본보기는 항상 감흥을 준다. 젊은이는 그들의 것(행동)에 의해 자신의 행동을 고치며, 그들의 지혜를 함께 하는 사람이 된다. 만약 그들이 의지나 성격 면에서 그보다 강하다면, 그는 그들의 강점 속에서 참여자가 된다. 이것은 인간들이 선천적으로 모방자들이기 때문에 모두 가능하다.
【어휘】
more or less 다소, 약간 associate ①관계(관련)시키다 ②연상시키다 ③연합(결합)시키다 possess 소유하다 fault 잘못 conquer 정복하다 inspiring 영감을 주는, 고무하는, 격려하는 correct 바로잡다 deed 행동, 행위 wisdom 지혜 character 성격, 특성 participator 참가자, 참여자 strength 힘 by nature 본질적으로, 선천적으로 initiator ①개시인, 발기인 ②솔선수범하는 사람 imitator 모방자, 모방하는 사람 coward 겁쟁이 conqueror 정복자

18. ④ 【해설】
나열의 공간 개념을 이용해야 한다. 첫 번째 시그널 For example이 있고 주어진 문장의 another(두 번째 나열)가 있으므로 주어진 문장이 들어가기에 가장 적절한 곳은 ④이다.

【해석】
완곡어법이라는 말은 '좋은 단어들로 말하다'를 의미하는 그리스 단어에서 유래했으며, 무언가를 말하는 더 듣기 좋고 불쾌감이 덜한 방식으로 직설적이거나 보다 직접적인 방식을 대체하는 것과 관련되어 있다. 그들은 아마도 삶의 '거친 가장자리'를 부드럽게 만드는 것을 돕고, 견딜 수 없는 것을 견딜 만하게 하며, 불쾌한 것을 거슬리지 않게 만들기 위해 그렇게 한다. 그러나 완곡어법은 중요한 문제점들에 대해 잘못된 인식을 만들도록 사용될 때 위험해질 수 있다. 예를 들어, 어느 정치가가 자신의 말 중 하나가 '약간 진실과 상충 관계'에 있었다고 묘사할 수도 있는데, 이것은 그가 거짓말을 했다는 뜻이다. <u>또 다른 더 심각한 예는 썩어가는 빈민가를 '표준 이하 주거'라고 묘사하는 것을 포함한다.</u> 그러한 묘사는 비참한 상태를 적당해 보이도록 하고 조치의 필요성을 덜 중요하게 만든다.

【어휘】
euphemism 완곡어법　derive from ①~로부터 유래하다 ②~로부터 얻다　substitute A for B B를 A로 대체(대신)하다　objectionable 불쾌한　blunt ①무딘 ②직설적인　smooth ①매끄러운 ②매끄럽게 하다　rough ①거친 ②어림잡아, 대충　edge 가장자리　bearable 견딜 수 있는(≠unbearable 견딜 수 없는) *bear ①참다, 견디다 ②지탱(유지)하다 ③낳다 ④곰　offensive ①불쾌한, 화나게 하는 ②공격적인(≠defensive)　politician 정치가　describe 묘사하다(=depict) *depiction 묘사　statement 진술　somewhat 다소, 약간　at variance with ~와 상충하는(모순되는)　instance 사례　rotting 썩어가는　substandard 기준(표준) 이하인

19. ④ 【해설】
(C)의 this는 주어진 문장의 they ~ problems를 가리키므로 (C)부터 시작해야 하며, (A)의 them은 (B)에 staff members를 가리키므로 (A)앞에는 (B)가 위치해야 한다. 따라서 주어진 문장 다음 이어질 글의 순서로 가장 자연스러운 것은 ④ (C) - (B) - (A)이다.

【해석】
많은 사업주들은 일하는 날 하루 종일 그들의 부하직원들을 위해 무언가 해야 할 준비를 하고 있는데 그 이유는 그들이 질문에 답변을 하거나 직원들이 문제를 해결하는 것을 돕기 위해 항상 이용가능 해야 하기 때문이다. (C) 이렇게 하는 것은 중요하지만 그것은 또한 사업주의 비생산적인 시간 사용이 될 수도 있다. 이것을 피하기 위한 간단한 체계는 사업주로서 여러분이 이러한 질문에 대한 답변을 할 때 이용 가능할 수 있는 하루에 두 번의 시간대를 할당하는 것이다. (B) 만약 직원들이 문제나 질문이 있으면 그들은 그것을 "질문 등록부"에 적으며 여러분은 하루에 두 번 그것을 처리할 것이다. 자신이 생각하기에 해결책이 무엇인지 그들이 적을 수 있도록 질문 옆에 사용 가능한 공간이 확실히 있도록 하라. (A) 이것은 그들이 문제 전반을 생각하기 시작하게 하고 (그래서)항상 그들은 스스로 그 문제를 해결할 수 있을 것이다. 그들이 할 수 없다면, 여러분은 여러분의 직원이 어떻게 문제 해결을 하는지 그리고 늘어난 훈련의 관점에서 여러분이 집중할 필요가 있는 분야를 알아보는 것을 시작할 수 있다.

【어휘】
reactive 반응을 보이는　throughout ~ ~전역에 걸쳐　available 이용 가능한　staff member 직원　invariably 항상, 변함없이　deal with 다루다, 취급하다　in terms of ~의 관점에서　registry 등록부　attend to ~을 돌보다, 처리하다　twice a day 하루에 두 번　unproductive 비생산적인　allocate 할당하다

20. ③ 【해설】
아이들이 글자를 베껴 쓰고 자기 생각을 기록해 보도록 허용하는 것이 유행했다. 그 태도는 어린이들이 글자를 가지고 놀게는 하되 그것이 장난으로 변해서는 안 된다는 내용의 글이므로 각 사람의 필체가 다른 사람들의 필체와 결국 서로 다름을 설명하는 ③은 전체 흐름과 관계없는 문장이 된다.

【해석】
최근 몇 년 동안 거의 등교 첫날부터 어린이들이 글자를 베껴 쓰고 자기 생각을 기록해 보도록 허용하는 것이 유행했다. 그 태도는 어린이들이 글자를 가지고 놀게는 하되 그들이 자신의 창의성을 표현하는 것을 억제할 수도 있는 어떤 것도 교정하거나 가르치지 않는 것이었다. 이것은 매우 기분 좋게 느껴질 수도 있고, 정말로 어린아이들이 초등학교에 가기 전에 휘갈겨 쓴 글씨는 관련된 모든 사람에게 재미있지만, 이러한 글자에 대한 장난치는 태도가 너무 오래 계속되도록 허용함으로써 생기는 문제들이 우리의 교실에서 너무나도 분명하다. 일단 어린이들이 자신의 이름을 글자로 쓸 수 있는 만큼이 되면, 그들은 글자 하나하나의 정확한 (손의) 움직임을 배워야 한다. (그러한 요소들을 모두 종합하면, 각 사람의 필체가 다른 사람들의 필체와 결국 서로 다르다고 밝혀지는 것은 전혀 놀라운 일이 아니다.) 만일 이것이 이루어지지 않으면, 부정확한 (손의) 움직임은 점차 고치기 더 어려운 습관이 된다.

【어휘】
fashionable 유행하는, 인기 있는　correct 고치다, 수정하다　inhibit 억제하다, 방해하다　express 표현하다　creativity 창의성　delightful 즐거운, 유쾌한　indeed 실제로　scribble 낙서하다, 휘갈겨 쓰다　concerned 관련된, 관련 있는　result from ~로부터 기인하다, ~의 결과이다　playful 장난스러운, 유희적인　continue 계속되다　obvious 분명한, 명백한　once 일단 ~하면　movement (글씨 쓸 때의) 움직임, 획의 동작　progressively 점점 더, 점차적으로　alter 바꾸다, 변경하다

한 국 사

출제교수: 노범석 교수님

1. ① 【해설】선사 - 신석기
제시된 자료는 신석기 시대의 유적지에 대해 설명하고 있다.
따라서 (가)는 신석기 시대이다.
㉠ 빗살무늬 토기는 신석기 시대의 대표적인 토기이다. 또한
신석기 시대에는 가락바퀴나 뼈바늘 등이 출토되어 원시적인
수공업 생산이 이루어졌음을 알 수 있다.
㉡ 신석기 시대에 처음으로 조, 피 등을 경작하는 농경이 시작
되었다.
㉢ 청동기 시대, ㉣ 구석기 시대에 대한 설명이다.

2. ④ 【해설】중세 정치 - 공민왕
제시된 자료는『고려사』의 기록으로, 밑줄 친 '왕'은 반원 자주
정책을 시행하고자 했던 공민왕이다.
④ 충선왕은 사림원을 두어 신진 학자들과 개혁을 추진하였다.
① 공민왕은 고려의 내정을 간섭하던 정동행성 이문소를 폐지
하였다.
② 공민왕 때, 쌍성총관부를 무력으로 탈환하였다.
③ 공민왕은 성균관을 순수 유교 교육 기관으로 개편하여 유학
교육을 강화하고자 하였다.

3. ② 【해설】근태기 정치 - 정조
제시된 자료는 정조 때의 문물 제도 정비에 대한 내용이다.
② 정조는 친위 부대인 장용영을 두어 왕권을 강화하였다.
①, ④ 영조 때의 일이다.
③ 조선 숙종의 업적이다.

4. ③ 【해설】중세 정치 - 고려의 중앙 정치 제도
③ 예문관의 고급 관료는 임금의 교지를 작성하고, 하급 관원
은 국무회의에서 사관으로 참석하여 회의록을 작성하였다.
① 춘추관에 대한 설명이다. 승정원은 왕명을 출납하는 직무를
담당하였다.
② 3사(사헌부, 사간원, 홍문관)는 청요직이라 불렸으며, 다른
관직에 비해 더욱 엄격한 자격 요건이 요구되었다.
④ 사간원에 대한 설명이다. 사헌부는 시정을 논하여 바르게
이끌고, 모든 관원을 살피며, 풍속을 바로잡고, 원통하고 억울
한 일을 밝히는 등의 일을 맡았다.

5. ③ 【해설】중세 정치 - 고려 인종
제시된 자료는 고려 인종 때의 일이다. 중군(中軍)은 김부식이
며, 묘청의 난과 관련된 내용이다.
③ 인종 때 김부식이 '삼국사기'를 편찬하였다.
①, ④ 예종 때의 일이다.
② 숙종 때의 일이다.

6. ② 【해설】고대 문화 - 의상
제시된 자료의 밑줄 친 '그'는 의상이다. 의상은 당나라로 유학을
떠나, 화엄종의 교조인 지엄에게서 화엄학을 배우고 귀국하였다.
② 의상은 화엄일승법계도를 지어 화엄 사상을 정리하였다.
① 혜초, ③ 원광, ④ 원효에 대한 설명이다.

7. ② 【해설】고대 정치 - 삼국의 발전 과정
㉠ 371년, 백제 근초고왕이 고구려를 공격하여 고국원왕이 전
사하였다.
㉢ 6세기 초, 지증왕 때의 일이다.
㉡ 6세기 말~7세기 전반기의 상황이다.

8. ① 【해설】근세 정치 - 세조
제시된 자료는 세조 때 실시된 정책에 대한 내용이다. 세조는
직전법을 실시했으며, '경국대전'의 편찬을 시작하였다.
① 세조는 군역을 정군과 정군의 경제적 보좌 역할인 보인으로
편제하는 보법을 시행하였다.
②, ④ 조선 성종, ③ 세종 때의 일이다.

9. ④ 【해설】중세 경제 - 고려의 경제 상황
제시된 자료는 고려 후기의 문화 양상에 대해 설명하고 있다.
④ 고려 후기에는 사원 수공업이 발달했는데, 기술이 좋은 승
려와 노비들이 베, 모시, 기와, 술, 소금 등 품질 좋은 제품들을
생산하였다.
① 고려시대에는 화폐의 전국적인 유통에 실패하였다. 자급자
족의 농업 경제 구조가 유지되어 일반 백성들이 화폐의 필요성
을 절감하지 못했고, 귀족들도 국가 주도의 화폐 발행 및 유통
에 불만을 가졌기 때문이다.
② 고려시대의 상업은 개경과 서경 등 대도시를 중심으로 발전
하였다.
③ 신라 지증왕 때의 일이다.

10. ① 【해설】일제 정치 - 신간회
제시된 자료는 1929년의 광주 학생 항일 운동에 대한 내용으
로, (가) 단체는 1927년에 조직된 신간회이다. 신간회는 광주
학생 항일 운동이 발생하자 조사단을 파견하였다.
① 신간회는 원산 노동자 총파업(1929)이 장기화되자 원산 파
업단에 격문을 발송하여 이를 지원하였다.
②, ④ 6·10 만세 운동과 정우회 선언은 신간회 조직 이전인
1926년의 일로, 신간회 결성에 영향을 미쳤다.
③ 신민회에 대한 설명이다.

11. ① 【해설】근세 정치 - 조선의 건국 과정
㉠ 위화도 회군은 1388년의 일이다.
㉡ 이성계 일파는 1389년 폐가입진을 명분으로 내세워 창왕을
폐위하고 공양왕을 옹립하였다.
㉢ 과전법 제정·공포는 1391년의 일이다.
㉣ 1392년 조선이 건국되고, 이성계가 왕으로 즉위하였다.

12. ① 【해설】근태기 사회 - 조선 후기의 사회
제시된 자료는『목민심서』에 기록된 내용으로, 신분제가 동요
하는 조선 후기의 상황을 묘사하고 있다.
① 18세기 이후 수령을 중심으로 한 국가 권력이 강화되었는
데, 이는 수령 중심의 국가 권력이 향촌 사회에 깊숙이 침투하
여 양반이 지배하고 있던 영역을 장악해 나간 것이다.
② 조선 후기에는 문중을 중심으로 서원과 사우가 많이 세워졌다.
③ 조선 후기, 양반들은 군현 단위로 농민을 지배하기 어렵게
되자, 촌락 단위의 동약을 실시하고 동족 마을을 형성하여 족
적 결합을 강화시켰다.
④ 조선 후기, 경제력을 갖춘 부농층은 수령을 중심으로 한 관
권과 결탁하여 향안에 이름을 올리는가 하면 향회를 장악하여
향촌 사회에서 영향력을 키우고자 하였다.

13. ② 【해설】일제강점기 문화 - 박은식
제시된 자료와 관련된 인물은 박은식이다. 박은식은 역사와 나
라의 관계를 혼과 백으로 인식하고 혼(역사)이 살아 있으면 나
라를 되찾을 수 있다고 주장하였다.
② 박은식은 1908년 서북학회의 회장이 되어 기관지 <서북학
회월보>의 주필로 활동하였다.
① 조선사편수회는 일제가 식민지 통치에 활용할 목적으로 조
선 역사를 편찬하기 위해 설치한 한국사 연구 기관이다. 박은
식은 조선사편수회에서 활동하지 않았다.
③ 안정복은『동사강목』에서 단군-기자-마한-삼국(무통)-신
라로 이어지는 우리나라의 독자적인 정통론을 세워 이를 체계
화하였다. 따라서 이는 박은식과 무관하다.
④ 신채호에 대한 설명이다.

14. ④ 【해설】근대 정치 - 대한제국
제시된 자료는 대한제국에서 1899년에 발표한 대한국 국제의
내용이다.
④ 을미사변 이후 실시된 을미개혁에 대한 내용이다. 을미개혁
은 대한제국 성립 이전에 추진되었다.
①, ②, ③ 대한제국 시기에 추진된 정책들이다.

15. ④ 【해설】근대 문화 - 대한매일신보
제시된 자료의 밑줄 친 '이 신문'은 대한매일신보이다.

④ 대한매일신보는 1904년에 러일 전쟁의 취재를 위해 파견된 영국인 기자 베델과 양기탁을 중심으로 창간되었다. 당시 일본은 영국과 동맹 관계였으므로 영국인 베델이 발행인이었던 대한매일신보를 탄압하는 데에는 한계가 있었다. 따라서 대한매일신보는 의병 활동에 대한 호의적인 기사나 민족 운동 관련 기사들을 비교적 자유롭게 실을 수 있었다.

16. ④ 【해설】 현대 정치 - 5.18 광주 민주화 운동
제시된 자료는 1980년 5.18 광주 민주화 운동과 관련된 내용이다.
④ 5.18 광주 민주화 운동 당시, 비상계엄 철회와 신군부 세력의 퇴진, 김대중 석방 등을 요구하였다.
①, ② 4·19 혁명과 관련된 내용이다.
③ 1987년 6월 민주 항쟁의 결과에 대한 설명이다.

17. ③ 【해설】 현대 정치 - 정부 수립 과정
좌우 합작 7원칙 발표는 1946년 10월, 제헌 국회 개원은 1948년 5월 31일의 일이다.
③ 1948년 4월의 일이다.
① 1949년 6월의 일이다.
② 1948년 9월의 일이다.
④ 1946년 6월의 일이다.

18. ① 【해설】 근대 정치 - 1860~1880년대 정치
㉠ 1866년 병인박해를 빌미로 프랑스 함대가 침입하면서 병인양요가 발발하였다.
㉡ 1873년 최익현의 상소를 계기로 흥선대원군이 하야하였다.
㉢ 1881년 이만손 등이 '영남만인소'를 올려 개화 정책에 반대하였다.
㉣ 1883년 민영익·홍영식·유길준 등을 미국에 보빙사로 파견하였다.

19. ③ 【해설】 근대 정치 - 을사늑약
제시된 자료는 1905년 강제로 체결된 을사늑약(을사조약)의 일부이다.
③ 을사늑약이 체결되자, 고종은 헤이그에 특사를 파견하여 조약 체결의 부당성을 널리 알리고자 하였다.
① 1907년에 체결된 한·일 신협약(정미 7조약)에 대한 설명이다.
② 1909년에 체결된 기유각서에 대한 설명이다.
④ 1904년에 체결된 제1차 한·일 협약에 대한 설명이다.

20. ② 【해설】 일제 정치 - 한국 광복군
제시된 자료의 (가) 단체는 한국 광복군이다. 임시정부는 1940년, 충칭에서 한국 광복군을 창설했으며 총사령관에 지청천(이청천), 참모장에 이범석을 선임하였다.

행 정 법

출제교수: 강성빈 교수님

1. ③ 【해설】 행정법통론
한국공항공단이 정부로부터 무상사용허가를 받은 행정재산을 구 한국공항공단법 제17조에서 정한 바에 따라 전대하는 경우에 미리 그 계획을 작성하여 건설교통부장관에게 제출하고 승인을 얻어야 하는 등 일부 공법적 규율을 받고 있다고 하더라도, 한국공항공단이 그 행정재산의 관리청으로부터 국유재산관리사무의 위임을 받거나 국유재산관리의 위탁을 받지 않은 이상, 한국공항공단이 무상사용허가를 받은 행정재산에 대하여 하는 전대행위는 통상의 사인간의 임대차와 다를 바가 없고, 그 임대차계약이 임차인의 사용승인신청과 임대인의 사용승인의 형식으로 이루어졌다고 하여 달리 볼 것은 아니다. 대법원 2004. 1. 15. 선고 2001다12638 판결
① 국유 일반재산의 대부료 등의 징수에 관하여는 국세징수법상 체납처분에 관한 규정을 준용한 간이하고 경제적인 특별구제절차가 마련되어 있으므로, 특별한 사정이 없는 한 민사소송의 방법으로 대부료 등의 지급을 구하는 것은 허용되지 아니한다. 대법원 2014. 9. 4. 선고 2014다203588 판결
② 국유재산의 관리청이 행정재산의 사용·수익을 허가한 다음 그 사용·수익하는 자에 대하여 하는 사용료 부과는 순전히 사경제주체로서 행하는 사법상의 이행청구라 할 수 없고, 이는 관리청이 공권력을 가진 우월적 지위에서 행한 것으로서 항고소송의 대상이 되는 행정처분이라 할 것이다. 대법원 1996. 2. 13. 선고 95누11023 판결
④ 예산회계법(현 국가를 당사자로 하는 계약에 관한 법률)에 따라 체결되는 계약은 사법상의 계약이라고 할 것이고 동법 제70조의5의 입찰보증금은 낙찰자의 계약체결의무이행의 확보를 목적으로 하여 그 불이행시에 이를 국고에 귀속시켜 국가의 손해를 전보하는 사법상의 손해배상 예정으로서의 성질을 갖는 것이라고 할 것이므로 입찰보증금의 국고귀속조치는 국가가 사법상의 재산권의 주체로서 행위하는 것이지 공권력을 행사하는 것이거나 공권력작용과 일체성을 가진 것이 아니라 할 것이므로 이에 관한 분쟁은 행정소송이 아닌 민사소송의 대상이 될 수밖에 없다. 대법원 1983. 12. 27. 선고 81누366 판결

2. ④ 【해설】 행정작용법
구 국민건강보험법 등의 내용을 종합하면, 요양기관이 속임수나 그 밖의 부당한 방법으로 보험자에게 요양급여비용을 부담하게 한 때에 구 국민건강보험법 제85조 제1항 제1호에 의해 받게 되는 요양기관 업무정지처분은 의료인 개인의 자격에 대한 제재가 아니라 요양기관의 업무 자체에 대한 것으로서 대물적 처분의 성격을 갖는다. 따라서 속임수나 그 밖의 부당한 방법으로 보험자에게 요양급여비용을 부담하게 한 요양기관이 폐업한 때에는 그 요양기관은 업무를 할 수 없는 상태일 뿐만 아니라 그 처분대상도 없어졌으므로 그 요양기관 및 폐업 후 그 요양기관의 개설자가 새로 개설한 요양기관에 대하여 업무정지처분을 할 수는 없다. 대법원 2022. 1. 27. 선고 2020두39365 판결
① 무허가건물을 무허가건물관리대장에 등재하거나 등재된 내용을 변경 또는 삭제하는 행위로 인하여 당해 무허가 건물에 대한 실체상의 권리관계에 변동을 가져오는 것이 아니고, 무허가건물의 건축시기, 용도, 면적 등이 무허가건물관리대장의 기재에 의해서만 증명되는 것도 아니므로, 관할관청이 무허가건물의 무허가건물관리대장 등재 요건에 관한 오류를 바로잡으면서 당해 무허가건물을 무허가건물관리대장에서 삭제하는 행위는 다른 특별한 사정이 없는 한 항고소송의 대상이 되는 행정처분이 아니다. 대법원 2009. 3. 12. 선고 2008두11525 판결
② 공익법인의 기본재산에 대한 감독관청의 처분허가는 그 성질상 특정 상대에 대한 처분행위의 허가가 아니고 처분의 상대가 누구이든 이에 대한 처분행위를 보충하여 유효하게 하는 행위라 할 것이므로 그 처분행위에 따른 권리의 양도가 있는 경우에도 처분이 완전히 끝날 때까지는 허가의 효력이 유효하게 존속한다. 또한 위 처분허가에 부관을 붙인 경우 그 처분허가의 법률적 성질이 형성적 행정행위로서의 인가에 해당한다고 하여 조건으로서의 부관의 부과가 허용되지 아니한다고 볼 수

는 없고, 다만 구체적인 경우에 그것이 조건, 기한, 부담, 철회권의 유보 중 어느 종류의 부관에 해당하는지는 당해 부관의 내용, 경위 기타 제반 사정을 종합하여 판단하여야 할 것이다. 대법원 2005. 9. 28. 선고 2004다50044 판결
③ 건축주 등은 신고제하에서도 건축신고가 반려될 경우 당해 건축물의 건축을 개시하면 시정명령, 이행강제금, 벌금의 대상이 되거나 당해 건축물을 사용하여 행할 행위의 허가가 거부될 우려가 있어 불안정한 지위에 놓이게 된다. 따라서 건축신고 반려행위가 이루어진 단계에서 당사자로 하여금 반려행위의 적법성을 다투어 그 법적 불안을 해소한 다음 건축행위에 나아가도록 함으로써 장차 있을지도 모르는 위험에서 미리 벗어날 수 있도록 길을 열어 주고, 위법한 건축물의 양산과 그 철거를 둘러싼 분쟁을 조기에 근본적으로 해결할 수 있게 하는 것이 법치행정의 원리에 부합한다. 그러므로 건축신고 반려행위는 항고소송의 대상이 된다고 보는 것이 옳다. 대법원 2010. 11. 18. 선고 2008두167 전원합의체 판결

3. ① 【해설】 실효성 확보수단
농지법 제62조 제1항에 따른 이행강제금을 부과할 때에는 그때마다 이행강제금을 부과·징수한다는 뜻을 미리 문서로 알려야 하고, 이와 같은 절차를 거치지 아니한 채 이행강제금을 부과하는 것은 이행강제금 제도의 취지에 반하는 것으로서 위법하다. 대법원 2018. 11. 2.자 2018마5608 결정
② 건물의 점유자가 철거의무자일 때에는 건물철거의무에 퇴거의무도 포함되어 있는 것이어서 별도로 퇴거를 명하는 집행권원이 필요하지 않으므로, 행정청이 행정대집행의 방법으로 건물철거의무의 이행을 실현할 수 있는 경우에는 건물철거 대집행 과정에서 부수적으로 건물의 점유자들에 대한 퇴거 조치를 할 수 있다(주: 따라서 별도의 민사소송으로 점유자들의 퇴거를 구하는 소송은 소의 이익이 없어 부적법함). 대법원 2017. 4. 28. 선고 2016다213916 판결
③ 「식품위생법」상 영업소 폐쇄명령을 받은 후에도 계속하여 영업을 하는 경우 해당 영업소를 폐쇄하는 조치를 한 것은 의무불이행을 전제로 실력행사를 한 것이므로, 결국 식품위생법상 영업소 폐쇄는 행정상 강제집행수단의 한 종류인 직접강제이다.
④ 과세관청이 체납처분으로서 행하는 공매는 우월한 공권력의 행사로서 행정소송의 대상이 되는 공법상의 행정처분이며 공매에 의하여 재산을 매수한 자는 그 공매처분이 취소된 경우에 그 취소처분의 위법을 주장하여 행정소송을 제기할 법률상 이익이 있다. 대법원 1984. 9. 25. 선고 84누201 판결

4. ② 【해설】 행정쟁송법
건물의 사용검사처분은 건축허가를 받아 건축된 건물이 건축허가 사항대로 건축행정 목적에 적합한지 여부를 확인하고 사용검사필증을 교부하여 줌으로써 허가받은 자로 하여금 건축한 건물을 사용·수익할 수 있게 하는 법률효과를 발생시키는 것이다. 입주자나 입주예정자들은 건물에 대한 사용검사처분을 취소하지 않고서도 민사소송 등을 통하여 분양계약에 따른 법률관계 및 하자 등을 주장·증명함으로써 사업주체 등으로부터 하자 제거·보완 등에 관한 권리구제를 받을 수 있으므로, 사용검사처분의 취소 여부에 의하여 법률적인 지위가 달라진다고 할 수 없다. 따라서 구 주택법상 입주자나 입주예정자는 사용검사처분의 취소를 구할 법률상 이익이 없다. 대법원 2014. 7. 24. 선고 2011두30465 판결
① (국민권익위원회가 소방청장에게 인사와 관련하여 부당한 지시를 한 사실이 인정된다며 이를 취소할 것을 요구하기로 의결하고 그 내용을 통지하자 소방청장이 국민권익위원회 조치요구의 취소를 구하는 소송을 제기한 사안에서) 처분성이 인정되는 국민권익위원회의 조치요구에 불복하고자 하는 소방청장으로서는 조치요구의 취소를 구하는 항고소송을 제기하는 것이 유효·적절한 수단으로 볼 수 있으므로 소방청장이 예외적으로 당사자능력과 원고적격을 가진다고 한 사례. 대법원 2018. 8. 1. 선고 2014두35379 판결
③ 법무사규칙 제37조 제4항이 이의신청 절차를 규정한 것은 채용승인을 신청한 법무사뿐만 아니라 사무원이 되려는 사람의 이익도 보호하려는 취지로 볼 수 있다. 따라서 지방법무사회의 사무원 채용승인 거부처분 또는 채용승인 취소처분에 대

해서는 처분 상대방인 법무사뿐만 아니라 그 때문에 사무원이 될 수 없게 된 사람도 이를 다툴 원고적격이 인정되어야 한다. 대법원 2020. 4. 9. 선고 2015다34444 판결
④ 헌법 제35조 제1항에서 정하고 있는 환경권에 관한 규정만으로는 그 권리의 주체·대상·내용·행사방법 등이 구체적으로 정립되어 있다고 볼 수 없고, 환경정책기본법 제6조도 그 규정 내용 등에 비추어 국민에게 구체적인 권리를 부여한 것으로 볼 수 없다는 이유로, 환경영향평가 대상지역 밖에 거주하는 주민에게 헌법상의 환경권 또는 환경정책기본법에 근거하여 공유수면매립면허처분과 농지개량사업 시행인가처분의 무효확인을 구할 원고적격이 없다고 한 사례. 대법원 2006. 3. 16. 선고 2006두330 전원합의체 판결

5. ① 【해설】 행정작용법
법원이 구체적 규범통제를 통해 위헌·위법으로 선언할 심판대상은, 해당 규정의 전부가 불가분적으로 결합되어 있어 일부를 무효로 하는 경우 나머지 부분이 유지될 수 없는 결과를 가져오는 특별한 사정이 없는 한, 원칙적으로 해당 규정 중 재판의 전제성이 인정되는 조항에 한정된다. 대법원 2019. 6. 13. 선고 2017두33985 판결
② 일반적으로 시행령이 헌법이나 법률에 위반된다는 사정은 그 시행령의 규정을 위헌 또는 위법하여 무효라고 선언한 대법원의 판결이 선고되지 아니한 상태에서는 그 시행령 규정의 위헌 내지 위법 여부가 해석상 다툼의 여지가 없을 정도로 명백하였다고 인정되지 아니하는 이상 객관적으로 명백한 것이라 할 수 없으므로, 이러한 시행령에 근거한 행정처분의 하자는 취소사유에 해당할 뿐 무효사유가 되지 아니한다. 대법원 2007. 6. 14. 선고 2004두619 판결
③ 한국수력원자력 주식회사가 조달하는 기자재, 용역 및 정비공사, 기기수리의 공급자에 대한 관리업무 절차를 규정함을 목적으로 제정·운용하고 있는 '공급자관리지침' 중 등록취소 및 그에 따른 일정 기간의 거래제한조치에 관한 규정들은 공공기관으로서 행정청에 해당하는 한국수력원자력 주식회사가 상위법령의 구체적 위임 없이 정한 것이어서 대외적 구속력이 없는 행정규칙이다. 대법원 2020. 5. 28. 선고 2017두66541 판결
④ 상위법령이 개정됨에 그친 경우, 개정법령과 성질상 모순, 저촉되지 아니하고 개정된 상위법령의 시행에 필요한 사항을 규정하고 있는 이상 그 집행명령은 상위법령의 개정에도 불구하고 당연히 실효되지 아니하고 개정법령의 시행을 위한 집행명령이 제정, 발효될 때까지는 여전히 그 효력을 유지한다. 대법원 1989. 9. 12. 선고 88누6962 판결

6. ④ 【해설】 행정쟁송법
행정처분을 취소한다는 확정판결이 있으면 그 취소판결의 형성력에 의하여 당해 행정처분의 취소나 취소통지 등의 별도의 절차를 요하지 아니하고 당연히 취소의 효과가 발생한다. 대법원 1991. 10. 11. 선고 90누5443 판결
① 행정소송법 제29조

> **행정소송법 제29조(취소판결등의 효력)**
> ① 처분등을 취소하는 확정판결은 제3자에 대하여도 효력이 있다.

② 거부처분에 대한 취소의 확정판결이 있음에도 행정청이 아무런 재처분을 하지 아니하거나, 재처분을 하였다 하더라도 그것이 종전 거부처분에 대한 취소의 확정판결의 기속력에 반하는 등으로 당연무효라면 이는 아무런 재처분을 하지 아니한 때와 마찬가지라 할 것이므로 이러한 경우에는 행정소송법 제30조 제2항, 제34조 제1항 등에 의한 간접강제신청에 필요한 요건을 갖춘 것으로 보아야 한다. 대법원 2002. 12. 11.자 2002무22 결정
③ 행정소송법 제30조 제1항에 의하여 인정되는 취소소송에서 처분 등을 취소하는 확정판결의 기속력은 주로 판결의 실효성 확보를 위하여 인정되는 효력으로서 판결의 주문뿐만 아니라 그 전제가 되는 처분 등의 구체적 위법사유에 관한 이유 중의 판단에 대하여도 인정된다. 대법원 2001. 3. 23. 선고 99두5238 판결

7. ③ 【해설】 실효성 확보수단
지방국세청장 또는 세무서장이 조세범 처벌절차법 제17조 제1항에 따라 통고처분을 거치지 아니하고 즉시 고발하였다면 이로써 조세범칙사건에 대한 조사 및 처분 절차는 종료되고 형사사건 절차로 이행되어 지방국세청장 또는 세무서장으로서는 동일한 조세범칙행위에 대하여 더 이상 통고처분을 할 권한이 없다. 따라서 지방국세청장 또는 세무서장이 조세범칙행위에 대하여 고발을 한 후에 동일한 조세범칙행위에 대하여 통고처분을 하였더라도, 이는 법적 권한 소멸 후에 이루어진 것으로서 특별한 사정이 없는 한 효력이 없고, 조세범칙행위자가 이러한 통고처분을 이행하였더라도 조세범 처벌절차법 제15조 제3항에서 정한 일사부재리의 원칙이 적용될 수 없다. 대법원 2016. 9. 28. 선고 2014도10748 판결
① 대기환경보전법의 입법목적이나 제반 관계규정의 취지 등을 고려하면, 위 법 제36조에 위반하는 행위 즉, 법정의 배출허용기준을 초과하는 배출가스를 배출하면서 자동차를 운행하는 행위를 처벌하고자 하는 위 법 제57조 제6호의 규정은 고의범 즉, 자동차의 운행자가 그 자동차에서 배출되는 배출가스가 소정의 운행 자동차 배출허용기준을 초과한다는 점을 실제로 인식하면서 운행한 경우는 물론이고, 과실범 즉, 운행자의 과실로 인하여 그러한 내용을 인식하지 못한 경우도 함께 처벌하는 규정이라고 해석함이 상당하다. 대법원 1993. 9. 10. 선고 92도1136 판결
② 법인은 기관을 통하여 행위하므로 법인이 대표자를 선임한 이상 그의 행위로 인한 법률효과는 법인에게 귀속되어야 하고, 법인 대표자의 범죄행위에 대하여는 법인이 자신의 행위에 대한 책임을 부담하는 것이다. 법인 대표자의 법규위반행위에 대한 법인의 책임은, 법인 자신의 법규위반행위로 평가될 수 있는 행위에 대한 법인의 직접책임으로서, 대표자의 고의에 의한 위반행위에 대하여는 법인 자신의 고의에 의한 책임을, 대표자의 과실에 의한 위반행위에 대하여는 법인 자신의 과실에 의한 책임을 부담하는 것이다. 따라서 '심판대상조항 중 법인의 대표자 관련 부분'은 대표자의 책임을 요건으로 하여 법인을 처벌하는 것이므로 책임주의원칙에 반하지 아니한다. 헌법재판소 2013. 10. 24. 선고 2013헌가18 전원재판부
④ 피고인이 행형법에 의한 징벌을 받아 그 집행을 종료하였다고 하더라도 행형법상의 징벌은 수형자의 교도소 내의 준수사항위반에 대하여 과하는 행정상의 질서벌의 일종으로서 형법법령에 위반한 행위에 대한 형사책임과는 그 목적, 성격을 달리하는 것이므로 징벌을 받은 뒤에 형사처벌을 한다고 하여 일사부재리의 원칙에 반하는 것은 아니다. 대법원 2000. 10. 27. 선고 2000도3874 판결

8. ② 【해설】 행정쟁송법
행정소송법 제38조

> **행정소송법 제38조(준용규정)**
> ① 제9조, 제10조, 제13조 내지 제17조, 제19조, 제22조 내지 제26조, 제29조 내지 제31조 및 제33조의 규정은 무효등 확인소송의 경우에 준용한다(주: 행정소송법 제23조는 집행정지에 관한 규정임).

① 행정처분의 집행정지는 행정처분집행 부정지의 원칙에 대한 예외로서 인정되는 일시적인 응급처분이라 할 것이므로 집행정지결정을 하려면 이에 대한 본안소송이 법원에 제기되어 계속 중임을 요건으로 하는 것이므로 집행정지결정을 한 후라도 본안소송이 취하되어 소송이 계속하지 아니한 것으로 되면 집행정지결정은 당연히 그 효력이 소멸되는 것이고 별도의 취소조치를 필요로 하는 것이 아니다. 대법원 1975. 11. 11. 선고 75누97 결정
③ 항고소송의 대상이 되는 행정처분의 효력이나 집행 혹은 절차속행 등의 정지를 구하는 신청은 행정소송법상 집행정지신청의 방법으로서만 가능할 뿐 민사소송법상 가처분의 방법으로는 허용될 수 없다. 대법원 2009. 11. 2.자 2009마596 결정
④ 행정소송법 제23조

> **행정소송법 제23조(집행정지)**
> ⑤ 제2항의 규정에 의한 집행정지의 결정 또는 기각의 결정에 대하여는 즉시항고할 수 있다. 이 경우 집행정지의 결정에 대한 즉시항고에는 결정의 집행을 정지하는 효력이 없다.

9. ② 【해설】 행정작용법
수익적 행정처분에 대한 취소권 등의 행사는 기득권의 침해를
정당화할 만한 중대한 공익상의 필요 또는 제3자의 이익보호
의 필요가 있는 때에 한하여 허용될 수 있다는 법리는, 처분청
이 수익적 행정처분을 직권으로 취소·철회하는 경우에 적용되
는 법리일 뿐 쟁송취소의 경우에는 적용되지 않는다. 대법원
2019. 10. 17 선고 2018두104 판결
① 행정처분을 한 처분청은 그 처분의 성립에 하자가 있는 경
우 이를 취소할 별도의 법적 근거가 없다고 하더라도 직권으로
이를 취소할 수 있다. 대법원 2002. 5. 28. 선고 2001두9653
판결
③ 행정기본법 제18조

> **행정기본법 제18조(위법 또는 부당한 처분의 취소)**
> ① 행정청은 위법 또는 부당한 처분의 전부나 일부를 소급하
> 　여 취소할 수 있다. 다만, 당사자의 신뢰를 보호할 가치가
> 　있는 등 정당한 사유가 있는 경우에는 장래를 향하여 취
> 　소할 수 있다.

④ 건축주가 토지 소유자로부터 토지사용승낙서를 받아 그 토
지 위에 건축물을 건축하는 대물적 성질의 건축허가를 받았다
가 착공에 앞서 건축주의 귀책사유로 해당 토지를 사용할 권리
를 상실한 경우, 건축허가의 존재로 말미암아 토지에 대한 소
유권 행사에 지장을 받을 수 있는 토지 소유자로서는 건축허가
의 철회를 신청할 수 있다고 보아야 한다. 따라서 토지 소유자
의 위와 같은 신청을 거부한 행위는 항고소송의 대상이 된다.
대법원 2017. 3. 15. 선고 2014두41190 판결

10. ④ 【해설】 실효성 확보수단
관리권자인 보령시장이 행정대집행을 실시하지 아니하는 경우
국가에 대하여 이 사건 토지 사용청구권을 가지는 원고로서는
위 청구권을 보전하기 위하여 국가를 대위하여 피고들을 상대
로 민사소송의 방법으로 이 사건 시설물의 철거를 구하는 이외
에는 이를 실현할 수 있는 다른 절차와 방법이 없어 그 보전의
필요성이 인정되므로, 원고는 국가를 대위하여 피고들을 상대
로 민사소송의 방법으로 이 사건 시설물의 철거를 구할 수 있
다. 대법원 2009. 6. 11. 선고 2009다1122 판결
① 관계 법령상 행정대집행의 절차가 인정되어 행정청이 행정
대집행의 방법으로 건물의 철거 등 대체적 작위의무의 이행을
실현할 수 있는 경우에는 따로 민사소송의 방법으로 그 의무의
이행을 구할 수 없다. 대법원 2017. 4. 28. 선고 2016다
213916 판결
② 관계 법령에 위반하여 장례식장 영업을 하고 있는 자의 장
례식장 사용중지의무는 비대체적 부작위 의무이므로 행정대집
행법 제2조의 규정에 의한 대집행의 대상이 아니다. 대법원
2005. 9. 28. 선고 2005두7464 판결
③ 행정대집행법 제3조

> **행정대집행법 제3조(대집행의 절차)**
> ③ 비상시 또는 위험이 절박한 경우에 있어서 당해 행위의
> 　급속한 실시를 요하여 전2항에 규정한 수속(주: 계고 및
> 　대집행영장 통지)을 취할 여유가 없을 때에는 그 수속을
> 　거치지 아니하고 대집행을 할 수 있다.

11. ① 【해설】 행정작용법
행정기본법 제37조

> **행정기본법 제37조(처분의 재심사)**
> ③ 제1항에 따른 신청은 당사자가 제1항 각 호의 사유를 안
> 　날부터 60일 이내에 하여야 한다. 다만, 처분이 있은 날부
> 　터 5년이 지나면 신청할 수 없다.

② 행정기본법 제37조

> **행정기본법 제37조(처분의 재심사)**
> ⑤ 제4항에 따른 처분의 재심사 결과 중 처분을 유지하는 결
> 　과에 대해서는 행정심판, 행정소송 및 그 밖의 쟁송수단
> 　을 통하여 불복할 수 없다.

③, ④ 행정기본법 제37조

> **행정기본법 제37조(처분의 재심사)**
> ① 당사자는 처분(제재처분 및 행정상 강제는 제외한다. 이
> 　하 이 조에서 같다)이 행정심판, 행정소송 및 그 밖의 쟁
> 　송을 통하여 다툴 수 없게 된 경우(법원의 확정판결이 있
> 　는 경우는 제외한다)라도 다음 각 호의 어느 하나에 해당
> 　하는 경우에는 해당 처분을 한 행정청에 처분을 취소·철
> 　회하거나 변경하여 줄 것을 신청할 수 있다(주: 재심사 신
> 　청은 '당사자'만이 할 수 있음).

12. ③ 【해설】 행정쟁송법
수익적 행정행위 신청에 대한 거부처분은 당사자의 신청에 대하여
관할 행정청이 거절하는 의사를 대외적으로 명백히 표시함으로써
성립되고, 거부처분이 있은 후 당사자가 다시 신청을 한 경우에는
신청의 제목 여하에 불구하고 그 내용이 새로운 신청을 하는 취지
라면 관할 행정청이 이를 다시 거절하는 것은 새로운 거부처분으로
봄이 원칙이다. 대법원 2019. 4. 3. 선고 2017두52764 판결
① 어떠한 처분에 법령상 근거가 있는지, 행정절차법에서 정한
처분절차를 준수하였는지는 본안에서 당해 처분이 적법한가를
판단하는 단계에서 고려할 요소이지, 소송요건 심사단계에서
고려할 요소가 아니다. 대법원 2020. 1. 16. 선고 2019다
264700 판결
② 2012마1097 결정 및 2018두49390 판결

> 1. 국가를 당사자로 하는 계약에 관한 법률에 따라 국가가
> 　당사자가 되는 이른바 공공계약은 사경제 주체로서 상대
> 　방과 대등한 위치에서 체결하는 사법상 계약으로서 본질
> 　적인 내용은 사인 간의 계약과 다를 바가 없으므로, 그에
> 　관한 법령에 특별한 정함이 있는 경우를 제외하고는 사적
> 　자치와 계약자유의 원칙 등 사법의 원리가 그대로 적용된
> 　다. 대법원 2012. 9. 20.자 2012마1097 결정
> 2. 국가를 당사자로 하는 계약에 관한 법률 또는 지방자치단
> 　체를 당사자로 하는 계약에 관한 법률에 근거하여 국가
> 　또는 지방자치단체 등이 행하는 입찰참가자격제한조치는
> 　공권력의 행사로서 처분성이 인정된다. 대법원 2018. 11.
> 　29. 선고 2018두49390 판결

④ 재결취소소송의 경우 재결 자체에 고유한 위법이 있는지 여
부를 심리할 것이고, 재결 자체에 고유한 위법이 없는 경우에
는 원처분의 당부와는 상관없이 당해 재결취소소송은 이를 기
각하여야 한다. 대법원 1994. 1. 25. 선고 93누16901 판결

13. ④ 【해설】 행정작용법
행정처분에 붙은 부담인 부관이 제소기간의 도과로 확정되어
이미 불가쟁력이 생겼다면 그 하자가 중대하고 명백하여 당연
무효로 보아야 할 경우 외에는 누구나 그 효력을 부인할 수 없
을 것이지만, 부담의 이행으로서 하게 된 사법상 매매 등의 법
률행위는 부담을 붙인 행정처분과는 어디까지나 별개의 법률
행위이므로 그 부담의 불가쟁력의 문제와는 별도로 법률행위
가 사회질서 위반이나 강행규정에 위반되는지 여부 등을 따져
보아 그 법률행위의 유효 여부를 판단하여야 한다(주: 사법상
법률행위의 효력을 다툴 수 있다는 의미). 대법원 2009. 6. 25.
선고 2006다18174 판결
① 지방국토관리청장이 일부 공유수면매립지에 대하여 한 국
가 또는 직할시 귀속처분은 매립준공인가를 함에 있어서 매립
의 면허를 받은 자의 매립지에 대한 소유권취득을 규정한 공유
수면매립법 제14조의 효과 일부를 배제하는 부관(주: 법률효과
의 일부배제)을 붙인 것이고, 이러한 행정행위의 부관은 위 법
리와 같이 독립하여 행정소송 대상이 될 수 없다. 대법원
1993. 10. 8. 선고 93누2032 판결
② 기부채납받은 공원시설의 사용·수익허가에서 그 허가기간
은 행정행위의 본질적 요소에 해당한다고 볼 것이어서, 부관인
허가기간에 위법사유가 있다면 이로써 이 사건 허가 전부가 위
법하게 된다. 대법원 2001. 6. 15. 선고 99두509 판결
③ 수익적 행정처분에 있어서는 법령에 특별한 근거규정이 없다
고 하더라도 그 부관으로서 부담을 붙일 수 있고, 그와 같은 부
담은 행정청이 행정처분을 하면서 일방적으로 부가할 수도 있지
만 부담을 부가하기 이전에 상대방과 협의하여 부담의 내용을
협약의 형식으로 미리 정한 다음 행정처분을 하면서 이를 부가
할 수도 있다. 대법원 2009. 2. 12. 선고 2005다65500 판결

14. ② 【해설】행정작용법
다른 법률에 특별한 규정이 있는 경우이거나 또는 지방계약법
의 개별 규정의 규율내용이 매매, 도급 등과 같은 특정한 유형·
내용의 계약을 규율대상으로 하고 있는 경우가 아닌 한, 지방
자치단체를 당사자로 하는 계약에 관하여는 그 계약의 성질이
공법상 계약인지 사법상 계약인지와 상관없이 원칙적으로 지
방계약법의 규율이 적용된다고 보아야 한다. 대법원 2020. 12.
10. 선고 2019다234617 판결
① 행정기본법 제27조

> **행정기본법 제27조(공법상 계약의 체결)**
> ① 행정청은 법령등을 위반하지 아니하는 범위에서 행정목
> 적을 달성하기 위하여 필요한 경우에는 공법상 법률관계
> 에 관한 계약(이하 "공법상 계약"이라 한다)을 체결할 수
> 있다. 이 경우 계약의 목적 및 내용을 명확하게 적은 계약
> 서를 작성하여야 한다.

③ (중소기업기술정보진흥원장이 갑 주식회사와 중소기업 정
보화지원사업 지원대상인 사업의 지원에 관한 협약을 체결하
였는데, 협약이 갑 회사에 책임이 있는 사업실패로 해지되었다
는 이유로 협약에서 정한 대로 지급받은 정부지원금을 반환할
것을 통보한 사안에서) 협약의 해지 및 그에 따른 환수통보는
행정청이 우월한 지위에서 행하는 공권력의 행사로서 행정처
분에 해당한다고 볼 수 없다(주: 중소기업 정보화지원사업에
따른 지원금 출연을 위하여 중소기업청장이 체결하는 협약을
공법상 계약으로 보아 당사자소송의 대상이 된다고 본 사례).
대법원 2015. 8. 27. 선고 2015두41449 판결
④ 민간투자사업 실시협약을 체결한 당사자가 공법상 당사자
소송에 의하여 그 실시 협약에 따른 재정지원금의 지급을 구하
는 경우에, 수소법원은 단순히 주무관청이 재정지원금액을 산
정한 절차 등에 위법이 있는지 여부를 심사하는 데 그쳐서는
아니 되고, 실시협약에 따른 적정한 재정지원금액이 얼마인지
를 구체적으로 심리·판단하여야 한다. 대법원 2019. 1. 31. 선
고 2017두46455 판결

15. ③ 【해설】정보공개법
정보공개법 제19조

> **정보공개법 제19조(행정심판)**
> ② 청구인은 제18조에 따른 이의신청 절차를 거치지 아니하
> 고 행정심판을 청구할 수 있다.

① 구 정보공개법과 「개인정보 보호법」의 각 입법목적과 규정
내용, 구 정보공개법 제9조 제1항 제6호의 문언과 취지 등에
비추어 보면, 구 정보공개법 제9조 제1항 제6호는 공공기관이
보유·관리하고 있는 개인정보의 공개 과정에서의 개인정보를
보호하기 위한 규정으로서 「개인정보 보호법」 제6조에서 말하
는 '개인정보 보호에 관하여 다른 법률에 특별한 규정이 있는
경우'에 해당한다. 따라서 공공기관이 보유·관리하고 있는 개
인정보의 공개에 관하여는 구 정보공개법 제9조 제1항 제6호
가 「개인정보 보호법」에 우선하여 적용된다. 대법원 2021. 11.
11. 선고 2015두53770 판결
② 정보공개청구권은 법률상 보호되는 구체적인 권리이므로
청구인이 공공기관에 대하여 정보공개를 청구하였다가 거부처
분을 받은 것 자체가 법률상 이익의 침해에 해당한다. 대법원
2004. 8. 20. 선고 2003두8302 판결
④ 법원이 정보공개거부처분의 위법 여부를 심리한 결과, 공개
가 거부된 정보에 비공개대상정보에 해당하는 부분과 공개가
가능한 부분이 혼합되어 있으며, 공개청구의 취지에 어긋나지
아니하는 범위 안에서 두 부분을 분리할 수 있다고 인정할 수
있을 때에는, 공개가 거부된 정보 중 공개가 가능한 부분을 특
정하고, 판결의 주문에 정보공개거부처분 중 공개가 가능한 정
보에 관한 부분만을 취소한다고 표시하여야 한다. 대법원
2010. 2. 11. 선고 2009두6001 판결

16. ① 【해설】행정절차법
불이익처분의 직접 상대방인 당사자 또는 행정청이 참여하게
한 이해관계인이 아닌 제3자에 대하여는 사전통지 및 의견제
출에 관한 행정절차법 제21조, 제22조가 적용되지 않는다. 대
법원 2009. 4. 23. 선고 2008두686 판결
② 행정청이 행정절차법 제20조 제1항의 처분기준 사전공표
의무를 위반하여 미리 공표하지 아니한 기준을 적용하여 처분
을 하였다고 하더라도, 그러한 사정만으로 곧바로 해당 처분에
취소사유에 이를 정도의 흠이 존재한다고 볼 수는 없다. 대법
원 2020. 12. 24. 선고 2018두45633 판결
③ 일반적으로 당사자가 근거규정 등을 명시하여 신청하는 인·
허가 등을 거부하는 처분을 함에 있어 당사자가 그 근거를 알
수 있을 정도로 상당한 이유를 제시한 경우에는 당해 처분의
근거 및 이유를 구체적 조항 및 내용까지 명시하지 않았더라도
그로 말미암아 그 처분이 위법한 것이 된다고 할 수 없다. 대법
원 2002. 5. 17. 선고 2000두8912 판결
④ 행정청이 문서로 처분을 한 경우 원칙적으로 처분서의 문언
에 따라 어떤 처분을 하였는지 확정하여야 한다. 그러나 처분
서의 문언만으로는 행정청이 어떤 처분을 하였는지 불분명한
경우에는 처분 경위와 목적, 처분 이후 상대방의 태도 등 여러
사정을 고려하여 처분서의 문언과 달리 처분의 내용을 해석할
수 있다. 대법원 2020. 10. 29 선고 2017다269152 판결

17. ③ 【해설】행정구제법
행위가 실질적으로 공무집행행위가 아니라는 사정을 피해자가
알았다 하더라도 그것을 "직무를 행함에 당하여"라고 단정하는
데 아무런 영향을 미치는 것이 아니다. 대법원 1966. 6. 28.
선고 66다781 판결
① 형벌에 관한 법령이 헌법재판소의 위헌결정으로 소급하여
효력을 상실하였거나 법원에서 위헌·무효로 선언된 경우, 그
법령이 위헌으로 선언되기 전에 그 법령에 기초하여 수사가 개
시되어 공소가 제기되고 유죄판결이 선고되었더라도, 그러한
사정만으로 수사기관의 직무행위나 법관의 재판상 직무행위가
국가배상법 제2조 제1항에서 말하는 공무원의 고의 또는 과실
에 의한 불법행위에 해당하여 국가의 손해배상책임이 발생한
다고 볼 수는 없다. 대법원 2014. 10. 27. 선고 2013다217962
판결
② 국가배상법 제2조 제1항의 '직무를 집행함에 당하여'라 함
은 직접 공무원의 직무집행행위이거나 그와 밀접한 관련이 있
는 행위를 포함하고, 이를 판단함에 있어서는 행위 자체의 외
관을 객관적으로 관찰하여 공무원의 직무행위로 보여질 때에
는 비록 그것이 실질적으로 직무행위가 아니거나 또는 행위자
로서는 주관적으로 공무집행의 의사가 없었다고 하더라도 그
행위는 공무원이 '직무를 집행함에 당하여' 한 것으로 보아야
한다. 대법원 2005. 1. 14. 선고 2004다26805 판결
④ '법령을 위반하여'라고 함은 엄격하게 형식적 의미의 법령
에 명시적으로 공무원의 행위의무가 정하여져 있음에도 이를
위반하는 경우만을 의미하는 것은 아니고, 인권존중·권력남용
금지·신의성실과 같이 공무원으로서 마땅히 지켜야 할 준칙이
나 규범을 지키지 아니하고 위반한 경우를 비롯하여 널리 그
행위가 객관적인 정당성을 결여하고 있는 경우도 포함한다. 대
법원 2015. 8. 27. 선고 2012다204587 판결

18. ② 【해설】행정법통론
건축물에 인접한 도로의 개설을 위한 도시계획사업시행허가처
분은 건축물에 대한 건축허가처분과는 별개의 행정처분이므로
사업시행허가를 함에 있어 조건으로 내세운 기부채납의무를
이행하지 않았음을 이유로 한 건축물에 대한 준공거부처분은
건축법에 근거 없이 이루어진 것으로서 위법하다. 대법원
1992. 11. 27. 선고 92누10364 판결
① 원고가 (행정서사업)허가를 받은 때로부터 20년이 다되어
피고가 그 허가를 취소한 것이기는 하나 피고가 취소사유를 알
고서도 그렇게 장기간 취소권을 행사하지 않은 것이 아니고
1985. 9. 중순에 비로소 위에서 본 취소사유를 알고 그에 관한
법적 처리방안에 관하여 다각도로 연구검토가 행해졌고 그러
한 사정은 원고도 알고 있었음이 기록상 명백하여 이로써 본다
면 상대방인 원고에게 취소권을 행사하지 않을 것이란 신뢰를
심어준 것으로 여겨지지 않으니 피고의 처분이 실권의 법리에
저촉된 것이라고 볼 수 있는 것도 아니다. 대법원 1988. 4. 27.
선고 87누915 판결
③ 과세관청이 납세의무자에게 면세사업자등록증을 교부하고
수년간 면세사업자로서 한 부가가치세 예정신고 및 확정신고
를 받은 행위만으로는 과세관청이 납세의무자에게 그가 영위
하는 사업에 관하여 부가가치세를 과세하지 아니함을 시사하

는 언동이나 공적인 견해를 표명한 것이라 할 수 없다. 대법원 2002. 9. 4. 선고 2001두9370 판결
④ 제1종 보통면허로 운전할 수 있는 승합자동차를 음주운전한 경우, 제1종 보통면허뿐만 아니라 제1종 대형면허까지 취소할 수 있다는 사례. 대법원 1997. 3. 11. 선고 96누15176 판결

19. ① 【해설】행정구제법
토지보상법 제50조

> **토지보상법 제50조(재결사항)**
> ② 토지수용위원회는 사업시행자, 토지소유자 또는 관계인이 신청한 범위에서 재결하여야 한다. 다만, 제1항 제2호의 손실보상의 경우에는 증액재결을 할 수 있다.

② 어떤 보상항목이 공익사업을 위한 토지 등의 취득 및 보상에 관한 법령상 손실보상대상에 해당함에도 관할 토지수용위원회가 사실을 오인하거나 법리를 오해함으로써 손실보상대상에 해당하지 않는다고 잘못된 내용의 재결을 한 경우에는, 피보상자는 관할 토지수용위원회를 상대로 그 재결에 대한 취소소송을 제기할 것이 아니라, 사업시행자를 상대로 구 공익사업을 위한 토지 등의 취득 및 보상에 관한 법률 제85조 제2항에 따른 보상금증감소송을 제기하여야 한다. 대법원 2018. 7. 20. 선고 2015두4044 판결
③ 하천법 제50조에 의한 하천수 사용권은 공익사업을 위한 토지 등의 취득 및 보상에 관한 법률 제76조 제1항이 손실보상의 대상으로 규정하고 있는 '물의 사용에 관한 권리'에 해당한다. 대법원 2018. 12. 27. 선고 2014두11601 판결
④ 잔여지 수용청구의 의사표시는 관할 토지수용위원회에 하여야 하는 것으로서, 관할 토지수용위원회가 사업시행자에게 잔여지 수용청구의 의사표시를 수령할 권한을 부여하였다고 인정할 만한 사정이 없는 한, 사업시행자에게 한 잔여지 매수청구의 의사표시를 관할 토지수용위원회에 한 잔여지 수용청구의 의사표시로 볼 수는 없다. 대법원 2010. 8. 19. 선고 2008두822 판결

20. ④ 【해설】행정쟁송법
처분의 성질이나 그 밖의 불가피한 사유로 위원회가 직접 처분을 할 수 없는 경우에는 직접처분을 할 수 없는데, 정보공개명령재결이 있는 경우 설령 피청구인인 행정청이 위 명령에 반하여 정보를 공개하지 않는다 하더라도 위원회는 공개청구의 대상이 된 정보를 보유·관리하고 있지 않기 때문에 처분의 성질상 직접처분(정보공개처분)을 할 수 없다.

> **행정심판법 제50조(위원회의 직접 처분)**
> ① 위원회는 피청구인이 제49조제3항에도 불구하고 처분을 하지 아니하는 경우에는 당사자가 신청하면 기간을 정하여 서면으로 시정을 명하고 그 기간에 이행하지 아니하면 직접 처분을 할 수 있다. 다만, 그 처분의 성질이나 그 밖의 불가피한 사유로 위원회가 직접 처분을 할 수 없는 경우에는 그러하지 아니하다.

① 행정심판법 제51조

> **행정심판법 제51조(행정심판 재청구의 금지)**
> 심판청구에 대한 재결이 있으면 그 재결 및 같은 처분 또는 부작위에 대하여 다시 행정심판을 청구할 수 없다.

② 처분행정청은 재결에 기속되어 재결의 취지에 따른 처분의무를 부담하게 되므로 이에 불복하여 행정소송을 제기할 수 없다. 대법원 1998. 5. 8. 선고 97누15432 판결
③ 행정심판법 제43조

> **행정심판법 제43조(재결의 구분)**
> ③ 위원회는 취소심판의 청구가 이유가 있다고 인정하면 처분을 취소 또는 다른 처분으로 변경하거나 처분을 다른 처분으로 변경할 것을 피청구인에게 명한다(주: 행정심판위원회는 처분의 내용을 다른 처분으로 변경하는 이른바 적극적 변경재결을 할 수 있음).

행 정 학

출제교수: 김규대 교수님

1. ③ 【해설】조직론 - 갈등관리론
통합적 협상은 가능한 전체 자원을 확대하려는 협상이므로 상호 협조체제를 구축하여 공동운명의 관계를 형성하여 포지티브섬(positive sum)을 추구한다.
① 집단 간 목표의 차이로 인해 발생한 갈등은 상위 목표를 제시하거나 계층제 또는 권위를 이용하여 해결한다.
② 수평적 갈등은 목표의 분업 구조, 과업의 상호 의존성, 제한된 자원으로 인해 발생한다.
④ 조직의 불확실성을 높이거나 위기감을 불러일으키는 것과 같이 조직의 갈등을 인위적으로 조성하는 전략은 조직의 생존. 발전에 필요한 전략 중 하나이다.

	분배적 협상	통합적 협상
Pie 인식	분배되는 전체 자원을 고정된 것으로 인식	분배되는 전체 자원을 확대하려는 협상으로 봄
승패 방식	제로섬 (zero sum : win-lose)	포지티브섬 (positive sum)
협상전략	강압적 경쟁전략	협력적 문제해결 전략
목표성격	개인 자신의 목표	상호 공동 목표
지향	배타적 경쟁 지향	통합적 협력 지향
목표	결과(이득) 지향	인간관계(사람) 지향
가치 창출	기존 가치의 배분	새로운 가치의 창출
정보 공유	은밀한 정보	공개적 정보 보유
토론 성격	입장 토론	실질적 이해관계 토론
추구	자신의 욕구 충족을 위한 자신의 이득	공동 이득을 위해 가치 있는 이득의 교환

2. ④ 【해설】X-비효율성 이론
X - 비효율성은 정부가 가진 권력을 통해 불평등한 분배가 이루어지는 현상이 아니라 독점으로 인한 관리상의 비효율을 의미한다.
① Lebenstein이 제시한 개념으로써 정부는 본래적으로 독점적 성격을 갖고 있어 독점기업의 경영과 마찬가지로 방만한 경영이 이루어진다는 것으로 파레토(Pareto)의 자원배분상의 비효율성을 의미하는 것이 아니라 관리상의 비효율성을 의미한다.
② 법규로 규정할 수 없는 어떤 관리상의 행정적 요인에 의해 나타나는 관리상의 비효율성을 의미한다.
③ 근본적으로 공공부문이 경쟁체제에 노출되지 못하기 때문이며 정부실패의 주원인이 된다.

3. ① 【해설】인사행정론 - 실적제
1868년 미국의 젠크스(James A. Jenkes) 하원의원이 제출한 법률안으로 의회에서 통과되지는 못했으나 실적주의 수립 운동의 중요한 계기를 마련했다.
② 1774년 워싱턴, 제퍼선의 내각구성은 엽관주의 대두배경이다.
③ 1820년 먼로의 4년 임기법은 엽관주의 대두배경이다.
④ 1829년 잭슨 대통령의 연두교서는 엽관주의 대두배경이다.

4. ④ 【해설】신공공관리론 vs 신공공서비스론
신공공관리론에서 목표달성 기제 인식로 유인기제를 중시하고 신공공서비스론에서는 공공기관과 비영리 민간기관과 연합을 중시한다.
① 기대하는 조직구조는 신공공관리론에서는 조직 내 주요 통제권이 유보된 분권화된 조직이라면, 신공공서비스론은 리더십을 공유하는 협동적 조직구조이다.
② 지역사회 문제를 해결하는 과정에서 시민들의 공유된 가치를 관료가 협상하고 중재해야 한다고 주장한다.
③ 공익 인식에서 개인 이익의 총합으로 보기보다는 담론의 결과물로 본다.

5. ④ 【해설】재무행정론 - 예산원칙론
모든 세입과 세출은 모두 예산에 계상해야 한다는 것은 완전성의 원칙으로서 이는 전통적 예산의 원칙으로 입법부 입장의 원칙에 해당한다.
① 예산의 편성, 심의, 집행은 공식적인 형식을 가진 재정 보고 및 업무 보고에 기초를 두어야 한다는 것은 현대적 원칙 중 보고의 원칙에 해당한다.
② 효율적인 운영을 위한 적절한 수단을 구비하여야 한다는 것은 현대적 원칙 중 수단구비의 원칙에 해당한다.
③ 중앙과 부처예산담당기구 간 교류 및 협력을 하여야 한다는 것은 현대적 원칙 중 상호교류적 원칙에 해당한다..

6. ① 【해설】정책학 - 무의사결정론
무의사결정은 정부의 방침이 아니므로 매스컴 활용을 통하여 지지나 동의를 확보하지 않는다.
② 어떤 문제가 정책의제로 거론되기도 전에 질식시켜버리는 저지 전략이다.
③ 기득권 세력의 특권이나 이익 그리고 가치관이나 신념에 대한 잠재적 또는 현재적 도전을 좌절시키려는 것을 의미한다.
④ 권력이나 폭력 등의 힘을 사용하기도 한다.

7. ① 【해설】재무행정론 - 예산제도론
품목별 예산제도(LIBS)는 예산을 지출 대상인 필요한 재화와 용역에 따라 편성하는 제도로서 투입중심이므로 재정지출의 구체적 목표의식이 결여되어 조직 목표 파악이 어렵다.
② 성과주의 예산제도(PBS)는 예산을 사업별·활동별로 분류하여 편성하되, 업무 단위의 원가와 양을 계산하여 편성하는 제도로서 '투입요소를 중심으로 단위원가(unit cost)'× 업무량= 예산액으로 예산책정을 한다.
③ 계획 예산제도(PPBS)는 장기적 계획과 단기적 예산의 연계를 추구한다.
④ 영기준 예산제도(ZBB)는 과거의 관행을 전혀 참조하지 않고 목적, 방법, 자원에 대한 근본적인 재평가를 바탕으로 예산을 편성하는 제도로서 신규사업과 기존사업 모두 분석한다.

8. ② 【해설】정책학 - 실험설계론
실험집단과 통제집단을 서로 동질적인 것으로 구성하기 위해서는 대상들을 이들 두 집단에 무작위적으로 배정하여야 한다.
① 진실험적 방법은 실험집단과 통제집단의 동질성을 확보해 행하는 실험이다.
③ 진실험 설계에서 실험집단과 통제집단은 관찰 기간 동안에 동일한 시간과 관련된 과정을 경험해야 한다.
④ 준실험적 방법에는 비동질적 통제집단 설계, 사후측정 비교집단 설계, 단절적 시계열 설계 등이 있다.

9. ① 【해설】지방행정론 - 지방자치법
행정안전부령이 아니라 대통령령으로 정하는 기준에 따른다.

지방자치법 제125조(행정기구와 공무원)
② 제1항에 따른 행정기구의 설치와 지방공무원의 정원은 인건비 등 대통령령으로 정하는 기준에 따라 그 지방자치단체의 조례로 정한다.

② 지방자치단체장은 지방의회의 의결이 지체될 경우 선결처분할 수 있다.
③ 지방자치단체장의 임기는 4년이며 재임은 3기로 제한된다.
④ 궐위된 경우, 공소제기된 후 구금상태에 있을 때, 60일이상 장기 입원의 경우에 부단체장이 권한 대행을 한다.

지방자치법 제124조(지방자치단체의 장의 권한대행 등)
① 지방자치단체의 장이 다음 각 호의 어느 하나에 해당되면 부지사·부시장·부군수·부구청장(이하 이 조에서 "부 체장"이라 한다)이 그 권한을 대행한다.
　1. 궐위된 경우
　2. 공소 제기된 후 구금상태에 있는 경우
　3. 「의료법」에 따른 의료기관에 60일 이상 계속하여 입원한 경우

10. ④ 【해설】조직론 - 애드호크라시
애드호크라시(adhocracy)는 유기적 구조로서 팀워크 중심의
자발적 참여와 결과 지향적 산출과 성과를 지향한다.
① 문제해결과 의사결정은 분업화의 원리보다는 집단사고와
집단과정에 의존한다.
② 애드호크라시(adhocracy)는 낮은 공식화와 임시적 성격으
로 인해 안정성이 낮다.
③ 애드호크라시(adhocracy)는 집단적·협동적 노력을 강조하
며 임무와 능력을 중시하여 책임이 모호하여 갈등이 생길 가능
성이 크다.

11. ③ 【해설】과학적 관리론 vs 인간관계론
과학적 관리론은 능률성과 민주성과의 불일치를 주장하며, 인
간 관계론은 능률성과 민주성의 일치 가능성을 강조한다.
① 과학적 관리론은 과학적인 관리기술을 통한 경영합리화를
추구하며 인간관계론은 인간적 관리를 통한 조직의 생산성 향
상을 추구한다.
② 과학적 관리론은 경제적 유인에 의한 동기부여를 중요시하고
인간관계론은 사회심리적 유인을 통한 동기부여를 중시한다.
④ 과학적 관리론은 합리적·경제적 인간관(X이론), 인간관계론
은 사회적·심리적 인간관(Y이론)에 기초하고 있다.

12. ③ 【해설】인사행정론 - 대표관료제
대표관료제는 사회적 대표성(인구적 대표성)이 정치적 대표성
(역할의 대표성)을 보장한다는 전제를 바탕으로 하고 있다. 공
무원들은 자기의 사회적 배경이 되는 집단의 이익과 가치를 표
출할 것이며, 그리하여 정책의 내용과 집행에 영향을 미칠 것
이라고 보는 것이다.
① 인적구성면이나 정책지향면에서 사회전체의 축소처럼 되어
있는 관료제이다.
② 정부 관료의 충원에 있어서 다양한 집단을 참여시킴으로써
정부 관료제의 민주화에 기여할 수 있다
④ 대표관료제는 민주성과 ·형평성에 대한 열망이 강하게 반영
된 제도라고 할 수 있다.

13. ④ 【해설】주인-대리인 이론
주인과 대리인간의 정보비대칭을 줄이기 위한 방안으로 주민
참여, 내부고발자 보호제도, 입법예고제도, 정보공개제도 등이
있다.
① 관료들이 피규제집단의 입장을 옹호하는 소위 관료포획 현
상은 도덕적 해이의 사례이다.
② 주인이 대리인의 업무처리 능력과 지식을 충분히 알지 못해
기준 미달의 대리인을 선택하는 현상은 역선택에 해당한다..
도덕적 해이는 감추어진 행동이 문제가 되는 상황에서 정보를
가진 측이 정보를 가지지 못한 측의 이익에 반하는 행동을 취
하는 현상을 말한다.
③ 공기업의 민영화는 도덕적 해이를 방지하고자 하는 노력의
일환이다.

14. ③ 【해설】인사행정론 - 공무원 노조법
인사, 감독업무 담당 공무원은 노조에 가입할 수 없다.

공무원의 노동조합 설립 및 운영 등에 관한 법률 제6조 2항
제1항에도 불구하고 다음 각 호의 어느 하나에 해당하는 공무
원은 노동조합에 가입할 수 없다.
 1. 업무의 주된 내용이 다른 공무원에 대하여 지휘·감독권을
　　행사하거나 다른 공무원의 업무를 총괄하는 업무에 종사하
　　는 공무원
 2. 업무의 주된 내용이 인사·보수 또는 노동관계의 조정·감독
　　등 노동조합의 조합원 지위를 가지고 수행하기에 적절하지
　　아니한 업무에 종사하는 공무원
 3. 교정·수사 등 공공의 안녕과 국가안전보장에 관한 업무에
　　종사하는 공무원

15. ① 【해설】정책학 - 정책수단론
정책목표와 수단은 연쇄관계를 맺고 있다. 정책수단에는 실질
적 정책수단과 실행적 정책수단이 있다. 물가안정이라는 정책
목표 실현을 위하여 수행되는 임금동결이나 생필품가격의 동

결은 실질적 정책수단이 된다. 실행적 정책수단이란 실질적 정
책수단을 실현하기 위하여 필요한 수단이 되기 때문에 보조적
정책수단 혹은 정책집행수단이라고도 부른다. 실질적 정책수
단인 설득, 유인, 강압적 수단을 적용하기 위해서는 실행적 수
단인 담당기구, 집행인력, 예산, 공권력이 필요하다.

16. ② 【해설】재무행정론 - 예산제도론
자본예산제도는 반복적인 경상지출과 비반복적인 자본지출로
구분하여, 자본지출은 새로운 자산취득 효과를 띠는 투자형성
의 지출로써 세입원을 국공채로 충당하는 예산이다. 자본지출
로 인해 능률적 사업추진 성과를 기대할 수 있는 것은 사실이
지만, 무리한 재정 팽창을 초래할 가능성이 높은 문제점을 지
니고 있는 예산제도이다.
① 추가경정예산은 본예산과 별도로 성립되지만 일단 성립되
면 본예산과 통합 운영된다.
③ 국가재정운용계획은 중.장기적 국가비전과 정책 우선순위
를 고려한 계획으로 단년도 예산편성의 기본틀이 된다.
④ 국가재정기본법에 성인지 예산제도를 명문화한 것은 우리
나라가 최초이다. 이후 지방재정법에도 신설되었다.

17. ① 【해설】정책학 - 정책집행론
하향적·전방향적 접근은 집행을 비정치적이며 기술적으로 이
해하므로 정치행정이원론, 기술적 능률성 등을 중시한다.
② 재량적 실험형은 결정자가 추상적인 목표의식은 가지고 있
지만 목표를 명확하게 표명하지를 못한다고 본다.
③ 정책대상집단의 규모가 작고 구분이 명확할수록 정책집행
이 용이하다.
④ 표준운영절차(SOP)는 자원절감 및 변화에 신속히 대처할
수 없다는 단점이 있다.

18. ③ 【해설】조직론
복지부동은 지나친 행정통제가 산출하는 부작용이다. 원래 행
정통제는 부정부패나 재량권 남용 등의 문제를 일으키지 않도
록 감시와 처벌을 하는 활동이지만, 엄격하게 규정이나 절차를
지키지 않으면 처벌을 받게 되는 경우에는 적극적으로 일을 할
수가 없으므로 바람직한 일이라도 규정에 어긋나면 절대로 움
직이지 않는 복지부동이 일어나는 것이다.
① 레드테이프는 형식주의에 해당한다.
② 전문가적 무능은 한가지 분야에만 전문성이 있고 다른 분야
에서는 융통성을 상실하는 것을 말한다.
④ 파킨슨의 법칙은 공무원의 수가 계속 증가하는 현상을 말한다.

19. ② 【해설】조직론 - 조직구조 유형론
기능구조 조직은 수직적인 조정이 필요한 곳에 사용한다.
① 네트워크구조 조직은 결정과 기획 같은 핵심기능만 수행하
는 조직을 중심에 놓고 다수의 독립된 조직들을 협력 관계로
묶어 일을 수행한다.
③ 매트릭스구조 조직은 변화하는 환경에 적응하기 유리하다.
④ 사업구조 조직은 성과책임의 소재가 분명해 성과관리 체제
에 유리하다.

20. ④ 【해설】지방행정론 - 지방재정조정제도
지방교부세와 국고보조금은 국가가 지방자치단체의 재정불균
형을 해소하기 위한 제도라면, 조정교부금은 특별시·광역시 혹
은 도가 광역자치단체 차원에서 시행되는 재정조정제도이다.
따라서 조정교부금은 광역지방자치단체가 재원의 배분주체가
된다.

10월

합격을 만드는
주간 합격모의고사

-제2회-
[정답 및 해설]

이 름: ________________

제1과목 국어
제2과목 영어
제3과목 한국사
제4과목 행정법총론
제5과목 행정학개론

주간 모의고사 정오표

합격까지 박문각

국 어

출제교수: 강세진 교수님

1. ③ 【해설】 국어문법
'법석'은 같은 음절이나 비슷한 음절이 겹쳐 나는 경우가 아니므로 된소리를 표기에 드러내지 않는다.
① '오빠'는 두 모음 사이에서 나는 된소리이므로 규정에 따라 된소리를 밝혀 적는다.
② '깍두기'는 'ㄱ' 받침 뒤에서 된소리가 나지만 같은 음절이 겹쳐 나는 구조이므로 표기에 된소리를 드러내 적는다.
④ '듬뿍'은 비음 'ㅁ' 받침 뒤에 된소리가 나므로 표기에 된소리를 드러내 적는다.

2. ④ 【해설】 국어문법
④는 지문에서 직접 밝힌 관형사의 특징이다. 관형사는 고정된 형태로만 쓰이며 조사와 결합하지 않고, 활용도 하지 않으며, 언제나 체언을 꾸며 관형어 기능만 수행한다.
① '우리 집'의 '우리'는 체언(대명사)이 뒤 체언을 꾸며 관형어로 쓰인 경우이지만, 이는 관형사가 아니다.
② '달리는'은 동사 어간에 관형사형 어미가 결합한 것으로, 관형사라는 품사가 아니라 용언이 관형어로 실현된 예이다.
③ '고향 집'에서 '고향'은 체언이 체언을 꾸미는 관형어일 뿐, 반드시 '의'를 생략한 형태는 아니므로 잘못된 설명이다.

3. ③ 【해설】 국어문법
'아주'는 관형사 '옛'을 꾸미는 부사이다.
① '호랑이'는 보어 자리에 쓰였으며 주어가 아니다.
② '감자는 동생이 제일 좋아한다'에서 '감자+는'은 명사에 조사가 결합한 것은 맞으나 '좋아하다'의 대상인 목적어로 쓰였다.
④ '다람쥐'는 명사로 문장에서 주어 성분을 담당하며, 뒤의 '마리'를 꾸미는 관형어는 '다섯'이다. 참고로 다섯은 명사가 아니라 관형사이다.

4. ④ 【해설】 신유형
(1) 장 군 → 김 군
(2) 김 군 → 최 군
(3) ~최 군 → ~박 군 ≡ 박 군 → 최 군 <대우 규칙>
----
(1)~(2)의 결론: 장 군 → 최 군 ≡ ~최 군 → ~장 군 <대우 규칙>
"장 군이 등록하면, 김 군도 등록한다. 김 군이 등록하면, 최 군도 등록한다."가 참이므로, 이 명제의 대우 역시 참이다.
① 박 군 → 김 군, 박 군이 등록하면, 최 군이 등록하는데, 김 군이 등록하는지 알 수가 없다.
② 장 군 → ~박 군, 장 군이 등록하면, 김 군이 등록하는데, 박 군이 등록하지 않는지 알 수가 없다.
③ ~김 군 → 박 군, 김 군이 등록하지 않으면, 장 군이 등록하지 않는데, 박 군이 등록했는지는 알 수가 없다.

5. ② 【해설】 신유형
(1) M(가입) → ~N(가입) ≡ N(가입) → ~M(가입) <대우 규칙>
(2) ~N(가입) → P(활동) ≡ ~P(활동) → N(가입) <대우 규칙>
(3) ~P(활동)(T)
----
(1)~(3)의 결론: ~P(활동)(T) → N(가입) → ~M(가입)(T)
P가 활동을 시작하지 않았다는 사실이 주어졌다. 그런데 "N이 가입하지 않으면 P는 활동을 시작한다"가 참이므로, P가 활동을 시작하지 않았으려면 N은 반드시 가입한 것이다. 그런데 "M이 가입하면 N은 가입하지 않는다"가 참이므로, N이 가입하기 위해서는 M이 가입하지 않아야 한다. 따라서 ②가 반드시 참이다.

6. ② 【해설】 신유형
(1) 기자 → 보도자
(2) 보도자 → 사실 전달
----
(1)과 (2)의 결론: ① 기자 → 사실 전달
                ② ~기자 → ~사실 전달

을은 '결론의 이'도 역시 참이 되려면, 그 대우인 '사실 전달 → 기자' 역시 참이어야 한다고 말한 것이다. 따라서 정답은 ②이다.
① 기자∧ → ~사실 전달, 기자는 모두 사실 전달을 해야 하므로, ②와 충돌한다.
③ 기자 → ~사실 전달, 기자는 모두 사실 전달해야 하므로, ②와 충돌한다.
④ ~사실 전달 → 기자, 결론과 무관하며, 기자 범위를 잘못된 상황에 해당한다.

7. ③ 【해설】 신유형
(가) 유기농 코너 판매 → 인증 마크 보유
(나) 유기농 코너 판매∧~냉장 보관 의무, ~냉장 보관 의무∧유기농 코너 판매 <교환 법칙>

(가)와 (나)의 결론: ~냉장 보관 의무∧인증 마크 보유
(가)에 따르면 유기농 코너에서 판매할 수 있는 상품은 모두 인증 마크가 있다. (나)에 따르면 그중 어떤 상품은 냉장 보관 의무가 없다. 따라서 그 상품은 인증 마크는 있으면서 냉장 보관 의무가 없는 경우다. 결국 "인증 마크가 있는 상품 가운데는 냉장 보관 의무가 없는 상품도 있다"라는 결론이 나온다. 따라서 ③이 정답이다.
① 유기농 코너 판매∧~인증 마크 보유: (가)와 모순된다.
② 인증 마크 보유 → 유기농 코너 판매: (가)를 역으로 추론한 것으로 오류에 해당한다.
④ ~냉장 보관 의무 → 유기농 코너 판매: (나)로부터 추론할 수 없는 내용이다.

8. ② 【해설】 어휘
㉠의 '서다'는 '멈추다'라는 의미이므로, '기차가 그 자리에 멈추다'와 상황이 유사하다. 따라서 ②가 정답이다.
※ 서다(동사): 어떤 곳에서 다른 곳으로 가던 대상이 어느 한곳에서 멈추다.
① 서다(동사): 부피를 가진 어떤 물체가 땅 위에 수직의 상태로 있게 되다.
③ 서다(동사): 어떤 모양이나 현상이 이루어져 나타나다.
④ 서다(동사): 체면 따위가 바로 유지되다.

9. ④ 【해설】 작문
(라)는 결론 항목 중 정책 실행의 기대 효과가 들어가야 할 자리이다. 하지만 ④는 '유가족의 자살률이 일반인 대비 낮아지는 결과 보고'라는 실제 통계 결과를 인용하는 듯한 표현으로, 보고서 전체가 도입, 전개한 정책에 대한 기대를 나타내기보다, 검증되지 않은 성과 지표를 과도하게 단정적으로 제시하고 있다. 따라서 ④가 정답이다.
① 서론 항목으로, 유가족 지원의 필요성을 강조하는 사회 구조적 맥락 설명으로 적절하다.
② 유가족이 실제로 겪는 어려움을 보여주는 실태 진술로 2장의 항목에 부합한다.
③ 2-2의 '사회적 단절' 문제에 대응하는 정책적 해결 방안으로 3장의 항목과 구조적으로 대응된다.

10. ① 【해설】 작문
문장에서 '그는 계약에 따라 지급받은 금액을 기부했다'는 의미는 그가 돈을 받은 입장이라는 전제가 포함되어 있다. 그러나 수정문에서는 이를 '지급한 금액', 즉 그가 돈을 준 입장으로 바꾸고 있어 문장의 의미가 반대되는 어휘 오류가 발생한다. 따라서 ①이 정답이다.
② '촉진하다' 자체가 사동 의미를 포함하고 있는 단어이므로, '촉진시키다'는 불필요하게 '-시키다'를 붙인 중복 사동 표현이다. '촉진하자고'로 고친 것이 타당하다.
③ '전문가와 국민을 대상으로 조사하였다'는 표현이 모두를 조사 대상으로 보는 것인지, 아니면 '전문가와 협의한 뒤 국민만 조사한 것인지' 모호하다. 이를 '전문가와 협의한 뒤 국민을 대상으로'로 수정한 것은 중의성 제거로 적절하다.
④ '수립과 강화한다'는 명사와 동사 결합으로 문장 구조가 어울리지 않지만, '규정을 수립하고 방안을 강화한다'처럼 용언을 활용한 구조로 일치시킨 것은 적절하다.

11. ④ 【해설】화법
　　갑은 '노동시간이 줄어들면 삶의 질이 높아지고, 복지도 결국 구조 개편 없이 불가능해.'라고 말하며 삶의 질 향상을 위한 제도적 구조 개편의 필요성을 명확히 주장한다. 을은 '중소기업은 하루만 줄여도 수익이 줄고, 임금 삭감, 고용 불안정으로 이어질 수 있다.'라고 하며 제도 도입에 비판적이다. 따라서 ④가 정답이다.
　　① 병은 고용 불안에 대한 언급이 없다.
　　② 갑은 오히려 '기준을 바꿔야 한다, 지금이 아니면 아무 변화도 없다.'라고 하며 즉각적인 변화 필요성을 말한다.
　　③ 을은 모두 부담만 진다는 입장이다. 따라서 동의한다고 볼 수 없다.

12. ② 【해설】독서
　　지문은 개인 파산 증가의 주요 원인을 생활비 증가가 아니라 '소비 문화와 결제 방식이 결합해 형성된 무분별한 소비 습관'이라고 밝히고 있다. 온라인 플랫폼의 편리함, 신용카드·간편결제의 특성, '지금 누리지 않으면 손해'라는 사회적 분위기가 결합하여 충동구매와 과소비를 부추기는 구조가 핵심이다. 따라서 ㉠의 원인으로 가장 적절한 것은 ②이다.
　　① 대출 제한과 현금 거래 증가는 지문에 전혀 언급되지 않았다.
　　③ 지출 관리가 어려워졌음을 문제로 삼았으므로 '지나치게 엄격해졌다'는 설명은 반대다.
　　④ 경험 소비는 줄어든 것이 아니라 오히려 늘어난 것으로 제시되었다.

13. ① 【해설】독서
　　(가): 지문은 산업혁명이 생활 방식을 바꾸었지만, 노동 착취와 불안정한 삶, 자본가와 노동자의 갈등 심화로 이어졌다고 설명한다. 이는 곧 (가) '빈부격차 심화'에 해당한다.
　　(나): 이어 근대 사회는 그것이 초래한 문제를 해결하기 위한 제도적 장치를 마련해야 했다는 서술이 나오므로, (나)에는 '사회 문제'가 들어가야 한다.
　　정리하자면, 정답은 ①이다.

14. ③ 【해설】독서
　　(1) (다)는 글의 출발점으로 가장 적절하다. '자기성찰'이 철학에서 핵심 주제였음을 밝히며, 인간 존재에 대한 질문을 던지는 전통을 제시한다.
　　(2) (가)는 이러한 자기성찰을 가능하게 하는 인식 기제인 '의식의 이중성'을 핵심 개념으로 제시한다. '이 과정에서'라는 표현은 앞 문장의 흐름을 이어받아 개념을 심화한다.
　　(3) (라)는 그 개념을 실제로 훈련하기 위한 철학적 방법들을 구체적으로 제시한다. 즉, 자기성찰을 실천으로 옮기기 위한 도구들을 보여준다.
　　(4) (나)는 '결국'이라는 표현으로 앞의 내용 전체를 종합하며, 자기성찰의 철학적 의미가 '타자 이해'로 확장된다는 결론을 제시한다.
　　(5) 정리하자면, (다)-(가)-(라)-(나)가 가장 논리적이고 자연스럽다.

15. ④ 【해설】독서
　　글은 스마트폰의 유용성을 인정하면서도, 지나친 의존을 줄이고 독서를 통해 깊이 있는 사고와 사색의 기회를 지켜야 한다고 주장한다. 따라서 '스마트폰 사용을 완전히 배제한다'는 극단적 태도는 글쓴이의 주장과 다르다.
　　① 사색의 기회를 중시한다는 점은 청소년이 스마트폰 사용으로 이를 잃어간다는 부분에서 강조된다.
　　② 독서는 단순한 지식 습득이 아니라 사고력과 비판적 사고를 기르는 과정으로 제시되었다.
　　③ 스마트폰은 정보 습득과 관리에 유용하다고 서두에서 명시되어 있으며, 도구로서 활용해야 한다는 점이 인정되었다.

16. ① 【해설】독서
　　마르크스는 역사 발전을 경제적 토대와 계급투쟁으로 설명했다. 그는 사회의 생산력과 생산관계의 모순에서 계급 간 갈등이 필연적으로 발생하며, 그 해소 과정이 사회 발전을 이끈다고 보았다. 따라서 ①이 정답이다.

　　② 경제적 토대가 모든 사회 발전을 결정한다고 본 것은 마르크스이지, 베버는 오히려 경제만으로 설명할 수 없다고 지적했다.
　　③ 사회 변화를 가치·신념의 독립적 작용으로 본 것은 베버의 입장이다.
　　④ 자본주의를 경제 발전만으로 충분히 설명할 수 없다고 본 것이 베버이며, 종교적·문화적 요인을 강조했다.

17. ④ 【해설】독서
　　지문은 지구 온난화가 단순히 기온 상승이나 환경 문제를 넘어서, 해수면 상승·극단적 기상·농업 생산 감소·질병 확산 등 다양한 문제를 일으키며 경제·안보까지 위협하는 종합적 위기라고 설명한다. 따라서 국제적 공조와 지속 가능한 정책적 노력이 필요하다는 점에서 ④가 정답이다.
　　① 농업 생산량 감소는 일부 영향에 불과하며, 지문은 종합적 위기로 확장해 설명한다.
　　② 일부 국가와 기업의 소극적 태도를 비판했으며, 이를 불가피하다고 정당화하지 않았다.
　　③ 해수면 상승을 가장 심각한 문제 중 하나로 언급했으나, 지구 온난화의 '유일한 결과'로 한정하지 않았다.

18. ④ 【해설】독서
　　지문은 토론의 절차나 특정 측의 역할보다, '필수 쟁점'이 토론의 성패를 좌우한다는 점을 반복적으로 강조한다. 따라서 ④가 정답이다.
　　① 반대신문은 일부 과정일 뿐, 지문의 핵심 주제가 아니다.
　　② 순서와 절차는 소개되었지만, 단순 배경 설명에 불과하다.
　　③ 찬성 측의 입증책임은 필수 쟁점과 관련된 한 요소일 뿐, 글의 중심이 아니다.

19. ② 【해설】독서
　　㉢ (✕): '예술 작품을 예술가가 감상자를 고려하지 않은 채 자기 생각이나 느낌을 자유롭게 표현한 것으로 보아야만 작품의 본질을 오히려 잘 포착할 수 있다고 본다.'에서 확인할 수 있는데, 이 관점은 '낭만주의적 관점'에 따른 것이다.
　　①, ③ ㉠(○): '또한 독백과 같이 특정한 청자를 설정하지 않는 발화 행위도 존재한다. 낭만주의적 관점에서 예술 작품을 이해하고 감상하는 것도 이와 유사하다.'에서 확인할 수 있다.
　　③, ④ ㉡(○): '낭만주의적 관점에서 올바른 작품 감상을 위해서는 예술가의 창작 의도나 창작관에 대한 이해가 필요하다.'에서 확인할 수 있다.

20. ① 【해설】독서
　　㉡(○): '논증이 설득력을 가지려면 주장을 뒷받침할 수 있는 충분하고 객관적인 논거의 제시가 중요한데, 이러한 논거로는 이미 입증된 일반적 원리, 여러 객관적 사례, 권위 있는 전문가의 견해 등이 있다.'에서 알 수 있듯이, '이미 입증된 일반적 원리'를 활용할 경우 충분한 객관적인 논거의 제시로 볼 수 있지만, 애초에 근거와 주장이 '상반된 경우', 아무리 이미 입증된 것이라 할지라도 설득력을 강화하기 위한 방안이라고 보기 어렵다.
　　③ ㉠(✕): '기술은 설명 대상이 되는 사물이나 현상 또는 사건을 객관적인 입장에서 그대로 서술하는 것으로, 개인의 주관적 평가나 가치관의 개입이 배제된다.'에서 보면 '논거'가 아니라 '기술'임을 알 수 있다.
　　②, ③, ④ ㉢(✕): '연역법, 귀납법, 유추'가 논증 방법으로 소개되었으나 무엇이 더 낫다는 서술을 한 것은 아니다.

영 어

출제교수: 김세현 교수님

1. ②
【해설】
audacious는 '대담한'의 뜻으로 이와 가장 가까운 유의어는 ② bold이다.
【해석】
대담하고 두려움 없는 그들의 공격이 지역사회를 행동으로 옮기게 했다.
【어휘】
reckless 무모한, 신중하지 못한 assault 공격 mobilize 동원하다, 집결시키다 *mobilize A into action A를 행동으로 옮기게 하다 conducive 도움이 되는, 도움을 주는 bold ①대담한 ②굵은, 볼드체 boastful 뽐내는, 자랑하는 naive 순진한

2. ①
【해설】
era는 '시기, 시대'의 뜻으로 이와 가장 가까운 유의어는 ① epoch이다.
【해석】
80년대 중동 석유 수출금지 조치 이후 지난 40년 동안 에너지 부족 시대가 우리에게 다가오고 있다.
【어휘】
embargo 통상금지령, 금수조치 scarcity 부족 escape 탈출(하다) pretext 핑계, 변명 epoch 시대, 시기, 기간 confine 한정(하다), 제한(하다)

3. ①
【해설】
영화 감상평이 다소 길어 줄이라고 충고했다는 내용의 글이므로 빈칸에 들어가기에 가장 적절한 것은 ① contract이다.
【해석】
나는 그의 영화 감상평이 다소 장황하다고 생각했다. 그래서 그에게 3페이지에서 1페이지로 줄일 것을 충고했다.
【어휘】
movie review 영화 감상평 lengthy 장황한, 길고 지루한 abbreviate는 축약하다, 줄이다 contract ①계약(서), 계약하다 ②줄어들다, 줄이다 ③병에 걸리다 deride 조롱(조소)하다 rescue 구조하다, 구출하다 dodge 피하다, 기피하다, 회피하다

4. ③
【해설】
자릿값에 의해 동사 자리이므로 ②와 ④는 정답이 될 수 없고 또한 roam은 1형식 자동사이므로 형용사 보어가 뒤에 위치할 수 없다. 따라서 ① 역시 정답이 될 수 없다. 그러므로 빈칸에 들어가기에 가장 적절한 것은 ③ roamed unnecessarily이다.
【해석】
집회참여를 기다리고 있는 지지자들은 불필요하게 운동장 주변을 배회했다.
【어휘】
attend 참석하다 rally 집회 roam 배회하다, 어슬렁거리다 unnecessary 필요한

5. ①
【해설】
미래표시부사구 next month자 있으므로 과거시제 was는 사용할 수 없다. 따라서 빈칸에는 is going to가 필요하고 expire는 1형식 자동사이므로 수동이 불가하다. 결국 빈칸에 들어가기에 가장 적절한 것은 ① is going to expire이다.
【해석】
10년 전에 땄던 운전면허증이 다음 달 만료될 예정이다.
【어휘】
is going to ⓥ ⓥ할 예정이다 expire 만료되다

6. ④
【해설】
④ figure out 다음 목적어가 없으므로 figure out은 수동의 형태 be figured out으로 고쳐 써야 한다.
① 문맥상 '~하려고 노력하다'의 의미가 필요하므로 try 다음 to부정사의 사용은 어법상 적절하다.

② make와 병렬을 이루는 help는 어법상 적절하고 help 다음 원형부정사의 사용 역시 어법상 옳다.
③ that 다음 문장구조가 불완전하므로 관계대명사 that의 사용은 어법상 옳다.
【해석】
최근 세계는 생물학에서 정보기술에 이르는 분야에서 어마어마한 진보를 이루고 가난한 사람들로 하여금 기아에서 벗어날 수 있게 하려고 노력한다. 어떤 의미에서 많은 사람들에게 틀림없이 도움이 될 수 있는 이러한 노력은 필요하다. 하지만 모두가 이러한 혁신으로부터 이익을 얻고 있는 것은 아니다. 따라서 과학과 기술이 모두 만병통치약으로 이해될 수는 없다.
【어휘】
tremendous 어마어마한, 거대한 advance 진보, 발전 field 분야 range from A to B A에서부터 B에 이르다 deprive A of B A에게서 B를 빼앗다 starvation 기아, 배고픔 conducive 도움이 되는 innovation 혁신 figure out ①이해하다, 알아내다 ②계산하다 panacea 만병통치약

7. ④
【해설】
Linda의 셔츠가 평범하지 않은 색이라는 Susan의 말을 Linda가 오해하고 있으므로 빈칸에 들어가기에 가장 적절한 것은 ④ '성급하게 판단하지 마'이다.
【해석】
Linda: 어제 잘 들어갔어? (10:35 am)
Susan: 응, 잘 들어갔어. 그런데 내가 어제 본 네 셔츠 색깔이 아주 평범하지 않았어. (10:36 am)
Linda: 네가 진짜 말하려는 건 마음에 안 든다는 거지. (10:37 am)
Susan: 말도 안 돼! 성급하게 판단하지 마. 나는 그게 마음에 안 든다고 말하려는 게 아니야. 나는 그게 아주 평범하지 않은 색이라고 그냥 말한 것뿐이야. (10:37 am)
Linda: 오, 알겠어. 하지만 난 네가 내 일에 간섭하기를 원치 않아. (10:38 am)
① 날 칭찬해줘
② 급할수록 돌아가라
③ 뿌린 대로 거두는 거야
【어휘】
by the way 그런데 unusual 평범하지 않은 put one's nose into ~ ~에 참견하다 praise 칭찬하다 haste 성급함 waste 낭비 reap 수확하다 sow (씨를) 뿌리다 jump to a conclusion 속단하다, 성급히 단정 짓다

8. ③
【해설】
연주회를 망쳤을까 걱정하는 A에게 건넬 수 있는 B의 표현으로 ③ You have an edge on the rest.(다른 연주자들보다 우위를 점했다)라는 위로가 빈칸에 들어가기에 가장 적절하다.
【해석】
A: 연주회에서 큰 실수를 너무 많이 안 했다면 좋았을 텐데.
B: 안 했어, 열정적이고 세련된 연주였어.
A: 하지만, 다른 연주자들도 똑같이 능숙했던걸.
B: 당신이 우위를 점했어.
A: 정말로 당신은 그렇게 생각해?
① 나는 그것을 헤쳐 나갈 수 있어.
② 행운을 빌게.
④ 오 맙소사! 그 말을 들으니 안심이 되네.
【어휘】
blunder 실수, 잘못 recital 연주회 perform ①수행하다 ②연주하다 verve 열정, 활기 polish ①광택, 윤 ②(기교가)세련됨 proficient 능숙한, 능란한 work through 헤쳐 나가다, 해내다 cross one's fingers 행운을 빌다 have an edge on(over) ~보다 우위를 점하다 relief 안도, 편안함

9. ①
【해설】
주어진 지문은 은퇴 후 재정적 안정을 유지하기 위한 실질적인 조언을 제공하는 글이므로, 이 글의 제목으로 가장 적절한 것은 ① '안정적인 은퇴 생활을 위한 재정 조언'이다.
② 빠르게 백만장자가 되는 방법

③ 은퇴 제도의 역사
④ 왜 사람들은 나이 먹는 것을 두려워하나

10. ① 【해설】
본문 첫 번째 조언에서 "Create a monthly budget to track your expenses and avoid overspending(월별 예산을 세워 지출을 관리하고 과소비를 피하라)"라고 명시하고 있으므로 ①은 지문의 내용과 일치한다.
【해석】
은퇴는 인생에서 보람찬 단계가 될 수 있지만, 이를 충분히 즐기기 위해서는 재정적 안정이 필수적이다. 다음은 은퇴 후 자금을 관리하기 위한 실질적인 조언들이다:
• 지출을 관리하고 과소비를 피하기 위해 월별 예산을 세운다.
• 안정적인 수입 유지를 위해 파트타임 일이나 자문 업무를 고려한다.
• 건강보험을 검토하고, 잠재적인 의료비를 보장하는지 확인한다.
• 위험한 투자는 피하고, 안전하고 장기적인 선택에 집중한다.
• 예상치 못한 지출에 대비해 비상 자금을 따로 마련한다.
이 지침들을 따르면, 은퇴자들은 마음의 평안을 누리며 재정적 안정을 유지할 수 있다.
【어휘】
retirement 은퇴 rewarding 보람 있는 financial 재정의 stability 안정 essential 필수적인 practical 실질적인 tip 조언 manage 관리하다 monthly 매월의 budget 예산 track 추적하다 expense 지출 overspending 과소비 consulting 자문 maintain 유지하다 steady 안정적인 income 수입 review 검토하다 insurance 보험 ensure 보장하다 cover 보장하다 포함하다 potential 잠재적인 investment 투자 long-term 장기적인 set aside 따로 마련하다, 비축하다 emergency 비상사태 fund 자금 unexpected 예상치 못한 security 안정

11. ③ 【해설】
본문 Seminars에서 전문가들이 비판적 사고와 과학적 의사소통에 대한 토론을 이끈다고 했으므로 ③ '전문가들이 비판적 사고와 과학적 의사소통에 관한 세미나를 진행한다'은 본문의 내용과 일치한다.
【해석】
미래 과학자 프로그램
미래 과학자 프로그램은 발견에 대한 열정을 가진 고등학생들을 글로벌 과학 센터의 여름 워크숍에 초대합니다. 이 프로그램은 실습 중심의 연구 경험과 협력을 강조합니다.
주요 내용
 - **연구 프로젝트**: 학생들은 물리학, 생물학, 환경 과학에서 소규모 실험을 수행합니다.
 - **세미나**: 전문가들이 비판적 사고와 과학적 의사소통에 대한 토론을 이끕니다.
 - **멘토링**: 과학계의 주요 인물들이 지도와 피드백을 제공합니다.
 - **발표회**: 참가자들은 가족과 지역 사회가 참석하는 공개 행사에서 프로젝트를 발표합니다.
① 학생들은 실습 활동 대신 관람 수업만 수행한다.
② 학생들은 두 가지 다른 과학 분야에서 실험을 수행한다.
③ 전문가들이 비판적 사고와 과학적 의사소통에 관한 세미나를 진행한다.
④ 참가자들은 관객 없이 공개 발표회에서 자신의 작업을 발표한다.
【어휘】
invite 초대하다 passion 열정 emphasize 강조하다 hands-on 직접 참여하는, 실습의 conduct 수행하다 small-scale 소규모의 experiment 실험 physics 물리학 biology 생물학 environmental science 환경 과학 expert 전문가 critical thinking 비판적 사고 mentorship 멘토링 leading 주도하는, 주요한 figure 인물 provide 제공하다 showcase 발표회 participant 참가자 present 발표하다 public event 공개 행사 attend 참석하다 observation class 관람 수업 practical activity 실습 활동 field 분야 carry out 수행하다

12. ③ 【해설】
지문 Eligibility에서 지원 자격은 만 21세 이상이면 누구나 가능하다고 했으므로, ③ '이 프로그램은 21세 미만만 신청 가능하다'은 본문의 내용과 일치하지 않는다.
【해석】
2025 아마추어 소믈리에 프로그램
와인 문화에 대한 지식을 깊이 쌓고 싶으신가요? 2025 아마추어 소믈리에 프로그램은 와인 애호가들에게 시음 기술을 배우고, 와인 양조 전통을 탐구하며, 다른 학습자들과 교류할 기회를 제공합니다. 이 1주간의 프로그램은 와인에 대한 세련된 감식을 발전시키고자 하는 성인이라면 누구나 참여할 수 있습니다.
주요 프로그램
• 매일 열리는 와인 시음 기법 워크숍 참석
• 포도 품종과 지역 와인 전통에 대해 학습
• 현지 포도원을 방문해 양조 과정을 관찰
• 전문 소믈리에를 만나 피드백 받기
일정: 2025년 8월 10일 ~ 8월 16일
장소: 프랑스 보르도
지원 자격: 만 21세 이상 누구나 가능
참가비: 900유로 (숙박 및 식사 포함)
신청 마감일: 7월 5일까지 온라인 신청
① 참가자들은 매일 열리는 와인 시음 워크숍에 참석한다.
② 학습자들은 포도 품종과 와인 전통에 대한 지식을 얻게 된다.
③ 이 프로그램은 21세 미만만 신청할 수 있다.
④ 지원자는 정해진 마감일까지 온라인 신청을 완료해야 한다.
【어휘】
deepen 심화하다 enthusiast 열정가, 애호가 refined 세련된 appreciation 감식력 wine tasting 와인 시음 variety 품종 vineyard 포도원, 포도밭 observe 관찰하다 professional 전문가 eligibility 자격 accommodation 숙박 application 신청, 지원 deadline 마감일

13. ② 【해설】
주어진 지문은 직원이 인사팀에 본인의 업무 기여와 책임 증가를 근거로 급여 인상을 요청하는 내용의 글이므로, 이 글의 목적으로 가장 적절한 것은 ② '기여와 책임을 근거로 급여 인상을 요청하려고'이다.
【해석】
수신: 선라이트 기업 인사팀
발신: 직원 01
날짜: 2025년 9월 12일
제목: 급여 조정 요청
인사팀 귀하,
저는 정식으로 급여 조정을 요청드리고자 합니다. 지난 2년간 선라이트 기업에서 저는 신입 직원 멘토링과 프로젝트 팀 리더를 포함한 추가적인 업무를 꾸준히 맡아 왔습니다. 제 업무 평가 또한 긍정적이었고, 부서의 효율성을 향상시키는 데 기여해 왔습니다. 저의 헌신과 상승하는 생활비를 고려하여, 현재 급여를 재검토해 주실 것을 부탁드립니다. 이 문제에 대해 가능한 빠른 시일 내에 논의할 기회를 주시면 감사하겠습니다.
이 요청에 대한 관심에 감사드립니다.
직원 드림
① 회사의 최근 재정적 어려움을 인정하려고
② 기여와 책임을 근거로 급여 인상을 요청하려고
③ 다가오는 연례 근무 평가에 대해 인사팀에 상기시키려고
④ 개인 사정을 이유로 근무 시간을 줄이자고 제안하려고
【어휘】
formally 공식적으로, 정식으로 salary 급여, 봉급 adjustment 조정 responsibility 책임 performance review 업무 평가 contribute 기여하다 efficiency 효율성 dedication 헌신 cost of living 생활비 review 검토하다 opportunity 기회 at your earliest convenience 가능한 한 빠른 시일에 acknowledge 인정하다 evaluation 평가 upcoming 다가오는 annual 연례의 evaluation 평가 circumstance 상황

14. ② 【해설】
문맥상 famous는 '유명한, 저명한'의 의미로 사용되었으므로, 이와 가장 가까운 유의어는 ② 'renowned'이다.

15. ① 【해설】
주어진 지문은 새로운 역사책 *The Hidden Paths of History*의 출간을 알리고 독자들에게 소개하는 글이므로, 글의 목적으로 가장 적절한 것은 ① '새 역사책의 출간을 알리려고'이다.
【해석】
독자 여러분께,
저희는 <The Hidden Paths of History>라는 새로운 책의 출간을 알려드리게 되어 기쁩니다. 이 책은 우리 세계를 형성한 덜 알려진 사건들을 밝히고 있습니다. 저명한 역사가이자 강연자인 Alan Porter 박사가 집필한 이 책은 생생한 스토리텔링과 꼼꼼한 연구를 결합하고 있습니다. 책은 잊혀진 발명품에서부터 알려지지 않은 문화 교류에 이르기까지, 문명의 흐름에 영향을 미친 간과된 순간들을 독자에게 안내합니다. 독자가 역사 전공 학생이든 단순히 과거에 관심이 있는 사람이든, 이 책은 인간 발전의 복잡성에 대한 새로운 통찰과 깊은 이해를 제공합니다. 현재 주요 서점과 온라인 플랫폼에서 구매할 수 있습니다. 새로운 시각으로 역사를 탐구할 기회를 놓치지 마세요.
호라이즌 출판팀 드림
① 새로운 역사책의 출간을 알리려고
② 역사 연구의 주요 발견을 요약하려고
③ 역사학 분야의 학술적 글쓰기 지침을 제공하려고
④ 독자들을 박물관 전시에 초대하려고
【어휘】
release 출간　uncovers 드러내다　lesser-known 덜 알려진　historian 역사가　lecturer 강연자　famous 유명한　overlooked 간과된　unsung 알려지지 않은　influence 영향을 미치다　civilization 문명　insight 통찰력　appreciation 이해, 감상　complexity 복잡성　perspective 관점　temporary 일시적인　renowned 저명한, 유명한　hospitable 우호적인　notorious 악명 높은

16. ① 【해설】
예술 작품을 복원시키기보다는 그대로 두는 것이 예술 작품을 대하는 최선의 방법이라고 했으므로, 정답으로 ① '(예술 작품의) 복원은 정말 필요한가?'가 가장 적절하다.
【해석】
복원은 예술가의 본래 의도와 작품을 재창조할 수 있다고 가정한다. 기껏해야, 복원가와 박물관장의 미적 선호와 역사적 이론 때문에 복원이 추진되는데, 그 이유는 사람이란 자신의 역사적 배경에서 벗어나는 것이 불가능하기 때문이다. 복원가가 도료의 층을 제거하는 것이 단지 현대적 취향에 따라 예술 작품을 개조하려는 그들의 잠재적 시도가 아니라고 어떻게 그렇게 확신할 수 있는가? 그것으로 인해 무엇이 '복구'되었다는 것인가? '복구된' Sistine Chapel이 오늘날 '진짜'처럼 보일 수도 있지만, 미학 이론과 사학 이론이 변했을 때에도 여전히 그렇게 보일까? 분명 어떤 위대한 예술 작품이라도 그에 대한 최선의 접근은 그냥 그대로 두는 것이다.
② 미학이 복원에 있어서 중요한가?
③ 성공적인 복원의 역사
④ 복원가들: 새로운 유형의 예술가
【어휘】
restoration 복원, 복구　intent 의도　at best 기껏해야, 고작　aesthetic 미(美)의, 미술의　preference 선호　theory 이론　context ①맥락, 문맥 ②전후사정, 배경　layer ①층 ②겹 ③켜켜이 쌓다　lacquer 래커(도료의 일종), 칠　subconscious 잠재의식의　refashion 개조하다, 다시 만들다　contemporary 동시대의, 당대의　authentic 진정한, 진짜의　approach ①접근하다 ②접근(법), 처리방식

17. ④ 【해설】
though를 기준으로 반대·대조(difference)를 이용해야 한다. 빈칸 앞에 symbol of terror(공포의 상징)가 있으므로 빈칸에는 이와 반대·대조의 내용이 필요하다. 따라서 빈칸에 들어가기에 가장 적절한 것은 ④ '가장 덜 공포스러운'이다.

【해석】
사납게 생긴 얼굴, 거대한 가슴, 큰 근육 그리고 거대한 턱 때문에 고릴라는 인간에게 공포의 상징이었다. 하지만 다른 유인원 중에서 고릴라가 가장 덜 공포스럽다. 고릴라가 위험에 처했다고 생각할 때 고릴라는 오싹하고 공포스러운 행동을 취해서 침입자를 쫓아낸다. 그런 행동을 끝낸 후 고릴라는 앉아서 손바닥으로 땅을 친다. 만약 이것이 침입자에게 먹히지 않으면 고릴라는 돌아서서 그 자리를 뜬다. 고릴라는 위협받지 않으면 공격도 좀처럼 하지 않고 정당한 이유 없는 공격도 하지 않는다.
① 가장 난폭한
② 가장 덜 방어적인
③ 가장 위협적인
【어휘】
fierce 난폭한, 흉포한　horrible 공포스러운, 무서운　huge 거대한(=enormous, massive)　chest 가슴　jaw 턱　anthropoid 유인원　thump 치다, 두드리다　blood-curdling 오싹하게 하는, 오싹한　terrifying 공포스러운　frighten away 위협해서 쫓아내다　intruder 침입자(= trespasser)　palm 손바닥　advance on(upon) 위협하다　unprovoked 정당한 이유 없는　ferocious 사나운, 흉포한　threatening 위협하는, 위협적인

18. ③ 【해설】
Two 개념(reasonable vs. unreasonable)을 이용해야 한다. ②까지 reasonable 공간이고 ③부터 unreasonable 내용이 이어지므로 주어진 문장은 ③에 들어가는 것이 가장 적절하다.
【해석】
문제는 그것들이 합리적인지 혹은 비합리적인지에 따라 구분될 수 있다. 합리적인 문제는 단계적인 방식으로 해결될 수 있는 종류이다. 크로스워드 퍼즐(십자말풀이)은 이러한 본성을 가지고 있다. 충분한 어휘가 주어지면 빈 공간을 하나씩 채울 수 있다. 이와는 대조적으로, 비합리적인 문제는 누군가가 해결책에 도달할 수 있기 전에 반드시 알아야 하는 어떤 속임수나 함정을 과업에 포함하고 있기 때문에 이런 방식으로 다룰 수 없다. 이런 특성은 상황이 겉보기와 다르다는 인식 없이 진행되는 단계적인 과정은 어느 것이든 방해한다. 그러므로 이런 경우에 있어서의 성공적인 문제해결은 속임수의 성격에 대한 통찰을 그 사람이 습득해야 함을 요구한다. 수수께끼가 그런 통찰 문제의 아주 흔한 사례를 제공하는데, 스핑크스가 오이디푸스에게 제기했던 고전적인 수수께끼 같은 것이다.
【어휘】
distinguish 구별(식별)하다　according to ~따라서　reasonable 합리적인　unreasonable 비합리적인　step-by-step 단계적인　crossword puzzle 십자말풀이　manner 방식, 방법　nature 본성, 특성　sufficient 충분한　treat 다루다, 취급하다　trick 속임수　catch 함정, 숨은 문제점　process 과정, 절차　proceed 진행되다　realization 인식, 깨달음　procure (힘든 것을)얻다, 획득하다　insight 통찰력　commonplace 아주 흔한　riddle 수수께끼　pose 제기하다

19. ② 【해설】
나열의 공간개념을 이용해야 한다. (B)에 some steps(나열의 시작점)이 있고 (A)에 one 그리고 (C)에 additional이 있으므로 글의 순서는 (B)-(A)-(C)가 된다. 따라서 정답은 ②가 된다.
【해석】
Tucson은 사막에 있는 도시이다. 그곳의 인구는 지난 20년 동안 급속히 증가해 왔는데, 그로 인해 한 가지 필수적인 자원인 물에 무리가 갔다. (B) 지난 10년간 강력한 물 보존 윤리가 생겨났으며, 도시의 지도자들은 조경 정책을 만들어 내면서(수자원)보존을 장려하기 위한 몇 가지 특별한 조치들을 취했다. (A) 짧은 시간 동안 물 사용을 검토해 본 결과 조경이 너무 많은 물을 소모하며,(그에 사용하는)물의 양은 그 도시가 사용하는 전체 물의 절반이 넘는 양에 해당한다는 것이 드러났다. 그 하나의 정책은 주민들에게 나무와 관목을 제거하고 그것들을 바위, 모래, 다른 무생물 경관으로 대체하도록 권장했다. (C) 이것은 이른바 내건성 조경 철학(물을 거의 사용하지 않는 조경)을 강화하는 데 도움이 되었다. 그러한 정책은 조경 관련 조례

로 표현되었다. 추가적인 장려책에는 공익 광고와 소비자를 위한 출판물을 통한 권고가 포함되었다.
【어휘】
stress ①스트레스, 부담 ②강조(하다) vital 필수적인 resource 자원 account for ①차지하다 ②설명하다 resident 거주자 weed out 뽑다, 제거하다 conservation 보존, 보호 ethic 윤리 extraordinary 보기 드문, 비범한 landscape ①경치, 풍경 ②조경 xeriscape 내건성 조경 ordinance 조례, 법령 via ~을 경유해서, ~을 통하여 public service announcement 공익광고 publication 출판

20. ③ 【해설】
통일성 문제는 항상 도입부에서 이 글이 무엇에 관한 글인가를 찾고 그 내용에 대한 무관한 문장(논리의 비약)을 찾는 것이다. ①, ②, ④는 모두 아동 도서에 관한 상에 관련된 내용이지만 ③은 '출판 업계에 대한 수상식이 보류되었다'고 했으므로 글의 흐름상 적절하지 않다. 따라서 ③은 전체 흐름과 무관한 문장이 된다.
【해석】
최근에 아동문학상이 급증하고 있다. 오늘날 다양한 단체에서 주는 100여개가 넘는 다양한 상이 있다. 이 상들은 특정한 장르의 책에 주어지거나 단순히 일정 기간 안에 출판된 모든 아동문학 중 최고의 도서에 주어질 수 있다. 상은 특정한 책이나 아동 문학 세계에 기여한 작가의 일생에 수여할 수 있다. 대부분의 아동문학상은 어른들에 의해 선택된다. 그러나 현재는 점점 증가하는 아동들이 선정한 도서상이 존재한다. 대부분의 국가에서 주어지는 더 큰 국가적인 상은 가장 영향력이 높고, 아동 독자들을 위해 출간되는 훌륭한 책들이라는 대중적인 인식을 높이는 데 상당히 기여한다. (출판 산업에 대한 뛰어난 기여에 대한 한 시상식이 보류되었다.) 물론 독자들은 수상한 책에 대해 너무 많은 신뢰를 주지 않을 정도로 현명하다. 상이 반드시 좋은 독서 경험을 의미하지는 않는다. 하지만 책을 선정할 때 좋은 출발점을 제공한다.
【어휘】
proliferate 급증하다 a variety of 다양한 organization 단체, 조직 specific 구체적인, 특정한 publish 출판하다 particular 특별한 contribution 기여 influential 영향력 있는 considerably 상당히, 꽤 많이 awareness 인식, 의식 outstanding 눈에 띄는, 두드러진 put on hold ~을 보류[연기]하다 faith 신념, 신뢰

한 국 사

출제교수: 노범석 교수님

1. ④ 【해설】 선사시대 - 고조선
제시된 자료는 고조선의 8조법이다.
④ 고조선의 관직명으로는 왕 밑에 상·경·대부·장군·박사 등이
있었다.
① 동예, ② 고구려, ③ 부여에 대한 설명이다.

2. ② 【해설】 고대의 정치 - 삼국통일 과정
ㄱ. 백제 멸망(660년)
ㄷ. 안동 도호부 설치(668년)
ㄴ. 소부리주 설치(671년)
ㄹ. 매소성 전투(675년)

3. ④ 【해설】 중세의 문화 - 고려의 건축물(주심포 양식)
④ 고려 후기에는 원의 영향을 받은 다포식 건물이 등장하여
조선 시대 건축에 큰 영향을 끼쳤다. 황해도 사리원의 성불사
응진전은 고려 시대의 대표적인 다포식 건물로 유명하다.
①, ②, ③ 모두 주심포 양식의 건축물들이다.

4. ③ 【해설】 일제 강점기의 정치 - 토지조사사업
제시된 자료는 1910년대의 토지조사사업에 대한 사료이다. 토
지 조사 사업은 1910년대 일제가 실시한 대표적인 경제 수탈
정책으로 증거주의를 기본으로 한 기한부 신고제로 운영되었
고 이는 근대적인 소유권 확립이라는 일본의 주장 아래에 실시
되었다. 그러나 실제로는 전국토의 약 40%가 일본 소유로 전
환되면서 토지를 약탈한 결과를 낳았고 더불어 일본인 지주가
대거 유입되는 결과를 가져왔다.
③ 1920년부터 1934년까지 추진된 산미증식계획에 대한 설명이다.
①, ②, ④ 토지 조사 사업과 관련된 내용이다.

5. ③ 【해설】근세의 정치 - 세종의 업적
제시된 자료는 전분 6등법과 연분 9등법을 골자로 하는 세종대
의 공법이다.
③ 세종은 학자들의 학문 재충전을 위해 일종의 유급 휴가 제
도인 사가독서제를 실시하였다.
① 세조, ② 성종, ④ 태종 때의 일이다.

6. ③ 【해설】 중세의 정치 - 고려 초기 국왕의 업적
ㄴ, ㄹ은 고려 성종 때 실시한 정책들이다.
ㄱ은 고려 태조 때 실시된 정책이다.
ㄷ은 광종 때 실시된 정책이다.

7. ① 【해설】 일제 강점기의 정치 - 한인 애국단
제시된 자료의 밑줄 친 인물(윤봉길)과 관련된 항일단체는
1931년 김구를 중심으로 조직된 한인 애국단이다. 김구는 국
민대표회의 결렬 이후, 의열 활동을 통해 임시 정부의 침체를
극복하고자 한인 애국단을 결성하였다. 대표적인 한인애국단
의 활동으로는 이봉창 의거, 윤봉길 의거 등이 있다.
① 의열단에 대한 내용이다.
② 한인 애국단은 임시 정부의 침체를 극복할 목적으로 조직되
었다.
③ 한인 애국단원인 이봉창은 일왕에게 폭탄을 투척했으나 실
패하였다.
④ 한인 애국단원인 윤봉길의 홍커우 공원 의거 이후 중국 국
민당의 지원을 받았다.

8. ① 【해설】 고대의 정치 - 법흥왕
'병부 설치', '건원', '금관가야 정복' 등을 통해 밑줄 친 '국왕'
은 법흥왕임을 알 수 있다.
① 법흥왕 때 건립된 울진 봉평비는 신라의 영역이 동북 방면
으로 확대된 것과 당시 율령이 존재했다는 사실을 알려준다.
②, ③ 진흥왕에 대한 설명이다.
④ 진평왕에 대한 설명이다.

9. ④ 【해설】 근대 태동기의 사회 조선의 신분제도(서얼)
제시된 자료는 어숙권의 『패관잡기』의 내용이다. 서얼의 정치
적 진출을 제한한 서얼금고법에 대해 비판하고 있다. 따라서
밑줄 친 '이들'은 서얼을 일컫는다. 양반의 첩에게서 태어난 서
얼은 양반 정실의 자녀보다 차별을 받았다. 이들은 문과에 응
시하는 것이 금지되었고, 관직 진출에도 제한이 있어 정3품까
지만 승진할 수 있었다.

10. ④ 【해설】 근대 태동기의 경제 - 조선후기의 사상
사료는 비변사등록에 기록되어 있는 임상옥에 대한 내용이다.
임상옥은 주로 청나라와의 홍삼 무역을 통해서 은, 비단, 화폐
를 축적한 사상이었다. 이 문제는 사상에 대한 설명으로 올바
른 것을 고르는 문제이다.
④ 사상에 대한 설명이다.
① 보부상에 대한 설명이다.
② 공인에 대한 설명이다.
③ 시전상인에 대한 설명이다.

11. ② 【해설】 근대 태동기의 정치 - 영조
제시된 자료는 『영조실록』에 기록된 영조의 탕평교서이다.
② 영조 때, 국가적 사업으로『동국문헌비고』가 편찬되었다.
이 책은 우리나라의 역대 문물을 정리한 한국학 백과사전이다.
① 삼정이정청은 철종 때 설치되었다.
③ 숙종 때, 국왕을 호위하고 수도를 방위하는 핵심 군영으로
금위영이 설치되어 5군영 체제가 갖추어졌다.
④ 정조는 신문체를 배척하고 순정고문으로 환원시키려는 문
체반정을 실시하였다.

12. ③ 【해설】 근세의 문화 - 조선시대의 역사서
제시된 자료는 1451년(문종 1),『고려사』 편찬을 마치면서 편
찬 책임자였던 정인지가 문종에게 올린 글이다.
③『고려사』는 고려시대의 문물을 정리한 기전체 사서로 고려
국왕들을 본기가 아닌 세가로 정리했고 우왕과 창왕을 신돈의
자식으로 간주하여 열전으로 격하시켰다.

13. ② 【해설】 근대 태동기의 정치 - 흥선 대원군
제시된 자료는 흥선 대원군이 실시한 서원 철폐 정책과 관련된
내용이다.
② 숙종 때 송시열의 유지에 따라 충북 괴산에 만동묘를 세워
명나라 신종과 의종을 제사지냈다. 흥선 대원군 때는 오히려
노론의 정신적 지주 역할을 한 만동묘를 폐지하였다.
① 흥선 대원군 때 고리대로 변질된 환곡의 문란을 개선하기
위해 사창제를 실시하였다.
③ 흥선 대원군 때『대전회통』,『육전조례』 등의 법전을 편찬
하였다.
④ 흥선 대원군은 서양과의 통상 수교를 반대하는 정책을 펼쳤다.

14. ④ 【해설】 근대 개항기의 정치 - 개정 조일 통상 장정
④ 제시된 자료는 1883년에 체결된 개정 조일 통상 장정에 규
정된 내용이다. 이 조약에 따라 관세 자주권 일부 회복했으며,
방곡령 선포권도 회복하였다. 그리고 일본에 최혜국 대우를 규
정하였다.

15. ④ 【해설】 일제 강점기의 정치 - 일제 정책
(가) 정책은 산미증식계획으로, 1920년부터 1934년까지 추진
되었다.
④ 1920년 일제는 회사령을 폐지하였다.
① 일제는 1939년 국민 징용령을 실시하였고, 1944년 징병제
를 도입하였다.
② 일제는 제4차 조선 교육령(1943)을 통해 조선어 사용을 금
지하였다.
③ 1910년대에 실시된 토지 조사사업에서는 경작 농민의 전통
적인 경작권을 부정하고 지주의 소유권만을 인정하였다.

16. ③ 【해설】 현대의 경제 - 남한의 농지개혁법
제시된 자료는 남한의 농지 개혁법이다.
③ 남한의 농지 개혁법은 3정보 이상의 토지를 대상으로 하였다.

① 북한의 토지 개혁(1946.3)이 더 먼저 시행되었다.
② 남한의 농지 개혁법은 임야와 산림을 제외한 농지를 대상으로 하였다.
④ 신한 공사는 남한의 농지 개혁법이 제정되기 이전에 설립된 기관으로 농지 개혁법과 관련이 없다. 미군정은 1946년에 신한 공사를 설립하여 일본인 소유의 농지 등을 관리하고자 하였다.

17. ② 【해설】 현대의 정치 - 김구와 이승만
(가)는 김구의 '삼천만 동포에게 읍고함'이고, (나)는 이승만이 단정수립의 필요성을 주장한 이른바 '정읍발언'이다.
② 김구는 김규식과 함께 남북 협상을 추진하였다.
① 여운형과 김규식에 대한 설명이다.
③ 김구에 대한 설명이다.
④ 이상설, 이위종, 이준에 대한 설명이다.

18. ② 【해설】 고대의 문화 - 선덕여왕 대의 문화
밑줄 친 '국왕'은 7세기 선덕여왕을 일컫는다.
② 신라에서는 7세기 선덕 여왕 때 첨성대를 세워 천체를 관측하였다.
① 감은사지 3층 석탑은 통일 이후인 신문왕 때 건립된 석탑으로, 뛰어난 균형미를 자랑하고 있다.
③ 복원궁은 고려 예종 때 처음 건립된 도교 사원이다.
④ 6세기 신라 진흥왕 때 거칠부를 시켜 『국사』를 편찬하였는데, 지금은 전하지 않는다.

19. ③ 【해설】 근세의 정치 - 조선 초기의 대외관계
ㄴ. 광해군 때 기유약조를 체결하여 일본과의 국교를 재개하였는데, 부산포만 개항하고 세견선은 20척, 세사미두는 100두로 제한하였다.
ㄷ. 세종 대에 부산포, 염포, 제포의 3포를 개항하여 일본과의 교역을 허락하였다.
ㄱ. 고려 창왕 때의 일이다.
ㄹ. 고려 시대 거란, 여진 등과의 교역에 대한 설명이다.

20. ④ 【해설】 근대 개항기의 정치 - 임오군란과 갑신정변
(가)는 임오군란의 시발점인 도봉서 사건에 대해 설명하고 있으며, (나)는 1884년에 발생한 갑신정변에 대한 내용이다.
④ 영국이 러시아를 견제하기 위해 거문도를 점령한 것은 갑신정변 이후인 1885년의 일이다.
①, ③ 임오군란 이후의 일이다. 임오군란을 진압한 청은 마젠창과 묄렌도르프 등 30여 명의 외국인을 고문으로 파견하여 조선의 내정과 외교에 깊이 관여하였다. 또한 조청 상민 수륙 무역 장정을 체결하여 청이 조선의 종주국임을 명문화하고, 청국 상인들이 조선에 본격적으로 진출할 수 있도록 하였다.
② 조선은 1883년, 미국에 보빙사를 파견하였다.

행 정 법

출제교수: 강성빈 교수님

1. ② 【해설】행정법통론
법령이 변경된 경우 신 법령이 피적용자에게 유리하여 이를 적용하도록 하는 경과규정을 두는 등의 특별한 규정이 없는 한 헌법 제13조 등의 규정에 비추어 볼 때 그 변경 전에 발생한 사항에 대하여는 변경 후의 신 법령이 아니라 변경 전의 구 법령이 적용되어야 한다. 대법원 2002. 12. 10. 선고 2001두3228 판결
① 행정기본법 제14조

> **행정기본법 제14조(법 적용의 기준)**
> ② 당사자의 신청에 따른 처분은 법령등에 특별한 규정이 있거나 처분 당시의 법령등을 적용하기 곤란한 특별한 사정이 있는 경우를 제외하고는 처분 당시의 법령등에 따른다.

③ 행정기본법 제7조

> **행정기본법 제7조(법령등 시행일의 기간 계산)**
> 법령등(훈령·예규·고시·지침 등을 포함한다)의 시행일을 정하거나 계산할 때에는 다음 각 호의 기준에 따른다.
> 　1. 법령등을 공포한 날부터 시행하는 경우에는 공포한 날을 시행일로 한다.

④ 행정기본법 제14조

> **행정기본법 제14조(법 적용의 기준)**
> ③ 법령등을 위반한 행위의 성립과 이에 대한 제재처분은 법령등에 특별한 규정이 있는 경우를 제외하고는 법령등을 위반한 행위 당시의 법령등에 따른다. 다만, 법령등을 위반한 행위 후 법령등의 변경에 의하여 그 행위가 법령등을 위반한 행위에 해당하지 아니하거나 제재처분 기준이 가벼워진 경우로서 해당 법령등에 특별한 규정이 없는 경우에는 변경된 법령등을 적용한다.

2. ① 【해설】행정작용법
행정절차법 제15조

> **행정절차법 제15조(송달의 효력 발생)**
> ③ 제14조제4항(주: 공시송달)의 경우에는 다른 법령등에 특별한 규정이 있는 경우를 제외하고는 공고일부터 14일이 지난 때에 그 효력이 발생한다. 다만, 긴급히 시행하여야 할 특별한 사유가 있어 효력 발생 시기를 달리 정하여 공고한 경우에는 그에 따른다.

② 공문서(전자공문서 포함)는 결재권자가 서명 등의 방법으로 결재함으로써 성립된다. 여기서 '결재'란 문서의 내용을 승인하여 문서로서 성립시킨다는 의사를 서명 등을 통해 외부에 표시하는 행위이다. 결재권자의 결재가 있었는지 여부는 결재권자가 서명을 하였는지뿐만 아니라 문서에 대한 결재권자의 지시 사항, 결재의 대상이 된 문서의 종류와 특성, 관련 법령의 규정 및 업무 절차 등을 종합적으로 고려하여야 한다. 대법원 2020. 12. 10. 선고 2015도19296 판결
③ 법무부장관이 출입국관리법 및 동법 시행령에 따라 위 입국금지결정을 했다고 해서 '처분'이 성립한다고 볼 수는 없고, 위 입국금지결정은 법무부장관의 의사가 공식적인 방법으로 외부에 표시된 것이 아니라 단지 그 정보를 내부전산망인 '출입국관리정보시스템'에 입력하여 관리한 것에 지나지 않으므로, 위 입국금지결정은 항고소송의 대상이 될 수 있는 '처분'에 해당하지 않는다. 대법원 2019. 7. 11. 선고 2017두38874 판결
④ 납세고지서의 교부송달 및 우편송달에 있어서는 반드시 납세의무자 또는 그와 일정한 관계에 있는 사람의 현실적인 수령 행위를 전제로 하고 있다고 보아야 하며, 납세자가 과세처분의 내용을 이미 알고 있는 경우에도 납세고지서의 송달이 불필요하다고 할 수는 없다. 대법원 2004. 4. 9. 선고 2003두13908 판결

3. ③ 【해설】행정쟁송법
행정청이 자신과 상대방 사이의 근로관계를 일방적인 의사표시로 종료시켰다고 하더라도 곧바로 그 의사표시가 행정청으로서 공권력을 행사하여 행하는 행정처분이라고 단정할 수는 없고, 관계 법령이 상대방의 근무관계에 관하여 구체적으로 어떻게 규정하고 있는지에 따라 그 의사표시가 항고소송의 대상이 되는 행정처분에 해당하는 것인지 아니면 공법상 계약관계의 일방 당사자로서 대등한 지위에서 행하는 의사표시인지 여부를 개별적으로 판단하여야 한다. 이러한 법리는 공법상 근무관계의 형성을 목적으로 하는 채용계약의 체결 과정에서 행정청의 일방적인 의사표시로 계약이 성립하지 아니하게 된 경우에도 마찬가지이다. 대법원 2014. 4. 24. 선고 2013두6244 판결
① 공익사업을 위한 토지 등의 취득 및 보상에 관한 법률 시행규칙 제57조에 따른 사업폐지 등에 대한 보상청구권은 공익사업의 시행 등 적법한 공권력의 행사에 의한 재산상 특별한 희생에 대하여 전체적인 공평부담의 견지에서 공익사업의 주체가 손해를 보상하여 주는 손실보상의 일종으로 공법상 권리임이 분명하므로 그에 관한 쟁송은 민사소송이 아닌 행정소송절차에 의하여야 한다. 대법원 2012. 10. 11. 선고 2010다23210 판결
② 종래 행정소송법은 제43조에서 국가를 상대로 하는 당사자소송의 경우에는 법원이 가집행선고를 할 수 없도록 규정하고 있으나, 위 규정에 대해 헌법재판소가 평등원칙 위반을 이유로 위헌 결정을 내림으로써 이제는 국가를 상대로 하는 당사자소송의 경우에도 가집행선고가 가능하게 되었다.

> 심판대상조항은 국가가 당사자소송의 피고인 경우 가집행의 선고를 제한하여, 국가가 아닌 공공단체 그 밖의 권리주체가 피고인 경우에 비하여 합리적인 이유 없이 차별하고 있으므로 평등원칙에 반한다. 헌법재판소 2022. 2. 24. 선고 2020헌가12 전원재판부 결정

④ 공법상 당사자소송의 소 변경에 관하여 행정소송법은, 공법상 당사자소송을 항고소송으로 변경하는 경우 또는 처분변경으로 인하여 소를 변경하는 경우에 관하여만 규정하고 있을 뿐, 공법상 당사자소송을 민사소송으로 변경할 수 있는지에 관하여 명문의 규정을 두고 있지 않다. 그러나 공법상 당사자소송에서 민사소송으로의 소 변경이 금지된다고 볼 수 없다. 이유는 다음과 같다. (중략) 따라서 공법상 당사자소송에 대하여도 청구의 기초가 바뀌지 아니하는 한도 안에서 민사소송으로 소 변경이 가능하다고 해석하는 것이 타당하다. 대법원 2023. 6. 29. 선고 2022두44262 판결

4. ① 【해설】행정절차법
'의견청취가 현저히 곤란하거나 명백히 불필요하다고 인정될 만한 상당한 이유가 있는 경우'에 해당하는지는 해당 행정처분의 성질에 비추어 판단하여야 하며, 처분상대방이 이미 행정청에 위반사실을 시인하였다거나 처분의 사전통지 이전에 의견을 진술할 기회가 있었다는 사정을 고려하여 판단할 것은 아니다. 대법원 2016. 10. 27. 선고 2016두41811 판결
② 행정절차법 제22조

> **행정절차법 제22조(의견청취)**
> ① 행정청이 처분을 할 때 다음 각 호의 어느 하나에 해당하는 경우에는 청문을 한다(주: 신청 여부를 불문하고 청문을 해야 함).
> 　3. 다음 각 목의 처분을 하는 경우
> 　　가. 인허가 등의 취소

③ 행정처분의 상대방에 대한 청문통지서가 반송되었다거나, 행정처분의 상대방이 청문일시에 불출석하였다는 이유로 청문을 실시하지 아니하고 한 침해적 행정처분은 위법하다. 대법원 2001. 4. 13. 선고 2000두3337 판결
④ 행정청이 당사자와 사이에 도시계획사업의 시행과 관련한 협약을 체결하면서 관계 법령 및 행정절차법에 규정된 청문의 실시 등 의견청취절차를 배제하는 조항을 두었다고 하더라도, 국민의 행정참여를 도모함으로써 행정의 공정성·투명성 및 신뢰성을 확보하고 국민의 권익을 보호한다는 행정절차법의 목적 및 청문제도의 취지 등에 비추어 볼 때, 위와 같은 협약의 체결로 청문의 실시에 관한 규정의 적용을 배제할 수 있다고 볼 만한 법령상의 규정이 없는 한, 이러한 협약이 체결되었다고 하여 청문의 실시에 관한 규정의 적용이 배제된다거나 청문을 실시하지 않아도 되는 예외적인 경우에 해당한다고 할 수 없다. 대법원 2004. 7. 8. 선고 2002두8350 판결

5. ②　【해설】실효성 확보수단
행정조사기본법 제13조

> **행정조사기본법 제13조(자료등의 영치)**
> ② 조사원이 제1항에 따라 자료등을 영치하는 경우에 조사대
> 상자의 생활이나 영업이 사실상 불가능하게 될 우려가 있
> 는 때에는 조사원은 자료등을 사진으로 촬영하거나 사본
> 을 작성하는 등의 방법으로 영치에 갈음할 수 있다. 다만,
> 증거인멸의 우려가 있는 자료등을 영치하는 경우에는 그
> 러하지 아니하다.

① 행정조사기본법 제7조

> **행정조사기본법 제7조(조사의 주기)**
> 행정조사는 법령등 또는 행정조사운영계획으로 정하는 바에
> 따라 정기적으로 실시함을 원칙으로 한다.

③ 행정조사기본법 제20조

> **행정조사기본법 제20조(자발적인 협조에 따라 실시하는 행
> 정조사)**
> ② 제1항에 따른 행정조사에 대하여 조사대상자가 조사에 응
> 할 것인지에 대한 응답을 하지 아니하는 경우에는 법령등
> 에 특별한 규정이 없는 한 그 조사를 거부한 것으로 본다.

④ 행정조사기본법 제24조

> **행정조사기본법 제24조(조사결과의 통지)**
> 행정기관의 장은 법령등에 특별한 규정이 있는 경우를 제외
> 하고는 행정조사의 결과를 확정한 날부터 7일 이내에 그 결
> 과를 조사대상자에게 통지하여야 한다.

6. ④　【해설】행정쟁송법
취소소송은 다른 법률에 특별한 규정이 없는 한 그 처분 등을
행한 행정청을 피고로 한다. 여기서 '행정청'이라 함은 국가 또
는 공공단체의 기관으로서 국가나 공공단체의 의견을 결정하여
외부에 표시할 수 있는 권한, 즉 처분권한을 가진 기관을 말하
고, 대외적으로 의사를 표시할 수 있는 기관이 아닌 내부기관은
실질적인 의사가 그 기관에 의하여 결정되더라도 피고적격을
갖지 못한다. 대법원 2014. 5. 16. 선고 2014두274 판결
① 국가공무원법 제16조

> **국가공무원법 제16조(행정소송과의 관계)**
> ① 제75조에 따른 처분, 그 밖에 본인의 의사에 반한 불리한
> 처분이나 부작위에 관한 행정소송은 소청심사위원회의
> 심사·결정을 거치지 아니하면 제기할 수 없다.
> ② 제1항에 따른 행정소송을 제기할 때에는 대통령의 처분
> 또는 부작위의 경우에는 소속 장관(대통령령으로 정하는
> 기관의 장을 포함한다. 이하 같다)을, 중앙선거관리위원
> 회위원장의 처분 또는 부작위의 경우에는 중앙선거관리
> 위원회사무총장을 각각 피고로 한다.

② 행정소송법 제13조

> **행정소송법 제13조(피고적격)**
> ① 취소소송은 다른 법률에 특별한 규정이 없는 한 그 처분
> 등을 행한 행정청을 피고로 한다. 다만, 처분등이 있은 뒤
> 에 그 처분등에 관계되는 권한이 다른 행정청에 승계된
> 때에는 이를 승계한 행정청을 피고로 한다.
> ② 제1항의 규정에 의한 행정청이 없게 된 때에는 그 처분등
> 에 관한 사무가 귀속되는 국가 또는 공공단체를 피고로
> 한다.

③ 항고소송은 다른 법률에 특별한 규정이 없는 한 원칙적으로
소송의 대상인 행정처분을 외부적으로 행한 행정청을 피고로
하여야 하고(행정소송법 제13조 제1항 본문), 다만 대리기관이
대리관계를 표시하고 피대리 행정청을 대리하여 행정처분을
한 때에는 피대리 행정청이 피고로 되어야 한다. 대법원 2018.
10. 25. 선고 2018두43095 판결

7. ④　【해설】행정법통론
입법예고를 통해 법령안의 내용을 국민에게 예고한 적이 있다
고 하더라도 그것이 법령으로 확정되지 아니한 이상 국가가 이
해관계자들에게 위 법령안에 관련된 사항을 약속하였다고 볼
수 없으며, 이러한 사정만으로 어떠한 신뢰를 부여하였다고 볼
수도 없다. 대법원 2018. 6. 15. 선고 2017다249769 판결

① 헌법재판소의 위헌결정은 행정청이 개인에 대하여 신뢰의 대
상이 되는 공적인 견해를 표명한 것이라고 할 수 없으므로 그
결정에 관련한 개인의 행위에 대하여는 신뢰보호의 원칙이 적용
되지 아니한다. 대법원 2003. 6. 27. 선고 2002두6965 판결
② 법률에 따른 개인의 행위가 단지 법률이 반사적으로 부여하
는 기회의 활용을 넘어서 국가에 의하여 일정 방향으로 유인된
것이라면 특별히 보호가치가 있는 신뢰이익이 인정될 수 있고,
원칙적으로 개인의 신뢰보호가 국가의 법률개정이익에 우선된
다고 볼 여지가 있다(즉 단지 법률이 부여하는 기회를 활용한
것에 불과할 경우 신뢰보호의 이익이 인정될 수 없음). 헌법재
판소 2002. 11. 28. 선고 2002헌바45 결정
③ 폐기물처리업에 대하여 사전에 관할 관청으로부터 적정통
보를 받고 막대한 비용을 들여 허가요건을 갖춘 다음 허가신청
을 하였음에도 다수 청소업자의 난립으로 안정적이고 효율적
인 청소업무의 수행에 지장이 있다는 이유로 한 불허가처분은
신뢰보호의 원칙 및 비례의 원칙에 반하는 것으로서 재량권을
남용한 위법한 처분이다. 대법원 1998. 5. 8. 선고 98두4061
판결

8. ③　【해설】행정작용법
조세 부과의 근거가 되었던 법률규정이 위헌으로 선언된 경우,
비록 그에 기한 과세처분이 위헌결정 전에 이루어졌고, 과세처
분에 대한 제소기간이 이미 경과하여 조세채권이 확정되었으
며, 조세채권의 집행을 위한 체납처분의 근거규정 자체에 대하
여는 따로 위헌결정이 내려진 바 없다고 하더라도, 위와 같은
위헌결정 이후에 조세채권의 집행을 위한 새로운 체납처분에
착수하거나 이를 속행하는 것은 더 이상 허용되지 않고, 나아
가 이러한 위헌결정의 효력에 위배하여 이루어진 체납처분은
그 사유만으로 하자가 중대하고 객관적으로 명백하여 당연무
효이다. 대법원 2012. 2. 16. 선고 2010두10907 판결
① 구체적 규범통제의 실효성의 보장의 견지에서 법원의 제청·
헌법소원의 청구 등을 통하여 ①헌법재판소에 법률의 위헌결
정을 위한 계기를 부여한 당해사건, ②위헌결정이 있기 전에
이와 동종의 위헌 여부에 관하여 헌법재판소에 위헌제청을 하
였거나 법원에 위헌제청신청을 한 경우의 당해 사건(동종사
건), 그리고 ③따로 위헌제청신청을 아니하였지만 당해 법률
또는 법률의 조항이 재판의 전제가 되어 법원에 계속 중인 사
건(병행사건)에 대하여는 소급효를 인정하여야 할 것이다. 또
다른 한가지의 불소급의 원칙의 예외로 볼 것은, ④(일반사건
의 경우)당사자의 권리구제를 위한 구체적 타당성의 요청이 현
저한 반면에 소급효를 인정하여도 법적 안정성을 침해할 우려
가 없고 나아가 구법에 의하여 형성된 기득권자의 이익이 해쳐
질 사안이 아닌 경우로서 소급효의 부인이 오히려 정의와 형평
등 헌법적 이념에 심히 배치되는 때에도 소급효를 인정할 수
있다. 헌법재판소 1993. 5. 13. 선고 92헌가10 전원재판부
② 위헌인 법률에 근거한 행정처분이 당연무효인지의 여부는
위헌결정의 소급효와는 별개의 문제로서, 위헌결정의 소급효
가 인정된다고 하여 위헌인 법률에 근거한 행정처분이 당연무
효가 된다고는 할 수 없고 오히려 이미 취소소송의 제기기간을
경과하여 확정력이 발생한 행정처분에는 위헌결정의 소급효가
미치지 않는다. 대법원 1994. 10. 28. 선고 92누9463 판결
④ 일반적으로 법률이 헌법에 위반된다는 사정이 헌법재판소
의 위헌결정이 있기 전에도 객관적으로 명백한 것이라고 할 수
는 없으므로 특별한 사정이 없는 한 이러한 하자는 위 행정처
분의 취소사유에 해당할 뿐 당연무효사유는 아니라고 봄이 상
당하다. 대법원 1994. 10. 28. 선고 93다41860 판결

9. ①　【해설】행정구제법
국가 또는 지방자치단체라 할지라도 공권력의 행사가 아니고
단순한 사경제의 주체로 활동하였을 경우에는 그 손해배상책
임에 국가배상법이 적용될 수 없고 민법상의 사용자책임 등이
인정되는 것이고 국가의 철도운행사업은 국가가 공권력의 행
사로서 하는 것이 아니고 사경제적 작용이라 할 것이므로, 이
로 인한 사고에 공무원이 간여하였다고 하더라도 국가배상법
을 적용할 것이 아니고 일반 민법의 규정에 따라야 하므로, 국
가배상법상의 배상전치절차를 거칠 필요가 없으나, 공공의 영
조물인 철도시설물의 설치 또는 관리의 하자로 인한 불법행위
를 원인으로 하여 국가에 대하여 손해배상청구를 하는 경우에

는 국가배상법이 적용되므로 배상전치절차를 거쳐야 한다. 대
법원 1999. 6. 22. 선고 99다7008 판결
② 공무원이 고의 또는 과실로 그에게 부과된 직무상 의무를
위반하였을 경우라고 하더라도 국가는 그러한 직무상의 의무
위반과 피해자가 입은 손해 사이에 상당인과관계가 인정되는
범위 내에서만 배상책임을 지는 것이고, 이 경우 상당인과관계
가 인정되기 위하여는 공무원에게 부과된 직무상 의무의 내용
이 단순히 공공 일반의 이익을 위한 것이거나 행정기관 내부의
질서를 규율하기 위한 것이 아니고 전적으로 또는 부수적으로
사회구성원 개인의 안전과 이익을 보호하기 위하여 설정된 것
이어야 한다. 대법원 2010. 9. 9. 선고 2008다77795 판결
③ 공무원이 자기 소유의 자동차로 공무수행 중 사고를 일으킨
경우에는 그 손해배상책임은 자동차손해배상보장법이 정한 바
에 의하게 되어, 그 사고가 자동차를 운전한 공무원의 경과실
에 의한 것인지 중과실 또는 고의에 의한 것인지를 가리지 않
고 그 공무원이 자동차손해배상보장법 제3조 소정의 '자기를
위하여 자동차를 운행하는 자'에 해당하는 한 손해배상책임을
부담한다. 대법원 1996. 5. 31. 선고 94다15271 판결
④ 상호보증은 외국의 법령, 판례 및 관례 등에 의하여 승인요
건을 비교하여 인정되면 충분하고 반드시 당사국과 조약이 체
결되어 있을 필요는 없으며, 해당 외국에서 구체적으로 우리나
라의 같은 종류의 판결을 승인한 사례가 없다고 하더라도 실제
로 승인할 것이라고 기대할 수 있을 정도이면 충분하다. 대법
원 2017. 5. 30. 선고 2012다23832 판결

10. ② 【해설】 행정작용법
주된 인허가에 관한 사항을 규정하고 있는 법률에서 주된 인허
가가 있으면 다른 법률에 의한 인허가를 받은 것으로 의제한다
는 규정을 둔 경우, 주된 인허가가 있으면 다른 법률에 의한
인허가가 있는 것으로 보는 데 그치고, 거기에서 더 나아가 다
른 법률에 의하여 인허가를 받았음을 전제로 하는 그 다른 법
률의 모든 규정들까지 적용되는 것은 아니다. 대법원 2016.
11. 24. 선고 2014두47686 판결
① 인허가의제 제도는 관련 인허가가 행정청의 권한을 제한하거
나 박탈하는 효과를 가진다는 점에서 법률 또는 법률의 위임에
따른 법규명령의 근거가 있어야 한다. 대법원 2022. 9. 7. 선고
2020두40327 판결
③ 의제되는 도로공사시행허가 및 도로점용허가는 원칙적으로
당해 택지개발사업을 시행하는 데 필요한 범위 내에서만 그 효
력이 유지된다고 보아야 한다. 따라서 원고가 이 사건 택지개
발사업과 관련하여 그 사업시행의 일환으로 이 사건 도로예정
지 또는 도로에 전력관을 매설하였다고 하더라도 사업시행완
료 후 이를 계속 유지·관리하기 위해 도로를 점용하는 것에 대
한 도로점용허가까지 그 실시계획 승인에 의해 의제된다고 볼
수는 없다. 대법원 2010. 4. 29. 선고 2009두18547 판결
④ 관련 인허가 의제 제도는 사업시행자의 이익을 위하여 만들
어진 것이므로, 사업시행자가 반드시 관련 인허가 의제 처리를
신청할 의무가 있는 것은 아니다. 대법원 2020. 7. 23. 선고
2019두31839 판결

11. ① 【해설】 행정쟁송법
사실심에서 변론종결시까지 당사자가 주장하지 않던 직권조사
사항에 해당하는 사항을 상고심에서 비로소 주장하는 경우 그
직권조사사항에 해당하는 사항은 상고심의 심판범위에 해당한
다. 대법원 2004. 12. 24. 선고 2003두15195 판결
② 행정소송법 제26조가 법원은 필요하다고 인정할 때에는 직
권으로 증거조사를 할 수 있고, 당사자가 주장하지 아니한 사
실에 대하여도 판단할 수 있다고 규정하고 있지만, 이는 행정
소송의 특수성에 연유하는 당사자주의, 변론주의에 대한 일부
예외 규정일 뿐 법원이 아무런 제한 없이 당사자가 주장하지
아니한 사실을 판단할 수 있는 것은 아니고, 일건 기록에 현출
되어 있는 사항에 관하여서만 직권으로 증거조사를 하고 이를
기초로 하여 판단할 수 있을 따름이고, 그것도 법원이 필요하
다고 인정할 때에 한하여 청구의 범위 내에서 증거조사를 하고
판단할 수 있을 뿐이다. 대법원 1994. 10. 11. 선고 94누4820
판결
③ 행정소송법 제25조

행정소송법 제25조(행정심판기록의 제출명령)
① 법원은 당사자의 신청이 있는 때에는 결정으로써 재결을
　행한 행정청에 대하여 행정심판에 관한 기록의 제출을 명
　할 수 있다.

④ 자유재량에 의한 행정처분이 그 재량권의 한계를 벗어난 것
이어서 위법하다는 점은 그 행정처분의 효력을 다투는 자가 이
를 주장·입증하여야 하고 처분청이 그 재량권의 행사가 정당한
것이었다는 점까지 주장·입증할 필요는 없다. 대법원 1987.
12. 8. 선고 87누861 판결

12. ③ 【해설】 행정작용법
법률이 공법적 단체 등의 정관에 자치법적 사항을 위임한 경우
에는 헌법 제75조가 정하는 포괄적인 위임입법의 금지는 원칙
적으로 적용되지 않는다고 봄이 상당하고, 그렇다 하더라도 그
사항이 국민의 권리·의무에 관련되는 것일 경우에는 적어도 국
민의 권리·의무에 관한 기본적이고 본질적인 사항은 국회가 정
하여야 한다. 대법원 2007. 10. 12. 선고 2006두14476 판결
① 처벌법규나 조세법규와 같이 국민의 기본권을 직접적으로
제한하거나 침해할 소지가 있는 영역에서는 구체성·명확성의
요구가 강화되어 그 위임의 요건과 범위가 일반적인 급부행정
의 영역에서보다 더 엄격하게 제한되어야 한다. 헌법재판소
1996. 6. 26. 선고 93헌바2 결정
② 법률의 시행령은 모법인 법률에 의하여 위임받은 사항이나
법률이 규정한 범위 내에서 법률을 현실적으로 집행하는 데 필
요한 세부적인 사항만을 규정할 수 있을 뿐, 법률에 의한 위임
이 없는 한 법률이 규정한 개인의 권리·의무에 관한 내용을 변
경·보충하거나 법률에 규정되지 아니한 새로운 내용을 규정할
수는 없다. 대법원 2020. 9. 3. 선고 2016두32992 전원합의체
판결
④ 구 여객자동차 운수사업법 시행규칙 제31조 제2항 제1호,
제2호, 제6호는 구 여객자동차 운수사업법 제11조 제4항의 위
임에 따라 시외버스운송사업의 사업계획변경에 관한 절차, 인
가기준 등을 구체적으로 규정한 것으로서, 대외적인 구속력이
있는 법규명령이라고 할 것이고, 그것을 행정청 내부의 사무처
리준칙을 규정한 행정규칙에 불과하다고 할 수는 없다. 대법원
2006. 6. 27. 선고 2003두4355 판결

13. ③ 【해설】 실효성 확보수단
질서위반행위규제법 제12조

질서위반행위규제법 제12조(다수인의 질서위반행위 가담)
① 신분에 의하여 과태료를 감경 또는 가중하거나 과태료를
　부과하지 아니하는 때에는 그 신분의 효과는 신분이 없는
　자에게는 미치지 아니한다.

① 과태료는 행정상의 질서유지를 위한 행정질서벌에 해당할
뿐 형벌이라고 할 수 없어 죄형법정주의의 규율대상에 해당하
지 아니한다. 헌법재판소 1998. 5. 28. 선고 96헌바83 결정
② 질서위반행위규제법 제19조

질서위반행위규제법 제19조(과태료 부과의 제척기간)
① 행정청은 질서위반행위가 종료된 날(다수인이 질서위반
　행위에 가담한 경우에는 최종행위가 종료된 날을 말한다)
　부터 5년이 경과한 경우에는 해당 질서위반행위에 대하
　여 과태료를 부과할 수 없다.

④ 과태료처분의 당부는 최종적으로 비송사건절차법에 의한
절차에 의하여만 판단되어야 한다고 보아야 할 것이므로 위와
같은 과태료처분은 행정소송의 대상이 되는 행정처분이라고
볼 수 없다. 대법원 1993. 11. 23. 선고 93누16833 판결

14. ④ 【해설】 실효성 확보수단
비록 건축주 등이 장기간 시정명령을 이행하지 아니하였더라
도, 그 기간 중에는 시정명령의 이행 기회가 제공되지 아니하
였다가 뒤늦게 시정명령의 이행 기회가 제공된 경우라면, 시정
명령의 이행 기회 제공을 전제로 한 1회분의 이행강제금만을
부과할 수 있고, 시정명령의 이행 기회가 제공되지 아니한 과
거의 기간에 대한 이행강제금까지 한꺼번에 부과할 수는 없다.
그리고 이를 위반하여 이루어진 이행강제금 부과처분은 과거
의 위반행위에 대한 제재가 아니라 행정상의 간접강제 수단이

라는 이행강제금의 본질에 반하여 구 건축법 제80조 제1항, 제4항 등 법규의 중요한 부분을 위반한 것으로서, 그러한 하자는 중대할 뿐만 아니라 객관적으로도 명백하다. 대법원 2016. 7. 14. 선고 2015두46598 판결
① 공정거래법상 기업결합 제한위반행위자에 대한 이행강제금이 부과되기 전에 시정조치를 이행하거나 부작위 의무를 명하는 시정조치 불이행을 중단한 경우 과거의 시정조치 불이행기간에 대하여 이행강제금을 부과할 수 있다고 봄이 타당하다. 대법원 2019. 12. 12 선고 2018두63563 판결
② 이행강제금은 일정한 기한까지 의무를 이행하지 않을 때에는 일정한 금전적 부담을 과할 뜻을 미리 계고함으로써 의무자에게 심리적 압박을 주어 장래에 그 의무를 이행하게 하려는 행정상 간접적인 강제집행 수단의 하나로서 과거의 일정한 법률위반 행위에 대한 제재로서의 형벌이 아니라 장래의 의무이행의 확보를 위한 강제수단일 뿐이어서 범죄에 대하여 국가가 형벌권을 실행한다고 하는 과벌에 해당하지 아니하므로 헌법 제13조 제1항이 금지하는 이중처벌금지의 원칙이 적용될 여지가 없다. 헌법재판소 2011. 10. 25. 선고 2009헌바140 결정
③ 시정명령을 받은 의무자가 그 시정명령의 취지에 부합하는 의무를 이행하기 위한 정당한 방법으로 행정청에 신청 또는 신고를 하였으나 행정청이 위법하게 이를 거부 또는 반려함으로써 결국 그 처분이 취소되기에 이르렀다면, 특별한 사정이 없는 한 그 시정명령의 불이행을 이유로 이행강제금을 부과할 수는 없다고 보는 것이 위와 같은 이행강제금 제도의 취지에 부합한다. 대법원 2018. 1. 25. 선고 2015두35116 판결

15. ② 【해설】 행정정보

공공기관의 정보공개에 관한 법률은 국민을 정보공개청구권자로, 지방자치단체를 국민에 대응하는 정보공개의무자로 상정하고 있다고 할 것이므로, 지방자치단체는 공공기관의 정보공개에 관한 법률 제5조에서 정한 정보공개청구권자인 '국민'에 해당되지 아니한다. 서울행정법원 2005. 10. 12. 선고 2005구합10484 판결
① "알 권리"의 생성기반을 살펴볼 때 이 권리의 핵심은 정부가 보유하고 있는 정보에 대한 국민의 "알 권리", 즉 국민의 정부에 대한 일반적 정보공개를 구할 권리(청구권적 기본권)라고 할 것이며, 이러한 "알 권리"의 실현은 법률의 제정이 뒤따라 이를 구체화시키는 것이 충실하고도 바람직하지만, 그러한 법률이 제정되어 있지 않다고 하더라도 불가능한 것은 아니고 헌법 제21조에 의해 직접 보장될 수 있다고 하는 것이 헌법재판소의 확립된 판례인 것이다. 헌법재판소 1991. 5. 13. 선고 90헌마133 결정
③ 정보공개법 시행령 제2조 제1호가 정보공개의무를 지는 공공기관의 하나로 사립대학교를 들고 있는 것이 모법인 구 공공기관의 정보공개에 관한 법률의 위임 범위를 벗어났다거나 사립대학교가 국비의 지원을 받는 범위 내에서만 공공기관의 성격을 가진다고 볼 수 없다. 대법원 2006. 8. 24. 선고 2004두2783 판결
④ 국민으로부터 보유·관리하는 정보에 대한 공개를 요구받은 공공기관으로서는 같은 법 제7조 제1항 각 호에서 정하고 있는 비공개사유에 해당하지 않는 한 이를 공개하여야 할 것이고, 만일 이를 거부하는 경우라 할지라도 대상이 된 정보의 내용을 구체적으로 확인·검토하여 어느 부분이 어떠한 법익 또는 기본권과 충돌되어 같은 법 제7조 제1항 몇 호에서 정하고 있는 비공개사유에 해당하는지를 주장·입증하여야만 할 것이며, 그에 이르지 아니한 채 개괄적인 사유만을 들어 공개를 거부하는 것은 허용되지 아니한다. 대법원 2003. 12. 11. 선고 2001두8827 판결

16. ④ 【해설】 행정법통론

보완의 대상이 되는 흠은 보완이 가능한 경우이어야 함은 물론이고, 그 내용 또한 형식적·절차적인 요건이거나, 실질적인 요건에 관한 흠이 있는 경우라도 그것이 민원인의 단순한 착오나 일시적인 사정 등에 기한 경우 등이라야 한다. 대법원 2004. 10. 15. 선고 2003두6573 판결
① 행정절차법 제17조

> **행정절차법 제17조(처분의 신청)**
> ① 행정청에 처분을 구하는 신청은 문서로 하여야 한다. 다만, 다른 법령등에 특별한 규정이 있는 경우와 행정청이 미리 다른 방법을 정하여 공시한 경우에는 그러하지 아니하다.

② 행정절차법 제40조

> **행정절차법 제40조(신고)**
> ② 제1항에 따른 신고가 다음 각 호의 요건을 갖춘 경우에는 신고서가 접수기관에 도달된 때에 신고 의무가 이행된 것으로 본다.
> 1. 신고서의 기재사항에 흠이 없을 것
> 2. 필요한 구비서류가 첨부되어 있을 것
> 3. 그 밖에 법령등에 규정된 형식상의 요건에 적합할 것

③ 구 체육시설의설치·이용에관한법률 제18조에 의한 골프장이용료 변경신고서는 그 신고 자체가 위법하거나 그 신고에 무효사유가 없는 한 이것이 도지사에게 제출하여 접수된 때에 신고가 있었다고 볼 것이고, 도지사의 수리행위가 있어야만 신고가 있었다고 볼 것은 아니다. 대법원 1993. 7. 6.자 93마635 판결

17. ② 【해설】 행정구제법

우리 헌법상 수용의 주체를 국가로 한정한 바 없으므로 민간기업도 수용의 주체가 될 수 있고, (중략) 민간기업에게 산업단지개발사업에 필요한 토지 등을 수용할 수 있도록 규정한 산업입지 및 개발에 관한 법률 제22조 제1항은 헌법에 위반된다고 할 수 없다. 헌법재판소 2009. 9. 24. 선고 2007헌바114 결정
① 하나의 재결에서 피보상자별로 여러 가지의 토지, 물건, 권리 또는 영업(이처럼 손실보상 대상에 해당하는지, 나아가 그 보상금액이 얼마인지를 심리·판단하는 기초 단위를 이하 '보상항목'이라고 한다)의 손실에 관하여 심리·판단이 이루어졌을 때, 피보상자 또는 사업시행자가 반드시 그 재결 전부에 관하여 불복하여야 하는 것은 아니며, 여러 보상항목들 중 일부에 관해서만 불복하는 경우에는 그 부분에 관해서만 개별적으로 불복의 사유를 주장하여 행정소송을 제기할 수 있다. 이러한 보상금 증감 소송에서 법원의 심판범위는 하나의 재결 내에서 소송당사자가 구체적으로 불복신청을 한 보상항목들로 제한된다. 대법원 2018. 5. 15. 선고 2017두41221 판결
③ 사업인정고시는 수용재결절차로 나아가 강제적인 방식으로 토지소유자나 관계인의 권리를 취득·보상하기 위한 절차적 요건에 지나지 않고 영업손실보상의 요건이 아니다. 따라서 피고가 시행하는 사업이 토지보상법상 공익사업에 해당하고 원고들의 영업이 해당 공익사업으로 폐업하거나 휴업하게 된 것이어서 토지보상법령에서 정한 영업손실 보상대상에 해당하면, 사업인정고시가 없더라도 피고는 원고들에게 영업손실을 보상할 의무가 있다. 대법원 2021. 11. 11. 선고 2018다204022 판결
④ 공유수면 매립면허의 고시가 있다고 하여 반드시 그 사업이 시행되고 그로 인하여 손실이 발생한다고 할 수 없으므로, 매립면허 고시 이후 매립공사가 실행되어 관행어업권자에게 실질적이고 현실적인 피해가 발생한 경우에만 공유수면매립법에서 정하는 손실보상청구권이 발생하였다고 할 것이다. 대법원 2010. 12. 9. 선고 2007두6571 판결

18. ① 【해설】 행정작용법

구 도시계획법 제7조에 의하면 건설부장관은 도시계획구역 및 도시계획을 결정하거나 도시계획사업실시계획을 인가하는 등의 처분을 하였을 때에는 지체없이 이를 고시하여야 한다고 규정되어 있는 바, 도시계획의 공공성 및 권리침해적 성격과 위 법조의 규정취지 등에 비추어 볼 때 위 도시계획법은 "고시"를 도시계획구역, 도시계획결정 등의 효력발생요건으로 규정하였다고 풀이되므로, 건설부장관 또는 그의 권한의 일부를 위임받은 서울특별시장, 도지사 등 지방장관이 기안, 결재 등의 과정을 거쳐 정당하게 도시계획결정 등의 처분을 하였다고 하더라도 이를 관보에 게재하여 고시하지 아니한 이상 대외적으로는 아무런 효력도 발생하지 아니한다 할 것이다. 대법원 1985. 12. 10. 선고 85누186 판결
② 2012년도와 2013년도 대학교육역량강화사업 기본계획은 대학교육역량강화 지원사업을 추진하기 위한 국가의 기본방침

을 밝히고 국가가 제시한 일정 요건을 충족하여 높은 점수를 획득한 대학에 대하여 지원금을 배분하는 것을 내용으로 하는 행정계획일 뿐, 위 계획에 따를 의무를 부과하는 것은 아니다. 총장직선제를 개선하지 않을 경우 지원금을 받지 못하게 될 가능성이 있어 대학들이 이 계획에 구속될 여지가 있다 하더라도, 이는 사실상의 구속에 불과하고 이에 따를지 여부는 전적으로 대학의 자율에 맡겨져 있다. 더구나 총장직선제를 개선하려면 학칙이 변경되어야 하므로, 계획 자체만으로는 대학의 구성원인 청구인들의 법적 지위나 권리의무에 어떠한 영향도 미친다고 보기 어렵다. 따라서 2012년도와 2013년도 계획 부분은 헌법소원의 대상이 되는 공권력 행사에 해당하지 아니한다. 헌법재판소 2016. 10. 27. 선고 2013헌마576 결정
③ ‘4대강 살리기 마스터플랜’ 등은 행정기관 내부에서 사업의 기본방향을 제시하는 계획일 뿐 국민의 권리·의무에 직접 영향을 미치는 것이 아니어서, 행정처분에 해당하지 않는다. 대법원 2011. 4. 21.자 2010무111 판결
④ 문화재보호구역 내에 있는 토지소유자 등으로서는 위 보호구역의 지정해제를 요구할 수 있는 법규상 또는 조리상의 신청권이 있다고 할 것이고, 이러한 신청에 대한 거부행위는 항고소송의 대상이 되는 행정처분에 해당한다. 대법원 2004. 4. 27. 선고 2003두8821 판결

19. ④ 【해설】 행정쟁송법
취소소송에 병합할 수 있는 당해 처분과 관련되는 부당이득반환소송에는 당해 처분의 취소를 선결문제로 하는 부당이득반환청구가 포함되고, 이러한 부당이득반환청구가 인용되기 위해서는 그 소송절차에서 판결에 의해 당해 처분이 취소되면 충분하고 그 처분의 취소가 확정되어야 하는 것은 아니라고 보아야 한다. 대법원 2009. 4. 9. 선고 2008두23153 판결
① 행정소송법 제13조

> **행정소송법 제13조(피고적격)**
> ① 취소소송은 다른 법률에 특별한 규정이 없는 한 그 처분 등을 행한 행정청을 피고로 한다. 다만, 처분등이 있은 뒤에 그 처분등에 관계되는 권한이 다른 행정청에 승계된 때에는 이를 승계한 행정청을 피고로 한다.

② 고등학교졸업이 대학입학자격이나 학력인정으로서의 의미밖에 없다고 할 수 없으므로 고등학교졸업학력검정고시에 합격하였다 하여 고등학교 학생으로서의 신분과 명예가 회복될 수 없는 것이니 퇴학처분을 받은 자로서는 퇴학처분의 위법을 주장하여 그 취소를 구할 소송상의 이익이 있다. 대법원 1992. 7. 14. 선고 91누4737 판결
③ 제3자의 소송참가에 있어서 참가인은 민사소송법 제67조가 준용됨에 따라 공동소송적 보조참가인의 지위에 있는 것으로 보는데, 이 경우 공동소송인 가운데 한 사람의 소송행위는 모두의 이익을 위하여서만 효력을 가지게 된다. 따라서 상소취하 또는 상소포기와 같은 참가인에게 불리한 행위는 참가인의 의사에 반하여 피참가인 단독으로 할 수 없다.

20. ③ 【해설】 행정작용법
행정절차법 제40조의2

> **행정절차법 제40조의2(확약)**
> ② 확약은 문서로 하여야 한다.

① 어업권면허에 선행하는 우선순위결정은 행정청이 우선권자로 결정된 자의 신청이 있으면 어업권면허처분을 하겠다는 것을 약속하는 행위로서 강학상 확약에 불과하고 행정처분은 아니므로, 우선순위결정에 공정력이나 불가쟁력과 같은 효력은 인정되지 않는다. 대법원 1995. 1. 20. 선고 94누6529 판결
② 행정절차법 제40조의2

> **행정절차법 제40조의2(확약)**
> ④ 행정청은 다음 각 호의 어느 하나에 해당하는 경우에는 확약에 기속되지 아니한다.
> 　1. 확약을 한 후에 확약의 내용을 이행할 수 없을 정도로 법령등이나 사정이 변경된 경우
> 　2. 확약이 위법한 경우

④ 자동차운송사업양도양수계약에 기한 양도양수인가신청에 대하여 피고 시장이 내인가를 한 후 위 내인가에 기한 본인가

신청이 있었으나 자동차운송사업 양도양수인가신청서가 합의에 의한 정당한 신청서라고 할 수 없다는 이유로 위 내인가를 취소한 경우, 위 내인가의 법적 성질이 행정행위의 일종으로 볼 수 있든 아니든 그것이 행정청의 상대방에 대한 의사표시임이 분명하고, 피고가 위 내인가를 취소함으로써 다시 본인가에 대하여 따로이 인가 여부의 처분을 한다는 사정이 보이지 않는다면 위 내인가취소를 인가신청을 거부하는 처분으로 보아야 할 것이다. 대법원 1991. 6. 28. 선고 90누4402 판결

행 정 학

출제교수: 김규대 교수님

1. ③ 【해설】 총론 - 연구방법론
거시적 접근방법은 "전체는 부분의 단순한 합이 아니다"라는 시각에서 그 자체수준의 독특한 속성이 있다는 방법론적 전제 주의에 입각하고 있다.
① 연역적 접근은 일반원리로부터 구체적인 사실을 도출해내는 논리로서 일정한 이론적 전제에서 출발하여 현상을 기술하고 설명하는 접근이다
② 귀납적 접근은 특정 사례의 관찰로부터 일반원리를 도출해내는 논리관찰에서 시작하여 규칙성을 요약하고 이로부터 잠정적 결론을 도출하는 접근이다.
④ 미시와 거시의 차이는 대상단위보다 주제단위가 더 작은 경우라면 미시적 접근방법이며, 대상단위보다 주제단위가 더 큰 경우에는 거시적 접근 방법으로서 미시적 접근방법은 분석수준을 개인이라는 작은 단위에 두고, 거시적 접근방법은 분석수준을 정치행정체계라는 큰 단위에 둔다.

2. ① 【해설】 총론 - 신공공서비스론
신공공서비스론은 고객이 아니라 시민에게 봉사하는 행정(Serve citizens, not customers : 고객이 아니라 시민들에게 봉사한다)을 주장하였다.

3. ① 【해설】 민간위탁론
보조금(Grants)은 민간조직 또는 개인이 서비스 제공 활동에 대한 재정 및 현물을 지원하는 방식으로서, 서비스가 기술적으로 복잡하고 서비스의 목표를 어떻게 달성할 것인가 불확실한 경우에 사용된다.

4. ③ 【해설】 정책론 - 정부업무평가제도
특정평가는 국무총리는 중앙행정기관을 대상으로 국정을 통합적으로 관리하기 위해 두 개 이상의 중앙행정기관 관련 시책, 주요 현안 시책, 혁신관리 및 대통령령이 정하는 대상 부문에 대해 특정평가를 실시할 수 있고 그 결과를 공개해야 한다.

5. ① 【해설】 정책론 - 정책분류론 (Ripley & Franklin)
상징정책, 분배정책, 규제정책, 추출정책은 Almond & Powell의 분류에 해당한다.
②, ③, ④ 리플리와 플랭클린은 정책을 분배정책, 경쟁적 규제정책, 보호적 규제정책, 재분배정책으로 분류하였다.

6. ④ 【해설】 정책론 - 정책의제설정론
Dimaggio & Powell의 동형화 모형은 정부 간 정책전이(policy transfer)가 모방, 규범, 강압을 통해 이뤄진다고 본다.
① 동원형은 공중의제화 과정을 거치지만 행정부 주도로 이루어지므로 행정부의 영향력이 크고, 민간부문이 상대적으로 취약한 후진국에서 많이 나타난다.
② 올림픽, 월드컵 유치 등 국민들이 적극적인 관심을 보인 사례지만 정책결정자들이 주도한 동원형이다.
③ 포자모형은 정책문제 자체의 성격보다는 정책문제가 제기되어 정의되는 환경의 문제를 더욱 강조한다.

7. ① 【해설】 정책론 - 정책평가
역사요인(history)은 조사를 하는 동안에 일어나는 사건으로서, 프로그램을 집행하기 전과 집행한 후에 그 결과를 측정한 사이의 기간이 길수록 역사적 사건이 잠재적인 경쟁적 설명이 될 확률이 높아진다.
② 성숙요인은 시간의 흐름에 따라 측정대상의 특징이 자연스럽게 성장하여 실험에 영향을 미치는 현상을 말한다.
③ 상실요인(mortality)은 피실험자 상실요인은 조사기간 중에 관찰 대상집단의 일부가 중도 탈락·상실됨으로써 남아있는 대상이 처음의 관찰 대상집단과 다른 특성을 갖게 되어 실험결과에 영향을 미치는 현상이다.
④ 회귀인공요인(regression)은 극단적인 점수를 얻은 실험대상들이 시간이 흐름에 따라 보다 덜 극단적인 상태로 표류하게 되는 경향을 말한다.

8. ④ 【해설】 정책론 - 정책집행
하향식 접근법은 정책목표를 달성하는데 영향을 주는 집행요인들을 밝히는 것에 초점을 둔다
① 하향식 접근론자가 아닌 상향식 접근론자들이 정책집행을 이해하기 위해서는 일선관료의 행태를 고찰하여야 한다고 본다.
② 규범적 처방을 정책집행자에게 제시하는 데 그 목적이 있는 것은 하향식 접근법에 대한 설명이다.
③ 정치행정이원론과 합리모형을 배경으로 하고 있으며 Elmore의 전향적 접근과 맥을 같이 하는 것은 하향식 접근법에 대한 설명이다.

9. ② 【해설】 조직론 - 동기이론
충족된 욕구보다 충족되지 않은 욕구가 동기유발을 작동한다는 것은 욕구단계론에 대한 비판으로 보기보다는 특징에 해당한다.

10. ② 【해설】 조직론 - 파킨슨 법칙
관료제는 계층서열에 따른 승진으로 인해 무능한 사람들로 충원하고 있다는 것을 비판한 이론은 피터의 원리이다. 피터의 원리는 계층적 위계조직 안에서 일하는 모든 사람은 거듭되는 승진으로 인해 자신의 무능력 수준에 도달할 때까지 승진하려는 경향으로서, 시간이 지남에 따라 모든 부서는 임무를 제대로 수행할 수 없는 무능한 직원들로 채워지는 관료제 병리현상을 말한다.

11. ② 【해설】 조직론 - 학습조직
학습조직은 학습을 구현하고 공유하는 체제를 가진 조직으로서, 조직의 모든 구성원들이 스스로 새로운 지식의 창조, 획득, 공유 활동을 통해 환경 적응력과 경쟁력을 증대시켜 나가는 새로운 환경에 적응할 수 있도록 끊임없이 자기변혁을 할 수 있는 조직을 의미한다. 따라서 타인지향이 아니라 자기 변혁적 조직이다.

12. ① 【해설】 인사행정론 - 공직윤리론
공직내부비리 발견 시 신고할 의무인 내부고발자보호제도는 '공직자 윤리법'이 아니라 '부패방지 및 국민권익위원회의 설치와 운영에 관한 법률'에 규정되어 있기 때문에 틀렸다.

13. ④ 【해설】 인사행정론 - 인사제도론
엽관주의는 특권적 정부 관료제를 일반 대중에게 개방함으로써, 정부 관료제의 민주화에 기여한다는 장점이 있다.
① 직업공무원제는 신분의 안정성과 관료 집단화로 말미암아 행정의 대응성 및 전문성 약화를 초래할 가능성이 있다.
② 대표관료제의 확립은 실적주의와 행정의 전문성을 약화시킬 우려가 있다.
③ 개방형 인사제도는 공직의 적정한 유동률 유지와 외부전문가 채용이 가능하지만 행정의 계속성을 약화시킨다.

14. ③ 【해설】 인사행정론 - 근무성적평정제도
어떤 평정자가 다른 평정자들보다 언제나 좋은 점수 또는 나쁜 점수를 주게 되는 것은 규칙적 오류에 대한 설명이다. 총계적 오류란 평정자의 평정이 일정하지 않아 관대화, 엄격화 경향이 불규칙하게 나타날 때 발생한다.

15. ② 【해설】 재무행정론 - 예산집행
예산의 배정은 국가 예산을 회계체계에 따라 질서 있게 집행하도록 중앙예산기관(기획재정부)이 각 중앙관서의 장에게 자금을 배분하는 내부통제 기능에 속한다.

16. ③ 【해설】 재무행정론 - 정부기금
기금은 예산외(off-budget) 자금이므로 세입·세출예산에 의하지 아니하고 운용하는 재원이기 때문에, 세입세출예산 내에서가 아니라 외로 운영되는 '제3의 예산'으로 불린다.

17. ② 【해설】 재무행정론 - 추가경정예산제도
물가인상이 아니라 경기 침체와 같은 대내·외 여건에 중대한 변화가 발생하거나 발생할 우려가 있는 경우에 가능하다. 물가인상 대에 추가경정예산을 시행하면 더욱 물가를 올리는 결과를 초래하게 될 것이다.

18. ④ 【해설】 총론 - 행정학이론
1990년대 거버넌스에서는 공공참여자 간 의사소통, 수평적 협의, 네트워크 촉매자로서 정부 등을 강조하면서 파트너십 기반의 정치적 책임성을 강조하였기 때문에 틀렸다.
① Weber의 관료제의 책임성 유형으로는 법적 책임성과 계층적 책임성이고, 계층적 책임성의 확보수단으로는 직무의 수직적 계층화와 체계적 규율을 들 수 있다.
② 신행정학의 책임성 유형으로는 공공 의지 실현 전문가로서 관료들이 시민과 사회적 약자에 대한 부응할 국민에 대한 정치적 책임성과 전문가적 책임성이다.
③ 신공공관리론의 책임성 유형으로는 행정에 경쟁과 시장을 도입함으로서 시장적 책임성을 들 수 있다.

19. ② 【해설】 지방자치론 - 지방직영기업
지방직영공기업은 지방자치단체가 사업의 주체가 되어 직접 행정조직 형태로 운영하는 사업을 말한다. 그러므로 소속된 직원의 신분도 공무원 신분이다.

20. ② 【해설】 지방자치론 - 특별지방행정기관
특별지방행정기관은 중앙부처가 국가 업무의 효율적이고 광역적 추진과 관리감독의 용이성이라는 부처이기주의 목적이 결합되어 설치한 국가 하급의 일선기관을 말한다. 특별지방행정기관은 전문성과 통일성 확보에는 기여할 수 있지만, 종합성 약화, 수평적 조정곤란, 중복 업무로 인한 비효율성, 주민참여와 직접 통제가 제약되어 자치의식과 민주행정 저해 및 책임행정 결여의 문제점을 띠게 된다.

-제3회-
[정답 및 해설]

이 름: ________________

제1과목 국어
제2과목 영어
제3과목 한국사
제4과목 행정법총론
제5과목 행정학개론

합격까지 박문각

국　어

출제교수: 강세진 교수님

1. ④ 【해설】 국어문법
'밥물'은 실제 발음에서 [밤물]로 나는 것으로, 'ㅂ'이 뒤의 'ㅁ' 영향을 받아 [ㅁ]으로 바뀌므로 역행 동화가 맞다.
① '작년'은 [장년]으로 발음되어, 'ㄱ'이 뒤의 'ㄴ' 영향을 받아 [ㅇ]으로 바뀌므로 역행 동화가 맞다.
② '신라'는 [실라]로 발음되어, 'ㄴ'이 뒤의 'ㄹ'에 동화되어 [ㄹ]로 바뀌므로 역행 동화가 맞다.
③ '항로'는 [항노]로 발음되어, 'ㄹ'이 앞의 비음 'ㅇ'의 영향을 받아 비음화된 것이므로 순행 동화로 볼 수 있다.

2. ④ 【해설】 국어문법
'짓밟히다'의 어간은 '짓밟히-'이고, 이는 '짓밟-'과 '-히-'로 나뉜다. 다시 '짓밟-'은 접사인 '짓-'과 '-밟-'으로 분석된다. 따라서 어간은 3개 이상의 성분으로 분석되며, 직접 성분은 '짓밟-'과 '-히-'로 이루어져 어근+접사의 구조가 된다. 그러므로 파생어이다.
① '오르내리다'는 '오르-'와 '내리-'라는 두 어근으로만 분석되는 합성어이다.
② '치솟다'는 '치-'(접두사)와 '솟-'(어근)으로 이루어진 파생어이지 합성어가 아니다.
③ '헛돌다'는 '헛-'(접두사)와 '돌-'(어근)으로 이루어진 파생어이며, 3개 이상의 성분으로 분석되지 않는다.

3. ④ 【해설】 국어문법
'문을 밀다'와 '문을 밀치다'는 모두 동사 구조로서 품사 변화도 없고 문장 구조 변화도 없다. 따라서 ⓒ에 해당하지 않는다.
① '넓다(형용사)'가 '넓히다(동사)'로 바뀌면서 품사도 달라지고, '방이 넓다 → 방을 넓히다'로 문장 구조도 변하므로 ⓐ에 해당한다.
② '높다(형용사)'가 '높이다(동사)'로 바뀌면서 품사도 달라지고, '굽이 높다 → 굽을 높이다'처럼 문장 구조도 변하므로 ⓐ에 해당한다.
③ '밟다(타동사)'가 '밟히다(피동사)'로 바뀌면서 품사는 같으나 '발을 밟다 → 발이 밟히다'로 문장 구조가 변하므로 ⓒ에 해당한다.

4. ④ 【해설】 신유형
(1) 나 교수(발표) → 윤 교수(토론)
(2) 윤 교수(토론) → 장 교수(기록)
(3) ~장 교수(기록) → ~손 교수(진행) ≡ 손 교수(진행) → 장 교수(기록) <대우 규칙>
----
(1)~(2)의 결론: 나 교수(발표) → 장 교수(기록) ≡ ~장 교수(기록) → ~나 교수(발표) <대우 규칙>
"나 교수가 발표하면, 윤 교수가 토론하고, 윤 교수가 토론하면, 장 교수가 기록한다."가 참이므로, 이 명제의 대우 역시 참이다.
① 손 교수(진행) → 윤 교수(토론), 손 교수가 진행하면, 장 교수는 기록하는데, 윤 교수가 토론하는지는 알 수 없다.
② 나 교수(발표) → ~손 교수(진행), 나 교수가 발표하면, 윤 교수가 토론하는데, 윤 교수가 토론한다고 하여 손 교수가 진행하지 않는지는 알 수 없다.
③ ~윤 교수(토론) → 손 교수(진행), 윤 교수가 토론하지 않으면, 나 교수가 발표하지 않는데, 손 교수가 진행한지는 알 수가 없다.

5. ② 【해설】 신유형
(1) A(시험 통과) → ~B(합격) ≡ B(합격) → ~A(시험 통과) <대우 규칙>
(2) ~B(합격) → ~C(시험 응시) ≡ C(시험 응시) → B(합격) <대우 규칙>
(3) C(시험 응시)(T)
----
(1)~(3)의 결론: C(시험 응시)(T) → B(합격)(T) → ~A(시험 통과)(T)
C가 시험을 응시했다는 사실이 주어졌다. 그런데 "B가 불합격하면 C는 응시하지 않는다"가 참이므로, C가 응시하려면 B는 합격해야 한다. 또한 "A가 통과하면 B는 불합격한다"가 참이므로, B가 합격하려면 A는 통과하지 않아야 한다. 따라서 A가 시험을 통과하지 않았다는 ②가 정답이다.

6. ① 【해설】 신유형
(1) 예술가 → 창작자
(2) 창작자 → 작품
----
(1)과 (2)의 결론: ① 예술가 → 작품
　　　　　　　　　② ~예술가 → ~작품
을은 '결론의 이'도 역시 참이 되려면, 그 대우인 '작품 → 예술가' 역시 참이어야 한다고 말한 것이다. 따라서 정답은 ①이다.
② 예술가∧~작품, 예술가는 모두 작품을 내놓는다는 ①의 명제와 충돌된다.
③ 예술가 → ~작품, 갑의 주장과 반대이다.
④ ~작품 → ~예술가, '예술가 →작품'의 대우일 뿐, (가)에 들어갈 내용이 아니다.

7. ② 【해설】 신유형
(가) 대학원 전용 세미나 참석 → 대학원생
(나) 대학원 전용 세미나 참석∧~연구 윤리 이수, ~연구 윤리 이수∧대학원 전용 세미나 참석 <교환 법칙>

(가)와 (나)의 결론: ~연구 윤리 이수∧대학원생
(가)에 따르면 세미나에 참석할 수 있는 학생은 모두 대학원생이다. (나)에 따르면 그중 하나는 연구 윤리 교육을 이수하지 않았다. 따라서 그 학생은 대학원생이면서 이수를 하지 않은 경우다. 결국 "대학원생 중에는 연구 윤리 교육을 이수하지 않은 학생도 있다"라는 결론이 나온다. 따라서 ②가 정답이다.
① 대학원생 → 대학원 전용 세미나 참석: (가)를 역으로 추론한 것으로, 오류에 해당한다.
③ 대학원 전용 세미나 참석∧~대학원생: (가)와 모순된다.
④ ~연구 윤리 이수 → ~대학원 전용 세미나 참석: (나)와 충돌되는 내용이 있다.

8. ④ 【해설】 어휘
'화제를 다른 것으로 바꾸다'라는 맥락이다. 이 의미에 따르면, '이야기의 흐름을 바꾸다'라는 상황과 유사한 것을 알 수 있으므로 ④가 정답이다.
※ 돌리다(동사): 화제를 다른 내용으로 바꾸다.
① 돌리다(동사): 어떤 물건을 나누어 주거나 배달하다.
② 돌리다(동사): 일정한 범위 안에서 차례로 거쳐 가며 전전하게 하다. '돌다'의 사동사.
③ 돌리다(동사): 어떤 장소의 가장자리를 따라 움직이게 하다. '돌다'의 사동사.

9. ③ 【해설】 작문
(다)는 2장-2의 문제에 구조적으로 대응해야 하는 정책적 해결 방안이어야 한다. 그런데, 2-2의 문제는 환승 동선 내 안내 부족으로 인한 혼란이며, ③의 '장애인 전용 택시 호출 앱 도입 확대'는 지하철 내 안내 부족 문제에 대한 직접적인 대응이 아니다. 따라서 ③이 정답이다.
① 서론에서 제도 개선의 당위성을 강조하는 진술로, 이동권을 시민의 기본권으로 다룬 점에서 적절하다.
② 2장의 실태 항목으로, '환승 안내 부족'은 구체적 사례로서 타당하다.
④ 결론의 기대 효과로, 정책이 실현될 경우 도출될 수 있는 결과를 잘 보여주고 있다.

10. ① 【해설】 작문
'반출'은 물품이나 정보를 밖으로 내보내는 것, '반입'은 안으로 들여오는 것을 의미한다. 원문 문장에서 담당자가 수집된 정보를 외부로 내보낸 상황이라면, '반출했다'는 표현이 정확하다. 그런데 이를 '반입했다'로 수정하면 의미가 정반대로 바뀌며, 정보의 이동 방향이 뒤바뀌므로 이 수정은 적절하지 않다. 따라서 ①이 정답이다.
② '작성되어지게 했다'는 '되다'와 '지다'가 결합한 대표적인 이중 피동 표현으로, '작성되게 했다'처럼 불필요한 피동 접사가 제거된 표현이 자연스럽고 적절하다.
③ '부서장과 직원들을 면담하였다'는 표현은 부서장도 면담 대상인지, 부서장과 함께 직원들을 면담한 것인지 모호한 중의문이다. '부서장과 함께 직원들을 면담하였다'로 수정한 것은 의미를 하나로 명확히 하여 적절하다.
④ '참여 확대와 소통 체계를 마련한다'는 문장은 앞부분이 명사형, 뒷부분이 동사구로 문장 구조가 대등하지 않다. '참여를 확대하고 소통 체계를 마련한다'로 동사구 병렬 구조로 고친 것은 적절한 수정이다.

11. ④ 【해설】 화법
갑은 '기준이 현실을 반영하지 못하고 있다. 지금 기준을 전면 개편해야 한다.'고 반복적으로 주장하며, 수급 기준의 완화에 분명히 동의한다. 그런데, 을은 '형편이 나은 사람까지 포함되면 제도의 지속 가능성이 떨어진다, 형평성 문제도 생긴다.'며 완화에 반대하는 입장을 분명히 밝힌다. 따라서 두 사람은 '기준 완화'에 대해 명확히 대립한다.
① 병은 기준 완화는 곤란하나, 예외 조항 도입은 필요하다는 입장이다. 형평성이나 지속 가능성에 직접적으로 동의하지는 않았고, 오히려 제도 보완과 현실 적용에 초점을 두었다. 따라서 을과 입장이 다르다.
② 병은 예외 조항 도입은 필요하다고 동의하지만, 갑은 예외 조항은 일시적 봉합일 뿐이고, 기준 자체를 바꿔야 한다고 했으므로 접근 방식이 다르다.
③ 사회 갈등 가능성은 을만 언급했다.

12. ③ 【해설】 독서
지문은 교통 혼잡의 심화를 단순한 차량 공급 부족이 아니라 도심 주거비 상승으로 인한 외곽 거주 증가, 그로 인한 장거리 통근 집중에서 찾고 있다. 즉 '베드타운 현상'이 원인임을 강조한다. 따라서 ㉠의 원인으로 가장 적절한 것은 ③이다.
① 지문과 반대로, 교통 수요는 줄어든 것이 아니라 늘어나고 있다.
② 버스, 지하철 증편이 부족했다고 했지, 과도했다고 하지는 않았다.
④ 실제와 반대 상황으로, 지문에서는 도심 주거비가 낮아진 것이 아니라 높아진 것이 핵심이다.

13. ① 【해설】 독서
(가): 지문은 언어가 단순한 의사소통 도구가 아니라, 사회적 가치와 규범, 세계관을 담고 있음을 강조한다. 따라서 사람들은 언어를 통해 '사회적 규범'을 공유하게 된다.
(나): 이어서 언어 사용 과정에서 구성원들은 서로 같은 집단의 일원임을 인식한다고 했으므로, 이는 곧 (나) '공동체적 유대'의 형성을 의미한다.
정리하자면, 정답은 ①이다.

14. ③ 【해설】 독서
(1) (라)는 문학의 본질을 정의하는 문단이다. 문학은 현실을 복제하는 것이 아니라 언어로 감정을 구성하고 새로운 세계를 열어 준다고 하며, 전체 설명의 출발점 역할을 한다.
(2) (나)는 문학 중에서도 특히 '시'가 지닌 언어적 특징인 압축성과 상징성을 강조하며, 문학 일반에서 시로 범위를 좁힌다. '특히 시에서는'이라는 표현이 이를 명확히 보여 준다.
(3) (가)는 시가 그러한 감정적 밀도를 실현하기 위해 어떤 표현 전략을 쓰는지를 보여 주며, '시인의 기법'을 구체적으로 설명하는 문단이다.
(4) (다)는 이런 표현 기법과 특성의 결과로, 시는 독자에게 정답을 요구하지 않으며, 다양한 해석을 열어 놓는다는 결론을 제시한다. '결국'이라는 표현도 마지막 문단으로 적절하다.
(5) 정리하자면, (라)-(나)-(가)-(다)가 가장 자연스럽다.

15. ④ 【해설】 독서
글은 '빠름'에 집착하는 문화가 실수를 낳고 인간관계를 피상적으로 만든다고 비판하며, '느림'이 주는 여유·사유·성찰의 가치를 강조한다. 따라서 '빠른 처리가 모든 문제의 해답이다'라는 주장은 글쓴이의 주장과 정반대에 해당한다.
① 서두름은 실수를 낳는다고 본문에 직접 언급되어 있다.
② 느림은 게으름이 아니라 성찰과 여유의 시간을 준다고 강조된다.
③ 느린 대화 속에서 신뢰와 공감이 쌓인다고 구체적 사례로 제시되어 있다.

16. ③ 【해설】 독서
맹자는 인간 본성이 본래 선하다고 보았으며, 교육과 수양은 새로운 본성을 만드는 것이 아니라 내재된 선한 본성을 회복·발현하는 과정이라고 설명했다. 따라서 ③이 정답이다.
① 순자는 교육을 '변화'의 힘이라기보다 욕망을 억제하고 통제하는 장치로 보았다.
② 인간 본성이 선하다고 본 것은 맹자이지, 순자는 본성이 악하다고 보았다.
④ 인간 본성이 악하다고 보고 교육으로 이를 억제해야 한다고 본 것은 순자의 입장이다.

17. ③ 【해설】 독서
지문은 1인 가구의 증가는 소비·주거 문화 변화를 이끌었을 뿐 아니라, 정서적 고립이나 안전 문제 등 사회적 취약성을 동반한다고 설명한다. 따라서 단순한 개인 생활 양식의 변화가 아니라 사회적 지원과 정책적 대응이 필요하다는 점에서 ③이 정답이다.
① 고령층은 대표적 사례일 뿐, 전체 원인을 한정하지 않았다.
② 소형 주택·배달 서비스는 긍정적 변화 사례로 언급되었지, 부정적으로 평가되지 않았다.
④ 1인 가구의 긍정적 측면만 강조했을 뿐, 사회적 취약성 문제를 간과해 지문과 맞지 않는다.

18. ④ 【해설】 독서
지문은 협상을 단순한 힘겨루기가 아니라 '상호 만족을 지향하는 대화적 문제 해결 과정'으로 설명한다. 경청, 의제 설정, 자료 제시 등 다양한 요소가 언급되지만, 중심은 협상의 본질적 성격을 밝히는 데 있다. 따라서 ④가 정답이다.
① 협상자의 태도 역시 강조되었으나, 협상 자체의 본질을 설명하는 핵심은 아니다.
② 설득 기법은 일부 요소일 뿐, 지문의 핵심 주제가 아니다.
③ 의제 설정 방법은 언급되었지만, 글 전체의 주제가 아니라 부분적 설명이다.

19. ① 【해설】 독서
㉠(×): '국가란 영토와 그곳의 인구 및 자원에 대한 지휘권을 주장하고, 구속력 있는 명령과 규칙을 공포하고, ~ 통치 기능을 수행하는 일련의 제도와 인력을 갖춘 정치 조직을 나타낸다고 할 수 있다.'에서 조직이 영토보다 우선하지 않음을 알 수 있다.
③, ④ ㉡(○): '통치 체제가 일단 구축되고 나자 결과적으로 기존의 불평등이 더욱 심화되고 나아가 새로운 불평등도 생성되기에 이르렀다.'를 참고해 보면, 이후에도 여전함을 알 수 있다.
②, ④ ㉢(○): '개인적 이득이 생겨날 새로운 출처를 가능케 함으로써 소수의 손안에 물질 자원이 축적 및 집중될 수 있는 전례 없는 기회를 창출했다.'에서 알 수 있는 내용이다.

20. ② 【해설】 독서
㉢(○): '동일한 양의 연산을 처리해야 하는 경우라면 디지털 방식이 아날로그 방식에 비해 훨씬 더 많은 소자를 필요로 한다.'에서 확인할 수 있다.
③ ㉠(×): '디지털 연산'이 아니라 '아날로그 연산'이다.
①, ④ ㉡(×): '디지털 연산에서는 회로의 동작이 0과 1을 구별할 정도의 정밀도만 유지하면 되므로 회로를 구성하는 소자 자체의 특성 변화에 거의 영향을 받지 않는다.'에서 '영향을 받지 않는 것'을 알 수 있다.

 영　어
출제교수: 김세현 교수님

1. ④ 【해설】
with an eye to는 '~을 목적으로, ~을 위해서'의 뜻으로 이와 가장 가까운 유의어는 ④ for the purpose of (~을 목적으로)이다.
【해석】
관계를 강화시키기 <u>위해</u> 대화와 타협이 지속되어야 한다.
【어휘】
compromise ①타협(하다) ② 위태롭게 하다, 손상시키다　strengthen 강화하다　on behalf of~ ~을 대신(대표)해서　from scratch 아무 준비 없이, 맨 처음부터　irrespective of~ ~에 (와) 관계없이

2. ① 【해설】
lay bare는 '폭로하다, 드러내다'의 뜻으로 이와 가장 가까운 유의어는 ① unveil이다.
【해석】
과학자들은 지방이 많은 식사가 여성의 유방암의 위험을 증가시킨다는 널리 퍼져있는 생각을 <u>드러내는</u> 증거를 제시했다.
【어휘】
produce ①생산하다 ②내놓다, 제시하다　widely 널리 *a widely held belief 널리 주장되는 믿음(생각)　fat 지방　diet 식단, 식사　risk 위험　breast 가슴, 유방　unveil 드러내다, 밝히다　endorse지지 (옹호) 하다　conceal 감추다, 숨기다　despise 경멸하다

3. ③ 【해설】
약을 복용하면 졸릴 수 있다는 내용의 글이므로 빈칸에 들어가기에 가장 적절한 것은 ③ render이다.
【해석】
"내가 깜빡한 게 있는데 만약 당신이 이 약을 먹으면, 어쩌면 좀 졸리게 할 수도 있어요."라고 의사가 말했다.
【어휘】
drowsy 졸린, 조는　decline ①감소하다 ②거절하다　overlap 겹치다, 포개다, 중첩하다　render 하게하다, 만들다　exhibit 전시하다, 보여주다

4. ① 【해설】
문맥상 '채소를 먹곤 했다'의 의미가 필요하므로 빈칸에 들어가기에 가장 적절한 것은 ① 'used to eat'이다. 참고로 be used to⑩는 '~하는데 사용되다'의 뜻으로 문맥상 그 의미가 적절하지 않고 또한 used to 다음⑩~ing를 사용하지 않는다.
【해석】
그 나이 든 여성들이 더 젊었을 때에는 채소를 <u>먹곤 했다</u>.
【어휘】
elderly 나이 든　used to⑩ ①⑩하곤 했다 ②⑩였었다

5. ④ 【해설】
④ 'cannot help but 동사원형(~할 수 밖에 없다)'구문을 묻고 있다. 따라서 to give는 give로 고쳐 써야 한다.
① 주요명제동사 recommend다음 that절에는 (should)+동사원형이 있어야 하므로 stick의 사용은 어법상 적절하다.
② 조동사 would rather의 부정은 would rather not이므로 rather not의 사용은 어법상 적절하다.
③ 'would rather A than B 구문'에서 A와 B자리에는 각각 동사원형이 와야 하므로 동사원형 surrender의 사용은 어법상 적절하다.
【해석】
그 장군은 모든 병사가 위험을 무릅쓸 것을 요구했고 항복하느니 차라리 자신의 권리를 유지하지 않겠다고 단호하게 공표했다. 하지만, 그는 자신의 적에게 굴복할 수밖에 없었다.
【어휘】
general 장군　stick one's neck out 위험을 무릅쓰다　rigidly 엄격하게, 단호하게　proclaim 공표하다　would rather A than B B하느니 차라리 A하다.　right 권리　surrender 항복하다, 굴복하다(=give in)　cannot help but ⑩ ⑩할 수밖에 없다　foe 적

6. ③ 【해설】
③ 문맥상 본문에서 miss는 1형식 동사(사라지다, 실종되다)로 사용되었으므로 수동의 형태는 어법상 적절하지 않다. 따라서 been을 없애야 한다.
① arise는 1형식자동사이므로 뒤에 전치사구(at the sweet shop)의 사용은 어법상 옳다.
② reach는 3형식동사이므로 바로 뒤에 목적어(the shop)가 위치하는 것은 어법상 적절하다. 참고로 3형식동사 reach와 목적어 the shop사이에 전치사구 with speed가 삽입되었다.
④ insist on은 구동사이므로 전치사 on의 사용은 어법상 옳다.
【해석】
절도사건이 어제 밤 사탕가게에서 발생했다. 경찰들이 신속하게 도착했고 가게 주인은 즉시 그들에게 금고에서 귀중품들이 사라졌다고 알렸다. 하지만 몇몇 사람들은 그 사건의 불신을 주장했다.
【어휘】
case 사례, 사건　theft 절도　arise-arose-arisen 일어나다, 발생하다　sweet shop (주로 사탕이나 초콜릿을 파는) 사탕가게　with speed 신속하게　reach ~에 이르다, 다다르다, 도착하다　immediately 즉시　valuables 귀중품　safe 금고　insist on ~을 주장하다　distrust 불신

7. ④ 【해설】
빈칸 다음 디저트 선택이 더 많아졌고 몇몇 샌드위치 선택이 없어졌다는 대답이 있으므로 빈칸에 들어갈 내용으로 가장 적절한 것은 ④ '옛날 메뉴와 다른 점이 뭐야'이다.
【해석】
소피아: 대학 구내식당 메뉴가 바뀌었다고 들었어. (9:21 PM)
맥스: 맞아, 나도 방금 확인했어. (9:22 PM)
소피아: 그리고 새로운 음식 공급업체가 들어왔대. (9:23 PM)
맥스: 그래, 톰 아저씨 Catering이야. (9:24 PM)
소피아: <u>옛날 메뉴와 다른 점이 뭐야</u>? (9:25 PM)
맥스: 디저트 선택이 더 많아졌고 또, 몇 개의 샌드위치 종류가 없어졌어. (9:26 PM)
① 네가 가장 좋아하는 디저트는 뭐야
② 그들의 사무실이 어디 있는지 알아
③ 메뉴에 대한 내 도움이 필요해
【어휘】
cafeteria 구내식당　check out 확인하다　cater 음식을 공급하다 *caterer 음식 공급업체(자)　remove 없애다, 제거하다

8. ④ 【해설】
인사과를 찾으려는 A가 B에게 도움을 요청하고 이에 B가 인사과의 위치를 설명하는 대화가 이어지므로 빈칸에 들어갈 말로 가장 적절한 것은 ④ '물론이죠. 무엇을 도와드릴까요?'이다.
【해석】
A: 실례합니다만, 저 좀 도와주실 수 있나요?
B: <u>물론이죠. 무엇을 도와드릴까요?</u>
A: 제가 인사과를 찾는 중입니다. 10시에 약속이 있습니다.
B: 3층에 있어요.
A: 거기에 어떻게 올라가나요?
B: 모퉁이 주변에 승강기를 타세요.
① 우리가 이 상황을 어떻게 다루어야 할지 모르겠네요.
② 책임자가 누구인지 말씀해 주실 수 있나요?
③ 네. 여기 도움이 좀 필요해요.
【어휘】
pardon me 실례합니다(= Excuse me)　give A a hand A를 도와주다　Personnel Department 인사과　have an appointment 약속이 있다　handle 다루다, 처리하다, 조종하다　be in charge 책임을 지다　use help 도움이 필요하다, 도움을 필요로 하다

9. ② 【해설】
주어진 안내문은 해마다 열리는 지역 행사에 대한 여러 사항을

알리는 내용이므로 이 글의 제목으로 가장 적절한 것은 ② '우리의 신나는 지역 행사를 축하하세요'이다.
① 우리 지역사회를 위한 안전 규정을 만드세요
③ 흥미로운 해양 체험을 계획합시다
④ 우리 도시의 유산을 재현해요

10. ③ 【해설】
본문 Location에서 행사장소로 Main 로(路), City Harbour 공원과 그 주변 지역들이라고 했으므로 ③은 본문의 내용과 일치하지 않는다.
【해석】
우리가 공유하는 문화유산, 문화 그리고 지역의 재능 있는 사람들을 축하하기 위해 다양한 우리의 다양한 지역사회를 하나로 묶을 수 있는 연례행사인 City Harbour Festival이 다가오고 있음을 알리게 되어 기쁩니다. 달력에 표시해 놓고 신나는 주말을 우리와 함께하세요.
세부사항
- **날짜:** 6월 16일 금요일부터 6월 18일 일요일까지
- **시간:** 금요일과 토요일은 오전 10시부터 오후 8시까지
  일요일은 오전 10시부터 오후 6시까지
- **장소:** Main 로(路) City Harbour 공원과 그 주변 지역들
강조사항
- **라이브 공연**
축제장 전역에 있는 다수의 무대 위에서 펼쳐지는 라이브 음악과 춤 그리고 연극을 즐기세요.
- **푸드 트럭**
무료 시식 뿐 아니라 다양하고 맛있는 요리를 제공하는 푸드 트럭이 다양하게 엄선한 연회를 즐기세요. 행사와 활동의 전체 일정을 알고 싶으시면 우리의 웹사이트(www.cityharbourfestival.org)를 방문하시거나 행사 사무소에 전화[(552) 234-5678]주세요.
【어휘】
announce 알리다   upcoming 다가오는   annual 매년의   bring A together A를 하나로 묶다, 합치다   diverse 다양한   heritage (문화)유산   talent ① 재주, 재능 ② 재주(재능)있는 사람(들)   surrounding 주변의, 주위의, 근처에 있는   theatrical performance 연극   multiple 다수의   throughout 전역에 걸쳐   feast 연회, 잔치   cuisine 요리   B as well as A A뿐만 아니라 B도 역시   tasting 시음, 시식   regulation 규정, 규제   *safety regulation 보안 규정   vibrant 활기찬, 신나는   maritime 바다의, 해안의

11. ④ 【해설】
본문 Note에서 "For safety reasons, personal drones are not permitted inside the arena"(안전상의 이유로 개인 드론은 경기장에 반입할 수 없다)라고 했으므로 ④ '참가자들이 개인 드론을 가져와 연습 비행을 하도록 권장한다'는 본문의 내용과 일치하지 않는다.
【해석】
2025 드론 레이싱 챔피언십
우리는 속도와 기술 애호가들을 위한 최고의 행사인 2025 드론 레이싱 챔피언십에 여러분을 초대하게 되어 매우 기쁩니다. 올해의 챔피언십은 6월 21일 토요일, 우리 도시에서 가장 큰 메트로테크 아레나에서 열릴 것입니다. 관람객들은 뛰어난 조종사들이 눈부신 LED 장치가 있는 고속 장애물 코스를 드론으로 통과하는 모습을 보게 될 것입니다.
특별 행사로는 방문객들이 최신 드론 모델을 직접 체험해 보고 업계 전문가들이 진행하는 짧은 워크숍에 참여할 수 있는 기술 박람회가 마련되어 있습니다. 하루 종일 푸드트럭과 상품 판매 부스도 운영되어 가족과 팬 모두에게 축제 같은 분위기를 만들어 줄 것입니다.
장소: 실버레이크 도심 메트로텍 아레나
티켓: 사전 온라인 예매 또는 행사 당일 현장 구매 가능
주의 사항: 안전상의 이유로 개인 드론은 경기장 내 반입이 금지됩니다.
① 경기는 대형 경기장에서 열린다.
② 관객들은 전문가들이 드론을 능숙하게 조종하는 것을 보게 될 것이다.
③ 행사 내내 음식과 상품구매가 가능하다.
④ 손님들은 개인 드론을 가져와 연습 비행을 하도록 권장된다.
【어휘】
be thrilled to V V하게 되어 기쁘다   invite 초대하다   ultimate 궁극의, 최고의   enthusiast 애호가, 열정가   witness 목격하다   navigate 항해하다, 조종하다   obstacle 장애물   dazzling 눈부신   attraction 매력, 행사   tech fair 기술박람회   merchandise 상품, 기념품   stall 가판대   venue 개최지   atmosphere 분위기   in advance 사전에   practice flight 연습 비행

12. ① 【해설】
본문 첫 번째 문장에서 "Eco Action Day is an annual event"(친환경 행동의 날은 연례행사이다)고 했으므로 ①은 본문의 내용과 일치한다.
【해석】
친환경 행동의 날
친환경 행동의 날은 시민들이 친환경적인 습관을 채택하고 환경 보호에 대한 인식을 높이도록 고무하는 연례 행사이다. 지역 사회와 환경 단체들에 의해 마련되며, 모든 연령대의 사람들이 참여하여 자신들의 동네를 더 깨끗하고 건강하게 만드는 활동을 하도록 장려한다.
주요 하이라이트
- **아침 청소:** 자원봉사자들이 지역 공원에서 쓰레기를 줍고 새로운 나무를 심는다.
- **가족 워크숍:** 가족들이 플라스틱 사용을 줄이고 가정용품을 재활용하는 실질적인 방법을 배운다.
- **친환경 장터:** 지역 소매상들이 친환경 제품과 유기농 식품을 판매한다.
- **지역 콘서트:** 음악가들이 환경 주제를 담은 노래를 공연하여 인식을 높인다.
① 친환경 행동의 날은 매년 한 번 열린다.
② 그것은 오직 십대들만 활동에 참여하도록 초대한다.
③ 참가자들은 지역 공원에서 쓰레기를 버린다.
④ 지역 상인들은 친환경 제품을 구매한다.
【어휘】
annual 매년의   inspire 고무하다   adopt 채택하다   eco-friendly 친환경적인   habit 습관   raise 올리다, 높이다   awareness 인식   environmental 환경의   protection 보호   arrange 준비하다, 조직하다   organization 단체   encourage 장려하다   participate 참여하다   activity 활동   cleanup 청소   volunteer 자원봉사자   litter 쓰레기   practical 실질적인   reduce 줄이다   household 가정의   green 친환경의   retailer 소매상   eco-friendly 친환경의   organic food 유기농 식품   perform 공연하다   theme 주제

13. ② 【해설】
주어진 지문은 고객들에게 신상품 출시가 예정보다 늦어진다는 사실을 알리고, 새 출시일을 안내하는 내용의 글이므로 이 글의 목적으로 가장 적절한 것은 ② '제품 출시일 연기를 고객에게 알리려고'이다.
【해석】
수신: 브라이트텍 고객 여러분
발신: 브라이트텍 안내팀
날짜: 2025년 10월 15일
제목: 중요 안내
친애하는 고객 여러분,
저희는 신제품 <BrightTech SmartWatch X>의 출시가 지연되었음을 알려드립니다. 원래 7월 30일로 예정되었던 출시일이, 예기치 못한 공급망 문제로 인해 11월 20일로 연기되었습니다. 제품의 다른 기능이나 판촉 혜택은 그대로 유지됩니다. 이로 인해 불편을 끼쳐 드린 점 진심으로 사과드리며, 고객 여러분의 인내와 이해에 감사드립니다.
① BrightTech SmartWatch X의 새로운 디자인을 홍보하려고
③ 고객들이 프리미엄 버전으로 조기에 업그레이드하도록 장려하려고
④ 고객들에게 제품 만족도에 관한 설문을 작성해 달라고 요청하려고

【어휘】
would like to V V하고 싶다 release 출시 postpone 연기하다, 미루다 supply chain 공급망 feature 기능 promotional 홍보의, 판촉의 offer 혜택 apologize 사과하다 patience 인내

14. ②
【해설】
문맥상 claim은 '수령하다, 받다'의 의미이므로 이와 가장 가까운 것은 ② obtain이다.

15. ②
【해설】
주어진 지문은 쇼핑몰이 주최한 사은품 증정 행사 당첨자를 발표하고, 수령 방법과 일정을 안내하는 내용이므로 이 글의 목적으로 가장 적절한 것은 ②이다.
【해석】
수신: 스타라이트몰 고객 여러분
발신: 스타라이트몰 이벤트팀
날짜: 2025년 10월 5일
제목: 중요 안내
친애하는 고객 여러분,
저희는 최근 진행된 고객 감사 사은품 증정 행사의 당첨자를 발표하게 되어 기쁩니다. Starlight Mall에 지속적인 성원을 보내주신 모든 분들께 축하와 감사의 말씀을 드립니다. 선정된 당첨자들은 무료 기프트 세트를 받게 되며, 2025년 10월 10일부터 1층 안내 데스크에서 수령할 수 있습니다. 경품을 수령할 때는 유효한 신분증을 지참해 주시기 바랍니다. 자세한 사항과 전체 당첨자 명단은 공식 웹사이트를 참조해 주십시오. 다시 한번 커뮤니티의 일원이 되어주셔서 감사드리며, Starlight Mall에서 여러분을 뵙기를 고대합니다.
스타라이트몰 이벤트팀 드림
【어휘】
notice 안내, 공지 appreciation 감사, 고마움 giveaway 증정(경품) 행사 *appreciation giveaway: 사은품 증정 participate 참여하다 support 성원, 지지 selected 선정된 collect 모으다, 수집하다 claim 수령하다, 받다, 찾아가다 look forward to ~ing ~를 학수고대하다 obtain 받다, 얻다

16. ②
【해설】
대중음악과 예술가곡이라는 두 부류의 음악에 관해 언급한 주어진 글 다음에, 이들 둘의 일반적 특징과 공통점에 관해 설명하는 (B)가 이어지고 (A)에 But을 기준으로 차이점을 설명하는 내용이 이어지므로 (B) 다음에는 (A)가 위치해야 한다. 또한 (C)에 such extremes(양극단)는 (A)의 양극단을 설명하고 있으므로 (C)는 글의 흐름상 제일 마지막에 위치해야 한다. 따라서 주어진 문장다음 이어질 글의 순서로 가장 적절한 것은 ② (B)-(A)-(C)이다.
【해석】
더 일반적으로는 '예술가곡'이라 불리는 고전 성악에는 대중음악에 직접 상응하는 음악이 있는데, 그것은 멜로디 내용의 전개에 초점을 맞추지 않는다. (B) 대중음악과 예술가곡 둘 다 유효성이 입증된 구조적 패턴을 따르는 경향이 있다. 그리고 둘 다 같은 방식으로, 즉 노래 파트와 그 아래쪽에 기본적인 피아노 파트가 세세하게 적힌 상태로 출판되기 마련이다. (A) 그러나 대중음악이 작곡된 예술가곡처럼 정확히 노래가 불리거나 연주되는 경우는 드물 것이다. 반주자가 피아노 파트를 채워 넣어 그것을 더 흥미롭고 개인적인 특성을 갖게 하는 것과 마찬가지로, 가수도 노래 파트를 꾸며서 그것에 '모양내기'를 제공하는 경향이 있다. 공연자가 본래의 박자와 분위기를 완전히 바꿀 수도 있을 것이다. (C) Franz Schubert나 Richard Strauss가 작곡한 노래의 연주자에게서는 그러한 양 극단적인 접근법을 찾지 못할 것이다. 이런 곡은 음표 하나하나가 정확히 연주되기 마련인데, 그 이유는 작곡가가 노래 파트와 피아노 파트가 각자 서로에게 어떻게 관련을 맺는지를 이해하는 귀를 가지고 작곡가가 두 파트를 고심하여 작곡했기 때문이다.
【어휘】
direct 직접적인 counterpart 상응 (대응) 하는 것 (대상) melodic material 멜로디의 내용 rarely 거의 ~않는 exactly 정확하게 be inclined to ⓥ ⓥ 하는 경향이 있다

embellish 꾸미다, 장식하다 vocal line 가수 accompanist 반주자 tempo 박자, 속도 mood 분위기 tried-and-true 유효성이 증명된 underneath 그 아래로 note 음표 painstakingly 고심하여

17. ④
【해설】
주어진 문장의 They는 문맥상 ③의 Republicans를 가리키므로 주어진 문장이 들어가기에 가장 적절한 곳은 ④이다.
【해석】
미국 정치는 민주당과 공화당의 상반된 비전에 의해 오랫동안 형성되어 왔다. 두 당은 모두 국가의 이익을 대변한다고 주장하지만, 그들의 우선순위는 근본적으로 종종 다르다. 민주당은 일반적으로 불평등을 해결하고, 의료 서비스 접근성을 확대하며, 사회 복지 프로그램을 보호하는 데 있어 정부의 역할을 강조한다. 그들은 집단적 책임과 연방 정부의 조치가 모든 시민을 위한 공정성과 기회를 보장하는 데 필수적이라고 믿는다. 이와는 반대로, 공화당은 제한된 정부, 낮은 세금, 그리고 개인의 책임을 강조한다. 그들은 정부 개입이 지나치면 경제 활력을 약화시키고 개인의 자유를 제한한다고 주장한다. 이러한 대조적인 원칙들은 과세, 의료, 규제와 같은 정책에 대한 논쟁이 왜 미국에서 여전히 극도로 양극화되어 있는지를 설명해 준다.
【어휘】
argue 주장하다 involvement 관여, 개입 undermine 약화시키다, 훼손하다 vitality 활력 restrict 제한하다 compete 경쟁하다 Democratic party 민주당 *Republican party 공화당 claim 주장하다 priority 우선순위 fundamental 근본적인 in general 일반적으로 emphasize 강조하다 address 해결하다 inequality 불평등 expand 확대하다 access 접근권 welfare 복지 collective 집단의 responsibility 책임 federal 연방의 fairness 공정성 opportunity 기회 stress 강조하다 principle 원칙 policy 정책 taxation 과세 regulation 규제 polarized 양극화된

18. ③
【해설】
주어진 지문은 일정 기간 동안 운동을 하지 않으면 그만큼의 대가(신체적 정신적 부작용)를 지불해야 한다는 내용의 글이므로 ③ '근육을 만들기 위해 단백질이 필요하다'는 내용은 전체적인 글의 흐름에 무관하다.
【해석】
당신이 여행을 하거나, 당신의 가족에게 집중하거나 또는 업무상 바쁜 시간을 보내든지 간에 14일 동안 체육관에서 멀어지는 것은(운동을 하지 않는 것은) 단지 당신의 근육뿐 아니라 당신의 성취와, 뇌, 그리고 수면에 대가를 지불한다. 대부분의 전문가는 만약 당신이 체육관으로 돌아가지 않는다면(운동을 하지 않으면) 2주가 지난 후에 당신은 어려움을 겪게 될 것이라는 것에 동의한다. New York을 기반으로 한 운동 생리학자이며 엘리트 운동선수들과 일하는 트레이너인 Scott weiss는 "2주간 운동 없이 지내는 시점에 건강지수의 감소를 자연적으로 드러내는 많은 생리학적인 표시들이 있을 것이다."라고 말했다. 그는 결국 모든 능력에도 불구하고 인간의 신체(심지어 건강한 신체임에도)는 매우 민감한 시스템이며 훈련을 통해 발생하는 생리학적인 변화들(근육의 힘 또는 더 큰 유산소 기반)은 만약 훈련 강도가 줄어들면 쉽게 사라질 것이라고 말한다. 훈련의 요구는 존재하지 않기 때문에 당신의 신체는 기준점으로 살며시 돌아갈 것이다. (당신의 몸에 빠른 속도로 더 많은 근육을 만들기 위해서는 더 많은 단백질이 요구되어 진다.) 물론 얼마나 많이 그리고 얼마나 빨리 당신의 건강을 손상시키는지는 당신의 건강 상태나, 나이 그리고 얼마나 오랫동안 땀을 흘리는 습관을 가지고 있는지와 같은 많은 요소들에 달려있다. "2~8개월 동안 전혀 운동을 하지 않는 것은 마치 당신이 이전에 운동을 전혀 하지 않은 것처럼 당신의 건강 지수를 낮춘다"라고 Weiss는 말한다.
【어휘】
toll 사용료, 대가 not just A but(also) B A뿐만 아니라 B도 역시 multitude 많은, 대다수의 physiologist 생리학자 marker 표시 reveal 드러내다 reduction 감소 fitness 건강 athlete 운동선수 after all 결국 despite ~에도 불구하다

aerobic 유산소의, 유산소 운동의　come about 발생하다
training load 훈련 강도　dwindle 줄어들다, 감소하다　note
주목하다　slink 살금살금 움직이다　baseline 기준점　protein
단백질　rapid pace 빠른 속도　decondition 컨디션을 망가뜨
리다, 건강을 손상시키다　a slew of 많은 / fit 건강한

19. ③ 【해설】
주어진 지문은 이집트 종교의 역사성을 시간순서 전개방식을
이용해 기술하고 있으므로 이 글의 제목으로 가장 적절한 것은
③'이집트 종교의 역사적 변천'이다.
【해석】
고대 이집트 사람들은 다신론자들이었다. 기원전 539년에 페
르시아가 이집트를 침공했을 때에도, 이집트의 종교에는 아무
런 변화가 없는 것처럼 보인다. 이집트인들은 단지 자신들의
신들을 계속하여 숭배했다. 기원전 30년경, 로마가 이집트를
정복했을 때에도 이집트인들은 계속하여 자신들의 신을 숭배
하였고, 자신들의 신을 숭배하면서 그와 동시에 그리스 신과
로마의 신들도 숭배했다. 그러나 조금씩 몇몇의 이집트인들이
기독교로 개종하기 시작하였고, AD 303년대 박해 기간쯤에는
수많은 기독교인들이 있었다. 로마 황제들이 기독교인이 되고,
박해가 끝난 이후에는 대부분의 이집트인들이 기독교인으로
개종했다.
① 다양한 종류의 이집트 신
② 고대 이집트의 문화적 전통
④ 이슬람교에서 기독교로의 개종
【어휘】
ancient 고대의, 오래된polytheistic 다신교의, 다신교를 믿는
invasion 침공, 침략religion 종교　Egyptian 이집트사람
keep on -ing 계속해서 -하다　worship 숭배하다　conquer
정복하다at the same time 동시에　as well 또한, 역시　little
by little 조금씩convert 개종하다, 전환하다 *conversion 개
종, 전환Christianity 기독교　persecution 박해　emperor
황제

20. ② 【해설】
Thus를 기준(인과관계)으로 원인과 결과의 논리로 빈칸에 대
한 내용을 추론할 수 있다. Thus앞에 '우리는 등장인물들의
행동과 감정 속으로 몰입할 수 있다'라는 내용(원인)이 있으므
로 이에 대한 결과가 빈칸에 들어가야 하므로 정답은 ② '공감
하다'이다.
【해석】
타인과 공감할 수 있는 능력은 인간의 복합적 본성을 반영한
다. 이는 우리로 하여금 문학을 통해 경험의 확대를 추구하는
것을 가능하게 하는 것들 중 하나가 될 수 있다. 우리가 몇몇
등장인물들을 우리 자신과 관계없는 존재로 바라볼 수 있으므
로 그들과 완전히 공감할 수 없을 수도 있지만, 그럼에도 불구
하고 우리들은 그들의 행동과 감정 속으로 몰입할 수 있다. 그
래서 젊은 독자들이 노인들과, 하나의 성이 다른 성과, 그리고
한정된 특정 사회적 배경을 지닌 독자가 다른 계층이나 다른
시대의 구성원과 공감을 형성할 수 있을 것이다. 이러한 상상
적 몰입을 통해 독자들은 감정적 시야를 넓히고 인간 본성에
대한 더 깊은 이해를 발전시킨다. 이 과정은 개인의 성장에 풍
요로움을 더할 뿐 아니라, 다양한 사회적·문화적 경계를 넘는
공감을 길러준다.
【어휘】
sympathize with~ ~와 공감하다　reflect ①반영하다 ②반사
하다　　multiple 복합의, 다양한　　literature 문학
enlargement 확대, 확장　identify with ~와 동일시하다
*identify ①확인하다 ②동일시하다 ③공감하다　aged 나이든
class 계층, 계급　engagement 몰입, 참여　broaden 넓히다
horizon 수평선, 지평　nature 본성　enrich 풍요롭게 하다,
부유하게 하다 diverse 다양한　boundary 경계　confine 제
한하다　intercept 가로채다, 빼앗다　disregard 무시하다

한 국 사

출제교수: 노범석 교수님

1. ④ 【해설】 근세의 정치 - 인조 때의 정치 상황
제시된 자료는 인조 때, 병자호란 패배 후의 삼전도 굴욕에 대한 내용이다.
④ 인조반정 후 논공행상에 불만을 품은 이괄이 반란을 일으켰으나, 진압되었다. 이후 그 잔당이 후금과 내통하여, 정묘호란의 원인이 되었다.
① 효종의 북벌론 추진에 대한 설명이다.
② 정조 때의 일이다.
③ 광해군 대의 중립외교에 대한 설명이다.

2. ③ 【해설】 중세의 정치 - 삼별초
밑줄 친 '역적들'은 삼별초를 말한다.
ㄴ. 삼별초에 대한 설명이다.
ㄹ. 삼별초는 개경 환도에 반발하여 강화도에서 진도, 다시 제주도로 근거지를 옮겨 항쟁을 계속하였다.
ㄱ. 주진군에 대한 설명이다.
ㄷ. 별무반에 대한 설명이다.

3. ② 【해설】 고대의 정치 - 지증왕
제시된 자료는 지증왕 때 이사부의 우산국 정벌과 관련된 내용이다.
② 지증왕은 국호를 신라로 정하고, 왕호를 마립간에서 중국식인 '왕'으로 고쳤다.
① 법흥왕 때의 일이다.
③ 진흥왕 때의 일이다.
④ 내물 마립간의 업적에 대한 설명이다.

4. ② 【해설】 고대의 정치 - 고대 국가의 통치조직
㉠은 상좌평, ㉡은 5주, ㉢은 22담로, ㉣은 5소경을 뜻한다.
② 신라의 지방제도는 지증왕 때 시작된 주군제도에 따라 5주로 나누었다. 고대 지방 행정 조직은 군사 조직이기도 하였다.
① ㉠ - 백제 상좌평에 대한 설명이다. 중서문하성의 장관은 고려의 문하시중을 일컫는다.
③ ㉢ - 백제의 특수 구역은 무령왕 때의 22담로이며 왕족을 파견함으로써 지방에 대한 통제를 강화할 수 있었고 이로써 백제 중흥의 발판이 마련되었다. 풍수지리설은 통일신라 말 도선에 의해서 유입되었다.
④ ㉣ - 5소경에는 장관인 사신이 파견되었다.

5. ② 【해설】 선사, 여러나라의 성장 - 삼한의 사회모습
제시된 자료와 관련된 국가는 삼한이다. 삼한의 천군은 소도에서 농경과 종교에 대한 의례를 주관하였다.
② 옥저와 동예에는 읍군, 삼로, 후라는 군장이 있었다. 삼한의 군장은 신지, 읍차 등이 있었다.
①, ③ 삼한에 대한 설명이다.
④ 삼한 중 변한에 대한 설명이다.

6. ③ 【해설】 중세의 사회 - 향리
제시된 자료는 고려 문종 때 제정된 향리의 9단계 승진규정으로, (가)는 향리이다. ㄴ과 ㄹ은 고려시대의 향리에 대한 설명이다.
ㄱ. 조선시대 향리에 대한 설명이다.
ㄷ. 조선시대의 역관에 대한 설명이다.

7. ② 【해설】 고대의 문화불교
② 신라 진흥왕에 대한 설명이다.
① 자장에 대한 설명이다.
③ 혜초는 인도와 중앙아시아 여러나라의 풍물을 기록한 「왕오천축국전」을 저술하였다.
④ 익산에 미륵사를 창건한 국왕은 백제 무왕이다.

8. ③ 【해설】 중세의 문화 - 이승휴의 제왕운기
③ 제시된 자료에서 설명하고 있는 역사서는 이승휴의 제왕운기이다.

9. ③ 【해설】 일제 강점기의 정치 - 일제 정책
㉢ 일제는 1912년 토지조사령을 공포하여 토지 조사 사업을 추진하였다.
㉡ 1925년의 일이다.
㉣ 1938년의 일이다.
㉠ 1944년 일제는 절박해진 병력 부족을 해소하기 위해 징병제를 도입하였다.

10. ④ 【해설】 근대 개항기의 정치 - 미국
미국은 갑산 광산, 운산 금광의 채굴권을 획득하였고, 전등·전화·전차 부설권도 획득하였다.
④ 조미 수호 통상에 따라 조선은 미국에 최초로 최혜국 대우를 인정하였다.
① 일본, ② 러시아, ③ 영국에 대한 설명이다.

11. ② 【해설】 근세의 정치 - 지방관
② 관찰사에 대한 설명이다. 관찰사는 병마절도사·수군절도사를 겸임하였고 맡은 도의 행정·사법·군사의 전권을 행사하였다.
① 수령은 직접 대민통치를 담당하고 있었기에 목민관이라 칭하였다.
③ 관찰사의 임기는 1년이었으며 상설기관인 감영에 머물렀다.
④ 『경국대전』에서는 사헌부는 시정을 논하여 바르게 이끌고, 모든 관원을 살피며 풍속을 바로잡고 원통하고 억울한 일을 밝히며, 건방지고 거짓된 행위를 금하는 등의 일을 담당한다고 하였다.

12. ④ 【해설】 근대 태동기의 정치 - 순조 대의 정치 상황
제시된 자료들은 순조 때에 발생한 홍경래의 난에 대한 기록이다.
④ 순조 때, 순조의 장인인 김조순을 비롯한 안동 김씨 가문이 정치적 실권을 장악하였다.
① 숙종 대에는 정국을 주도하는 붕당과 견제하는 붕당이 서로 교체됨으로써 정국이 급격하게 전환되는 환국이 나타나기 시작하였다.
② 정조는 창덕궁 안에 규장각을 세우고 젊은 학자들을 학사로 임용하였다. 또한 문예가 뛰어난 서얼(박제가, 서이수, 유득공, 이덕무 등)들을 검서관으로 발탁하여 규장각 안에서 실무를 담당하도록 하였다.
③ 효종 때 청나라의 요청으로 두 차례에 걸쳐 조총 부대를 출동시켰다.

13. ③ 【해설】 근세의 경제 - 관수관급제와 직전법
(가)는 관수관급제, (나)는 직전법에 대한 내용이다.
③ 조선시대에 과전은 본래 관직자 당대에 한해 수조권을 주기로 했지만, 수신전, 휼양전 등의 명목으로 세습이 가능하였다. 이에 새로 관직에 진출한 관료들에게 나누어 줄 토지가 부족하자, 세조는 직전법을 실시해 수신전과 휼양전을 몰수하고 현직 관료에게만 수조권을 분급하였다.
① 관수관급제는 성종 때 실시되었다.
② 관수관급제의 실시로 국가가 직접 수조를 관리하게 되면서 국가의 토지 지배권이 강화되었다.
④ 고려 원종 때 제정된 녹과전에 대한 설명이다.

14. ③ 【해설】 일제 강점기의 정치 - 1930년대의 민족운동
임시정부는 총 5차례에 걸쳐 지도체제가 변화하였다. 1919년 이승만 중심의 대통령제로 1차 개헌이 있었고, 1925년 국무령 중심의 내각 책임제로 2차 개헌을 하였다. 이후 1927년에 국무 위원 중심의 집단 지도 체제로 3차 개헌을 했으며, 1940년 김구 중심의 주석 단일 지도 체제로 4차 개헌을 단행하였다. 마지막으로 1944년 주석·부주석 체제로 5차 개헌을 하였다.
③ 1932년, 일본에 잠입한 이봉창은 관병식을 마치고 돌아오는 일왕의 행차에 폭탄을 던졌으나 의거는 실패하였다. 이를 계기로 만주 사변으로 일제와 적대적인 관계에 있었던 중국이 한국인에 대하여 호의적인 태도를 보이기 시작하였다.
① 1912년 임병찬이 고종의 밀명으로 독립의군부를 결성하였다.
② 1942년 김원봉이 이끄는 조선 민족 혁명당이 임시정부에 합류하여, 민족주의 계열과 사회주의 계열이 통합된 임시정부가 수립될 수 있었다.
④ 1919년의 일이다.

15. ② 【해설】 현대의 정치 - 1960년대의 정치 상황
제시된 자료는 1965년에 재경교수단에서 발표한 '한·일 국교 정상화 반대 성명서'이다. 따라서 밑줄 친 '이 협정'은 1965년 8월에 타결된 한·일 협정이다.
② 한국 정부는 베트남에 국군을 파병하는 데 대한 보상 조치로 1966년에 미국과 브라운 각서를 맺었다.
① 자유당은 1951년 12월에 창당되었다.
③ 노태우 정부 때의 일이다.
④ 전두환을 비롯한 신군부는 1980년에 국가 보위 비상 대책 위원회를 설치하고 국가 통치권을 장악하였다.

16. ③ 【해설】 근대 정치 - 독립협회
③ 독립협회는 자주 국권 운동을 전개하여 러시아의 절영도 조차 요구를 저지하고, 한·러 은행을 폐쇄시켰다.
① 신민회, ② 대한 자강회, ④ 보안회에 대한 설명이다.

17. ③ 【해설】 근대 정치 - 임오군란
제시된 자료는 임오군란의 결과 체결된 제물포 조약의 내용이다.
③ 1884년 갑신정변은 김옥균, 박영효 등 급진 개화파들이 주도하였다.
①, ②, ④ 임오군란과 관련된 내용들이다.

18. ③ 【해설】 근세의 문화 - 유네스코 세계 기록 유산
한국의 유네스코 세계 기록 유산으로는 훈민정음, 『조선왕조실록』, 『직지심체요절』, 『승정원일기』, 조선왕조의궤, 고려대장경판 및 제경판, 『동의보감』, 『일성록』, 5.18민주화 운동 기록물, 『난중일기』, 새마을 운동 기록물, KBS특별 생방송 '이산가족을 찾습니다.'기록물, 한국의 유교책판, 국채 보상 운동 기록물, 조선 통신사에 대한 기록물, 조선 왕실 어보와 어책이 있다.
③ 박지원의 『열하일기』는 유네스코 세계 기록 유산으로 등재되지 않았다.

19. ② 【해설】 현대의 정치 - 여운형
제시된 자료는 여운형에 대한 연표이다.
② 여운형 등은 광복 직후에 친일파를 제외한 각계각층을 망라하여 좌우 연합의 조선 건국 준비 위원회를 조직하였다.
① 안재홍은 중도 우파세력들을 중심으로 조선 국민당이 결성되었다.
③ 이상설에 대한 설명이다.
④ 김구, 김규식 등에 대한 설명이다.

20. ① 【해설】 일제 강점기의 정치 - 3.1 운동
제시된 자료는 박은식이 저술한 『한국독립운동지혈사』의 일부분이다. 만세시위, 화성 제암리 등의 내용을 통해 제시된 자료에서 언급한 사건이 3.1 운동(1919)을 일컫는 것임을 알 수 있다.
① 황성신문은 1910년에 폐간되었으므로 시기상 맞지 않다. 서재필이 창간한 독립신문은 1899년에 폐간되었고, 임시정부에서 발행한 독립신문은 3.1 운동 이후에 창간되었기 때문에 역시 시기상 적절하지 않다.
②, ③, ④ 3.1 운동에 대한 설명이다.

행 정 법

출제교수: 강성빈 교수님

1. ① 【해설】 행정쟁송법
행정심판법 제14조

> **행정심판법 제14조(법인이 아닌 사단 또는 재단의 청구인 능력)**
> 법인이 아닌 사단 또는 재단으로서 대표자나 관리인이 정하여져 있는 경우에는 그 사단이나 재단의 이름으로 심판청구를 할 수 있다.

② 행정심판법 제31조

> **행정심판법 제31조(임시처분)**
> ③ 제1항에 따른 임시처분은 제30조제2항에 따른 집행정지로 목적을 달성할 수 있는 경우에는 허용되지 아니한다.

③ 행정심판법 제40조

> **행정심판법 제40조(심리의 방식)**
> ① 행정심판의 심리는 구술심리나 서면심리로 한다. 다만, 당사자가 구술심리를 신청한 경우에는 서면심리만으로 결정할 수 있다고 인정되는 경우 외에는 구술심리를 하여야 한다.

④ 행정심판법 제3조

> **행정심판법 제3조(행정심판의 대상)**
> ② 대통령의 처분 또는 부작위에 대하여는 다른 법률에서 행정심판을 청구할 수 있도록 정한 경우 외에는 행정심판을 청구할 수 없다.

2. ④ 【해설】 행정작용법
구 여객자동차운수사업법 제76조 제1항 제15호, 같은 법 시행령 제29조에는 관할관청은 개인택시운송사업자의 운전면허가 취소된 때에 그의 개인택시운송사업면허를 취소할 수 있도록 규정되어 있을 뿐 그에게 운전면허 취소사유가 있다는 사유만으로 개인택시운송사업면허를 취소할 수 있도록 하는 규정은 없으므로, 관할관청으로서는 비록 개인택시운송사업자에게 운전면허 취소사유가 있다 하더라도 그로 인하여 운전면허 취소처분이 이루어지지 않은 이상 개인택시운송사업면허를 취소할 수는 없다. 대법원 2008. 5. 15. 선고 2007두26001 판결
① 조합의 사업시행인가 신청시의 토지 등 소유자의 동의요건이 비록 토지 등 소유자의 재산상 권리·의무에 영향을 미치는 사업시행계획에 관한 것이라고 하더라도, 그 동의요건은 사업시행인가 신청에 대한 토지 등 소유자의 사전 통제를 위한 절차적 요건에 불과하고 토지 등 소유자의 재산상 권리·의무에 관한 기본적이고 본질적인 사항이라고 볼 수 없으므로 법률유보 내지 의회유보의 원칙이 반드시 지켜져야 하는 영역이라고 할 수 없다. 대법원 2007. 10. 12. 선고 2006두14476 판결
② 토지 등 소유자가 도시환경정비사업을 시행하는 경우 사업시행인가 신청시 필요한 토지 등 소유자의 동의는 개발사업의 주체 및 정비구역 내 토지등소유자를 상대로 수용권을 행사하고 각종 행정처분을 발할 수 있는 행정주체로서의 지위를 가지는 사업시행자를 지정하는 문제로서 그 동의요건을 정하는 것은 국민의 권리와 의무의 형성에 관한 기본적이고 본질적인 사항이므로 국회가 스스로 행하여야 하는 사항에 속하는 것임에도 불구하고 사업시행인가 신청에 필요한 동의정족수를 토지등소유자가 자치적으로 정하여 운영하는 규약에 정하도록 한 것은 법률유보원칙에 위반된다. 헌법재판소 2012. 4. 24. 선고 2010헌바1 결정
③ 법외노조 통보는 적법하게 설립된 노동조합의 법적 지위를 박탈하는 중대한 침익적 처분으로서 원칙적으로 국민의 대표자인 입법자가 스스로 형식적 법률로써 규정하여야 할 사항이고, 행정입법으로 이를 규정하기 위하여는 반드시 법률의 명시적이고 구체적인 위임이 있어야 한다. 그런데 노동조합 및 노동관계조정법 시행령 제9조 제2항은 법률의 위임 없이 법률이 정하지 아니한 법외노조 통보에 관하여 규정함으로써 헌법상 노동3권을 본질적으로 제한하고 있으므로 그 자체로 무효이다. 대법원 2020. 9. 3. 선고 2016두32992 전원합의체 판결

3. ① 【해설】 행정법통론
건축허가권자는 건축신고가 건축법, 국토의 계획 및 이용에 관한 법률 등 관계 법령에서 정하는 명시적인 제한에 배치되지 않는 경우에도 건축을 허용하지 않아야 할 중대한 공익상 필요가 있는 경우에는 건축신고의 수리를 거부할 수 있다. 대법원 2019. 10. 31. 선고 2017두74320 판결
② 착공신고 반려행위가 이루어진 단계에서 당사자로 하여금 반려행위의 적법성을 다투어 법적 불안을 해소한 다음 건축행위에 나아가도록 함으로써 장차 있을지도 모르는 위험에서 미리 벗어날 수 있도록 길을 열어 주고, 위법한 건축물의 양산과 철거를 둘러싼 분쟁을 조기에 근본적으로 해결할 수 있게 하는 것이 법치행정의 원리에 부합한다. 그러므로 행정청의 착공신고 반려행위는 항고소송의 대상이 된다고 보는 것이 옳다. 대법원 2011. 6. 10. 선고 2010두7321 판결
③ 의료법 시행규칙에 의원개설 신고서를 수리한 행정관청이 소정의 신고필증을 교부하도록 되어있다 하여도 이는 신고사실의 확인행위로서 신고필증을 교부하도록 규정한 것에 불과하고 그와 같은 신고필증의 교부가 없다 하여 개설신고의 효력을 부정할 수 없다 할 것이다. 대법원 1985. 4. 23. 선고 84도2953 판결
④ 허가대상건축물의 양수인이 건축주명의변경신고에 관한 건축법시행규칙에 규정되어 있는 형식적 요건을 갖추어 시장, 군수에게 적법하게 건축주의 명의변경을 신고한 때에는 시장, 군수는 그 신고를 수리하여야지 실체적인 이유를 내세워 그 신고의 수리를 거부할 수는 없다. 대법원 1992. 3. 31. 선고 91누4911 판결

4. ② 【해설】 행정법통론
행정기본법 제6조

> **행정기본법 제6조(행정에 관한 기간의 계산)**
> ② 법령등 또는 처분에서 국민의 권익을 제한하거나 의무를 부과하는 경우 권익이 제한되거나 의무가 지속되는 기간의 계산은 다음 각 호의 기준에 따른다. 다만, 다음 각 호의 기준에 따르는 것이 국민에게 불리한 경우에는 그러하지 아니하다.
> 　1. 기간을 일, 주, 월 또는 연으로 정한 경우에는 기간의 첫날을 산입한다.
> 　2. 기간의 말일이 토요일 또는 공휴일인 경우에도 기간은 그 날로 만료한다.

① 군인사법 제47조의2는 헌법이 대통령에게 부여한 군통수권을 실질적으로 존중한다는 차원에서 군인의 복무에 관한 사항을 규율할 권한을 대통령령에 위임한 것이라 할 수 있고, 대통령령으로 규정될 내용 및 범위에 관한 기본적인 사항을 다소 광범위하게 위임하였다 하더라도 포괄위임금지원칙에 위배된다고 볼 수 없다. 따라서 이 사건 군인복무규율 조항은 이와 같은 군인사법 조항의 위임에 의하여 제정된 정당한 위임의 범위 내의 규율이라 할 것이므로 법률유보원칙을 준수한 것이다. 헌법재판소 2010. 10. 28. 선고 2008헌마638 전원재판부
③ 구 예산회계법 제71조의 금전이 급부를 목적으로 하는 국가의 권리라 함은 금전의 급부를 목적으로 하는 권리인 이상 금전급부의 발생원인에 관하여는 아무런 제한이 없으므로 국가의 공권력의 발동으로 하는 행위는 물론 국가의 사법상의 행위에서 발생한 국가에 대한 금전채무도 포함하고 동법 제71조에서 타법률에 운운 규정은 타법률에 동법 제71조에 규정한 5년의 소멸시효 기간보다 짧은 기간의 한 본건 제2항은 예산회계법 제71조에서 말하는 타법률에 규정한 경우에 해당하지 아니한다. 대법원 1967. 7. 4. 선고 67다751 판결
④ 구 국유재산법에 의한 변상금 부과·징수권은 민사상 부당이득반환청구권과 법적 성질을 달리하므로, 국가는 무단점유자를 상대로 변상금 부과·징수권의 행사와 별도로 국유재산의 소유자로서 민사상 부당이득반환청구의 소를 제기할 수 있다. 대법원 2014. 7. 16. 선고 2011다76402 전원합의체 판결

5. ③ 【해설】 행정쟁송법
선행 처분의 취소를 구하는 소를 제기하였다가 이후 후행 처분의 취소를 구하는 청구취지를 추가한 경우에도, 선행 처분이 종국적 처분을 예정하고 있는 일종의 잠정적 처분으로서 후행

처분이 있을 경우 선행 처분은 후행 처분에 흡수되어 소멸되는 관계에 있고, 당초 선행 처분에 존재한다고 주장되는 위법사유가 후행 처분에도 마찬가지로 존재할 수 있는 관계여서 선행처분의 취소를 구하는 소에 후행 처분의 취소를 구하는 취지도 포함되어 있다고 볼 수 있다면, 후행 처분의 취소를 구하는 소의 제소기간은 선행 처분의 취소를 구하는 최초의 소가 제기된 때를 기준으로 정하여야 한다. 대법원 2018. 11. 15. 선고 2016두48737 판결
① 보충역편입처분취소처분의 효력을 다투는 소에 공익근무요원복무중단처분, 현역병입영대상편입처분 및 현역병입영통지처분의 취소를 구하는 청구를 추가적으로 병합한 경우, 공익근무요원복무중단처분, 현역병입영대상편입처분 및 현역병입영통지처분의 취소를 구하는 소의 소제기 기간의 준수 여부는 각 그 청구취지의 추가·변경신청이 있은 때를 기준으로 개별적으로 판단하여야 한다. 대법원 2004. 12. 10. 선고 2003두12257 판결
② 특정인에 대한 행정처분을 주소불명 등의 이유로 송달할 수 없어 관보·공보·게시판·일간신문 등에 공고한 경우에는, 공고가 효력을 발생하는 날에 상대방이 그 행정처분이 있음을 알았다고 볼 수는 없고, 상대방이 당해 처분이 있었다는 사실을 현실적으로 안 날에 그 처분이 있음을 알았다고 보아야 한다. 대법원 2006. 4. 28. 선고 2005두14851 판결
④ 이미 제소기간이 지남으로써 불가쟁력이 발생하여 불복청구를 할 수 없었던 경우라면 그 이후에 행정청이 행정심판청구를 할 수 있다고 잘못 알렸다고 하더라도 그 때문에 처분 상대방이 적법한 제소기간 내에 취소소송을 제기할 수 있는 기회를 상실하게 된 것은 아니므로 이러한 경우에 잘못된 안내에 따라 청구된 행정심판 재결서 정본을 송달받은 날부터 다시 취소소송의 제소기간이 기산되는 것은 아니다. 불가쟁력이 발생하여 더 이상 불복청구를 할 수 없는 처분에 대하여 행정청의 잘못된 안내가 있었다고 하여 처분 상대방의 불복청구 권리가 새로이 생겨나거나 부활한다고 볼 수는 없기 때문이다. 대법원 2012. 9. 27. 선고 2011두27247 판결

6. ② 【해설】 실효성 확보수단
행정기본법 제28조

> **행정기본법 제28조(과징금의 기준)**
> ① 행정청은 법령등에 따른 의무를 위반한 자에 대하여 법률로 정하는 바에 따라 그 위반행위에 대한 제재로서 과징금을 부과할 수 있다(주: 개별법의 정함이 있어야 그에 기초하여 과징금 부과가 가능함).

① 구 독점규제 및 공정거래에 관한 법률 제24조의2에 의한 부당내부거래에 대한 과징금은 행정상의 제재금으로서의 기본적 성격에 부당이득환수적 요소도 부가되어 있는 것이라 할 것이고, 이를 두고 헌법 제13조 제1항에서 금지하는 국가형벌권 행사로서의 '처벌'에 해당한다고는 할 수 없으므로, 공정거래법에서 형사처벌과 아울러 과징금의 병과를 예정하고 있더라도 이중처벌금지원칙에 위반된다고 볼 수 없다. 헌법재판소 2003. 7. 24. 선고 2001헌가25 결정
③ 관할 행정청이 여객자동차운송사업자가 범한 여러 가지 위반행위 중 일부만 인지하여 과징금 부과처분을 하였는데 그 후 과징금 부과처분 시점 이전에 이루어진 다른 위반행위를 인지하여 이에 대하여 별도의 과징금 부과처분을 하게 되는 경우에도 종전 과징금 부과처분의 대상이 된 위반행위와 추가 과징금 부과처분의 대상이 된 위반행위에 대하여 일괄하여 하나의 과징금 부과처분을 하는 경우와의 형평을 고려하여 추가 과징금 부과처분의 처분양정이 이루어져야 한다. 다시 말해, 행정청이 전체 위반행위에 대하여 하나의 과징금 부과처분을 할 경우에 산정되었을 정당한 과징금액에서 이미 부과된 과징금액을 뺀 나머지 금액을 한도로 하여서만 추가 과징금 부과처분을 할 수 있다. 행정청이 여러 가지 위반행위를 언제 인지하였느냐는 우연한 사정에 따라 처분상대방에게 부과되는 과징금의 총액이 달라지는 것은 그 자체로 불합리하기 때문이다. 대법원 2021. 2. 4. 선고 2020두48390 판결
④ 부동산 실권리자명의 등기에 관한 법률 및 시행령 상 명의신탁자에 대하여 과징금을 부과할 것인지 여부는 기속행위에 해당한다. 대법원 2007. 7. 12. 선고 2005두17287 판결

7. ④ 【해설】 행정쟁송법
상표원부에 상표권자인 법인에 대한 청산종결등기가 되었음을 이유로 상표권의 말소등록이 이루어졌다고 해도 이는 상표권이 소멸하였음을 확인하는 사실적·확인적 행위에 지나지 않고, 말소등록으로 비로소 상표권 소멸의 효력이 발생하는 것이 아니어서, 상표권의 말소등록은 국민의 권리의무에 직접적으로 영향을 미치는 행위라고 할 수 없다. 대법원 2015. 10. 29. 선고 2014두2362 판결
① 지방자치단체의 장이 공유재산법에 근거하여 기부채납 및 사용·수익허가 방식으로 민간투자사업을 추진하는 과정에서 사업시행자를 지정하기 위한 전 단계에서 공모제안을 받아 일정한 심사를 거쳐 우선협상대상자를 선정하는 행위와 이미 선정된 우선협상대상자를 그 지위에서 배제하는 행위는 민간투자사업의 세부내용에 관한 협상을 거쳐 공유재산법에 따른 공유재산의 사용·수익허가를 우선적으로 부여받을 수 있는 지위를 설정하거나 또는 이미 설정한 지위를 박탈하는 조치이므로 모두 항고소송의 대상이 되는 행정처분으로 보아야 한다. 대법원 2020. 4. 29. 선고 2017두31064 판결
② 교육공무원법상 승진후보자 명부에 의한 승진심사 방식으로 행해지는 승진임용에서 승진후보자 명부에 포함되어 있던 후보자를 승진임용인사발령에서 제외하는 행위는 불이익처분으로서 항고소송의 대상인 처분에 해당한다. 대법원 2018. 3. 27. 선고 2015두47492 판결
③ (소득의 귀속자가 아닌 원천징수의무자에 대하여 소득금액변동통지가 행해진 경우) 과세관청의 소득처분과 그에 따른 소득금액변동통지가 있는 경우 법인은 소득금액변동통지서를 받은 날에 그 통지서에 기재된 소득의 귀속자에게 당해 소득금액을 지급한 것으로 의제되고 그 때 원천징수하는 소득세 등의 납세의무가 성립함과 동시에 확정되어 원천징수세액을 납부할 의무를 부담하게 되므로, 과세관청의 원천징수의무자인 법인에 대한 소득금액변동통지는 항고소송의 대상이 되는 조세행정처분이다. 대법원 2006. 4. 20. 선고 2002두1878 판결

8. ④ 【해설】 행정정보
외국 또는 외국 기관으로부터 비공개를 전제로 정보를 입수하였다는 이유만으로 이를 공개할 경우 업무의 공정한 수행에 현저한 지장을 받을 것이라고 단정할 수는 없다. 다만 위와 같은 사정은 정보 제공자와의 관계, 정보 제공자의 의사, 정보의 취득 경위, 정보의 내용 등과 함께 업무의 공정한 수행에 현저한 지장이 있는지를 판단할 때 고려하여야 할 형량 요소이다. 2018. 9. 28. 선고 2017두69892 판결
① 공개청구의 대상이 되는 정보가 이미 다른 사람에게 공개하여 널리 알려져 있다거나 인터넷이나 관보 등을 통하여 공개하여 인터넷검색이나 도서관에서의 열람 등을 통하여 쉽게 알 수 있다는 사정만으로는 소의 이익이 없다거나 비공개결정이 정당화될 수는 없다. 대법원 2008. 11. 27. 선고 2005두15694 판결
② 교육공무원승진규정 제26조에서 근무성적평정의 결과를 공개하지 아니한다고 규정하고 있다고 하더라도 위 교육공무원승진규정은 법률이 위임한 명령에 해당하지 아니하므로 위 규정을 근거로 정보공개청구를 거부하는 것은 잘못이다. 대법원 2006. 10. 26. 선고 2006두11910 판결
③ 지방자치단체의 도시공원에 관한 조례에서 규정된 도시공원위원회의 심의사항에 관하여 위 위원회의 심의를 거친 후 시장이나 구청장이 위 사항들에 대한 결정을 대외적으로 공표하기 전에 위 위원회의 회의관련자료 및 회의록이 공개된다면 업무의 공정한 수행에 현저한 지장을 초래한다고 할 것이므로, 위 위원회의 심의 후 그 심의사항들에 대한 시장 등의 결정의 대외적 공표행위가 있기 전까지는 위 위원회의 회의관련자료 및 회의록은 공공기관의정보공개에관한법률 제7조 제1항 제5호에서 규정하는 비공개대상정보에 해당한다고 할 것이고, 다만 시장 등의 결정의 대외적 공표행위가 있은 후에는 이를 의사결정과정이나 내부검토과정에 있는 사항이라고 할 수 없고 위 위원회의 회의관련자료 및 회의록을 공개하더라도 업무의 공정한 수행에 지장을 초래할 염려가 없으므로, 시장 등의 결정의 대외적 공표행위가 있은 후에는 위 위원회의 회의관련자료 및 회의록은 같은 법 제7조 제2항에 의하여 공개대상이 된다고 할 것인바, 지방자치단체의 도시공원에 관한 조례안에서

공개시기 등에 관한 아무런 제한 규정 없이 위 위원회의 회의 관련자료 및 회의록은 공개하여야 한다고 규정하였다면 이는 같은 법 제7조 제1항 제5호에 위반된다고 할 것이다. 대법원 2000. 5. 30. 선고 99추85 판결

9. ③ 【해설】 행정구제법
공익사업을 위한 토지 등의 취득 및 보상에 관한 법률 제28조, 제30조에 따르면, 편입토지 보상, 지장물 보상, 영업·농업 보상에 관해서는 사업시행자만이 재결을 신청할 수 있고 토지소유자와 관계인은 사업시행자에게 재결신청을 청구하도록 규정하고 있으므로, 토지소유자나 관계인의 재결신청 청구에도 사업시행자가 재결신청을 하지 않을 때 토지소유자나 관계인은 사업시행자를 상대로 거부처분 취소소송 또는 부작위 위법확인소송의 방법으로 다투어야 한다. 구체적인 사안에서 토지소유자나 관계인의 재결신청 청구가 적법하여 사업시행자가 재결신청을 할 의무가 있는지는 본안에서 사업시행자의 거부처분이나 부작위가 적법한가를 판단하는 단계에서 고려할 요소이지, 소송요건 심사단계에서 고려할 요소가 아니다. 대법원 2019. 8. 29. 선고 2018두57865 판결
① 공익사업에 영업시설 일부가 편입됨으로 인하여 잔여 영업시설에 손실을 입은 자가 사업시행자로부터 구 공익사업을 위한 토지 등의 취득 및 보상에 관한 법률 시행규칙 제47조 제3항에 따라 잔여 영업시설의 손실에 대한 보상을 받기 위해서는, 토지보상법 제34조, 제50조 등에 규정된 재결절차를 거친 다음 그 재결에 대하여 불복이 있는 때에 비로소 토지보상법 제83조 내지 제85조에 따라 권리구제를 받을 수 있을 뿐, 이러한 재결절차를 거치지 않은 채 곧바로 사업시행자를 상대로 손실보상을 청구하는 것은 허용되지 않는다. 대법원 2018. 7. 20. 선고 2015두4044 판결
② 토지보상법에 의한 보상합의는 공공기관이 사경제주체로서 행하는 사법상 계약의 실질을 가지는 것으로서, 당사자 간의 합의로 같은 법 소정의 손실보상의 기준에 의하지 아니한 손실보상금을 정할 수 있으며, 이와 같이 같은 법이 정하는 기준에 따르지 아니하고 손실보상액에 관한 합의를 하였다고 하더라도 그 합의가 착오 등을 이유로 적법하게 취소되지 않는 한 유효하다. 따라서 공익사업법에 의한 보상을 하면서 손실보상금에 관한 당사자 간의 합의가 성립하면 그 합의 내용대로 구속력이 있고, 손실보상금에 관한 합의 내용이 공익사업법에서 정하는 손실보상 기준에 맞지 않는다고 하더라도 합의가 적법하게 취소되는 등의 특별한 사정이 없는 한 추가로 공익사업법상 기준에 따른 손실보상금 청구를 할 수는 없다. 대법원 2013. 8. 22. 선고 2012다3517 판결
④ 토지수용위원회의 수용재결이 있은 후라고 하더라도 토지소유자 등과 사업시행자가 다시 협의하여 토지 등의 취득이나 사용 및 그에 대한 보상에 관하여 임의로 계약을 체결할 수 있다고 보아야 한다. 대법원 2017. 4. 13. 선고 2016두64241 판결

10. ② 【해설】 행정구제법
국가 등에게 일정한 기준에 따라 상수원수의 수질을 유지하여야 할 의무를 부과하고 있는 법령의 규정은 국민에게 양질의 수돗물이 공급되게 함으로써 국민 일반의 건강을 보호하여 공공 일반의 전체적인 이익을 도모하기 위한 것이지, 국민 개개인의 안전과 이익을 직접적으로 보호하기 위한 규정이 아니므로, 국가 또는 지방자치단체가 법령이 정하는 상수원수 수질기준 유지의무를 다하지 못하고, 법령이 정하는 고도의 정수처리방법이 아닌 일반적 정수처리방법으로 수돗물을 생산·공급하였다는 사유만으로 그 수돗물을 마신 개인에 대하여 손해배상책임을 부담하지는 않는다. 대법원 2001. 10. 23. 선고 99다36280 판결
① 공무원이 고의 또는 과실로 그에게 부과된 직무상 의무를 위반하였을 경우라고 하더라도 국가는 그러한 직무상의 의무위반과 피해자가 입은 손해 사이에 상당인과관계가 인정되는 범위 내에서만 배상책임을 지는 것이고, 이 경우 상당인과관계가 인정되기 위하여는 공무원에게 부과된 직무상 의무의 내용이 단순히 공공 일반의 이익을 위한 것이거나 행정기관 내부의 질서를 규율하기 위한 것이 아니고 전적으로 또는 부수적으로 사회구성원 개인의 안전과 이익을 보호하기 위하여 설정된 것이어야 한다. 대법원 2010. 9. 9. 선고 2008다77795 판결

③ 국가의 철도운행사업은 국가가 공권력의 행사로서 하는 것이 아니고 사경제적 작용이라 할 것이므로, 이로 인한 사고에 공무원이 간여하였다고 하더라도 국가배상법을 적용할 것이 아니고 일반 민법의 규정에 따라야 하므로, 국가배상법상의 배상전치절차를 거칠 필요가 없으나, 공공의 영조물인 철도시설물의 설치 또는 관리의 하자로 인한 불법행위를 원인으로 하여 국가에 대하여 손해배상청구를 하는 경우에는 국가배상법이 적용되므로 배상전치절차를 거쳐야 한다. 대법원 1999. 6. 22. 선고 99다7008 판결
④ 경과실이 있는 공무원이 피해자에 대하여 손해배상책임을 부담하지 아니함에도 피해자에게 손해를 배상하였다면 그것은 채무자 아닌 사람이 타인의 채무를 변제한 경우에 해당하고, 이는 민법 제469조의 '제3자의 변제' 또는 민법 제744조의 '도의관념에 적합한 비채변제'에 해당하여 피해자는 공무원에 대하여 이를 반환할 의무가 없다. 대법원 2014. 8. 20. 선고 2012다54478 판결

11. ① 【해설】 행정절차법
묘지공원과 화장장의 후보지를 선정하는 과정에서 서울특별시, 비영리법인, 일반 기업 등이 공동 발족한 협의체인 추모공원건립추진협의회가 후보지 주민들의 의견을 청취하기 위하여 그 명의로 개최한 공청회는 행정청이 도시계획시설결정을 하면서 개최한 공청회가 아니므로, 위 공청회의 개최에 관하여 행정절차법에서 정한 절차를 준수하여야 하는 것은 아니다. 대법원 2007. 4. 12. 선고 2005두1893 판결
② 행정절차법 제22조

> **행정절차법 제22조(의견청취)**
> ③ 행정청이 당사자에게 의무를 부과하거나 권익을 제한하는 처분을 할 때 제1항(청문) 또는 제2항(공청회)의 경우 외에는 당사자등에게 의견제출의 기회를 주어야 한다.

③ 행정절차법 제42조

> **행정절차법 제42조(예고방법)**
> ② 행정청은 대통령령을 입법예고하는 경우 국회 소관 상임위원회에 이를 제출하여야 한다.

④ 행정절차법 제38조의2

> **행정절차법 제38조의2(온라인공청회)**
> ② 제1항에도 불구하고 다음 각 호의 어느 하나에 해당하는 경우에는 온라인공청회를 단독으로 개최할 수 있다. <신설 2022. 1. 11.>
> 　1. 국민의 생명·신체·재산의 보호 등 국민의 안전 또는 권익보호 등의 이유로 제38조에 따른 공청회를 개최하기 어려운 경우

12. ① 【해설】 행정작용법
행정처분을 한 처분청은 그 처분의 성립에 하자가 있는 경우 이를 취소할 별도의 법적 근거가 없다고 하더라도 직권으로 이를 취소할 수 있다(주: 판례는 '수익적 처분'을 직권취소하는 경우에도 별도의 법적 근거가 필요 없는 것으로 보고 있음). 대법원 2002. 5. 28. 선고 2001두9653 판결
② 수익적 처분이 상대방의 허위 기타 부정한 방법으로 인하여 행하여졌다면 상대방은 그 처분이 그와 같은 사유로 인하여 취소될 것임을 예상할 수 없었다고 할 수 없으므로, 이러한 경우에까지 상대방의 신뢰를 보호하여야 하는 것은 아니라고 할 것이다. 대법원 1995. 1. 20. 선고 94누6529 판결
③ 행정행위의 취소는 일단 유효하게 성립한 행정행위를 그 행위에 위법 또는 부당한 하자가 있음을 이유로 소급하여 그 효력을 소멸시키는 별도의 행정처분이고, 행정행위의 철회는 적법요건을 구비하여 완전히 효력을 발하고 있는 행정행위를 사후적으로 그 행위의 효력의 전부 또는 일부를 장래에 향해 소멸시키는 행정처분이므로, 행정행위의 취소사유는 행정행위의 성립 당시에 존재하였던 하자를 말하고, 철회사유는 행정행위가 성립된 이후에 새로이 발생한 것으로서 행정행위의 효력을 존속시킬 수 없는 사유를 말한다. 대법원 2003. 5. 30. 선고 2003다6422 판결
④ 행정기본법 제19조

<table>
<tr><td>

행정기본법 제19조(적법한 처분의 철회)
① 행정청은 적법한 처분이 다음 각 호의 어느 하나에 해당하는 경우에는 그 처분의 전부 또는 일부를 장래를 향하여 철회할 수 있다.
　3. 중대한 공익을 위하여 필요한 경우

</td></tr>
</table>

13. ③ 【해설】 실효성 확보수단
행정처분과 형벌은 각각 그 권력적 기초, 대상, 목적이 다르다. 일정한 법규 위반 사실이 행정처분의 전제사실이자 형사법규의 위반 사실이 되는 경우에 동일한 행위에 관하여 독립적으로 행정처분이나 형벌을 부과하거나 이를 병과할 수 있다. 법규가 예외적으로 형사소추 선행 원칙을 규정하고 있지 않은 이상 형사판결 확정에 앞서 일정한 위반사실을 들어 행정처분을 하였다고 하여 절차적 위반이 있다고 할 수 없다. 대법원 2017. 6. 19. 선고 2015두59808 판결
① 행정법규 위반에 대한 제재조치는 행정목적의 달성을 위하여 행정법규 위반이라는 객관적 사실에 착안하여 가하는 제재이므로, 반드시 현실적인 행위자가 아니라도 법령상 책임자로 규정된 자에게 부과되고, 특별한 사정이 없는 한 위반자에게 고의나 과실이 없더라도 부과할 수 있고, 이러한 법리는 구 대부업 등의 등록 및 금융이용자 보호에 관한 법률 제13조 제1항이 정하는 대부업자 등의 불법추심행위를 이유로 한 영업정지처분에도 마찬가지로 적용된다. 대법원 2017. 5. 11. 선고 2014두8773 판결
② 행정기본법 제22조

<table>
<tr><td>

행정기본법 제22조(제재처분의 기준)
② 행정청은 재량이 있는 제재처분을 할 때에는 다음 각 호의 사항을 고려하여야 한다.
　1. 위반행위의 동기, 목적 및 방법
　2. 위반행위의 결과
　3. 위반행위의 횟수

</td></tr>
</table>

④ 행정기본법 제23조

<table>
<tr><td>

행정기본법 제23조(제재처분의 제척기간)
③ 행정청은 제1항에도 불구하고 행정심판의 재결이나 법원의 판결에 따라 제재처분이 취소·철회된 경우에는 재결이나 판결이 확정된 날부터 1년(합의제행정기관은 2년)이 지나기 전까지는 그 취지에 따른 새로운 제재처분을 할 수 있다.

</td></tr>
</table>

14. ④ 【해설】 행정작용법
자동차 운전면허 취소처분을 받은 사람이 자동차를 운전하였으나 운전면허 취소처분의 원인이 된 교통사고 또는 법규 위반에 대하여 범죄사실의 증명이 없는 때에 해당한다는 이유로 무죄판결이 확정된 경우에는 그 취소처분이 취소되지 않았더라도 도로교통법에 규정된 무면허운전의 죄로 처벌할 수는 없다고 보아야 한다. 대법원 2021. 9. 16. 선고 2019도11826 판결
① 서훈은 서훈대상자의 특별한 공적에 의하여 수여되는 고도의 일신전속적 성격을 가지는 것이다. (중략) 이러한 서훈의 일신전속적 성격은 서훈취소의 경우에도 마찬가지이므로, 망인에게 수여된 서훈의 취소에서도 유족은 그 처분의 상대방이 되는 것이 아니다. 이와 같이 망인에 대한 서훈취소는 유족에 대한 것이 아니므로 유족에 대한 통지에 의해서만 성립하여 효력이 발생한다고 볼 수 없고, 그 결정이 처분권자의 의사에 따라 상당한 방법으로 대외적으로 표시됨으로써 행정행위로서 성립하여 효력이 발생한다고 봄이 타당하다. 대법원 2014. 9. 26. 선고 2013두2518 판결
② 병무청장이 하는 병역의무 기피자의 인적사항 등 공개조치에는 특정인을 병역의무 기피자로 판단하여 그에게 불이익을 가한다는 행정결정이 전제되어 있고, 공개라는 사실행위는 행정결정의 집행행위라고 보아야 한다. 병무청장이 그러한 행정결정을 공개 대상자에게 미리 통보하지 않은 것이 적절한지는 본안에서 해당 처분이 적법한가를 판단하는 단계에서 고려할 요소이며, 병무청장이 그러한 행정결정을 공개 대상자에게 미리 통보하지 않았다거나 처분서를 작성·교부하지 않았다는 점만으로 항고소송의 대상적격을 부정하여서는 아니 된다. 대법원 2019. 6. 27. 선고 2018두49130 판결
③ 일반적으로 행정처분이나 행정심판 재결이 불복기간의 경

과로 확정될 경우 그 확정력은, 처분으로 법률상 이익을 침해받은 자가 당해 처분이나 재결의 효력을 더 이상 다툴 수 없다는 의미일 뿐, 더 나아가 판결과 같은 기판력이 인정되는 것은 아니어서 그 처분의 기초가 된 사실관계나 법률적 판단이 확정되고 당사자들이나 법원이 이에 기속되어 모순되는 주장이나 판단을 할 수 없게 되는 것은 아니다. 대법원 2008. 7. 24. 선고 2006두20808 판결

15. ② 【해설】 혼합
수용재결에 불복하여 취소소송을 제기하는 때에는 이의신청을 거친 경우에도 수용재결을 한 중앙토지수용위원회 또는 지방토지수용위원회를 피고로 하여 수용재결의 취소를 구하여야 하고, 다만 이의신청에 대한 재결 자체에 고유한 위법이 있음을 이유로 하는 경우에는 그 이의재결을 한 중앙토지수용위원회를 피고로 하여 이의재결의 취소를 구할 수 있다고 보아야 한다. 대법원 2010. 1. 28. 선고 2008두1504 판결
① 행정기본법 제36조

<table>
<tr><td>

행정기본법 제36조(처분에 대한 이의신청)
④ 이의신청에 대한 결과를 통지받은 후 행정심판 또는 행정소송을 제기하려는 자는 그 결과를 통지받은 날(제2항에 따른 통지기간 내에 결과를 통지받지 못한 경우에는 같은 항에 따른 통지기간이 만료되는 날의 다음 날을 말한다)부터 90일 이내에 행정심판 또는 행정소송을 제기할 수 있다.

</td></tr>
</table>

③ 과세처분에 관한 이의신청절차에서 과세관청이 이의신청 사유가 옳다고 인정하여 과세처분을 직권으로 취소한 이상 그 후 특별한 사유 없이 이를 번복하고 종전 처분을 되풀이하는 것은 허용되지 않는다. 대법원 2010. 9. 30. 선고 2009두1020 판결
④ 정보공개법 제18조

<table>
<tr><td>

정보공개법 제18조(이의신청)
② 국가기관등은 제1항에 따른 이의신청이 있는 경우에는 심의회를 개최하여야 한다. 다만, 다음 각 호의 어느 하나에 해당하는 경우에는 심의회를 개최하지 아니할 수 있으며 개최하지 아니하는 사유를 청구인에게 문서로 통지하여야 한다.
　3. 법령에 따라 비밀로 규정된 정보에 대한 청구

</td></tr>
</table>

16. ③ 【해설】 행정작용법
관할 행정청은 양수인의 선의·악의를 불문하고 양수인에 대하여 불법증차 차량에 관하여 지급된 유가보조금의 반환을 명할 수 있다. 다만 그에 따른 양수인의 책임범위는 지위승계 후 발생한 유가보조금 부정수급액에 한정되고, 지위승계 전에 발생한 유가보조금 부정수급액에 대해서까지 양수인을 상대로 반환명령을 할 수는 없다. 유가보조금 반환명령은 '운송사업자 등'이 유가보조금을 지급받을 요건을 충족하지 못함에도 유가보조금을 청구하여 부정수급하는 행위를 처분사유로 하는 '대인적 처분'으로서, '운송사업자'가 불법증차 차량이라는 물적 자산을 보유하고 있음을 이유로 한 운송사업 허가취소 등의 '대물적 제재처분'과는 구별되고, 양수인은 영업양도·양수 전에 벌어진 양도인의 불법증차 차량의 제공 및 유가보조금 부정수급이라는 결과 발생에 어떠한 책임이 있다고 볼 수 없기 때문이다. 대법원 2021. 7. 29. 선고 2018두55968 판결
① 영업양도에 따른 지위승계신고를 수리하는 허가관청의 행위는, 단순히 양도·양수인 사이에 이미 발생한 사법상의 사업양도의 법률효과에 의하여 양수인이 그 영업을 승계하였다는 사실의 신고를 접수하는 행위에 그치는 것이 아니라, 실질에 있어서 양도자의 사업허가를 취소함과 아울러 양수자에게 적법히 사업을 할 수 있는 권리를 설정하여 주는 행위로서 사업허가자의 변경이라는 법률효과를 발생시키는 행위이다. 대법원 2001. 2. 9. 선고 2000도2050 판결
② 개인택시 운송사업을 양수한 사람은 양도인의 운송사업자로서의 지위를 승계하는 것이므로, 관할관청은 개인택시 운송사업의 양도·양수에 대한 인가를 한 후에도 그 양도·양수 이전에 있었던 양도인에 대한 운송사업면허 취소사유를 들어 양수인의 사업면허를 취소할 수 있고, 가사 양도·양수 당시에는 양도인에 대한 운송사업면허 취소사유가 현실적으로 발생하지 않은 경우라도 그 원인되는 사실이 이미 존재하였다면, 관할관

청으로서는 그 후 발생한 운송사업면허 취소사유에 기하여 양수인의 사업면허를 취소할 수 있는 것이다. 대법원 2010. 4. 8. 선고 2009두17018 판결
④ 주택건설촉진법에 의한 주택건설사업계획에 있어서 사업주체변경의 승인은 그로 인하여 사업주체의 변경이라는 공법상의 효과가 발생하는 것이므로, 사실상 내지 사법상으로 주택건설사업 등이 양도·양수되었을지라도 아직 변경승인을 받기 이전에는 그 사업계획의 피승인자는 여전히 종전의 사업주체인 양도인이고 양수인이 아니라 할 것이어서, 사업계획승인취소처분 등의 사유가 있는지의 여부와 취소사유가 있다고 하여 행하는 취소처분은 피승인자인 양도인을 기준으로 판단하여 그 양도인에 대하여 행하여져야 할 것이므로 행정청이 주택건설사업의 양수인에 대하여 양도인에 대한 사업계획승인을 취소하였다는 사실을 통지한 것만으로는 양수인의 법률상 지위에 어떠한 변동을 일으키는 것은 아니므로 위 통지는 항고소송의 대상이 되는 행정처분이라고 할 수는 없다. 대법원 2000. 9. 26. 선고 99두646 판결

17. ④ 【해설】 행정법통론
지방자치단체의 관할구역 내에 있는 각급 학교에서 학교회계 직원으로 근무하는 것을 내용으로 하는 근로계약은 사법상 계약이다. 대법원 2018. 5. 11. 선고 2015다237748 판결
① (갑 지방자치단체가 을 주식회사 등 4개 회사로 구성된 공동수급체를 자원회수시설과 부대시설의 운영·유지관리 등을 위탁할 민간사업자로 선정하고 을 회사 등의 공동수급체와 위 시설에 관한 위·수탁 운영 협약을 체결한 사안에서) 위 협약은 갑 지방자치단체가 사인인 을 회사 등에 위 시설의 운영을 위탁하고 그 위탁운영비용을 지급하는 것을 내용으로 하는 용역계약으로서 상호 대등한 입장에서 당사자의 합의에 따라 체결한 사법상 계약에 해당한다(주: 민사소송의 대상으로 본 사례). 대법원 2019. 10. 17. 선고 2018두60588 판결
② 폐기물처리업의 허가를 받은 원고들이 피고의 시장으로부터 원고들이 진주시에서 발생하는 음식물류 폐기물의 수집·운반, 가로 청소, 재활용품의 수집·운반 업무를 대행할 것을 위탁받고, 각각 피고와 위 대행 업무에 관해 체결한 도급계약 및 위 계약체결 후 그 계약내용 중 일부를 변경하기로 한 변경계약을 사법상 계약으로 본 사례. 대법원 2018. 2. 13. 선고 2014두11328 판결
③ 지방계약직공무원인 옴부즈만 채용행위를 공법상 계약에 해당하는 것으로 본 사례. 대법원 2014. 4. 24. 선고 2013두6244 판결

18. ① 【해설】 실효성 확보수단
농지법 제62조 제6항, 제7항이 위와 같이 이행강제금 부과처분에 대한 불복절차를 분명하게 규정하고 있으므로, 이와 다른 불복절차를 허용할 수는 없다. 설령 관할청이 이행강제금 부과처분을 하면서 재결청에 행정심판을 청구하거나 관할 행정법원에 행정소송을 할 수 있다고 잘못 안내하거나 관할 행정심판위원회가 각하재결이 아닌 기각재결을 하면서 관할 법원에 행정소송을 할 수 있다고 잘못 안내하였다고 하더라도, 그러한 잘못된 안내로 행정법원의 항고소송 재판관할이 생긴다고 볼 수도 없다. 대법원 2019. 4. 11. 선고 2018두42955 판결
② 농지법 제62조 제1항에 따른 이행강제금을 부과할 때에는 그때마다 이행강제금을 부과·징수한다는 뜻을 미리 문서로 알려야 하고, 이와 같은 절차를 거치지 아니한 채 이행강제금을 부과하는 것은 이행강제금 제도의 취지에 반하는 것으로서 위법하다. 대법원 2018. 11. 2.자 2018마5608 결정
③ 행정기본법 제31조

> **행정기본법 제31조(이행강제금의 부과)**
> ⑥ 행정청은 이행강제금을 부과받은 자가 납부기한까지 이행강제금을 내지 아니하면 국세강제징수의 예 또는 「지방행정제재·부과금의 징수 등에 관한 법률」에 따라 징수한다.

④ 이행강제금 부과처분을 받은 자가 이행강제금을 기한 내에 납부하지 아니한 때에는 그 납부를 독촉할 수 있으며, 납부독촉에도 불구하고 이행강제금을 납부하지 않으면 체납절차에 의하여 이행강제금을 징수할 수 있고, 이때 이행강제금 납부의 최초 독촉은 징수처분으로서 항고소송의 대상이 되는 행정처분이 될

수 있다. 대법원 2009. 12. 24. 선고 2009두14507 판결

19. ③ 【해설】 행정작용법
이전고시의 효력 발생으로 이미 대다수 조합원 등에 대하여 확일적·일률적으로 처리된 권리귀속 관계를 모두 무효화하고 다시 처음부터 관리처분계획을 수립하여 이전고시 절차를 거치도록 하는 것은 정비사업의 공익적·단체법적 성격에 배치되므로, 이전고시가 효력을 발생한 후에는 조합원 등이 관리처분계획의 취소 또는 무효확인을 구할 법률상 이익이 없다. 대법원 2012. 5. 24. 선고 2009두22140 판결
① 행정청이 도시 및 주거환경정비법 등 관련 법령에 근거하여 행하는 조합설립인가처분은 단순히 사인들의 조합설립행위에 대한 보충행위로서의 성질을 갖는 것에 그치는 것이 아니라 법령상 요건을 갖출 경우 도시 및 주거환경정비법상 주택재건축사업을 시행할 수 있는 권한을 갖는 행정주체(공법인)로서의 지위를 부여하는 일종의 설권적 처분의 성격을 갖는다고 보아야 한다. 조합설립결의는 조합설립인가처분이라는 행정처분을 하는 데 필요한 요건 중 하나에 불과한 것이어서, 조합설립결의에 하자가 있다면 그 하자를 이유로 직접 항고소송의 방법으로 조합설립인가처분의 취소 또는 무효확인을 구하여야 하고, 이와는 별도로 조합설립결의 부분만을 따로 떼어내어 그 효력 유무를 다투는 확인의 소를 제기하는 것은 원고의 권리 또는 법률상의 지위에 현존하는 불안·위험을 제거하는 데 가장 유효·적절한 수단이라 할 수 없어 특별한 사정이 없는 한 확인의 이익은 인정되지 아니한다. 대법원 2009. 9. 24. 선고 2008다60568 판결
② 구 도시 및 주거환경정비법상 조합설립추진위원회 구성승인처분을 다투는 소송 계속 중 조합설립인가처분이 이루어진 경우 조합설립추진위원회 구성승인처분에 대하여 취소 또는 무효확인을 구할 법률상 이익이 없다. 대법원 2013. 1. 31. 선고 2011두11112 판결
④ 도시 및 주거환경정비법상 주택재건축정비사업조합이 같은 법 제48조에 따라 수립한 관리처분계획에 대하여 관할 행정청의 인가·고시까지 있게 되면 관리처분계획은 행정처분으로서 효력이 발생하게 되므로, 총회결의의 하자를 이유로 하여 행정처분의 효력을 다투는 항고소송의 방법으로 관리처분계획의 취소 또는 무효확인을 구하여야 하고, 그와 별도로 행정처분에 이르는 절차적 요건 중 하나에 불과한 총회결의 부분만을 따로 떼어내어 효력 유무를 다투는 확인의 소를 제기하는 것은 특별한 사정이 없는 한 허용되지 않는다. 대법원 2009. 9. 17. 선고 2007다2428 판결

20. ② 【해설】 행정쟁송법
간접강제결정에 기한 배상금은 확정판결의 취지에 따른 재처분의 지연에 대한 제재나 손해배상이 아니고, 재처분의 이행에 관한 심리적 강제수단에 불과한 것이므로, 특별한 사정이 없는 한 간접강제결정에서 정한 의무이행기한이 경과한 후에라도 확정판결의 취지에 따른 재처분의 이행이 있으면 처분 상대방이 더 이상 배상금을 추심하는 것은 허용되지 않는다. 대법원 2004. 1. 15. 선고 2002두2444 판결
① 행정소송법 제30조 제2항에 의하면, 행정청의 거부처분을 취소하는 판결이 확정된 경우에는 그 처분을 행한 행정청은 판결의 취지에 따라 이전의 신청에 대하여 재처분할 의무가 있고, 이 경우 확정판결의 당사자인 처분 행정청은 그 행정소송의 사실심 변론종결 이후 발생한 새로운 사유를 내세워 다시 이전의 신청에 대하여 거부처분을 할 수 있으며, 그러한 처분도 이 조항에 규정된 재처분에 해당한다. 대법원 1999. 12. 28. 선고 98두1895 판결
③ 처분을 할 것인지 여부와 처분의 정도에 관하여 재량이 인정되는 과징금 납부명령에 대하여 그 명령이 재량권을 일탈하였을 경우, 법원으로서는 재량권의 일탈 여부만 판단할 수 있을 뿐이지 재량권의 범위 내에서 어느 정도가 적정한 것인지에 관하여는 판단할 수 없어 그 전부를 취소할 수밖에 없고, 법원이 적정하다고 인정하는 부분을 초과한 부분만 취소할 수는 없다. 대법원 2009. 6. 23. 선고 2007두18062 판결
④ 당연무효의 행정처분을 소송목적물로 하는 행정소송에서는 존치시킬 효력이 있는 행정행위가 없기 때문에 행정소송법 제28조 소정의 사정판결을 할 수 없다. 대법원 1996. 3. 22. 선고 95누5509 판결

행 정 학

출제교수: 김규대 교수님

1. ③ 【해설】총론 - 시장실패와 정부개입론
주어진 상황은 시장실패 상황으로서, 정부규제 방식의 대응이 요구된다. 외부효과의 경우 공적유도나 정부규제로 자연독점의 경우 공적공급이나 정부규제로 불완전 경쟁의 경우 정부규제로 정보의 비대칭의 경우 공적유도나 정부규제로 대응한다.

2. ④ 【해설】조직론 - 조직목표론 (목표변동)
본래의 목표를 달성하는 데 성공이 아니라 실패한 경우, 새로운 재량권 확장이 아니라 목표를 추가하거나, 종래의 목표 범위를 확장하는 경우 발생하는 목표변동이다.

3. ① 【해설】조직론 - 네트워크 조직
네트워크 조직은 조직전체의 의사결정체제는 분권적이며 동시에 집권적이다. 구성단위들에 대한 의사결정권의 위임수준이 높기 때문에 분권적이다. 그러나 공동목표 추구를 위해 의사전달과 정보의 통합관리를 추구하기 때문에 집권적이라고 한다.
② 네트워크 조직은 위계적 조직이 아닌 수직적·수평적 통합을 추구하고 지리적 분산의 장애를 극복하려는 통합지향 조직이다.
③ 네트워크 조직은 암묵적 지식 같은 자산을 공동으로 사용하여 학습과 통합을 통해 경쟁력을 제고한다.
④ 네트워크 조직은 네트워크 구성단위들의 업무수행 과정에 자율성이 높고, 통제는 자율규제이며 결과지향 조직이다.

4. ④ 【해설】조직론 - SWOT 분석
위협-약점의 경우 방어적 전략이 조직의 약점을 최소화하고 위협을 회피하는 전략이다. 공격적 전략은 외부요인이 기회이고 내부요인으로 강점이 있을 때 강점을 이용하고 기회를 활용하려는 전략이다.
③ 다양화 전략은 외부요인으로 위협이고 내부요인으로 강점이 있을 때 조직의 강점을 활용하여 위협을 회피하거나 최소화하는 전략이다.

5. ④ 【해설】인사행정론 - 근무성적평정제도 (평정오류)
후광효과(연쇄효과 ; halo effect)는 앞의 평정요소에 대한 평정결과가 뒤의 평정요소에 영향을 미치는 현상 혹은 평정요소에 대한 전체적 인상에 의해 평정결과가 영향을 받는 현상이다. 피그말리온 효과는 교사의 기대에 따라 학습자의 성적이 향상되는 것을 말한다. 이는 평가자의 기대가 피평정자에게 반영되어 실제로 그렇게 나타나도록 만드는 과정을 의미하는 것이다. 후광효과(halo effect)는 피그말리온 효과와 관련이 없다.
① 지각적 오차는 평정자가 지각할 수 있는 사실만 고려하고 다른 것은 외면하려는 경향을 보고 말한다. 자기의 고정관념을 방어하기 위한 오류이다.
② 상동적 오차는 성별, 학연, 지연 등에 대한 편견이나 고정관념, 선입견에 의한 오차이다.
③ 귀인이론은 이기적 착오와 근본적 귀속의 착오로 나눌 수 있는데, 이기적 착오는 잘된 성과에 대해서는 자신의 내적 요소에 귀인하고 좋지 않은 성과에 대해서는 외적 요소에 귀인하는 경향을 말한다. 근본적 귀속의 착오는 비교 대상의 개인적 요인의 영향은 과소가하고 상황적 요인의 영향은 과대평가하는 경향을 말한다.

6. ③ 【해설】지방자치론 - 조례제정권
조례는 상위 법령이나 상위 자치단체의 조례를 위반하여 제정될 수 없다.

지방자치법 제28조(조례)
① 지방자치단체는 법령의 범위에서 그 사무에 관하여 조례를 제정할 수 있다. 다만, 주민의 권리 제한 또는 의무 부과에 관한 사항이나 벌칙을 정할 때에는 법률의 위임이 있어야 한다.

① 지방세의 세목·세율·과세표준·감면기준 등에 관한 결정은 지방의회의 조례결정 대상이 아니라 지방세법(법률)으로 정하도록 하고 있다.

② 지방의회는 자치단체의 내부구조, 운영, 사무처리 등을 규정하는 조례를 제정할 수 있기 때문에 틀렸다.
④「지방자치법」제28조(조례)에는 지방자치단체는 법령의 범위 안에서 그 사무에 관하여 조례를 제정할 수 있다. 다만, 주민의 권리 제한 또는 의무 부과에 관한 사항이나 벌칙을 정할 때에는 법령의 위임이 아니라 법률의 위임이 있어야 하므로 틀렸다.

지방자치법 제28조(조례)
② 법령에서 조례로 정하도록 위임한 사항은 그 법령의 하위법령에서 그 위임의 내용과 범위를 제한하거나 직접 규정할 수 없다

7. ① 【해설】조직론 - 고전적 조직이론
고전조직 이론은 비록 이론의 과학화를 위해 노력을 하였으나, 실증적 경험을 거친 이론이 아니라, 다분히 규범적인 주장을 내세운 비과학적 이론이라는 비판을 받고 있다. 과학적 행정이론의 정립은 가치와 사실을 분리하여 실증적 사실 중심적 분석을 강조한 행정 행태론이 대표적이다.

8. ① 【해설】총론 - 신공공관리론 vs 뉴거버넌스
오스본과 게블러의 경쟁과 효율을 중시하는 기업가적 정부(businesslike government)는 NPM의 특징이고, 뉴거버넌스는 네크워크에 의한 국정이라는 점에 차이가 있다.
② 신공공관리(NPM)와 뉴거버넌스가 상정하는 정부의 역할을 방향잡기이다.
③ 신공공관리(NPM)와 뉴거버넌스와 같이 최근에는 행정과 민간의 구분을 강조하지 않는 추세로서 공사행정일원론에 해당한다.
④ 신공공관리(NPM)와 뉴거버넌스 모두 민관협력을 강조한다.

9. ③ 【해설】정책론 - 정책분류론
중앙은행의 은행지불준비율(할인율) 정책은 은행이자율에 영향을 미치고, 그것은 개인의 투자전략에 작용하여 소득상태 변화를 유발하게 됨으로써 재분배 정책에 속하고, 재분배 정책은 영합상황을 유발한다
① 분배정책이란 정부가 조세를 통해 특정 집단에 권리나 이익 또는 재화나 서비스 등의 가치를 배분해주는 정책으로 정책과정에서 구성원 간에 로그롤링(log-rolling)이나 포크 배럴(pork barrel)과 같은 정치적 현상이 나타난다.
② 규제정책이 배분정책에 비해 이해당사자간 제로섬(zero sum) 게임이 벌어지고 피규제자(피해자)와 수혜자가 명백하게 구분되므로 갈등이 발생될 가능성이 상대적으로 더 크다.
④ 구성정책은 헌정수행에 필요한 운영규칙과 관련된 정책으로 선거구의 조정, 정부의 새로운 조직이나 기구의 설립, 공직자의 보수 등에 관한 정책 등이 이에 해당된다.

10. ② 【해설】재무행정론 - 예산제도 개혁
총액배분 · 자율편성제도는 최고 관리자나 의회가 지출의 상한선을 하향적(Top-down)으로 결정하면, 각 부서는 필요에 따라 재원을 신축성 있게 전용할 수 있도록 재량권을 허용하는 성과 지향적 예산이다
① 국가재정운용계획을 통해 다년도 예산제도를 도입함으로써 재정운용의 합리성과 투명성을 제고한다.
③ 예산회계법은 1999년 2월 개정에서 예산성과금 지급제도를 신설하였는데 이는 예산운영의 탄력성을 확보하기 위한 신축성 확보방안으로 볼 수 있다. (지방-지출절약, 수입증대)
④ 중앙예산기관과 조직관리기관이 총정원과 인건비 예산의 총액만 정하면 각 부처는 자율적으로 인력운영 및 기구설치에 대해 권한을 행사할 수 있는 제도로 신공공관리적 시각을 반영한 제도이다.

11. ④ 【해설】인사행정론 - 공직윤리론
선물신고의 의무는 공직자윤리법에 규정하고 있다. 청렴의 의무, 정치운동의 금지 등은 국가공무원법에 규정하고 있다
② 공직자 윤리나 책임성을 평가하기 위해서는 결과를 중심으로 옳고 그름을 판단하는 결과주의와 동기와 의도를 가지고 판단하는 의무주의가 균형있게 결합되어야 한다.

③ 정치와 행정의 상호작용이 활발해지면 정치적 중립의 저해
로 인해 공직윤리의 확보가 어려워질 가능성이 높아진다.

12. ② 【해설】 재무행정론 - 재무제표
「국가회계법」에 따르면 재무제표는 재정상태표, 재정운영표,
순자산변동표, 현금흐름표로 구성된다.

국가 회계법 제14조(결산보고서의 구성)

결산보고서는 다음 각 호의 서류로 구성된다.
1. 결산 개요
2. 세입세출결산(중앙관서결산보고서 및 국가결산보고서의 경
   우에는 기금의 수입지출결산을 포함하고, 기금결산보고서
   의 경우에는 기금의 수입지출결산을 말한다)
3. 재무제표
   가. 재정상태표
   나. 재정운영표
   다. 순자산변동표
   라. 현금흐름표
4. 성과보고서

① 세입세출결산, 재무제표, 성과보고서 등이 국가결산보고서
에 포함된다.
③ 재정운영표는 수익과 비용에 대한 내용으로 한 회계연도 동
안 운영성과를 표시한다. 재정상태표는 특정 시점에서의 재무
상태를 나타내는 표이다.
④ 우리나라의 정부회계 제도는 2009 회계연도부터 국가재정
전 부문에 발생주의·복식부기 회계제도를 전면적으로 도입하
였다.

13. ① 【해설】 재무행정론 - 조세지출예산제도
조세지출은 매년 의회의 심의에 의하여 집행하는 것이 아니라
법률에 따라 집행되기 때문에 기득권화 방지보다는 기득권화
되는 경직성을 띠게 된다.
② 특정분야에 대한 지원으로 비과세·감면·공제·특별세율 적용
을 통해 면제하는 조세우대조치이며 특혜의 가능성이 크다.
③ 조세감면이 국가 수입에서 차지하는 비율을 쉽게 알 수 있
고, 과세의 수직적·수평적 형평성을 파악할 수 있기 때문에 재
정부담의 형평성을 제고할 수 있다.
④ 1999년부터 '조세지출보고서'를 도입 및 운영하고 있고
2011년부터 조세지출예산서의 작성을 의무화 하고 있다. 지방
정부는 2010년부터 지방세 지출보고서의 작성을 의무화하고
있다.

14. ② 【해설】 조직론 - 공공기관
한국마사회의 주무기관은 문화체육관광부가 아니라 농림축산
식품부이다.
① 한국조폐공사의 주무기관은 기획재정부이다.
③ 한국토지주택공사의 주무기관은 국토교통부이다.
④ 대한석탄공사의 주무기관은 산업통상자원부이다.

15. ② 【해설】조직론 - 동기이론
팀의 주요사업에 기여도가 약한 사람에게는 팀에 주어지는 성
과 포인트를 배정하지 않음으로써 성실한 참여를 유도하는 방
법은 소극적 강화가 아니라 소거에 해당하기 때문에 틀렸다.
④ 바람직한 행동이 일어날 때마다 강화요인을 제공하는 연속
적 강화는 초기 단계의 학습에서 바람직한 행동의 빈도를 늘리
는 데 효과적이지만 강화요인이 제거되면, 강화 효과도 빨리
소멸되는 문제가 있다.

16. ② 【해설】 정책론 - 정책평가
내적 타당성에는 일반적으로 진실험이 우수하지만, 외적 타당
성면에서는 상대적으로 준실험이 약간 우수하다.
① 역사요인, 상실요인, 모방요인 모두 내적 타당성의 저해 요
인이다.
③ 측정되고 있다는 사실을 인식한 실험집단의 구성원들이 평
소와는 다른 행동을 보이는 현상인 호손효과는 외적 타당성의
저해요인이다.
④ 준실험에서 크리밍효과는 조건이 좋은 구성원들을 실험집
단으로, 조건이 나쁜 구성원들을 통제집단으로 설정하고 실험

한 결과를 다른 상황에 일반화하면 그 실험효과가 다르게 나
타는 것을 말한다. 이는 외적 타당성의 저해요인이다.

17. ③ 【해설】 지방자치론 - 주민참여제도
주민소송은 주민감사청구한 주민이 감사결과에 불복이 있는 1
인 이상이면 청구할 수 있는 제도이므로 주민의 연대서명이 필
요하지 않다.

지방자치법 제22조(주민소송)

① 제21조제1항에 따라 공금의 지출에 관한 사항, 재산의 취
득·관리·처분에 관한 사항, 해당 지방자치단체를 당사자로
하는 매매·임차·도급 계약이나 그 밖의 계약의 체결·이행에
관한 사항 또는 지방세·사용료·수수료·과태료 등 공금의 부
과·징수를 게을리한 사항을 <u>감사 청구한 주민</u>은 다음 각 호
의 어느 하나에 해당하는 경우에 그 감사 청구한 사항과 관
련이 있는 위법한 행위나 업무를 게을리 한 사실에 대하여
해당 지방자치단체의 장을 상대방으로 하여 소송을 제기할
수 있다.

18. ② 【해설】 신공공서비스론
행정책임을 선출 대표자에 대한 책임을 강조하는 것은 전통적
행정의 특성이고, 신공공서비스론은 다면적 책임(법, 지역공동
체 가치, 정치규범, 전문적 기준에 대한 책임)을 강조하기 때문
에 옳지 않다.

19. ① 【해설】 비용편익분석
내부수익률(IRR; Internal Rate of Return)은 적정한 할인율
이 정해지지 않았을 때 이용되므로 사회적 할인율보다 높아야
사업타당성이 있다고 볼 수 없다. 사회적 할인율이 정해져 있
거나 알고 있을 때 사용되는 것은 순현재가치(NPV)방법이다.
② 적정한 할인율이 정해지지 않았을 때 이용되기 때문에,
B/C방법과 NPV방법은 할인율을 모르면 구할 수 없으나 IRR
은 할인율을 몰라도 사업 간의 평가가 가능하다.
③ 내부수익률이 요구수익률 또는 기준수익률을 상회하면 사
업타당성이 인정된다.
④ 순현재가치(NPV)는 할인율의 크기에 따라 그 값이 달라지
지만, 내부수익률은 적절한 할인율이 알려져 있지 않을 때 사
용되는 것이므로 내부수익률에 의한 우선순위와 순현재가치에
의한 우선순위가 다를 수 있다.

20. ④ 【해설】 인사행정론 - 인사제도
Perry와 Wise가 주장하는 PSM(Public Service Motivation)
은 성과급과 같은 외재적 보상의 효과를 중심으로 하는 공공부
문 조직관리 기법을 비판하면서 공공부문 종사자들이 갖고 있
는 독특한 동기요인을 규명하기 위하여 등장한 이론이다. 이것
은 공익에 대한 봉사 욕구를 가장 대표적인 공공참여의 규범적
동기로 제시하고, 공익에 대한 봉사는 본질적으로 이타적인 것
으로 본다.
① 역량평가는 구조화된 모의상황을 설정한 뒤 현실적 직무상
황에 근거한 행동을 직접적이고 다양한 방식으로 관찰하여 구
성원의 미래 역량을 판단하는 것이다.
② 재적응훈련은 승진이나 복직 및 보직변경 등의 경우에 경력
자를 대상으로 교육훈련을 실시한다.
③ 경력개발은 개별직원의 적성에 적합한 성장비전을 충족하
는 기회를 제공하고, 동시에 적재적소 배치를 통해 조직 전체
의 역량을 제고하기 위해 실행되는 제도이다.

-제4회-
[정답 및 해설]

이 름: ________________

제1과목 국어
제2과목 영어
제3과목 한국사
제4과목 행정법총론
제5과목 행정학개론

국 어

출제교수: 강세진 교수님

1. ① 【해설】 국어문법
'먹는 → [멍는]'은 파열음 'ㄱ, ㄷ, ㅂ'이 비음 'ㄴ, ㅁ' 앞에서 비음으로 변하는 현상으로, 지문에서 말한 첫째 경우에 해당한다. '설날 → [설랄]'은 비음 'ㄴ'이 유음 'ㄹ' 앞에서 [ㄹ]로 바뀐 경우로, 둘째 경우에 해당한다.
② '국밥 → [국빱]'은 된소리되기의 예이지 자음 동화가 아니다. '중력 → [중녁]'은 비음화의 예이지만, 첫째에도 둘째에도 해당하지 않는다.
③ '닫는 → [단는]'은 첫째의 예가 맞지만, '강릉 → [강능]'은 첫째에도 둘째에도 해당하지 않는다.
④ '솜이불 → [솜니불]'은 자음 동화가 아니라 'ㄴ 첨가' 현상이다. '물난리 → [물랄리]'는 비음 'ㄴ'이 유음 'ㄹ'의 영향을 받아 [ㄹ]로 바뀐 둘째의 예에 해당한다.

2. ① 【해설】 국어문법
'밥을 먹으라고 할 때 먹을걸'의 '-을'은 전성 어미가 아니라 '밥을'의 '을'은 조사이고, '-을걸'은 종결 어미에 해당한다.
② '-는구나'는 종결 어미로, 감탄의 뜻을 담아 문장을 끝맺으므로 종결 어미로 적절하다.
③ '-라도'는 연결적 의미를 띠는 경우로 해석할 수 있으므로 연결 어미로 볼 수 있다.
④ '-기'는 명사형 전성 어미로, 문장의 목적어 역할을 하게 하므로 전성 어미로 적절하다.

3. ② 【해설】 국어문법
'부모님께서 아들에게 꽃다발을 안겼다'에서 '안겼다'는 부모님이 아들에게 꽃다발을 안기게 만든 것이므로 사동사이다. 반대로 '아기 곰이 어미 품에 안겼다'에서 '안겼다'는 아기 곰이 외부의 힘 없이 어미 품에 안긴 상태를 나타내므로 피동사이다.
① '아이가 업혔다'의 '업히다'는 피동사이고, '그에게 아기를 업혔다'의 '업히다'는 사동사이다.
③ '토끼들이 몸을 녹였다'에서 '녹였다'는 능동적인 행위의 의미가 강하므로 피동사/사동사로 분석할 수 없다.
④ '비리를 저지르겠다는 친구를 말렸다'에서 '말렸다'는 친구의 행동을 제지한 의미로, 피동사/사동사로 분석할 수 없다.

4. ④ 【해설】 신유형
(1) 철수 → 민수
(2) 민수 → 지훈
(3) ~지훈 → ~영희 ≡ 영희 → 지훈 <대우 규칙>
----
(1)~(2)의 결론: 철수 → 지훈 ≡ ~지훈 → ~철수 <대우 규칙>
"철수가 참석하면, 민수도 참석하고, 민수가 참석하면, 지훈도 참석한다."가 참이므로, 이 명제의 대우 역시 참이다.
① 영희 → 민수, 영희가 참석하면, 지훈이 참석하는데, 민수도 참석하는지는 알 수가 없다.
② 철수 → ~영희, 철수가 참석하면, 민수도 참석하는데, 영희가 참석하지 않는지는 알 수가 없다.
③ ~민수 → 영희, 민수가 참석하지 않으면, 철수가 참여하지 않는데, 영희가 참석하는지는 알 수가 없다.

5. ② 【해설】 신유형
(1) 갑(서울) → ~을(부산) ≡ 을(부산) → ~갑(서울) <대우 규칙>
(2) ~을(부산) → 병(대전) ≡ ~병(대전) → 을(부산) <대우 규칙>
(3) ~병(대전)(T)
----
(2)~(3)의 결론: ~병(대전)(T) → 을(부산)(T)
병이 대전에 없다고 주어졌다. 그런데 "을이 부산에 없으면 병은 대전에 있다"가 참이므로, 병이 대전에 없으려면 을은 부산에 있어야 한다. 따라서 ②가 정답이다.

6. ① 【해설】 신유형
(1) 의사 → 치료자
(2) 치료자 → 환자 도움

----
(1)과 (2)의 결론: ① 의사 → 환자 도움
　　　　　　　　　② ~의사 → ~환자 도움
을은 '결론의 이'도 역시 참이 되려면, 그 대우인 '환자 → 의사' 역시 참이어야 한다고 말한 것이다. 따라서 정답은 ①이다.
② ~환자 도움 → 의사, 의사라면 모두 환자를 도와야 하므로, 대우를 혼동하여 썼으므로, 결론을 보장하지 못한다.
③ 사람 → 환자 도움, '의사'에 한정하여 파악해야 한다.
④ 환자 도움∧~의사, '의사 → 환자 도움'의 반례가 되므로, 갑의 결론을 깨뜨린다.

7. ④ 【해설】 신유형
(가) 사내 보안망 접속 → 2단계 인증
(나) 사내 보안망 접속∧~외부 이메일 수신, ~외부 이메일 수신 ∧사내 보안망 접속 <교환 법칙>

(가)와 (나)의 결론: ~외부 이메일 수신∧2단계 인증
(가)에 따르면 보안망 접속 계정은 모두 2단계 인증이 되어 있다. (나)에 따르면 그중 어떤 계정은 외부 메일을 수신하지 못한다. 따라서 그 계정은 2단계 인증이 되어 있으면서 외부 메일을 수신할 수 없다. 결국 "2단계 인증이 설정된 계정 가운데는 외부 메일을 수신할 수 없는 계정도 있다"라는 결론이 나온다. 따라서 ④가 정답이다.
① 2단계 인증 → 외부 이메일 수신: 전제와 반대로 말하였다.
② 외부 이메일 수신 → 사내 보안망 접속: 역추론 오류이다.
③ ~사내 보안망 접속 → ~2단계 인증: (가)의 이로, 근거가 없는 내용이다.

8. ③ 【해설】 어휘
㉠의 문장 구조를 고려해 보면, '~을 받아 주다'를 확인할 수 있다. 이와 동일한 문장 구조를 지닌 것은 ③이다.
※ 받다(동사): (('-어 주다'와 함께 쓰여)) 다른 사람의 어리광, 주정 따위에 무조건 응하다.
① 받다(동사): 화장품 따위가 곱게 잘 발린다.
② 받다(동사): 흐르거나 쏟아지거나 하는 것을 그릇 따위에 담기게 하다.
④ 받다(동사): 사람을 맞아들이다.

9. ④ 【해설】 작문
'고소득층의 탄소세 부담 증가로 인한 형평성 논란'은 정책 실행의 기대 효과가 아니라 새로운 갈등 유발 요소 또는 한계점을 드러내는 진술이다. 지침에 따라 (라)는 긍정적인 결과를 서술해야 하므로, ④가 정답이다.
① (가)는 서론에서 기후 불평등 문제를 제기하는 문장으로 자연스럽다.
② (나)는 기후 불평등의 구체적인 사례로서 하위 항목 2에 적절하다.
③ (다)는 (나)에 대응되는 정책 방안으로 구조상 알맞다.

10. ① 【해설】 작문
'회수하다'는 이미 배포된 물품이나 자료를 다시 걷어들이는 행위를 뜻하고, '배포하다'는 물건이나 자료 등을 넓게 퍼뜨리는 행위를 의미한다. 문장에서 불량 제품을 회수했다는 표현은 '제품을 수거했다'는 뜻으로 정확하지만, 이를 '배포했다'로 수정하면 의미가 정반대로 바뀌며 표현의 정확성 원칙(㉠)에 위배된다. 따라서 ①이 정답이다.
② '전달시키다'는 불필요한 사동 표현이다. '전달하다'로 바꾸는 것이 자연스럽고 간결한 표현이며, 공공언어 원칙 ㉡에 따라 바르게 수정한 것이다.
③ '교사와 학생을 대상으로 연수를 기획하였다'는 표현은 교사와 학생 모두가 대상인지, 또는 교사와 논의한 뒤 학생만 대상인지 모호하다. '교사와 논의하여 학생을 대상으로'로 바꾼 것은 의미를 명확히 하는 적절한 수정이다.
④ '자료 수집과 분석을 실시하였다'는 표현은 앞은 명사구, 뒤는 동사구여서 구조가 어울리지 않지만, '자료를 수집하고 분석하였다'로 동사 병렬 구조로 수정한 것은 적절하다.

11. ③ 【해설】화법
갑은 '자율적으로 군 복무를 선택할 수 있는 모병제로 바꾸자'고 하며, 병역은 개인의 선택에 맡겨져 한다는 주장을 분명히 하고 있다. 을은 '국가 안보를 개인의 선택에 맡기긴 어렵다, 병역은 공동체 의식의 표현'이라고 하며 개인 선택에 맡겨서는 안 된다는 입장을 밝힌다. 따라서 ③이 정답이다.
① 병은 직업군인 비율을 늘리는 점진적 개편을 말했을 뿐, 징병제를 폐지해야 한다는 주장까지 하지는 않았다.
② 병은 점진적 개편에 분명히 동의한다.
④ 을은 공동체 의식을 강조하며 의무화에 찬성하지만, 병은 공동체 의식에 대해 언급하지 않았다.

12. ④ 【해설】독서
지문은 가짜 뉴스 확산의 배경을 단순히 개인의 무지로 설명하지 않고, 알고리즘이 자극적인 내용을 더 많이 노출하는 구조적 문제에 있다고 명확히 제시한다. 따라서 ㉠의 원인으로 가장 적절한 것은 ④이다.
① 정보량이 줄어든 것이 아니라 많아졌다고 했으므로 부적절하다.
② 특정 기업의 정보 은폐는 사례일 뿐, 일반적 원인으로 제시되지 않았다.
③ '비판적 사고 능력이 높아졌다'는 내용은 지문에 없으며, 오히려 부족하다는 오해를 반박했다.

13. ① 【해설】독서
(가): 과학이 불변의 진리를 제공하지 못하며, 언제든 새로운 증거에 따라 수정된다고 강조한다. 따라서 (가)에는 '절대적 진리'가 들어가야 한다.
(나): 과학의 힘은 스스로를 의심하고 수정하는 체계에서 비롯된다고 했으므로 (나)에는 '자기 수정'이 적절하다.
정리하자면, 정답은 ①이다.

14. ③ 【해설】독서
(1) (나)에서는 음악에서 리듬이 단순 반복이 아니라 청자의 반응을 유도하는 핵심 요소임을 정의하고 있다. 따라서 전체 설명의 출발점으로 적절하다.
(2) (가)는 앞서 정의한 리듬이 현대 대중음악에서 어떤 전략적 의미를 가지는지를 설명하며, 구체적 사례로 '비트 디자인'을 제시한다. '특히'라는 연결어가 논의를 좁히는 역할을 한다.
(3) (다)는 이러한 전략이 실현되는 구체적인 설계 방식을 소개하며, 실제 작곡 전략의 예시로 기능한다.
(4) (라)는 '결국'이라는 표현을 통해 앞의 모든 내용을 정리하며, 리듬이 단지 음악적 장식이 아니라 감정적 연결을 이끄는 구조임을 강조한다.
(5) 정리하자면, (나)-(가)-(다)-(라)가 가장 적절하다.

15. ③ 【해설】독서
글은 도시의 진정한 가치를 건물의 높이나 경제적 규모가 아니라, 사람들 사이의 소통과 공동체 의식, 삶의 질에서 찾아야 한다고 강조한다. 따라서 '건물의 높이로만 평가되는 공간'은 글쓴이의 주장과 정면으로 배치된다.
① 소통이 이루어지는 공간은 글쓴이가 바라는 도시의 모습이다.
② 공원, 광장, 도서관과 같은 공공 공간은 글에서 필요성이 강조되었다.
④ 공동체 의식을 느낄 수 있는 공간은 글쓴이가 도시 설계에서 추구해야 한다고 주장하는 핵심이다.

16. ③ 【해설】독서
뒤르켐은 사회 질서가 개인의 합의가 아니라 집합 의식이라는 외적 실재에서 비롯된다고 보았다. 그는 법·도덕 규범이 사회라는 실체의 강제력을 지니며, 개인은 이를 거부할 수 없다고 설명했다. 따라서 ③이 정답이다.
① 사회 질서를 대화와 합의의 결과로 본 것은 하버마스의 입장이다.
② 하버마스는 강제가 아니라 합리적 담론과 상호 이해를 강조했다.
④ 사회 질서를 개인 위의 실체로 본 것은 뒤르켐이지, 하버마스는 상호작용적 과정으로 이해했다.

17. ② 【해설】독서
지문은 비만이 단순한 외형 문제를 넘어 고혈압, 당뇨, 심혈관 질환 등 다양한 질환의 원인이 된다고 설명하며, 개인의 노력뿐 아니라 사회적·제도적 지원이 병행되어야 한다고 강조한다. 따라서 ②가 정답이다.
① 비만은 정신 건강에도 영향을 미치지만, 지문은 신체적·심리적 문제를 모두 포함해 설명했다.
③ 비만은 이미 WHO가 '전 지구적 유행병'으로 규정했고, 각국 정부도 대응하고 있으므로 틀리다.
④ 지문은 개인 책임만으로 설명하는 관점을 비판하며, 사회적 요인을 함께 고려해야 한다고 했다.

18. ② 【해설】독서
지문은 대화에서 '듣기'가 단순한 수용이 아니라 의미 이해와 반응을 포함하는 적극적 과정임을 강조한다. 경청이 신뢰, 문제 해결, 감정적 안정에 이바지한다는 점을 반복적으로 설명하고 있으므로 ②가 정답이다.
① 신뢰 형성은 경청의 효과 중 하나일 뿐, 지문의 핵심 주제가 아니다.
③ 방해 요인은 부수적으로 언급되었을 뿐, 제목으로는 부분적이다.
④ 문제 해결은 결과적 효과이며, 주제가 '말하기'가 아니라 '듣기'임을 간과한 선택지다.

19. ④ 【해설】독서
㉡(×): 지문은 오히려 '고정된 스타일을 파괴하는 순간에서 맛볼 수 있는 생의 진미라고 말할 수 있다.'라고 하여, 파격성·혼돈 속에서 멋을 찾는다고 한다. 따라서 ㉡은 옳지 않다.
㉢(×): 지문은 '멋은 규칙과 격식에 얽매이기보다는 구속 속에서 자유를 찾는 감정'이라고 정의하면서 이를 긍정한다. 따라서 글쓴이가 부정했다고 한 ㉢은 옳지 않다.
①, ③ ㉠(○): '개인의식과 자유 의식이 늘 억제당해 왔던 유교의 전통 속에서는 멋대로 행위 한다는 것이 곧 죄악과도 통하는 것이었다.'에서 확인할 수 있다.

20. ② 【해설】독서
㉢(○): '둘째는 이 학문을 철학과는 별개인 새로운 학문으로 선언하는 것이었다.'에서 철학과 구분할 필요가 있다고 말한 것을 알 수 있다.
③ ㉠(×): '프랑스에서는 학문의 전문화나 특화가 제대로 이루어지지 않았다. 따라서 한 학자가 여러 분야를 다루는 일도 있었다.'라고 하였다. 즉, 전문화·특화가 제대로 이루어지지 않았기 때문에 실험심리학 발전이 어려웠던 것이므로 ㉠은 옳지 않다.
①, ④ ㉡(×): '프랑스에서는 생리학이 독일처럼 포화 상태에 이르지 않았고 아직 팽창하던 시기였기 때문에 ~ 실험심리학 발전이 어렵게 되었다.'라고 했으므로, 생리학의 포화 여부는 실험심리학 발전과 직접 관련이 있다. 따라서 ㉡은 옳지 않다.

영 어

출제교수: 김세현 교수님

1. ① 【해설】
charge는 '비난하다'의 뜻으로 이와 가장 가까운 유의어는 denounce이다.
【해석】
비록 당신이 실직했다 하더라도 당신 스스로 일어난 일에 대해 비난할 필요는 없다.
【어휘】
don't have to ⓥ ⓥ할 필요가 없다 charge ①채워 넣다 ②고소(고발)하다 ③비난하다 denounce 비난하다 abridge 요약하다, 축약하다 demolish 부수다, 파괴하다 extract 뽑아내다, 추출하다

2. ③ 【해설】
and 다음 아주 구체적으로 (much more concretely)라는 표현이 있으므로 빈칸에 가장 적절한 것은 ③ at length(자세히)이다.
【해석】
그는 속어를 포함한 완벽한 미국식 억양을 익히기 위해 자신이 기울인 노력에 대해 자세히 그리고 아주 구체적으로 얘기했습니다.
【어휘】
effort 노력 perfect 완벽한 accent ①억양 ②강조(하다) slang 속어, 은어 at most 기꺼해야, 고작 in brief ①간단히 말해서 ②간략하게 at length ①자세히(= in detail) ②마침내 with concision 간결하게 *concision 간결

3. ② 【해설】
문맥상 수요의 3%를 차지한다는 내용의 말이 필요하므로 빈칸에 들어가기에 가장 적절한 것은 ② account for이다.
【해석】
사무용 기기는 그 나라 전체 전기 수요의 3%를 차지한다.
【어휘】
equipment 기기, 장비 demand ①수요 ②요구 put off 연기하다, 미루다 account for ①차지하다, 이르다 ②설명하다 confine to ~에(~로만)제한하다 bring about 초래하다, 야기하다

4. ④ 【해설】
자릿값에 의해 준동사 자리이고 뒤에 목적어가 있으므로 능동의 형태가 필요하다. 따라서 빈칸에 들어갈 말로 가장 적절한 것은 ④ surrounding이다.
【해석】
Mount Vernon에 있는 조지 워싱턴의 집을 둘러싸고 있는 가장 오래된 나무들의 대부분이 지난 100년에 걸쳐 죽었다.
【어휘】
surround 에워싸다, 둘러싸다 past 지난

5. ② 【해설】
빈칸 앞에 선행사(ground)가 있고 뒤에 문장구조가 불완전(present의 목적어가 없다)하므로 빈칸에 들어갈 말로 가장 적절한 것은 ② which이다.
【해석】
사슴들은 새로운 나무가 자연이 제공한 땅을 뚫고 나오자마자 그것들을 계속 먹는다.
【어휘】
Mother nature 자연 present 주다, 제공하다

6. ④ 【해설】
④ 관계대명사 who앞에 선행사가 복수명사(presidents)이므로 관계사절의 동사는 복수동사여야 한다. 따라서 is는 are로 고쳐 써야 한다.
① Were it not for(=if it were not for)가정법구문에서 주어 it의 동사로 were의 사용은 어법상 적절하다.
② 선행사 press and media가 있고 뒤에 문장구조가 불완전(monitor의 동사가 없다)하므로 관계대명사 that의 사용은 어법상 옳다.
③ 주절의 가정법 과거 시제 패턴(could + 동사원형be)은 어법상 적절하다.
【해석】
정부를 감시하는 책임 있는 언론이 없다면 민주주의는 유지될 수 없을 것이다. 하지만, 몇몇 나라들은 대통령의 연임을 허용한다.
【어휘】
were it not for ~이 없다면 press 언론 democracy 민주주의 maintain 유지하다 accountable 책임 있는, 책임지는 consecutively 연이어, 연속해서

7. ① 【해설】
엠마가 "승진 명단에서 빠져서 실망했다"라고 속마음을 털어놓자, 데이비드는 위로와 격려를 건네야 대화의 흐름이 자연스럽다. 따라서 ① '열심히 일했으니 곧 기회가 올 거야'라는 긍정적이고 지지하는 말이 빈칸에 들어가기에 가장 적절하다.
【해석】
엠마: 오늘 발표된 승진 명단 봤어? (3:12 PM)
데이비드: 응, 봤어. 왜? (3:13 PM)
엠마: 솔직히 나도 이름이 있길 바랐는데 없더라. 너무 실망스러워. (3:14 PM)
데이비드: 정말 안됐다. 넌 열심히 일했으니까 곧 기회가 올 거야. (3:15 PM)
엠마: 고마워, 데이비드. 큰 힘이 돼. (3:16 PM)
② 올해 그냥 충분히 노력하지 않은 거 아닐까
③ 사무실의 모두가 네가 재능 있다는 걸 알고 있어
④ 매니저에게 바로 불평하는 게 낫다고 생각해
【어휘】
promotion 승진 disappointing 실망스러운 chance 기회 complain 불평하다 talented 재능 있는 directly 직접적으로

8. ① 【해설】
A가 새로 구입한 스킨 크림의 효능에 관해 이야기했고 그 다음 왜 그것을 믿지 않느냐고 물어보는 대화가 이어지므로 빈칸에 들어가기에 가장 적절한 것은 ① '난 안 믿어.'이다.
【해석】
A: 어제 약국에서 이 새 스킨 크림을 샀어. 이건 모든 주름을 없애주고 피부를 훨씬 젊어 보이게 해준대.
B: 난 안 사(→난 안 믿어).
A: 왜 안 믿는 거야? 내가 블로그 몇 개에서 이 크림이 정말 효과 있다는 글을 읽었어.
B: 난 그 크림이 피부에 좋다고 생각하지만, 크림을 사용해서 주름을 없애거나 마법처럼 더 젊어 보이는 건 불가능하다고 생각해.
A: 넌 너무 비관적이야.
B: 아니야, 난 그냥 현실적인 거야. 난 네가 잘 속는 것 같아.
② 너무 비싸.
③ 난 널 도와줄 수 없어.
④ 믿거나 말거나 사실이야.
【어휘】
be supposed toⓥ ①ⓥ하기로 되어있다 ②ⓥ해야만 한다 remove 없애다, 제거하다 wrinkles 주름 work 효과가 있다 assume 생각하다, 가정하다 get rid of 없애다, 제거하다 pessimistic 비관적인 credulous 남의 말을 잘 믿는, 잘 속는 costly 값 비싼 help A out A를 도와주다

9. ② 【해설】
주어진 안내문은 Mount Donovahnn에서 구조된 동물들을 돌봐줄 여름 근무자 모집에 관한 글이므로 이글의 제목으로 가장 적절한 것은 ② '야생동물 구조 센터의 여름 일자리'이다. 참고로 ① 'Donovahnn산의 여름 근로자들'은 너무 광범위한 선택지이므로 정답이 될 수 없다.
① Mount산 여름 근로자들
③ 동물들과 함께하는 즐거운 경험
④ 동물을 위한 먹이 준비

10. ② 【해설】
안내문 Requirements에서 이전에 동물과 관련된 경험이 있어야 한다고 했으므로 ②는 안내문의 내용과 일치하지 않는다.
【해석】
야생 동물 구조 센터 여름 일자리
Mount Donovahn에서 구조된 동물들을 돌봐줄 여름 근무자를 모집합니다. 이 동물들은 부상당한 새, 부모 잃은 여우, 버려진 반려동물 등을 포함하며, 매일 먹이를 주고, 의료적 돌봄을 제공하고, 다정한 보살핌을 필요로 합니다. 근로자는 또한 깨끗한 보호소를 유지하고, 검진 시 수의사를 돕고, 야생 동물 보호에 대해 배우러 오는 방문객들을 안내하게 됩니다.
일정
· 날짜: 8월 1일부터 31일까지
· 시간: 오전 10시 ~ 오후 4시
※ 우천 시에는 근무 시간이 변경될 수 있습니다.
자격 요건
· 18세 이상만 지원할 수 있습니다.
· 이전에 동물과 관련된 경험이 있어야 합니다.
업무
· 동물 먹이 준비 및 먹이 주기
· 동물에 대한 보고서 작성하기
참고
· 여름 근무자는 사육사로부터 교육을 받게 됩니다.
· 무료 셔틀버스 서비스가 하루에 두 번 제공됩니다.
더 알아보려면, 저희 웹사이트(www.wildliferescue.org)를 방문하세요.
【어휘】
look for 돌보다   take care of 돌보다   rescue 구조하다   injured 부상당한   orphaned 고아가 된   abandoned 버려진   gentle 다정한   companionship 보살핌   veterinarian 수의사   check-up 검진   prior 이전의   compassionate 따뜻한, 동정어린   prior 이전의   feed 먹이다   caretaker 사육사

11. ② 【해설】
Main Highlights 첫 번째 항목인 Free Check-ups에서 콜레스테롤 수치를 측정한다고 했지 혈당수치는 언급되어 있지 않으므로 ②'Doctors measure blood pressure and blood sugar levels for free (의사들은 무료로 혈압과 혈당수치를 측정한다)'는 지문의 내용과 일치하지 않는다.
【해석】
건강한 심장 데이
건강한 심장 데이는 국민 건강 재단이 심혈관 건강을 증진하고 사람들이 더 건강한 생활 방식을 채택하도록 장려하기 위해 주최한다. 이 행사는 예방을 강조하며, 운동과 식단과 같은 작은 일상적 선택이 심장병의 위험을 줄일 수 있음을 보여 준다. 또한 참가자들이 전문가의 지도를 통해 건강을 관리하는 실질적인 방법을 배울 기회를 제공한다.
주요 하이라이트
- **무료 건강검진**: 의사들이 혈압과 콜레스테롤 수치를 측정한다.
- **단체 운동**: 피트니스 트레이너들이 빨리 걷기와 에어로빅 수업을 이끈다.
- **영양 강연**: 영양사들이 균형 잡힌 식단과 건강한 식습관을 설명한다.
- **건강 자료**: 참가자들은 행사 마지막에 안내 책자와 식단 가이드를 받는다.
① 그것은 작은 일상적 선택이 심장병 예방에 도움이 된다는 것을 강조한다.
② 의사들은 무료로 혈압과 혈당 수치를 측정한다.
③ 영양사들은 건강한 식습관과 균형 잡힌 식단을 발표한다.
④ 참가자들은 행사 마지막에 안내 책자와 식단 가이드를 받는다.
【어휘】
host 주최하다, 개최하다   promote 촉진하다, 장려하다   cardiovascular 심혈관의   encourage 장려하다   adopt 채택하다   emphasize 강조하다   prevention 예방   reduce 줄이다 감소시키다   opportunity 기회   practical 실질적인   check-up 건강검진   measure 측정하다   blood pressure 혈압   cholesterol 콜레스테롤   brisk walking 빨리 걷기

nutritionist 영양사   balanced diet 균형 잡힌 식단   brochure 안내 책자   highlight 강조하다   blood sugar 혈당

12. ④ 【해설】
④ 본문 마지막 문장에서 모바일 장치를 사용하는 데 불편한 분들을 위해 웹 버전 또한 있다고 했으므로 개인 모바일 장치만 가능하다는 내용은 본문의 내용과 일치하지 않는다.
【해석】
통관 신고를 위한 Enter-K 앱
공항에 도착하자마자 새로운 Enter-K앱을 사용해 보세요. Enter-K가 제공하는 한 가지 주목할 만한 특징은 사전 신고인데 이는 여행객들에게 모든 국제공항에서 시간을 절약해주기 위해 그들의 세관신고서를 미리 제출할 수 있는 선택을 제공하는 것입니다. 지속적인 여행객 현대화 계획의 일환으로 Enter-K는 미래에 국경과 관련된 편의성을 추가적으로 도입할 것이고 더 한층 국경을 통과할 때의 전반적인 경험을 개선해 나갈 겁니다. 도착 전에 온라인 매장에 서 최신 버전의 앱을 다운로드하세요. 모바일 장치를 사용하는데 불편한 분들을 위해 웹 버전 또한 있습니다.
① 그것은 여행자들이 미리 세관 신고를 할 수 있도록 해준다.
② 향후 더 많은 기능들이 추가될 것이다.
③ 여행객들은 그것을 온라인 스토어에서 다운로드 받을 수 있다.
④ 그것은 오직 개인 모바일 기기에서만 작동한다.
【어휘】
take advantage of ~을 이용하다   upon(on) + 명사/~ing ~하자마자   arrival 도착   notable 주목할 만한, 눈에 띄는   feature ①특징 ②편의(성)   submit 제출하다   customs 세관   declaration ①신고 ②선언   *customs declaration 세관 신고   in advance 미리, 앞서서   as part of ~의 일환으로서   ongoing 지속적인, 계속 진행 중인   initiative ①계획 ②주도권, 진취성   border 국경   further 더 이상의, 더 한층, 더 많은   overall 전반적인   latest 최신의   device 장치

13. ② 【해설】
주어진 지문은 고객들에게 기상 상황으로 인한 여행 일정(출발일) 변경을 알리고 이에 따른 안내를 제공하는 내용의 안내문이므로, 이 글의 목적으로 가장 적절한 것은 ② '변경된 여행 출발일을 고객에게 알리려고'이다.
【해석】
수신: 스카이저니 여행사 고객 여러분
발신: 스카이저니 여행사 안내팀
날짜: 2025년 10월 8일
제목: 중요 변경 안내
친애하는 고객 여러분,
예기치 못한 기상 상황으로 인해 여행 일정이 변경되었음을 알려드립니다. 원래 10월 15일에 예정되었던 출발은 10월 17일로 연기되었습니다. 숙박과 가이드 투어를 포함한 다른 여행 세부 사항은 그대로 유지됩니다. 새로운 일정에 참여할 수 없는 승객은 전액 환불이나 다른 여행 일정으로 변경을 요청할 수 있습니다. 이로 인해 불편을 끼쳐 드린 점 진심으로 사과드리며, 양해와 협조에 감사드립니다.
스카이저니 여행팀 드림
① 국제 관광객에게 새로운 관광지를 홍보하려고
② 변경된 여행 출발일을 고객에게 알리려고
③ 참가자들에게 추가 여행 서류 준비를 요청하려고
④ 승객들에게 여가를 위해 체류 연장을 권장하려고
【어휘】
unexpected 예기치 못한   reschedule 일정을 변경하다   accommodation 숙박   remain the same 그대로 유지되다   refund 환불   inconvenience 불편   cooperation 협조   revised 수정된, 변경된   departure 출발   leisure 여가   passenger 승객

14. ④ 【해설】
문맥상 refer to는 "참조하다, 참고하다"라는 뜻으로 사용되었으므로 가장 가까운 의미는 ④ consult이다.

15. ③ 【해설】
주어진 지문은 2025학년도 봄학기 수강신청 일정을 알리는 내용의 글이므로 이 글의 목적으로 가장 적절한 것은 ③ '학생들에게 수강신청 일자를 알리려고'이다.
【해석】
학생 여러분께,
2025학년도 봄학기 수강신청 일정을 알려드리게 되어 기쁩니다. 수강신청은 2월 10일에 시작하여 2월 17일에 마감됩니다. 이 기간 동안 학생들은 과목을 선택하고, 시간표를 조정하며, 대학 포털을 통해 최종 수강 신청을 확정할 수 있습니다. 마감 이후에는 추가 신청이 허용되지 않으므로 반드시 기간 내에 절차를 완료하시기 바랍니다. 교과목 목록과 학사 규정을 포함한 자세한 사항은 공식 웹사이트를 참고해 주십시오.
학사팀 드림
① 학생들에게 효과적인 학습 습관과 전략을 조언하려고
② 학생들에게 동아리 활동 참여를 권장하려고
④ 학생들에게 졸업 신청 서류 준비를 상기시키려고
【어휘】
enrollment 등록　semester 학기　course registration 수강신청　adjust 조정하다　confirm 확정하다　academic regulation 학사 규정　refer to ~을 참고하다, 참조하다　extracurricular 교과 과정 이외의　graduation application 졸업 신청　mention 언급하다　upload 짐을 내리다　deter 혐오하다　consult 참고하다, 참조하다

16. ② 【해설】
첫 번째 문장에서 소셜 미디어가 자선을 위한 기금을 만드는 데 도움이 된다고 했고 그다음 내용에서 구체적 예가 제시되었으므로 첫 번째 문장이 이 글의 주제문이 된다. 따라서 정답은 ② '사회적 선을 위한 소셜 미디어'가 된다.
【해석】
소셜 미디어는 친구들 그리고 가족과 연락하며 지내는 훌륭한 방법이다. 하지만 그것은 또한 자선을 위한 모금을 만드는 것을 돕는 데 전 세계에서 쓰인다. 소셜 네트워킹 사이트들은 남들에게 도움을 줄 이벤트들을 조직하고 있다. 예를 들어, 트웨스티벌은 전 세계의 비영리 조직들을 위한 기금을 모금하기 위한 노력으로서 각 소셜 미디어 사이트 이용자들의 하루 동안의 모임이다. 작년에, 그 페스티벌은 그 운동을 통해 175만 달러를 모금했다. 이와 같은 운동들이 세계 도처에서 우후죽순처럼 나타났다, 그리고 소셜 미디어의 도움으로, 기부 비율은 이전 어느 때보다도 높다.
① 소셜 미디어란 무엇인가?
③ 새로운 돈벌이 사업
④ 소셜 미디어 네트워킹 조언들
【어휘】
stay in contact with ~와 연락을 지속하다　generate ① 발생시키다, 일으키다 ② 만들어 내다　fund 기금　charity 자선 단체　organize 조직하다　all across 각지에　raise ① 올리다 ② 기르다, 양육하다　spring up 튀어 오르다, 밖으로 나오다　donation 기부, 기여

17. ② 【해설】
주어진 지문은 지역적 특성으로 힌두교도들이 소를 먹지 않고 유대교도들이나 이슬람교도들이 돼지고기를 먹지 않는 이유를 나열하고 있으므로 빈칸에 들어가기에 가장 적절한 것은 ② '지역적 특성'이다.
【해석】
인간의 문화는 특정한 <u>지역적 특성</u>에 반응하며 발달해 왔다. 예를 들어 농업사회에 기반을 두고 있는 힌두교 사람들은 소를 먹는 것을 금기시하는데, 소는 그들의 경작용 동물이기도 하다. 소를 먹어버리면 다음 시즌에 쟁기를 끌 어린 황소를 가질 수 없게 될 것이다. 아마도 또 다른 예로서, 돼지고기를 먹는 것을 금하는 유대인들과 이슬람교도들을 우리들은 볼 수 있다. 이 두 집단은 돼지를 키우기가 어려운 사막에서 유래했다.
① 국가적 배경
③ 종교적 이유
④ 문화적 특성

【어휘】
specific ①특정한, 제한적인 ②구체적인, 세부적인　taboo 금기　oxen 황소　plow ①쟁기 ②쟁기질하다　illustration ①실례 ②삽화, 그림　Jew 유대인 *Jewish 유대인의　Moslem 이슬람교도들, 무슬림　prohibition 금지, 금기　pork 돼지고기　originate in~ ~에서 비롯되다, 유래하다　raise ①기르다, 양육하다 ②올리다　regional 지역의, 지역적인 *region 지역　trait 특성(=character)　religious 종교적인

18. ② 【해설】
주어진 지문은 남부 아프리카의 기후변화로 인한 세 가지 위험성(온난화/강우량변동/야생동물의 멸종)을 나열한 글로서 주어진 지문은 두 번째 나열의 시작점이므로 주어진 문장이 들어가기에 가장 적절한 곳은 ②이다.
【해석】
기후 변화로 인해 아프리카에서 발생한 세 가지 주요 위험, 즉 지구 온난화, 강우 패턴의 변화, 그리고 야생 동물의 멸종이 심각한 수준에 이르렀다. 1960년대 이후 이 지역에서는 지속적인 온난화 추세가 이어져 왔으며, 기후학자들은 앞으로 몇 년간 매년 섭씨 3~4도의 기온 상승을 예측하고 있다. <u>남부 아프리카에서는 강수량이 해마다 변동할 가능성이 높은데, 이는 이미 스스로를 유지하기 위해 물을 확보하거나 관리하는 데 어려움을 겪고 있는 지역에겐 두려운 생각이다.</u> 기상예보관들과 기후학자들은 일반적으로 21세기 대부분 동안 이 지역에서 건조하거나 습한 경향이 나타날 것이라는 데 동의한다. 역설적으로, 남부가 물 부족에 시달리는 동안 대륙의 북부는 많은 강수량을 받을 것으로 예상되며, 실제 홍수 가능성도 있다. 또한, 기후 변화로 인한 더 빈번하고 강력한 가뭄, 폭풍, 폭염으로 인해 생존에 새로운 도전에 직면한 일부 아프리카 야생 동물들은 위험에 처할 수밖에 없다. 결국 기후 조건이 그들이 사는 곳을 파괴하기 때문이다.
【어휘】
rainfall 강우, 강수　be likely to⊙ ⊙할 가능성이 있다, ⊙인 것 같다　fluctuate 등락을 반복하다　on a yearly basis 1년 단위로　frightful 두려운, 무시무시한　struggling 투쟁하는, 애쓰는　procure (힘든 것을 어렵게) 얻다　sustain 유지하다, 유지시키다　continent 대륙　steady 꾸준한, 끊임없는　region 지역　climatologist 기후학자　Celsius 섭씨　upcoming 다가오는, 곧 있을　forecaster 예보관　suffer from ~에 시달리다　precipitation 강수량, 강수　flooding 홍수, 범람　intense 강력한　drought 가뭄　heat wave 열파(熱波)

19. ① 【해설】
(B)에 This healing art 바로 앞에 healing art가 있어야 하므로 (B) 앞에는 주어진 제시문이 있어야 하므로 (B)번이 먼저 시작되어야 하고 (A)번의 It은 (B)의 마지막 부분에 있는 turmeric을 대신하므로 (B)다음에는 It이 와야 하므로 (B)-(A)-(C)가 정답이 된다.
【해석】
치료하기 위해 식품을 사용하는 것의 증거는 수천 년을 거슬러 올라간다. 인도의 전통 치료술인 Ayurveda가 완벽한 예이다. (B) 이 치료술은 힌두교에서 많은 생각을 빌려 와서 약초, 마사지, 명상을 포함하는 다양한 치료법을 통합하고 있다. Ayurveda 의료인들은 치료하기 위해 새로운 식품을 시도하기까지 할 수도 있다. Ayurveda에서 유래한 한 가지 약용 식품은 여러분이 친숙한 것일 수도 있는 강황(turmeric)이다. (A) 그것은 흔히 아시아의 음식에 향신료로 등장한다. 강황은 독특한 풍미가 있을 뿐만 아니라 관절염, 알츠하이머병, 그리고 몇 가지 형태의 암을 가진 사람들에게 유용한 치료법이 될 수도 있다. (C) 연구의 증거가 아직 확실하지는 않지만 그것은 이러한 질환에 분명 강력히 추천이 된다. 강황을 소염제로 사용해 본 나 자신의 경험은 대단히 긍정적이었다.
【어휘】
evidence 증거　date back 거슬러 올라가다　traditional 전통의　show up 나타나다, 등장하다　spice 양념, 향신료　cuisine 요리법, 요리　unique 독특한　flavor 맛　arthritis 관절염　therapeutic 치료의　borrow 빌리다　incorporate

①포함하다 ②통합하다　meditation 명상, 묵상　go so far
as to ⓥ　ⓥ하기 까지 하다　recommend 추천하다, 권하다
anti-inflammatory drug 소염제　*inflammation 염증
extraordinarily 비범하게, 대단히

20. ③ 【해설】
주어진 지문은 올림픽 경기에서의 클랩스케이트의 도입과 그
구조에 관해 다룬 글인데, ③은 동계 올림픽 장거리 경주에서
인공 얼음의 도입에 관해 언급하고 있으므로, 글의 주제와 맞
지 않는다. 그러므로 전체 흐름과 관계 없는 문장은 ③이다.
【해석】
1998년 나가노 올림픽 경기에서, 클랩스케이트를 사용하는 선
수들에 의해 스피드스케이팅의 세계 기록이 계속해서 깨졌다.
클랩스케이트의 날은 신발의 앞쪽에 경첩을 써서 붙였지만, 뒷
굽은 그렇지 않다. 경첩은 날이 얼음과 더 오랫동안 접촉할 수
있게 함으로써 스케이트 선수가 더 오랜 시간 얼음을 밀 수 있
다. 특징적인 탁 소리는 발로 차는 동작이 끝날 때마다 날이
'탁 하며' 신발의 뒷굽에 다시 닿을 때 발생한다. (인공 얼음은
1960년 동계 올림픽의 장거리 트랙 경주에서 등장했고, 1956
년 Lake Misurina에서의 경주는 천연 얼음 위에서 치러진 마
지막 올림픽 경주였다.) 클랩스케이트는 스케이트 선수가 옆쪽
밖으로 그리고 뒷굽으로부터가 아니라 바로 뒤로 그리고 엄지
발가락으로 더 많이 밀어야 하는 새로운 기술을 필요로 한다.
(날이 부츠의 뒷굽과 엄지발가락 부분에 영구적으로 붙어 있
는) 더 예전의 스케이트에 익숙한 선수들은 새로운 장비에 적
응해 자신들의 기술을 바꾸어야 했다.
【어휘】
continually 계속해서　clap skate 클랩스케이트(신발의 뒷굽
과 날이 분리되어 있는 구조의 스케이트)　blade (스케이트의)
날　permanently 영구적으로, 변함없이

한 국 사

출제교수: 노범석 교수님

1. ② 【해설】 선사 시대 - 청동기
② 청동기 시대의 주거 형태에 대한 설명이다.
①, ③, ④ 신석기 시대에 대한 설명이다.

2. ③ 【해설】 근대 태동기의 문화 - 이익
제시된 자료는 이익이 주장한 6종론에 대한 내용이다.
③ 이익은 한전론을 주장하여 매 호마다 영업전을 갖게 하고, 토지의 매매를 제한(영업전을 제외한 그 나머지 토지만 매매를 허락)하자고 하였다.
① 유형원에 대한 설명이다.
② 정약용에 대한 설명이다.
④ 박지원 등 중상학파 학자들이 주장한 내용이다.

3. ③ 【해설】 고대의 정치 - 장수왕
제시된 자료는 고구려 장수왕의 연표이다.
③ 장수왕은 평양으로 도읍을 옮기고 적극적으로 남진 정책을 추진하였다.
① 고구려 소수림왕에 대한 설명이다.
② 백제 근초고왕에 대한 설명이다.
④ 고구려 광개토대왕에 대한 설명이다.

4. ④ 【해설】 고대의 사회 - 신라 촌락 문서(민정문서)
제시된 자료는 민정문서에 등장하는 토지이다. 관모답은 관청의 경비를 충당하기 위한 토지이며 내시령답은 내시령에게 배정된 수조지, 연수유답은 농민들이 소유한 토지이며 촌주위답은 촌주에게 배당된 토지이다.
④ 민정문서에는 우마(牛馬)의 수와 전답(田畓), 마전의 면적, 뽕나무와 잣나무 등의 그루 수 등이 기록되어 있다.
① 고려나 조선에서 작성하였던 공안에 대한 설명이다.
② 민정문서에는 토지 면적은 기록되어 있으나 토지 변동 내용은 기록되어 있지 않다.
③ 민정문서는 촌주가 작성하였다.

5. ② 【해설】 고대의 정치 - 신문왕
제시된 자료는 신문왕의 업적에 대해서 서술하고 있다.
② 신문왕 때 국학을 세워 유학을 교육하였다.
① 무열왕(김춘추), ③ 성덕왕에 대한 설명이다.
④ 문무왕 때의 일이다.

6. ② 【해설】 중세의 정치 - 고려의 지방제도
② 성종은 최승로의 건의로 12목을 설치하고 최초로 지방관을 파견하였다.
① 고려시대에는 모든 군현에 지방관이 파견된 것이 아니었다. 이러한 불완정성을 보완하기 위해 예종 때부터 속현에 감무를 파견하기 시작하였다.
③ 성종 때 3경제가 실시되었다.
④ 현종은 전국을 5도와 경기, 양계(兩界)로 크게 나누고, 4도호부 8목을 중심으로 그 아래에 중앙에서 파견한 지방관을 상주시키는 56개의 주·군, 28개의 진 등을 편성하여 고려의 지방제도를 완비하였다.

7. ② 【해설】 중세의 정치 - 고려 숙종과 예종
윤관은 숙종에게 별무반 설치를 건의하였고 이후 예종 때 여진을 정벌하여 동북 9성을 쌓았다. 따라서 (가)는 숙종 재위 기간, (나)는 예종 재위 기간 때의 일이다.
② 고려 성종 때의 일이다.
① 숙종은 국자감 안에 서적포를 설치하여 책을 인쇄·출판하였다.
③ 예종 때의 일이다.
④ 예종은 복원궁이라는 도교 사원을 건립하여 초제 등의 도교 행사를 개최하였다.

8. ① 【해설】 근세의 정치 - 태종
제시된 자료는 시전의 설치에 대한 내용이다. 조선시대에 시전은 태종 때 설치되었다.
㉠ 태종은 한양으로 재천도하여 창덕궁을 건설하였다.
㉡ 태종은 문하부의 낭사를 사간원으로 독립시켜 신권을 견제하였다.
㉢ 세조, ㉣ 성종에 대한 설명이다.

9. ② 【해설】 근세의 정치 - 예송논쟁
② 갑인예송에서 남인은 기년설(1년설)을, 서인은 대공설(9개월설)을 주장하였다.
① 기해예송에서 서인은 1년설을, 남인은 3년설을 주장하였다.
③ 남인의 주장에 대한 설명이다. 서인은 왕실과 사대부의 예는 같다고 주장하였다.
④ 예송논쟁은 현종 때 일어난 논쟁으로, 효종을 장자로 볼 것인지에 대한 문제로 현종의 정통성 문제와 직결되어 있었다.

10. ③ 【해설】 근세의 사회 - 조선의 신분제
③ 의원은 중인 계층에 속한다. 문과 응시가 법적으로 금지된 계층은 서얼이다.
① 조선 전기의 수공업자는 크게 관영수공업자와 민영수공업자로 나눌 수 있다.
② 조선시대에는 노비 외에 백정, 무당, 창기, 광대 등도 천민으로 천대받았다.
④ 조선시대의 역관은 사신을 수행하면서 무역에 관여하여 이득을 보았다.

11. ④ 【해설】 근대 태동기의 문화 - 백과사전의 편찬
(가)는 서유구가 편찬한 『임원경제지』, (나)는 영조 때 편찬한 『동국문헌비고』이다. 농가집성은 효종 때 신속이 저술한 농서이다. 지봉유설은 광해군 때 이수광이 저술한 서적으로, 중국과 우리나라의 문화 전통을 폭넓게 정리하였다.

12. ③ 【해설】 근대의 정치 - 유길준
제시된 자료는 유길준의 활동에 대해 서술하고 있다.
③ 유길준은 강대국이 보장하는 한반도 중립화론을 주장했으며, 새로운 문체인 국한문체로 서유견문을 지어 서양의 문물을 소개하였다.

13. ③ 【해설】 근대 개항기의 정치 - 동학농민운동
㉠ 전주화약은 1894년 5월 7일에 체결되었다.
㉢ 교정청은 1894년 6월 11일에 설치되었다.
㉡ 청·일 전쟁은 1894년 6월 23일에 발발하였다.
㉣ 군국기무처는 1894년 6월 25일에 설치되었다.

14. ② 【해설】 근대 개항기의 정치 - 신민회
제시된 자료는 신민회의 창립 취지문이다.
② 신민회는 민족 산업의 육성을 위해 대구와 평양에 태극 서관을 설립하였다.
① 독립협회에 대한 설명이다. ③ 헌정연구회, ④ 대한 자강회에 대한 설명이다.

15. ④ 【해설】 중세의 문화 - 고려의 과학기술
㉡ 무신 집권기 고종 재위기간(1236)에 대장도감에서 현존하는 최고(最古)의 의서인 『향약구급방』이 간행되었다.
㉣ 고려 말에 최무선의 노력으로 화약 제조법을 터득하였는데, 이에 고려는 화통도감을 설치하고 화약과 화포를 제작하였다.
㉠ 강화도에서 만들어진 재조대장경(팔만대장경)은 목판인쇄물이다.
㉢ 고려는 초기에 당의 선명력을 사용하다가 충선왕 때 원의 수시력을 사용하였다.

16. ② 【해설】 근세의 문화 - 이이
제시된 자료는 이이가 주장한 이통기국과 기발이승에 대한 내용이다.
② 이이는 존화주의적 성격의 역사서인 『기자실기』를 저술하였다.
① 이황 등에 대한 설명이다.
③ 서경덕에 대한 설명이다.
④ 조선 후기 윤휴, 박세당 등의 학자들에 대한 설명이다.

17. ③ 【해설】일제 강점기의 정치 - 무단통치
제시된 자료는 1912년에 제정된 '경찰범 처벌규칙'이다.
③ 1943년 일제는 학도 지원병 제도를 강행하여 학생들까지
전쟁터로 내몰았다.
①, ②, ④ 1910년대 무단 통치 시기에 추진된 정책들이다.

18. ③ 【해설】일제 강점기의 정치 - 광주학생항일운동
제시된 자료는 광주학생항일운동(1929)의 격문이다.
③ 광주학생항일운동은 시위에 일반 시민들까지 합세하면서
항일 민족 운동으로 발전하였는데, 더 나아가 만주 및 일본 지
역으로까지 확산되었다.
① 민립대학 설립운동에 대한 설명이다.
② 의열단에 대한 설명이다.
④ 6.10 만세 운동에 대한 설명이다.

19. ① 【해설】현대의 정치 - 6월 민주화 항쟁
제시된 자료는 1987년 6·10 대회 선언문으로, 6월 민주화 항
쟁과 관련된 내용이다.
① 6월 민주화 항쟁에서 시민과 학생들은 호헌 철폐, 독재 타
도, 민주 헌법 쟁취 등의 구호를 내세우고 시위를 벌였다.
② 1960년 4·19 혁명에 대한 설명이다.
③ 1979년 부산·마산 항쟁에 대한 설명이다.
④ 1980년 5·18 광주 민주화 운동에 대한 설명이다.

20. ① 【해설】현대의 경제 사회 문화 - 1970년대 상황
제시된 자료는 2014년 유네스코 세계기록유산으로 등재된 '새
마을 운동 기록물'에 대한 설명이다. 새마을 운동은 1980년대
까지 이어졌지만 '새마을 운동 기록물'에 등재된 내용은 1970
년대까지이다.
① 1977년 100억 달러 수출을 달성하였다.
② 이승만 정부 시기인 진보당 사건(1958)에 대한 내용이다.
③ 전두환 정부 시기에 있었던 사실이다.
④ 박정희 군정 시기인 1962년에 실시되었던 화폐 개혁에 대
한 내용이다.

행 정 법

출제교수: 강성빈 교수님

1. ④ 【해설】 행정쟁송법
행정소송법 제23조에 의한 효력정지결정의 효력은 결정주문에서 정한 시기까지 존속하고 그 시기의 도래와 동시에 효력이 당연히 소멸하므로, 보조금 교부결정의 일부를 취소한 행정청의 처분에 대하여 법원이 효력정지결정을 하면서 주문에서 그 법원에 계속 중인 본안소송의 판결 선고 시까지 처분의 효력을 정지한다고 선언하였을 경우, 본안소송의 판결 선고에 의하여 정지결정의 효력은 소멸하고 이와 동시에 당초의 보조금 교부결정 취소처분의 효력이 당연히 되살아난다. 대법원 2017. 7. 11. 선고 2013두25498 판결
① 행정소송법 제23조

> **행정소송법 제23조(집행정지)**
> ⑤ 제2항의 규정에 의한 집행정지의 결정 또는 기각의 결정에 대하여는 즉시항고할 수 있다. 이 경우 집행정지의 결정에 대한 즉시항고에는 결정의 집행을 정지하는 효력이 없다.

② 행정소송법 제23조 제2항에서 행정청의 처분에 대한 집행정지의 요건으로 들고 있는 '회복하기 어려운 손해'라고 하는 것은 원상회복 또는 금전배상이 불가능한 손해는 물론 종국적으로 금전배상이 가능하다고 하더라도 그 손해의 성질이나 태양 등에 비추어 사회통념상 그러한 금전배상만으로는 전보되지 아니할 것으로 인정되는 현저한 손해를 가리키는 것으로서 이러한 집행정지의 적극적 요건에 관한 주장·소명책임은 원칙적으로 신청인측에 있다. 대법원 1999. 12. 20.자 99무42 결정
③ 행정소송법 제23조

> **행정소송법 제23조(집행정지)**
> ② (생략) 다만, 처분의 효력정지는 처분등의 집행 또는 절차의 속행을 정지함으로써 목적을 달성할 수 있는 경우에는 허용되지 아니한다.

2. ④ 【해설】 실효성 확보수단
국세징수법 제21조, 제22조가 규정하는 가산금 또는 중가산금은 국세를 납부기한까지 납부하지 아니하면 과세청의 확정절차 없이도 법률 규정에 의하여 당연히 발생하는 것이므로 가산금 또는 중가산금의 고지가 항고소송의 대상이 되는 처분이라고 볼 수 없다. 대법원 2005. 6. 10. 선고 2005다15482 판결
① 가산세는 형벌이 아니므로 행위자의 고의 또는 과실·책임능력·책임조건 등을 고려하지 아니하고 가산세 과세요건의 충족 여부만을 확인하여 조세의 부과 절차에 따라 과징할 수 있다. 헌법재판소 2006. 7. 27. 선고 2004헌가13 전원재판부
② 행정절차법 제40조의3

> **행정절차법 제40조의3(위반사실 등의 공표)**
> ③ 행정청은 위반사실등의 공표를 할 때에는 미리 당사자에게 그 사실을 통지하고 의견제출의 기회를 주어야 한다. 다만, 다음 각 호의 어느 하나에 해당하는 경우에는 그러하지 아니하다.
> 1. 공공의 안전 또는 복리를 위하여 긴급히 공표를 할 필요가 있는 경우
> 2. 해당 공표의 성질상 의견청취가 현저히 곤란하거나 명백히 불필요하다고 인정될 만한 타당한 이유가 있는 경우
> 3. 당사자가 의견진술의 기회를 포기한다는 뜻을 명백히 밝힌 경우

③ 병무청장이 병역법 제81조의2 제1항에 따라 병역의무 기피자의 인적사항 등을 인터넷 홈페이지에 게시하는 등의 방법으로 공개한 경우 병무청장의 공개결정을 항고소송의 대상이 되는 행정처분으로 보아야 한다. 대법원 2019. 6. 27. 선고 2018두49130 판결

3. ① 【해설】 실효성 확보수단
행정대집행법 제6조

> **행정대집행법 제6조(비용징수)**

② 대집행에 요한 비용에 대하여서는 행정청은 사무비의 소속에 따라 국세에 다음가는 순위의 선취득권을 가진다.

② 행정기본법 제31조

> **행정기본법 제31조(이행강제금의 부과)**
> ② 행정청은 다음 각 호의 사항을 고려하여 이행강제금의 부과 금액을 가중하거나 감경할 수 있다.
> 1. 의무 불이행의 동기, 목적 및 결과
> 2. 의무 불이행의 정도 및 상습성
> 3. 그 밖에 행정목적을 달성하는 데 필요하다고 인정되는 사유

③ 구 사회안전법 제11조 소정의 동행보호규정은 재범의 위험성이 현저한 자를 상대로 긴급히 보호할 필요가 있는 경우에 한하여 단기간의 동행보호를 허용한 것으로서 그 요건을 엄격히 해석하는 한, 동 규정 자체가 사전영장주의를 규정한 헌법 규정에 반한다고 볼 수는 없다. 대법원 1997. 6. 13. 선고 96다56115 판결
④ 납세자가 아닌 제3자의 재산을 대상으로 한 압류처분은 그 처분의 내용이 법률상 실현될 수 없는 것이어서 당연무효이다. 대법원 2012. 4. 12. 선고 2010두4612 판결

4. ② 【해설】 행정법통론
행정기본법 제7조

> **행정기본법 제7조(법령등 시행일의 기간 계산)**
> 법령등(훈령·예규·고시·지침 등을 포함한다. 이하 이 조에서 같다)의 시행일을 정하거나 계산할 때에는 다음 각 호의 기준에 따른다.
> 2. 법령등을 공포한 날부터 일정 기간이 경과한 날부터 시행하는 경우 법령등을 공포한 날을 첫날에 산입하지 아니한다.

① 법령공포법 제13조

> **법령공포법 제13조(시행일)**
> 대통령령, 총리령 및 부령은 특별한 규정이 없으면 공포한 날부터 20일이 경과함으로써 효력을 발생한다.

③ 행정기본법 제14조

> **행정기본법 제14조(법 적용의 기준)**
> ① 새로운 법령등은 법령등에 특별한 규정이 있는 경우를 제외하고는 그 법령등의 효력 발생 전에 완성되거나 종결된 사실관계 또는 법률관계에 대해서는 적용되지 아니한다.

④ 대학이 성적불량을 이유로 학생에 대하여 징계처분을 하는 경우에 있어서 수강신청이 있은 후 징계요건을 완화하는 학칙 개정이 이루어지고 이어 당해 시험이 실시되어 그 개정학칙에 따라 징계처분을 한 경우라면 이는 이른바 부진정소급효에 관한 것으로서 구 학칙의 존속에 관한 학생의 신뢰보호가 대학당국의 학칙개정의 목적달성보다 더 중요하다고 인정되는 특별한 사정이 없는 한 위법이라고 할 수 없다. 대법원 1989. 7. 11. 선고 87누1123 판결

5. ③ 【해설】 행정작용법
만일 하위 행정입법의 제정 없이 상위 법령의 규정만으로도 집행이 이루어질 수 있는 경우라면 하위 행정입법을 하여야 할 헌법적 작위의무는 인정되지 아니한다. 헌법재판소 2005. 12. 22. 선고 2004헌마66 결정
① 경찰공무원의 채용시험 또는 경찰간부후보생공개경쟁선발시험에서 부정행위를 한 응시자에 대하여는 당해 시험을 정지 또는 무효로 하고, 그로부터 5년간 이 영에 의한 시험에 응시할 수 없도록 규정하고 있는 경찰공무원임용령 제46조 제1항의 수권형식과 내용에 비추어 이는 행정청 내부의 사무처리기준을 규정한 재량준칙이 아니라 일반 국민이나 법원을 구속하는 법규명령에 해당하고 따라서 위 규정에 의한 처분은 재량행위가 아닌 기속행위라 할 것이다. 대법원 2008. 5. 29. 선고 2007두18321 판결
② 구 군법무관임용법 제5조 제3항과 군법무관임용 등에 관한 법률 제6조가 군법무관의 보수의 구체적 내용을 시행령에 위임했음에도 불구하고 행정부가 정당한 이유 없이 시행령을 제정하지 않은 것은 불법행위에 해당한다(주: 대통령령을 제정하

지 아니한 입법부작위가 국가배상책임을 구성하는 것으로 본
사례). 대법원 2007. 11. 29. 선고 2006다3561 판결
④ 행정규칙의 내용이 상위법령에 반하는 것이라면 법치국가
원리에서 파생되는 법질서의 통일성과 모순금지 원칙에 따라
그것은 법질서상 당연무효이고, 행정내부적 효력도 인정될 수
없다. 이러한 경우 법원은 해당 행정규칙이 법질서상 부존재하
는 것으로 취급하여 행정기관이 한 조치의 당부를 상위법령의
규정과 입법 목적 등에 따라서 판단하여야 한다. 대법원 2019.
10. 31. 선고 2013두20011 판결

6. ① 【해설】 행정작용법
일반적으로 행정처분이나 행정심판 재결이 불복기간의 경과로
확정될 경우 그 확정력은, 처분으로 법률상 이익을 침해받은
자가 당해 처분이나 재결의 효력을 더 이상 다툴 수 없다는 의
미일 뿐, 더 나아가 판결과 같은 기판력이 인정되는 것은 아니
어서 그 처분의 기초가 된 사실관계나 법률적 판단이 확정되고
당사자들이나 법원이 이에 기속되어 모순되는 주장이나 판단
을 할 수 없게 되는 것은 아니다. 대법원 2008. 7. 24. 선고
2006두20808 판결
② 불가쟁력은 행정행위의 상대방 또는 이해관계인에 대해서
만 미치고 처분청을 구속하지는 않으므로, 처분청은 불가쟁력
이 발생한 후에도 당해 행정행위를 직권으로 취소 또는 철회할
수 있다.
③ 제소기간이 이미 도과하여 불가쟁력이 생긴 행정처분에 대
하여는 개별 법규에서 그 변경을 요구할 신청권을 규정하고 있
거나 관계 법령의 해석상 그러한 신청권이 인정될 수 있는 등
특별한 사정이 없는 한 국민에게 그 행정처분의 변경을 구할
신청권이 있다 할 수 없다. 대법원 2007. 4. 26. 선고 2005두
11104 판결
④ 불가변력은 당해 행정행위에만 인정되는 것이므로, 비록 동
종의 행정행위라 하더라도 그 대상을 달리할 때에는 불가변력
은 인정될 여지가 없다. 대법원 1974. 12. 10. 선고 73누129
판결

7. ② 【해설】 행정정보
개인정보 보호법 제39조

> **개인정보 보호법 제39조(손해배상책임)**
> ③ 개인정보처리자의 고의 또는 중대한 과실로 인하여 개인
> 정보가 분실·도난·유출·위조·변조 또는 훼손된 경우로서
> 정보주체에게 손해가 발생한 때에는 법원은 그 손해액의
> 5배를 넘지 아니하는 범위에서 손해배상액을 정할 수 있
> 다. 다만, 개인정보처리자가 고의 또는 중대한 과실이 없
> 음을 증명한 경우에는 그러하지 아니하다.

① 개인정보자기결정권의 보호대상이 되는 개인정보는 개인의
신체, 신념, 사회적 지위, 신분 등과 같이 인격주체성을 특징짓
는 사항으로서 개인의 동일성을 식별할 수 있게 하는 일체의
정보를 의미하며, 반드시 개인의 내밀한 영역에 속하는 정보에
국한되지 않고 공적 생활에서 형성되었거나 이미 공개된 개인
정보까지도 포함한다. 대법원 2016. 3. 10. 선고 2012다
105482 판결
③ 개인정보 보호법 제53조

> **개인정보 보호법 제53조(소송대리인의 선임)**
> 단체소송의 원고는 변호사를 소송대리인으로 선임하여야 한다.

④ 개인정보 보호법 제57조

> **개인정보 보호법 제57조(「민사소송법」의 적용 등)**
> ① 단체소송에 관하여 이 법에 특별한 규정이 없는 경우에는
> 「민사소송법」을 적용한다.

8. ④ 【해설】 행정절차법
처분의 이유제시의무 이른바 '공통의 처분절차'로서 침익적·수
익적 행정처분을 불문하고 모든 처분에 대하여 인정되는 절차
이다.
① 행정절차법 제20조

> **행정절차법 제20조(처분기준의 설정·공표)**
> ② 「행정기본법」 제24조에 따른 인허가의제의 경우 관련 인

허가 행정청은 관련 인허가의 처분기준을 주된 인허가 행
정청에 제출하여야 하고, 주된 인허가 행정청은 제출받은
관련 인허가의 처분기준을 통합하여 공표하여야 한다. 처
분기준을 변경하는 경우에도 또한 같다.

② 행정절차법 제46조

> **행정절차법 제46조(행정예고)**
> ③ 행정예고기간은 예고 내용의 성격 등을 고려하여 정하되,
> 20일 이상으로 한다.
> ④ 제3항에도 불구하고 행정목적을 달성하기 위하여 긴급한
> 필요가 있는 경우에는 행정예고기간을 단축할 수 있다.
> 이 경우 단축된 행정예고기간은 10일 이상으로 한다.

③ 인허가 의제 규정의 입법 취지를 고려하면, 주택건설사업계
획 승인권자가 구 주택법 제17조 제3항에 따라 도시·군관리계
획 결정권자와 협의를 거쳐 관계 주택건설사업계획을 승인하
면 같은 조 제1항 제5호에 따라 도시·군관리계획결정이 이루어
진 것으로 의제되고, 이러한 협의 절차와 별도로 국토의 계획
및 이용에 관한 법률 제28조 등에서 정한 도시·군관리계획 입
안을 위한 주민 의견청취 절차를 거칠 필요는 없다. 대법원
2018. 11. 29. 선고 2016두38792 판결

9. ② 【해설】 행정법통론
주민등록번호와 주민등록증은 외부에 공시되어 대내외적으로
행정행위의 적법한 존재를 추단하는 중요한 근거가 되는 점에
비추어 볼 때 행정청이 원고들에게 공신력이 있는 주민등록번
호와 이에 따른 주민등록증을 부여한 행위는 원고들에게 대한
민국 국적을 취득하였다는 공적인 견해를 표명한 것이라고 보
아야 한다. 대법원 2024. 3. 12. 선고 2022두60011 판결
① 개발이익환수에 관한 법률에 정한 개발사업을 시행하기 전
에, 행정청이 민원예비심사에 대하여 관련부서 의견으로 '저촉
사항 없음'이라고 기재하였다고 하더라도, 이후의 개발부담금
부과처분에 관하여 신뢰보호의 원칙을 적용하기 위한 요건인,
신뢰의 대상이 되는 공적인 견해표명을 한 것이라고는 보기 어
렵다. 대법원 2006. 6. 9. 선고 2004두46 판결
③ 귀책사유의 유무는 상대방과 그로부터 신청행위를 위임받
은 수임인 등 관계자 모두를 기준으로 판단하여야 한다. 대법
원 2002. 11. 8. 선고 2001두1512 판결
④ 재량권 행사의 준칙인 행정규칙이 그 정한 바에 따라 되풀
이 시행되어 행정관행이 이루어지게 되면 평등의 원칙이나 신
뢰보호의 원칙에 따라 행정기관은 그 상대방에 대한 관계에서
그 규칙에 따라야 할 자기구속을 받게 되므로, 이러한 경우에
는 특별한 사정이 없는 한 그를 위반하는 처분은 평등의 원칙
이나 신뢰보호의 원칙에 위배되어 재량권을 일탈·남용한 위법
한 처분이 된다(주: 재량준칙의 공표만으로는 신청인이 보호가
치 있는 신뢰를 갖게 되었다고 볼 수 없음). 대법원 2009. 12.
24. 선고 2009두7967 판결

10. ③ 【해설】 행정작용법
개별공시지가결정과 과세처분 사이는 서로 독립하여 별개의
법률효과를 목적으로 하지만, 예측가능성이 없고 수인한도를
넘는 불이익이 강요되어 하자의 승계가 인정된다. 따라서 후행
처분인 과세처분 자체에는 하자가 존재하지 않더라도 과세처
분에 대한 취소소송에서 선행처분인 개별공시지가결정의 하자
를 과세처분의 위법사유로 주장할 수 있다. 대법원 1994. 1.
25. 선고 93누8542 판결
① 하자의 승계는 선행행위에 불가쟁력이 발생하였을 때 그 선
행행위에 존재하는 하자를 하자가 없는 후행행위에 대한 취소
소송에서 주장할 수 있는지 여부와 관련된 문제이지, 후행행위
에 하자가 있다고 하여 선행행위에 하자가 존재한다고 주장할
수는 없다. "계고처분의 후속절차인 대집행에 위법이 있다고
하더라도, 그와 같은 후속절차에 위법성이 있다는 점을 들어
선행절차인 계고처분이 부적법하다는 사유로 삼을 수는 없
다." 대법원 1997. 2. 14. 선고 96누15428 판결
② 적법한 건축물에 대한 철거명령은 그 하자가 중대하고 명백
하여 당연무효라고 할 것이고, 그 후행행위인 건축물철거 대집
행계고처분 역시 당연무효라고 할 것이다. 대법원 1999. 4.
27. 선고 97누6780 판결

④ 두 개 이상의 행정처분이 연속적으로 행하여지는 경우 선행처분과 후행처분이 서로 결합하여 1개의 법률효과를 완성하는 때에는 선행처분에 하자가 있으면 그 하자는 후행처분에 승계되므로 선행처분에 불가쟁력이 생겨 그 효력을 다툴 수 없게 된 경우에도 선행처분의 하자를 이유로 후행처분의 효력을 다툴 수 있는 반면, 선행처분과 후행처분이 서로 독립하여 별개의 법률효과를 목적으로 하는 때에는 선행처분에 불가쟁력이 생겨 그 효력을 다툴 수 없게 된 경우에는 선행처분의 하자가 중대하고 명백하여 당연무효인 경우를 제외하고는 선행처분의 하자를 이유로 후행처분의 효력을 다툴 수 없는 것이 원칙이다. 대법원 1994. 1. 25. 선고 93누8542 판결

11. ④ 【해설】 행정쟁송법
어느 행정처분에 대하여 그 행정처분의 근거가 된 법률이 위헌이라는 이유로 무효확인청구의 소가 제기된 경우에는 다른 특별한 사정이 없는 한 법원으로서는 그 법률이 위헌인지 여부에 대하여는 판단할 필요 없이 위 무효확인청구를 기각하여야 할 것이다. 대법원 1994. 10. 28. 선고 92누9463 판결
① 행정처분의 근거 법률에 의하여 보호되는 직접적이고 구체적인 이익이 있는 경우에는 행정소송법 제35조에 규정된 '무효확인을 구할 법률상 이익'이 있다고 보아야 하고, 이와 별도로 무효확인소송의 보충성이 요구되는 것은 아니므로 행정처분의 무효를 전제로 한 이행소송 등과 같은 직접적인 구제수단이 있는지 여부를 따질 필요가 없다고 해석함이 상당하다. 대법원 2008. 3. 20. 선고 2007두6342 전원합의체 판결
② 예외적 행정심판 전치주의를 정한 행정소송법 제18조 제1항 단서 규정은 무효확인소송에 준용되지 아니한다(행정소송법 제38조 제1항). 따라서 개별법에 따라 예외적 행정심판 전치주의가 적용되는 처분에 대해서는 무효확인소송은 행정심판을 거치지 아니하고 제기할 수 있다.
③ 일반적으로 행정처분의 무효확인을 구하는 소에는 원고가 그 처분의 취소를 구하지 아니한다고 밝히지 아니한 이상 그 처분이 만약 당연무효가 아니라면 그 취소를 구하는 취지도 포함되어 있는 것으로 보아야 한다(주: 따라서 취소소송의 소송요건을 갖추었다면 법원은 취소판결을 할 수 있음). 대법원 1994. 12. 23. 선고 94누477 판결

12. ① 【해설】 행정작용법
일반적으로 보조금 교부결정에 관해서는 행정청에게 광범위한 재량이 부여되어 있고, 행정청은 보조금 교부결정을 할 때 법령과 예산에서 정하는 보조금의 교부 목적을 달성 하는 데에 필요한 조건을 붙일 수 있다. 대법원 2021. 2. 4. 선고 2020두48772 판결
② 기선선망어업의 허가를 하면서 운반선, 등선 등 부속선을 사용할 수 없도록 제한한 부관은 그 어업허가의 목적달성을 사실상 어렵게 하여 그 본질적 효력을 해하는 것일 뿐만 아니라 위 시행령의 규정에도 어긋나는 것이며, 더욱이 어업조정이나 기타 공익상 필요하다고 인정되는 사정이 없는 이상 위법한 것이다. 대법원 1990. 4. 27. 선고 89누6808 판결
③ 행정행위의 부관은 부담인 경우를 제외하고는 독립하여 행정소송의 대상이 될 수 없는바, 기부채납받은 행정재산에 대한 사용·수익허가에서 공유재산의 관리청이 정한 사용·수익허가의 기간은 그 허가의 효력을 제한하기 위한 행정행위의 부관으로서 이러한 사용·수익허가의 기간에 대해서는 독립하여 행정소송을 제기할 수 없으며, 결국 이 사건 청구는 부적법하여 각하를 면할 수 없다. 대법원 2001. 6. 15. 선고 99두509 판결
④ 도로점용허가의 점용기간은 행정행위의 본질적인 요소에 해당한다고 볼 것이어서 부관인 점용기간을 정함에 있어서 위법사유가 있다면 이로써 도로점용허가 처분 전부가 위법하게 된다. 대법원 1985. 7. 9. 선고 84누604 판결

13. ① 【해설】 실효성 확보수단
(행정청이 토지구획정리사업의 환지예정지를 지정하고 그 사업에 편입되는 건축물 등 지장물의 소유자 또는 임차인에게 지장물의 자진이전을 요구한 후 이에 응하지 않자 지장물의 이전에 대한 대집행을 계고하고 다시 대집행영장을 통지한 사안에서) 위 계고처분 등은 행정대집행법 제2조에 따라 명령된 지장물 이전의무가 없음에도 그러한 의무의 불이행을 사유로 행하

여진 것으로 위법하다고 한 사례. 대법원 2010. 6. 24. 선고 2010두1231 판결
② 구 공공용지의 취득 및 손실보상에 관한 특례법에 따른 토지 등의 협의취득은 공공사업에 필요한 토지 등을 그 소유자와의 협의에 의하여 취득하는 것으로서 공공기관이 사경제주체로서 행하는 사법상 매매 내지 사법상 계약의 실질을 가지는 것이므로, 그 협의취득시 건물소유자가 매매대상 건물에 대한 철거의무를 부담하겠다는 취지의 약정을 하였다고 하더라도 이러한 철거의무는 공법상의 의무가 될 수 없고, 이 경우에도 행정대집행법을 준용하여 대집행을 허용하는 별도의 규정이 없는 한 위와 같은 철거의무는 행정대집행법에 의한 대집행의 대상이 되지 않는다. 대법원 2006. 10. 13. 선고 2006두7096 판결
③ 구 토지수용법 제63조의 규정에 따라 피수용자 등이 기업자에 대하여 부담하는 수용대상 토지의 인도 또는 그 지장물의 명도의무 등이 비록 공법상의 법률관계라고 하더라도, 그 권리를 피보전권리로 하는 명도단행가처분은 그 권리에 끼칠 현저한 손해를 피하거나 급박한 위험을 방지하기 위하여 또는 그 밖의 필요한 이유가 있을 경우에는 허용될 수 있다. 대법원 2005. 8. 19. 선고 2004다2809 판결
④ 계고서라는 명칭의 1장의 문서로서 일정기간 내에 위법건축물의 자진철거를 명함과 동시에 그 소정기한 내에 자진철거를 하지 아니할 때에는 대집행할 뜻을 미리 계고한 경우라도 건축법에 의한 철거명령과 행정대집행법에 의한 계고처분은 독립하여 있는 것으로서 각 그 요건이 충족되었다고 볼 것이고, 이 경우 철거명령에서 주어진 일정기간이 자진철거에 필요한 상당한 기간이라면 그 기간 속에는 계고시에 필요한 '상당한 이행기간'도 포함되어 있다고 보아야 할 것이다. 대법원 1992. 6. 12. 선고 91누13564 판결

14. ③ 【해설】 행정쟁송법
양도소득세 및 방위세부과처분이 국세청장에 대한 불복심사청구에 의하여 그 불복사유가 이유있다고 인정되어 취소되었음에도 처분청이 동일한 사실에 관하여 부과처분을 되풀이 한 것이라면 설령 그 부과처분이 감사원의 시정요구에 의한 것이라 하더라도 위법하다. 대법원 1986. 5. 27. 선고 86누127 판결
① 행정심판법 제47조

> **행정심판법 제47조(재결의 범위)**
> ① 위원회는 심판청구의 대상이 되는 처분 또는 부작위 외의 사항에 대하여는 재결하지 못한다.

② 처분행정청은 재결에 기속되어 재결의 취지에 따른 처분의무를 부담하게 되므로 이에 불복하여 행정소송을 제기할 수 없다. 대법원 1998. 5. 8. 선고 97누15432 판결
④ 행정심판법 제50조

> **행정심판법 제50조(위원회의 직접 처분)**
> ① 위원회는 피청구인이 제49조제3항에도 불구하고 처분을 하지 아니하는 경우에는 당사자가 신청하면 기간을 정하여 서면으로 시정을 명하고 그 기간에 이행하지 아니하면 직접 처분을 할 수 있다(주: 행정심판위원회의 직접처분은 의무이행심판에서 처분명령재결이 있는 경우에만 인정됨).

15. ② 【해설】 행정쟁송법
행정소송법 제38조, 제10조에 의한 관련청구소송의 병합은 본래의 항고소송이 적법할 것을 요건으로 하는 것이어서 본래의 항고소송이 부적법하여 각하되면 그에 병합된 관련청구도 소송요건을 흠결한 부적합한 것으로 각하되어야 한다. 대법원 2001. 11. 27. 선고 2000두697 판결
① 행정소송법 제10조

> **행정소송법 제10조(관련청구소송의 이송 및 병합)**
> ① 취소소송과 다음 각호의 1에 해당하는 소송(이하 "관련청구소송"이라 한다)이 각각 다른 법원에 계속되고 있는 경우에 관련청구소송이 계속된 법원이 상당하다고 인정하는 때에는 당사자의 신청 또는 직권에 의하여 이를 취소소송이 계속된 법원으로 이송할 수 있다.
>   1. 당해 처분등과 관련되는 손해배상·부당이득반환·원상회복등 청구소송

③ 행정소송법 제31조

> **행정소송법 제31조(제3자에 의한 재심청구)**
> ① 처분등을 취소하는 판결에 의하여 권리 또는 이익의 침해를 받은 제3자는 자기에게 책임없는 사유로 소송에 참가하지 못함으로써 판결의 결과에 영향을 미칠 공격 또는 방어방법을 제출하지 못한 때에는 이를 이유로 확정된 종국판결에 대하여 재심의 청구를 할 수 있다(주: 제3자가 아닌 '행정청'의 재심청구는 인정되지 않음).

④ 행정소송법 제22조

> **행정소송법 제22조(처분변경으로 인한 소의 변경)**
> ① 법원은 행정청이 소송의 대상인 처분을 소가 제기된 후 변경한 때에는 원고의 신청에 의하여 결정으로써 청구의 취지 또는 원인의 변경을 허가할 수 있다(주: 처분권주의에 따라 소의 변경은 법원의 직권으로는 이루어질 수 없음).

16. ③ 【해설】 행정구제법
한국토지공사는 이러한 법령의 위탁에 의하여 대집행을 수권받은 자로서 공무인 대집행을 실시함에 따르는 권리·의무 및 책임이 귀속되는 행정주체의 지위에 있다고 볼 것이지 지방자치단체 등의 기관으로서 국가배상법 제2조 소정의 공무원에 해당한다고 볼 것은 아니다. 대법원 2010. 1. 28. 선고 2007다82950 판결
① 국가배상법 제6조

> **국가배상법 제6조(비용부담자 등의 책임)**
> ① 제2조·제3조 및 제5조에 따라 국가나 지방자치단체가 손해를 배상할 책임이 있는 경우에 공무원의 선임·감독 또는 영조물의 설치·관리를 맡은 자와 공무원의 봉급·급여, 그 밖의 비용 또는 영조물의 설치·관리 비용을 부담하는 자가 동일하지 아니하면 그 비용을 부담하는 자도 손해를 배상하여야 한다.

② 국가배상법 제5조 소정의 공공의 영조물이란 공유나 사유임을 불문하고 행정주체에 의하여 특정공공의 목적에 공여된 유체물 또는 물적 설비를 의미한다. 대법원 1981. 7. 7. 선고 80다2478 판결
④ 국가배상법 제2조 제1항 본문 전단 규정에 따른 배상책임을 묻는 사건에 대하여는 동법 제8조의 규정에 의하여 민법 제766조 소정의 단기소멸시효제도가 적용되는 것인 바, 여기서 가해자를 안다는 것은 피해자가 가해 공무원이 국가 또는 지방자치단체와의 간에 공법상 근무관계가 있다는 사실을 알고, 또한 일반인이 당해 공무원의 불법행위가 국가 또는 지방자치단체의 직무를 집행함에 있어서 행해진 것이라고 판단하기에 족한 사실까지도 인식하는 것을 의미한다. 대법원 1989. 11. 14. 선고 88다카32500 판결

17. ② 【해설】 행정구제법
토지보상법 제84조

> **토지보상법 제84조(이의신청에 대한 재결)**
> ① 중앙토지수용위원회는 제83조에 따른 이의신청을 받은 경우 제34조에 따른 재결이 위법하거나 부당하다고 인정할 때에는 그 재결의 전부 또는 일부를 취소하거나 보상액을 변경할 수 있다.

① 사업인정이란 공익사업을 토지 등을 수용 또는 사용할 사업으로 결정하는 것으로서 공익사업의 시행자에게 그 후 일정한 절차를 거칠 것을 조건으로 일정한 내용의 수용권을 설정하여 주는 형성행위이다. 대법원 2011. 1. 27. 선고 2009두1051 판결
③ 토지보상법 제23조

> **토지보상법 제23조(사업인정의 실효)**
> ① 사업시행자가 제22조제1항에 따른 사업인정의 고시가 된 날부터 1년 이내에 제28조제1항에 따른 재결신청을 하지 아니한 경우에는 사업인정고시가 된 날부터 1년이 되는 날의 다음 날에 사업인정은 그 효력을 상실한다.

④ 국립공원구역지정 후 토지를 종래의 목적으로도 사용할 수 없거나 토지를 사적으로 사용할 수 있는 방법이 없이 공원구역 내 일부 토지소유자에 대하여 가혹한 부담을 부과하면서 아무런 보상규정을 두지 않은 경우에는 비례의 원칙에 위반되어 당해 토지소유자의 재산권을 과도하게 침해하는 것이라고 할 수 있다. 헌법재판소 2003. 4. 24. 선고 99헌바110, 2000헌바46(병합) 전원재판부

18. ④ 【해설】 행정작용법
계약직공무원에 관한 현행 법령의 규정에 비추어 볼 때, 계약직공무원 채용계약해지의 의사표시는 일반공무원에 대한 징계처분과는 달라서 항고소송의 대상이 되는 처분 등의 성격을 가진 것으로 인정되지 아니하고, 일정한 사유가 있을 때에 국가 또는 지방자치단체가 채용계약 관계의 한쪽 당사자로서 대등한 지위에서 행하는 의사표시로 취급되는 것으로 이해되므로, 이를 징계해고 등에서와 같이 그 징계사유에 한하여 효력 유무를 판단하여야 하거나, 행정처분과 같이 행정절차법에 의하여 근거와 이유를 제시하여야 하는 것은 아니다. 대법원 2002. 11. 26. 선고 2002두5948 판결
① 행정기본법 제27조

> **행정기본법 제27조(공법상 계약의 체결)**
> ① 행정청은 법령등을 위반하지 아니하는 범위에서 행정목적을 달성하기 위하여 필요한 경우에는 공법상 법률관계에 관한 계약(이하 "공법상 계약"이라 한다)을 체결할 수 있다. 이 경우 계약의 목적 및 내용을 명확하게 적은 계약서를 작성하여야 한다.

② 공법상 계약의 한쪽 당사자가 다른 당사자를 상대로 효력을 다투거나 이행을 청구하는 소송은 공법상의 법률관계에 관한 분쟁이므로 분쟁의 실질이 공법상 권리·의무의 존부·범위에 관한 다툼이 아니라 손해배상액의 구체적인 산정방법·금액에 국한되는 등의 특별한 사정이 없는 한 공법상 당사자소송으로 제기하여야 한다. 대법원 2021. 2. 4. 선고 2019다277133 판결
③ 서울특별시립무용단 단원의 위촉은 공법상의 계약이라고 할 것이고, 따라서 그 단원의 해촉에 대하여는 공법상의 당사자소송으로 그 무효확인을 청구할 수 있다. 대법원 1995. 12. 22. 선고 95누4636 판결

19. ① 【해설】 행정작용법
난민 인정에 관한 신청을 받은 행정청은 원칙적으로 법령이 정한 난민 요건에 해당하는지를 심사하여 난민 인정 여부를 결정할 수 있을 뿐이고, 이와 무관한 다른 사유만을 들어 난민 인정을 거부할 수는 없다. 대법원 2017. 12. 5. 선고 2016두42913 판결
② 귀화신청인이 구 국적법 제5조 각호에서 정한 귀화요건을 갖추지 못한 경우 법무부장관은 귀화 허부에 관한 재량권을 행사할 여지없이 귀화불허처분을 하여야 한다. 대법원 2018. 12. 13. 선고 2016두31616 판결
③ 행정행위를 기속행위와 재량행위로 구분하는 경우 양자에 대한 사법심사는, 기속행위의 경우 그 법규에 대한 원칙적인 기속성으로 인하여 법원이 사실인정과 관련 법규의 해석·적용을 통하여 일정한 결론을 도출한 후 그 결론에 비추어 행정청이 한 판단의 적법 여부를 독자의 입장에서 판정하는 방식에 의하게 되나, 재량행위의 경우 행정청의 재량에 기한 공익판단의 여지를 감안하여 법원은 독자의 결론을 도출함이 없이 당해 행위에 재량권의 일탈·남용이 있는지 여부만을 심사하게 되고, 이러한 재량권의 일탈·남용 여부에 대한 심사는 사실오인, 비례·평등의 원칙 위배 등을 그 판단 대상으로 한다. 대법원 2005. 7. 14. 선고 2004두6181 판결
④ 기속행위에 대하여는 법령상 특별한 근거가 없는 한 부관을 붙일 수 없고 가사 부관을 붙였다 하더라도 이는 무효이다. 대법원 1993. 7. 27. 선고 92누13998 판결

20. ③ 【해설】 행정쟁송법
이 사건 소는 제1심 관할법원인 서울행정법원에 제기되었어야 할 것인데도 서울북부지방법원에 제기되어 심리되었으므로 확인의 이익 유무에 앞서 전속관할을 위반한 위법이 있는바, 이송 후 행정법원의 허가를 얻어 이 사건이 조합설립인가처분에 대한 항고소송으로 변경될 수 있음을 고려해 보면 이송하더라도 부적법하게 되어 각하될 것이 명백한 경우에 해당한다고 보기는 어려우므로, 이 사건은 관할 법원으로 이송함이 마땅하다. 대법원 2009. 9. 24. 선고 2008다60568 판결

① 행정소송법 제18조

<table>
<tr><td>행정소송법 제18조(행정심판과의 관계)
③ 제1항 단서의 경우에 다음 각 호의 1에 해당하는 사유가 있는 때에는 행정심판을 제기함이 없이 취소소송을 제기할 수 있다(주: 행정심판을 '청구'하지 않아도 됨).
  1. 동종사건에 관하여 이미 행정심판의 기각재결이 있은 때</td></tr>
</table>

② 개발제한구역 중 일부 취락을 개발제한구역에서 해제하는 내용의 도시관리계획변경결정에 대하여, 개발제한구역 해제대상에서 누락된 토지의 소유자는 위 결정의 취소를 구할 법률상 이익이 없다. 대법원 2008. 7. 10. 선고 2007두10242 판결

④ 현역입영대상자로서는 현실적으로 입영을 하였다고 하더라도, 입영 이후의 법률관계에 영향을 미치고 있는 현역병입영통지처분 등을 한 관할지방병무청장을 상대로 위법을 주장하여 그 취소를 구할 소송상의 이익이 있다(주: 자진 입대가 아니라 강제 징집된 사례). 대법원 2003. 12. 26. 선고 2003두1875 판결

행 정 학

출제교수: 김규대 교수님

1. ④　【해설】총론 - 가외성론
가외성은 중복성과 여유를 의미하는데, 여러 부서나 기관이 유사한 기능을 수행할 때 오히려 업무 영역의 중복으로 인한 갈등과 대립이 발생할 가능성이 높아진다. 따라서 갈등대립의 가능성을 줄여준다는 설명은 틀렸다.
① 가외성은 여분의 자원과 인력을 투입하므로 비용이 증가하여 경제적 능률성과는 상충관계에 있다.
② 한 부분이 실패하더라도 다른 부분이 그 기능을 대신할 수 있어 행정체제의 신뢰성과 안전성을 높인다.
③ 다양한 접근방식과 대안적 방법들이 존재하게 되어 행정의 창의성과 다양성을 증진시킨다.

2. ④　【해설】재무행정론 - 온실가스 감축인지 예·결산제도
예산이 온실가스 감축에 미치는 효과를 평가하고, 그 결과를 정부의 예산편성과 집행에 반영하기 위하여 온실가스감축인지 예·결산제도를 도입했는데 2023회계연도 예산안 및 결산부터 적용한다.

제27조(온실가스감축인지 예산서의 작성)
① 정부는 예산이 온실가스 감축에 미칠 영향을 미리 분석한 보고서(이하 "온실가스감축인지 예산서"라 한다)를 작성하여야 한다.
② 온실가스감축인지 예산서에는 온실가스 감축에 대한 기대효과, 성과목표, 효과분석 등을 포함하여야 한다.
③ 온실가스감축인지 예산서의 작성에 관한 구체적인 사항은 대통령령으로 정한다.

제57조의2(온실가스감축인지 결산서의 작성)
① 정부는 예산이 온실가스를 감축하는 방향으로 집행되었는지를 평가하는 보고서(이하 "온실가스감축인지 결산서"라 한다)를 작성하여야 한다.
② 온실가스감축인지 결산서에는 집행실적, 온실가스 감축 효과분석 및 평가 등을 포함하여야 한다.

3. ④　【해설】지방자치론 - 자치경찰제도
시·도자치경찰위원회 위원은 시·도의회가 추천하는 2명 을 시·도지사가 임명한다.

제20조·도자치경찰위원회 위원의 임명 및 결격사유
① 시·도자치경찰위원회 위원은 다음 각 호의 사람을 시·도지사가 임명한다.
　1. 시·도의회가 추천하는 2명
　2. 국가경찰위원회가 추천하는 1명
　3. 해당 시·도 교육감이 추천하는 1명
　4. 시·도자치경찰위원회 위원추천위원회가 추천하는 2명
　5. 시·도지사가 지명하는 1명

제18조(시·도자치경찰위원회의 설치)
① 자치경찰사무를 관장하게 하기 위하여 특별시장·광역시장·특별자치시장·도지사·특별자치도지사(이하 "시·도지사"라 한다) 소속으로 시·도자치경찰위원회를 둔다. 다만, 제13조 후단에 따라 시·도에 2개의 시·도경찰청을 두는 경우 시·도지사 소속으로 2개의 시·도자치경찰위원회를 둘 수 있다.

4. ③　【해설】총론 - 신공공관리론
정부개혁의 주요 방향은 기업가적 정부, 성과와 연계한 예산배분, 임무 중심의 조직관리 등이다
① 신공공관리론은 경제학적 신제도주의를 배경으로 하므로 신공공관리론의 이면에는 공공선택론, 주인-대리인이론, 거래비용이론 등이 자리 잡고 있다.
②, ④ 신공공관리론은 시장주의를 추구하므로 수익자 부담 원칙의 강화, 정부부문 내 경쟁 원리 도입과 기업형 정부를 추구하면서 정부의 성과 향상과 관리의 효율성을 제고시킬 것을 강조한다

5. ③　【해설】정책론 - 정책집행론
정책목표의 집행과정 동안 우선순위가 변하지 않고 안정적이어야 한다.
① 정책결정의 내용은 타당한 인과이론에 바탕을 둔 것이어야 한다는 것은 기술적 타당성으로서 정책목표와 수단 간의 인과관계를 포함하고 있다. 따라서 기술적 타당성이 있는 정책이 집행에 유리하다.
② 사바티어(Sabatier)는 정책대상집단의 행태변화의 정도가 작을때 성공적 집행에 유리하다고 하였다.
④ 유능하고 헌신적인 관료가 정책집행을 담당할 경우 효과적인 정책집행이 될 가능성이 크다.

6. ④　【해설】정책론 - 정책의제설정론
정책결정자들이 정책의제를 먼저 채택하고 사후적으로 관심과 지지의 확산을 강조하는 것은 내부접근모형이 아니라 동원모형이다.
① 외부주도형(outside initiative model) 정책의제 설정은 정책결정자들이 정치 과정을 통하여 사회적 이슈를 공식적 정책의제로 채택하는 전략적 과정을 설명하는 논리로서 다원화된 정치제제에서 많이 나타난다.
② 동원형은 공중의제화 과정을 거치지만 카리스마적 지도자 하에서 또는 정부의 힘이 강하고 민간부문의 힘이 취약한 후진국에서 많이 나타나는 유형이다
③ 내부접근형은 사회문제가 바로 정부의제화 되기 때문에 대중의 지지를 획득하기 위한 정부PR과 같은 공중의제화 과정이 없다는 점에서 공중의제화 과정을 거치는 동원형과 다르다.

7. ①　【해설】정책론 - 정책대상집단론
사회적 이미지가 좋은 집단은 수혜집단과 의존집단이고, 나쁜 집단은 주장집단과 이탈집단이다.

		사회적형상(Social Image)	
		긍정적 (positive)	부정적 (negative)
정치적 권력 (Political Power)	높음(high)	수혜집단(Advantaged) 노인, 기업가, 퇴역군인, 과학자, 중산층(국익을 위한 봉사 역할 강조)	주장집단(Contenders) 부자, 거대조합, 소수민족, 환경주의자들, 동성애자들 (법률에 의해 규제를 받는 집단)
	낮음(low)	의존집단(Dependents) 노숙자, 빈곤층, 아동, 엄마 부녀자, 장애인 (정치권력이 약하여 자신들의 요구를 반영하기 힘듬)	이탈집단(Deviants) 범법자, 테러리스트, 마약중독자, 공산주의자, 국기 소각자, 갱 (정책결정자들은 규제나 처벌을 강화)

8. ③　【해설】조직론 - 경쟁적 가치모형
합리목표 모형은 민주성과 형평성이 아니라 생산성이나 능률성을 목표로 한다.

모형	문화유형	적용단계	효과성	
			수단	목표
개방체제 (외부·융통성)	발전문화·혁신문화	창업단계	유연성, 신속성	자원획득, 성장
인간관계 (내부·융통성)	집단문화·합의문화	집단화·통합화 단계	응집력, 사기	인적자원개발
내부과정 (내부·통제)	위계문화	공식화단계	정보관리·조정	안정성, 균형유지
합리적 목표 (외부·통제)	합리문화·시장문화	공식화단계	목표설정, 기획, 평가	생산성, 효율성, 경영수지

9. ③　【해설】조직론 - 에치오니
규범적 조직은 위신, 존경과 같은 규범적 상징이나 애정과 관용과 같은 사회적 상징 등의 규범적 권력(normative power)이 주요한 통제수단이며 구성원은 도덕적 관여(moral involvement)를 통한 헌신적 태도와 사명감을 갖는 조직이다. 교인들의 교회에 대한 열성이나 정당인들의 소속정당에 대한

몰입처럼 이념정당·종교단체·자발적 사회단체·대학병원 등이 여기에 속한다.

10. ① 【해설】 조직론 - 조직규모
조직의 규모가 커질수록 집권성은 높아진다는 설명이 틀렸다. 실제로는 조직 규모가 커질수록 최고관리층이 모든 의사결정을 직접 처리하기 어려워져 분권화가 진행되고 집권성은 낮아진다.
② 조직 규모가 클수록 업무의 표준화와 절차의 체계화가 필요해져 공식화 수준이 높아진다.
③ 조직 규모가 커질수록 업무의 전문화와 부서별 세분화가 진행되어 분화가 촉진되고 복잡성이 커진다.
④ 조직 규모가 클수록 구성원 간 직접적 접촉 기회가 줄어들고 개인적 유대관계 형성이 어려워져 응집력이 약해진다.

11. ② 【해설】 정책론 - 공공기관
공기업의 비상임이사는 기획재정부장관이 임명한다
① 시장성보다 공공성이 강한 기관으로서, 직원 정원이 50인 이상이며 총수입액이 30억이상이며 자산규모가 10억 이상이고, 공기업이 아닌 공공기관 중에서 지정한 기관으로서 준정부기관에는 다시 기금관리형, 위탁집행형이 있다.
③ 공기업의 장은 대통령이 임명한다.
④ 준정부기관의 장은 주무기관장이 임명한다.

12. ④ 【해설】 인사행정론 - 인사제도
직업공무원제는 반드시 공무원의 정치적 중립을 요구하지는 않으나 실적주의는 공무원의 정치적 중립이 필수적이다
① 엽관주의는 특권적인 정부관료제를 일반 대중에게 공개함으로 민주정치의 발전과 행정의 민주화에 공헌하였다.
② 대표관료제는 소외집단의 요구에 대한 정부정책의 대응성을 높임으로써 정부정책에 대한 국민의 신뢰감 향상에 기여하나, 행정의 전문성과 생산성을 저해할 우려가 있다.
③ 실적주의 등장은 미국은 1883년 펜들턴법의 제정, 영국은 1853년 Northcote-Trevelyan 보고서, 1855년 제1차 추밀원령, 1870년 제2차 추밀원령, 1968년 Fulton 위원회의 보고서이다.

13. ① 【해설】 인사행정론 - 개방형 인사관리
개방형 인사는 성과주의적 관리는 옳은 것이지만, 정실인사를 초래할 수 있는 점은 문제점으로 지적되기 때문에 틀렸다.
② 개방형 인사관리는 행정조직의 관료화를 억제하고 적극적인 인사행정을 가능하게 한다.
③ 개방형 임용제도는 전문성이 요구되는 경우 일정한 직무수행요건을 갖춘 자를 공직 내·외부에서 임용함으로써 공직의 전문성을 높일 수 있다.
④ 개방형 인사관리는 행정조직에 대한 민주적 통제를 강화하나 행정의 일체성과 일관성을 저해할 수 있다.

14. ④ 【해설】 인사행정론 - 중앙인사기관
독립합의형은 행정수반으로부터 인사관리 수단을 박탈함으로써 행정수반이 자신의 정책을 강력하게 추진하는데 불리하다.
① 독립합의형은 임용권자로부터 독립적이므로 엽관주의를 배제하고 실적제를 발전시키는데 유리하다.
② 독립합의형은 다수의 위원들이 인사행정에 관한 결정을 함으로써 신중한 의사결정을 할 수 있다.
③ 독립합의형은 위원들이 일반적으로 이익집단의 의견을 반영하여 구성되므로 인사행정에 대한 이익집단의 요구를 균형있게 수용할 수 있다.

15. ① 【해설】 재무행정론 - 조세지출예산
조세지출은 매년 의회의 심의에 의하여 집행하는 것이 아니라 법률에 따라 집행되기 때문에 기득권화되는 경직성을 띠게 된다.
② 조세지출예산은 사회·경제적 목적을 달성하기 위하여 세제상의 혜택을 통해 지원해 주는 조세감면의 구체적인 내역을 예산구조를 통해 명확하게 밝힘으로써 조세지출의 관리·통제를 용이하게 해주는 예산제도로 행정부에 위임되어 있는 조세감면의 집행을 국회차원에서 통제하자는 것이다
③ 조세감면이 국가 수입에서 차지하는 비율을 쉽게 알 수 있

고, 과세의 수직적·수평적 형평성을 파악할 수 있기 때문에 세수인상을 위한 정책판단의 자료가 된다.
④ 우리나라는 2011년부터 조세지출예산서의 작성을 의무화하고 있고 지방정부는 2010년부터 지방세 지출보고서의 작성을 의무화하고 있다.

16. ④ 【해설】 재무행정론 - 예산결정과정
중앙예산기관은 삭감자, 절약자의 역할이므로 삭감지향적인 행태를 보인다.
② 중앙관서는 소비자, 주창자의 역할이므로 증액지향적 행태를 보인다.
③ 행정수반은 수문장의 역할이므로 균형지향적인 행태를 보인다.

17. ④ 【해설】 총론 - 신제도주의
사회학적 신제도주의에서는 제도를 문화적 확산에 기반한 모방, 규범, 강제로 인한 제도적 동형화(isomorphism) 과정의 결과물로 본다. 제도를 균형점을 이루려는 공유된 전략, 규칙, 규범으로 보는 것은 합리적 선택 신제도주의이다.
① 신제도주의에서는 제도는 법률, 규범, 관습 등을 포함하며 공식적 · 비공식적 제도를 모두 포함한다.
② 합리적 선택의 신제도주의에서는 개인의 선호를 극대화하기 위해 의도적으로 제도(게임의 규칙)를 만들어 가는 것으로 본다.
③ 역사적 제도주의는 제도의 변화과정을 설명할 때 경로의존성을 강조하며, 제도의 운영 및 발전과 관련하여 권력의 비대칭성에 초점을 맞춘다.

18. ② 【해설】 환류 - 4차 산업혁명과 스마트정부
스마트정부는 쌍방향서비스에서 맞춤형서비스로 정부혁신의 방향을 변화시키는 것이 아니라, 반대로 일방향적 서비스에서 쌍방향 소통을 거쳐 개인별 맞춤형서비스로 발전해나가는 것이다. 즉 쌍방향서비스를 기반으로 맞춤형서비스를 제공하는 것이 올바른 설명이다.
① 4차 산업혁명은 사물인터넷, 빅데이터, 인공지능 등을 통한 초연결성과 초지능성을 핵심 특징으로 한다.
③ 스마트 워크는 ICT 기술을 활용하여 언제 어디서나 업무를 수행할 수 있는 유연한 근무방식이다.
④ 빅데이터의 3V 특성은 크기(Volume), 다양성(Variety), 속도(Velocity)로 구성된다.

19. ③ 【해설】 지방자치론 - 지방자치단체의 협력
시·도의 지방자치단체조합의 설립은 행정안전부 장관의 승인이 필요하다.
① 행정협의회를 구성할 때 시도가 구성원이면 행정안전부 장관에게 보고하고, 시군 또는 자치구가 구성원이면 시도지사에게 보고하면 된다.
② 자치단체협의체를 설립할 때는 행정안전부 장관에게 신고하면 된다.
④ 중앙지방협력회의는 의무사항이다.

20. ③ 【해설】 지방자치론 - 국가와 지방간 기능배분
<지방자치법 제 13조>에 따르면 주민의 복지증진에 관한 사무는 지방자치단체의 사무이다.
① <지방자치법 제 15조>에서는 외교, 국방, 사법, 국세 등 국가의 존립에 필요한 사무는 국가가 담당해야 할 사무라고 명시하고 있다.
② <지방자치법 제 15조>에서는 물가정책, 금융정책, 수출입정책 등 전국적으로 통일적 처리를 할 필요가 있는 사무는 국가가 담당해야 할 사무라고 명시하고 있다.
④ <지방자치법 제 15조>에서는 근로기준, 측량단위 등 전국적으로 기준을 통일하고 조정하여야 할 필요가 있는 사무는 국가가 담당해야 할 사무라고 명시하고 있다.

주간 합격모의고사

합격을 만드는

10월

- 제5회 -
[정답 및 해설]

이 름: ___________________

제1과목 국어
제2과목 영어
제3과목 한국사
제4과목 행정법총론
제5과목 행정학개론

주간 모의고사 정오표

합격까지 박문각

국 어

출제교수: 강세진 교수님

1. ③ 【해설】 국어문법
'광한루'는 실제 발음에서 [광할루]로 나타난다. 이는 'ㄴ'이 뒤의 유음 'ㄹ'에 동화되어 [ㄹ]로 바뀐 경우로, 자음의 성질이 달라진 것이므로 음운 교체에 해당한다. 따라서 제시된 설명이 타당하다.
① '쌓아 → [싸아]'는 받침 'ㅎ'이 모음 앞에서 소리 나지 않고 탈락한 것이지, 'ㅇ'으로 교체된 것이 아니다. 따라서 설명이 부적절하다.
② '훑이다 → [훌치다]'는 받침 'ㅌ'과 'ㅎ'이 만나 'ㅊ'으로 바뀐 경우이므로 교체 현상이지 첨가가 아니다.
④ '꽂히다 → [꼬치다]'는 받침 'ㅈ'과 'ㅎ'이 만나 [ㅊ]으로 축약된 것이다. 따라서 축약된 후 교체라고 설명하는 것은 적절하지 않다.

2. ④ 【해설】 국어문법
'굳다'는 '혀가 굳다'에서는 동작·상태의 변화를 나타내어 동사로 쓰였고, '의지가 굳다'에서는 성질·속성을 나타내어 형용사로 쓰였다. 따라서 같은 형태가 문맥에 따라 동사와 형용사로 달리 기능하므로 품사의 통용에 해당한다.
① '하나'는 '사과 하나(가) 남았다'에서 수사, '하나(를) 가져와라'에서도 수사로 쓰인 것이므로 품사의 통용에 해당하지 않는다.
② '밝다'는 '경위가 밝다', '학문에 밝다' 모두 형용사로 쓰인 것이어서 품사 통용에 해당하지 않는다.
③ '냄새라도'의 '라도'는 조사이고, '음식이라도'의 '이라도'는 어미이다. 이때 전자는 품사로 보지만, 후자는 품사로 보지 않는다.

3. ② 【해설】 국어문법
'그가 소리도 없이 사라졌다'에서 '소리도 없이'라는 부사절이 안겨 있어 부사어로 기능한다.
① '잘 다져진 음식을 준비했다'에서 '잘 다져진'은 관형절이 '음식'을 꾸미는 관형어이다.
③ '운동장을 달리는 나를 불렀다'에서 '운동장을 달리는'은 관형절이 '나'를 꾸미고 있다.
④ '그가 사냥개를 조심하라고 외쳤다'에서 '사냥개를 조심하라고'는 인용절이 외치다의 목적어로 기능한다.

4. ③ 【해설】 신유형
(1) 이 대리(검토) → 최 과장(결재)
(2) 김 사원(보고서) → 이 대리(검토)
(3) ~최 과장(결재) → ~박 부장(결재) ≡ 박 부장(결재) → 최 과장(결재) <대우 규칙>
----
(1)~(2)의 결론: 김 사원(보고서) → 최 과장(결재) ≡ ~최 과장(결재) → ~김 사원(작성) <대우 규칙>
"김 사원이 보고서를 작성하면, 이 대리가 검토하고, 이 대리가 검토하면, 최 과장이 결재한다."가 참이므로, 이 명제의 대우 역시 참이다.
① 박 부장(결재) → 이 대리(검토), 박 부장이 결재하면, 최 과장이 결재하는데, 이 대리가 검토하는지는 알 수 없다.
② ~이 대리(검토) → 박 부장(결재), 이 대리가 검토하지 않으면, 김 사원은 보고서를 작성하지 않는데, 박 부장이 결재하는지 알 수 없다.
④ 김 사원(작성) → ~박 부장(결재), 김 사원이 보고서를 작성하면, 이 대리가 검토하는데, 이 대리가 검토하면, 최 과장이 결재한다. 그런데, 박 부장과 관련하여 결재하지 않는지 알 수 없다.

5. ① 【해설】 신유형
(1) 철수(발표) → ~영희(질문) ≡ 영희(질문) → ~철수(발표) <대우 규칙>
(2) ~영희(질문) → ~민수(토론) ≡ 민수(토론) → 영희(질문) <대우 규칙>
(3) 민수(토론)(T)
----
(1)~(3)의 결론: 민수(토론)(T) → 영희(질문)(T) → ~철수(발표)(T)
"민수가 토론에 참여한다."는 참이다. 이때 "영희가 질문을 하지 않으면 민수는 토론에 참여하지 않는다"는 진술도 참이라면, 민수가 토론에 참여하기 위해서는 반드시 영희가 질문을 해야 한다. 게다가 "철수가 발표하면 영희는 질문하지 않는다"라는 진술이 있으므로, 영희가 질문하려면 철수는 발표하지 않아야 한다. 따라서 ①이 정답이다.

6. ① 【해설】 신유형
(1) 과학자 → 연구자
(2) 연구자 → 진리 탐구
----
(1)과 (2)의 결론: ① 과학자 → 진리 탐구
　　　　　　　　　② ~과학자 → ~진리 탐구
을은 '결론의 이'도 역시 참이 되려면, 그 대우인 '진리 탐구 → 과학자' 역시 참이어야 한다고 말한 것이다. 따라서 정답은 ①이다.
② ~과학자∧진리탐구, 결론과 충돌되는 결론이므로, (가)에 들어갈 내용이 아니다.
③ 진리 탐구 → ~과학자, 결론과 충돌되는 결론이므로, (가)에 들어갈 내용이 아니다.
④ ~진리 탐구 → ~과학자: '과학자 → 진리 탐구'의 대우일 뿐, (가)에 들어갈 내용이 아니다.

7. ④ 【해설】 신유형
(가) 전기차 전용 구역 주차 → 친환경차 스티커
(나) 전기차 전용 구역 주차∧~고속도로 통행료 할인 대상, ~고속도로 통행료 할인 대상∧전기차 전용 구역 주차 <교환 법칙>

(가)와 (나)의 결론: ~고속도로 통행료 할인 대상∧친환경자 스티커
(가)에 따르면 전기차 구역에 들어가는 차는 모두 친환경 스티커가 있다. (나)에 따르면 그중 하나는 할인 대상이 아니다. 따라서 그 차량은 동시에 친환경 스티커는 붙어 있고, 할인 대상은 아닌 차량이다. 결국 "친환경차 스티커가 부착된 차량 가운데는 고속도로 통행료 할인 대상이 아닌 차량도 있다"라는 결론이 나온다. 따라서 ④가 정답이다.
① 친환경차 스티커 → 고속도로 통행료 할인 대상, (나)와 모순된다.
② 고속도로 통행료 할인 대상 → 전기차 전용 구역 주차, 역으로 추론한 오류에 해당한다.
③ 전기차 전용 구역 주차∧~친환경차 스티커: (가)와 모순된다.

8. ① 【해설】 어휘
㉠의 '전파'는 '바람, 물결'과 같은 형태를 지니므로, 같이 묶어 파악해야 한다. 따라서 '전파'와 '바람'은 유사한 대상으로 보아야 하므로 ①이 정답이다.
※ 타다(동사): 바람이나 물결, 전파 따위에 실려 퍼지다.
② 타다(동사): 어떤 조건이나 시간, 기회 등을 이용하다.
③ 타다(동사): 바닥이 미끄러운 곳에서 어떤 기구를 이용하여 달리다.
④ 타다(동사): 도로, 줄, 산, 나무, 바위 따위를 밟고 오르거나 그것을 따라 지나가다.

9. ④ 【해설】 작문
지문에 따르면 결론은 '기대 효과와 향후 과제'를 순서대로 제시해야 한다. '청년층의 소도시 이주를 장려하는 홍보 캠페인 전개'는 정책 방안(3장)에 들어가야 할 내용이며, 결론의 '향후 과제'로 보기 어렵다.
① (가): 지역 소멸과 국가 경제 구조의 연관은 서론에서 다룰 수 있는 '보고서의 필요성' 설명으로 타당하다.
② (나): 지역 유출의 원인 중 하나로 청년의 문화·여가 공간 부족은 설득력 있는 하위 항목이다.
③ (다): 주거 지원과 문화 인프라 확충은 '②의 원인'과 대응되므로 3장의 대책 항목으로 적절하다.

10. ① 【해설】 작문
'입하'는 화물이 창고 등으로 들어오는 것, '출하'는 화물이 창

고에서 외부로 나가는 것을 의미한다. 문장에서 "운송업체가 화물을 입하한 날짜를 기준으로 보관료를 산정한다"는 표현은 보관이 시작된 시점, 즉 입고된 날을 기준으로 요금을 산정한다는 의미이므로 정확하다. 그런데 이를 '출하한 날짜'로 수정하면, 보관이 끝나는 시점 또는 외부로 나가는 시점이 기준이 되므로 의미의 방향이 반대로 바뀌며, ㉠에 어긋난다. 따라서 ①이 정답이다.
② '시행되어질 예정이다'는 '되다 + 어지다' 구조로 이중 피동 표현이다. '시행될 예정이다'처럼 간결하고 자연스러운 피동형으로 바꾼 것은 적절하다.
③ '전문가와 시민들을 선발하였다'는 표현은 둘 모두를 선발한 것인지, 전문가와 협의하여 시민을 선발한 것인지 모호하다. '전문가와 협의하여 시민들을 선발하였다'는 식으로 중의성을 제거한 수정이 바람직하다.
④ '기준 마련과 확대한다'는 명사의 연결과 동사 형태로 접속 구조가 어긋난다. '기준을 마련하고 활동을 확대한다'로 동사 병렬 구조로 수정한 것은 적절하다.

11. ① 【해설】화법
갑은 '산재 보상도 제대로 안 되고, 사고 나도 책임질 곳이 없어. 이건 단순한 노동 문제가 아니라 사회적 안전망의 문제야. 국가가 나서야 해.'라고 하며 법적 보호 필요성을 강조한다. 병도 '고용보험이나 산재 적용은 되어야 해.'라고 말하여 같은 주장에 동의한다. 따라서 두 사람 모두 플랫폼 노동자의 법적 보호 강화에 명확히 동의한다. 그래서 ①이 정답이다.
② 병은 최소한의 법적 보호는 필요하다고 했기 때문에 규제가 필요 없다는 주장에는 동의하지 않는다.
③ 을은 고용 형태를 정형화하면 안 된다고 했으므로 동의하지 않는 것이 아니라 동의한 상황이다.
④ 병은 최소한의 법적 보호는 있어야 한다고 보는 입장이므로 무조건 동의하지 않는다고 보기 어렵다.

12. ④ 【해설】독서
지문은 젊은 세대의 과도한 대출 사례가 "저금리 기조로 인해 자금이 예금보다 부동산 시장으로 몰린 결과"라고 설명한다. 따라서 ㉠의 원인으로 가장 적절한 것은 ④이다.
① 신도시 개발은 집값 상승 요인으로 언급되었으나 '늦어졌다'고 한 적은 없다.
② 지문에는 '대출 규제 강화'라고 되어 있어, '완화'라는 내용은 정반대이다.
③ 주택 공급 과잉과 집값 하락은 지문과 전혀 부합하지 않는다.

13. ② 【해설】독서
(가): 역사가의 임무를 설명하는 부분에서 사실의 나열이 아니라, 사건들 사이의 연결 고리를 찾아내야 한다고 했으므로 (가)에는 '인과 관계'가 들어간다.
(나): 역사는 과거와 현재를 단절된 시간으로 보지 않고, 오늘날 우리가 나아갈 방향을 가늠하는 기준이 된다고 했으므로 (나)에는 '현재의 거울'이 들어가야 한다.
정리하자면, 정답은 ②이다.

14. ③ 【해설】독서
(1) (다)는 광고에 대한 관점을 단순 정보 전달이 아니라 감정적 관계 설계로 확장하면서 글의 주제를 제시한다. 또한 광고가 '경험 제공'에 초점을 둔다고 하며 이후 전략 논의를 여는 출발점 역할을 한다.
(2) (가)는 그와 같은 감정적 몰입을 실현하기 위한 전략으로 '스토리텔링' 방식을 소개한다. 제품 중심이 아니라 이야기 중심으로 접근한다는 구조가 핵심이다.
(3) (나)는 이 스토리텔링 전략을 실현하기 위한 구체적인 장치들을 제시하면서 실천 방안을 구체화한다. 즉, 어떻게 이야기를 만들 것인가에 대한 설명이다.
(4) (라)는 '결국'이라는 표현을 통해 앞선 모든 논의를 종합하고, 광고의 변화된 역할과 귀결을 서술하며 글을 마무리한다.
(5) 정리하자면, (다)-(가)-(나)-(라)가 가장 적절하다.

15. ④ 【해설】독서
글은 암기식·문제 풀이 위주의 교육을 비판하며, 학생의 질문

과 호기심을 존중하고 탐구 능력을 키우는 교육을 강조한다. 또한 교사가 답을 주는 것이 아니라 학생이 스스로 찾아가도록 도와야 한다는 점을 주장한다. 따라서 '문제 풀이 위주의 암기식 교육'은 글쓴이의 교육관과 어긋난다.
① 학생이 스스로 답을 찾아가는 교육은 글쓴이가 강조하는 핵심이다.
② 탐구 능력을 길러 주는 교육 역시 글의 주장과 일치한다.
③ 학생의 질문을 존중하는 교육은 글쓴이가 직접 제시한 방향이다.

16. ④ 【해설】독서
소쉬르는 언어를 사회적 산물로 보고, 개인은 이를 수동적으로 습득한다고 했다. 반면 촘스키는 아이들이 빠르게 문법을 익히는 현상을 설명하기 위해 '보편 문법'이라는 선천적 능력을 주장했다. 따라서 ④가 정답이다.
① 선천적 언어 능력을 강조한 것은 촘스키이지, 소쉬르가 아니다.
② 촘스키는 오히려 언어를 사회적 합의로만 환원할 수 없다고 주장했다.
③ 두 학자는 모두 언어를 개인의 창조적 산물로 보지 않았다.

17. ④ 【해설】독서
지문은 인공지능이 단순 반복 작업을 넘어 사회 전반에 변화를 일으키며, 고용 문제와 윤리적 편향 같은 위험을 동반한다고 설명한다. 따라서 핵심은 기술 자체를 막을 수 없으므로 법적 규제·윤리 기준·교육 개편을 통해 기회와 위험을 균형 있게 관리해야 한다는 점이다. 그러므로 ④가 정답이다.
① 지문은 AI 활용 최소화를 주장하지 않고, 관리와 활용 방안을 강조했다.
② 인공지능은 오히려 저숙련 노동자의 일자리를 줄일 수 있다고 했다.
③ 법적 규제와 교육 개편이 필요하다고 했으므로 무관하다는 진술은 잘못이다.

18. ③ 【해설】독서
지문은 개요 작성이 단순한 준비가 아니라 글의 완결성과 설득력을 좌우하는 핵심 과정임을 강조한다. 주장형 글과 설명형 글 모두에서 개요가 글의 방향과 구조를 잡아 준다는 점을 반복적으로 언급하므로 ③이 정답이다.
① 반론 전략은 개요 작성과 직접적 관련이 없다.
② 설명문과 논증문의 차이는 지문에서 다루지 않았다.
④ 주장 전개 방식은 개요의 일부 요소일 뿐, 글 전체 주제가 아니다.

19. ④ 【해설】독서
㉠(✕): '본문과 주석의 구분을 무의미한 것으로 취급하는 비선형적 텍스트성'에서 알 수 있듯이, 하이퍼텍스트에서는 본문과 주석 읽기가 별개의 행위가 아니다.
㉡(✕): '글 읽기의 순차가 정해진 것도 없고, 가지를 치고 독자들에게 선택을 허용한다.'에서 알 수 있듯이, 선택적 읽기가 가능하다.
㉢(✕): '어느 것이 중심이고 어느 것이 가지인지를 결정하는 것도 독자/사용자의 몫이다.'에서 알 수 있듯이, 본문을 중심 의미로 고정하지 않는다.

20. ① 【해설】독서
㉡(○): 해당 지문의 마지막에 '실제에 있어서 도덕적 행동은 사회적 경험들로부터 도출된 교훈들에 의해 이끌리며, 그 단기적·장기적 결과들에 의해 평가를 받는다.'를 고려해 볼 때, 그의 행동이 최선이었는가에 관한 물음으로 마무리한 것을 알 수 있다.
㉠(✕): '도덕적 행동은 사회적 경험들로부터 도출된 교훈들에 의해 이끌리며, 그 단기적, 장기적 결과들에 의해 평가를 받는다.'라고 하여 도덕적 행동의 평가는 결과적 평가 문제임을 말하고 있다. 당대의 도덕 관점에 의해 정의되었다는 내용은 언급되지 않았다.
㉢(✕): '그 시절에는 지적·사회적 삶, 국가에 대한 의무와 존경, 그리고 도덕적 명령들이 모두 서로 조화를 이루고 있었다.'라고 했으므로 과학과 도덕은 조화로웠다.

영 어

출제교수: 김세현 교수님

1. ① 【해설】
new는 '새로운'의 뜻으로 이와 가장 가까운 유의어는 ① novel이다.
【해석】
우리는 이 문제를 해결할 신선하고 <u>새로운</u> 아이디어를 찾고 있다. 하지만 그것은 쉽지 않다.
【어휘】
look for 찾다, 구하다 novel ①새로운 ②소설 unique 유일한, 독특한 multiple 다양한, 다수의 instinctive 본능적인

2. ④ 【해설】
접속사 but을 기준으로 반대/대조의 논리가 필요하다. but 다음 구체적 증거가 없다는 내용이 있으므로 빈칸에는 구체적 증거를 찾는다는 내용이 필요하다. 따라서 빈칸에 들어가기에 가장 적절한 것은 ④ investigate이다.
【해석】
그들은 며칠 동안 그 범죄현장을 <u>조사했지만</u> 구체적인 증거가 없는 것으로 판명되었다.
【어휘】
crime 범죄 turn out ~라고 판명되다 concrete 구체적인, 명확한 evidence 증거 crawl (엉금엉금)기다 violate 위반하다, 어기다 explode 폭발하다 investigate 조사하다, 연구하다

3. ③ 【해설】
대학 입학에 필요한 사항들을 충족시키지 못해 대학 입학에 실패했다는 내용의 글이므로 빈칸에 들어가기에 가장 적절한 것은 ③ gratify이다.
【해석】
Olivia는 예일 대학에 들어가기를 학수고대했다. 하지만 그녀는 그 대학 입학에 필요한 요구사항들을 모두 <u>충족시키지는</u> 못했다.
【어휘】
look forward to ~ing ~하기를 학수고대하다, 간절히 바라다 requirement 요구, 요구사항 entry 입장, 참가 *enter 들어가다 intervene 개입하다, 끼어들다 expire 만료되다, 만기가 되다 gratify 만족(충족)시키다 delete 삭제하다, 없애다

4. ② 【해설】
주어가 복수명사(parents)이므로 복수동사가 필요하고 2형식 동사 grow 다음에는 형용사 보어가 위치해야 하므로 빈칸에 들어가기에 가장 적절한 것은 ② grow distant이다.
【해석】
한때 서로를 사랑했던 그의 부모는 요즘 서로서로 <u>멀어졌고</u> 관계도 느슨해 졌다.
【어휘】
once 한때, 한 번 distant 거리가 먼 relationship 관계 come loose 느슨해지다 nowadays 요즘

5. ② 【해설】
주절의 동사시제가 과거(predicted)이므로 when절의 동사도 과거시제로 시제를 일치시켜야 하므로 would가 필요하고 break out은 1형식자동사이므로 수동의 형태를 취할 수 없다. 따라서 빈칸에 들어가기에 가장 적절한 것은 ② would't break out이다.
【해석】
그 군사 전문가는 언제 전쟁이 <u>일어나지</u> 않을지 정확하게 예언했다.
【어휘】
military ①군대의 ②군인들, 군대 expert 전문가 exactly 정확하게 predict 예언(상)하다 break out 일어나다, 발생하다

6. ④ 【해설】
④ 주어가 kind(단수명사)이므로 복수동사 are는 단수동사 is로 고쳐 써야 한다.
① 주어가 descriptions(복수명사)이므로 복수동사 have의 사용은 어법상 적절하다.
② 주어가 figures(복수명사)이므로 복수동사 have의 사용은 어법상 옳다.
③ 접속사 and 다음 주어가 attempt(단수명사)이므로 단수동사 has의 사용은 어법상 적절하다.
【해석】
소리 생산에 대한 묘사가 그 이론을 개정하기 위해 그리고 발음문제에 관한 실용적인 조언을 하기 위해서 이번 편에 다시 쓰였다. 몇몇 도형은 더욱 정확하고 더 명확한 세부사항들을 확고히 하기 위해서 다시 그려졌다. 작가는 어디에서건 성별에 대한 편견을 가진 태도에 대한 흔적이 감지되면 제거하려고 시도했으며 남성적인 그리고 여성적인 참조가 균형을 이루도록 명확한 시도가 이루어졌다. 이것을 끝내기까지 많은 역경과 고난에도 불구하고 이 새로운 개정판의 가장 두드러진 변화는 우리가 만들어낸 노력의 결과물이다.
【어휘】
description 묘사 so as to⒱ ⒱하기 위해서(=in order to⒱) practical 실질적인, 실용적인 regarding ~에 관한 pronunciation 발음 figure ①숫자 ②인물 ③모습, 형상 ④그림, 도형, 표 accuracy 정확함 eliminate 제거하다 trace ①흔적, 자취 ②추적하다 gender-biased 성별에 대한 편견을 가진 detect 감지하다 definite 명확한, 분명한 attempt 시도(하다) reference 참조, 참고 despite ~에도 불구하고 adversity 역경, 고난(= setback) significant 중요한 effort 노력

7. ① 【해설】
① 2형식 감각동사 taste 다음에는 형용사가 위치해야 하므로 부사 well은 형용사 good으로 고쳐 써야 한다.
② 2형식 감각동사 feel 다음에는 형용사가 위치해야 하므로 comfortable의 사용은 어법상 적절하다.
③ 주어가 동명사(trying)이므로 단수동사 is의 사용은 어법상 옳다.
④ run short는 '부족하다'의 뜻으로 2형식 동사 run 다음 형용사 short의 사용은 어법상 적절하다.
【해석】
비록 초콜릿이나 아이스크림이 맛이 좋고 당신이 그것들로부터 위로를 받을 수 있지만 그것들을 브로콜리나 당근주스로 대체하는 것은 필요하다. 하지만, 우리의 의지는 그것을 시도하는데 늘 부족하다.
【어휘】
even if 비록 ~일지라도 comfortable 편안한 replace A with B A를 B로 대체하다 will 의지 run short 부족하다 attempt 시도(하다)

8. ③ 【해설】
스웨터 가격이 120달러라고 했고 빈칸 다음 A가 값싼 다른 스웨터를 권하고 있으므로 빈칸에 들어갈 내용으로 가장 적절한 것은 ③ '제 가격대를 조금 벗어났어요'이다.
【해석】
A: 안녕하세요. 무엇을 도와드릴까요?
B: 네, 스웨터를 찾고 있어요.
A: 음, 이것은 이번 가을 시즌으로 나온 가장 최신 스타일인데 어떠세요?
B: 아주 좋은데요. 얼마입니까?
A: 가격을 좀 볼게요. 120달러네요.
B: <u>제 가격대를 조금 벗어났어요.</u>
A: 그럼 이 스웨터는 어떠세요? 지난 시즌에 나온 건데, 50달러로 할인 중입니다.
B: 완벽합니다! 한번 입어볼게요.
① 그것에 어울리는 바지도 또한 필요해요
② 그 재킷은 저를 위한 완벽한 선물이에요
④ 토요일엔 오후 7시까지 영업합니다

【어휘】
look for 찾다, 구하다　latest 가장 최근의　gorgeous 아주 멋진, 좋은　on sale 할인중인　try on 시험 삼아 입어보다　go with ~와 어울리다　range 범위, 영역

9. ④ 【해설】
주어진 지문은 학생들이 유튜브 사용 시간을 줄이고 학습 효율을 높이기 위한 방법을 설명하는 글이므로, 가장 적절한 제목은 ④ 'Ways to Reduce YouTube Overuse(유튜브 과사용을 줄이는 방법)'이다.
① 온라인 수업이 인기를 얻는 이유
② 온라인 동영상 플랫폼의 역사
③ 유명 유튜버가 되는 방법

10. ③ 【해설】
본문 네 번째 조언에서 "Use the saved-for-later list instead of watching everything immediately(즉시 다 보지 말고 나중에 보기 목록을 활용하라)"고 했으므로 ③은 지문의 내용과 일치한다.
【해석】
많은 학생들이 의도한 것보다 더 많은 시간을 유튜브에 쓰고 있다. 소중한 시간을 낭비하지 않기 위해 다음과 같은 유용한 방법들이 있다:
• 하루 시청 제한을 정하고 알람을 설정한다.
• 목표를 방해하는 채널은 구독을 해제한다.
• 자동 재생 기능을 꺼서 스스로 선택하지 않은 영상이 이어지지 않게 한다.
• 모든 영상을 즉시 보지 말고 나중에 보기 목록을 활용한다.
• 지나친 화면 시간을 줄이고, 그림 그리기·산책·독서와 같은 오프라인 취미로 대체한다.
이 습관들을 실천하면 학습자는 시간을 되찾고 진정으로 중요한 것에 집중할 수 있다.
【어휘】
intend 의도하다　precious 소중한　approach 방법　decide 결정하다　daily 매일의　viewing 시청　unsubscribe 구독 취소하다　distract 산만하게 하다　goal 목표　turn off 끄다　autoplay 자동 재생　saved-for-later 나중에 보기　immediately 즉시　replace 대체하다　excessive 과도한　screen time 화면 시간　matter 중요하다

11. ④ 【해설】
본문 마지막 문장에서 학생들이 배운 것을 공유하고 미래 도시를 위한 아이디어를 제안한다고 했으므로 '시험을 본다'는 ④는 본문의 내용과 일치하지 않는다.
【해석】
도시 과학 발견 투어
도시 과학 발견 투어는 과학이 일상적인 도시 생활에 어떻게 영향을 미치는지에 호기심을 가진 중·고등학생들을 위해 마련되었습니다. 이 투어는 교실에서 배운 지식을 실제 경험과 연결하여, 학생들이 에너지 사용, 교통, 지속 가능성과 같은 현대 도시 문제를 해결하는 데 과학이 어떤 역할을 하는지 알 수 있도록 돕는 것을 목표로 합니다. 가이드와 함께하는 방문, 실험, 토론을 통해 참가자들은 도시가 어떻게 더 똑똑하고 친환경적으로 발전할 수 있는지를 탐구합니다.
주요 하이라이트
- **가이드 도보 탐방**: 학생들이 에너지 효율적인 건물과 친환경 공원을 방문합니다.
- **참여형 실험실**: 참가자들이 대기질과 수자원 시스템과 관련된 실험을 수행합니다.
- **기술 강연**: 엔지니어들이 교통 혁신과 스마트 시티 기술을 설명합니다.
- **성찰 세션**: 학생들이 배운 것을 공유하고 미래 도시를 위한 아이디어를 제안합니다.
① 이 프로그램은 도시 과학에 관심 있는 중·고등학생들을 위해 마련되었다.
② 학생들은 대기질과 수자원 시스템에 관한 실험을 수행한다.
③ 엔지니어들이 교통 혁신과 스마트 시티 기술을 설명한다.
④ 학생들은 배운 내용을 공유하는 대신 시험을 본다.
【어휘】
curious 호기심 있는　influence 영향을 주다　urban 도시의　experience 경험　sustainability 지속 가능성　energy-efficient 에너지 효율적인　lab 실험실　air quality 대기 질　innovation 혁신　reflection 성찰　secondary 중등의　conduct 수행하다, 행하다　reveal 드러내다, 공유하다

12. ② 【해설】
본문 세 번째 전략에서 "Record the correct solution and summarize it in your own words(정답을 기록하고 자신만의 말로 요약하라)"라고 언급했으므로 ②는 지문의 내용과 일치한다.
【해석】
오답 노트 작성법
잘 정리된 오답 노트를 유지하는 것은 학습 효율을 크게 높일 수 있다. 다음은 효과적으로 만들기 위한 몇 가지 전략이다:
• 정답을 분석하는 대신, 왜 문제를 틀렸는지를 탐구하라.
• 자신의 선택이 왜 틀렸는지에 대한 짧은 설명을 덧붙여라.
• 올바른 해답을 기록하고, 그것을 자신의 말로 요약하라.
• 시험 직전이 아니라 정기적으로 노트를 복습하라.
• 반복되는 실수를 강조하여 자신의 약점에서 나타나는 패턴을 찾아라.
이 방법은 학생들이 실수를 더 깊은 이해의 기회로 바꾸도록 도와준다.
① 오답 노트에는 틀린 문제 대신 정답만 분석해야 한다.
② 올바른 해답을 기록할 때는 그것을 자신의 말로 간단히 축약하는 것이 더 좋다.
③ 오답 노트를 시험 직전에만 복습하는 것이 가장 효과적이다.
④ 반복되는 실수는 강조하지 말고 그냥 건너뛰는 것이 더 낫다.
【어휘】
well-organized 잘 정리된　efficiency 효율성　strategy 전략　analyze 분석하다　explore 탐구하다　explanation 설명　incorrect 틀린　summarize 요약하다　in your own words 자신의 말로　review 복습하다　regularly 정기적으로　highlight 강조하다　repeated 반복되는　identify 확인하다, 알아내다　weakness 약점　opportunity 기회　instead of ~대신에　abridge 요약하다, 축약하다　emphasize 강조하다

13. ② 【해설】
주어진 지문은 학생들에게 영어 중간고사 시험 범위(15단원에서 14단원으로 변경)를 안내하는 내용이므로, 이 글의 목적으로 가장 적절한 것은 ② '영어 중간고사 시험 범위 변경을 학생들에게 알리려고'이다.
【해석】
수신: 그린밸리 고등학교 학생 여러분
발신: 그린밸리 고등학교 영어과
날짜: 2025년 4월 10일
제목: 긴급 공지
학생 여러분께,
다가오는 영어 중간고사 시험 범위가 변경되었음을 알려드립니다. 시험은 원래 계획된 1에서 5단원 대신, 이제 1에서 4단원까지만 출제됩니다. 단, 4단원의 문법 부분은 포함되지 않습니다. 시험 날짜와 형식은 그대로 유지됩니다. 이로 인해 혼란을 드린 점 사과드리며, 본 안내에 주의를 기울여 주셔서 감사합니다.
그린밸리 고등학교 영어과 드림
① 중간고사 방학 동안 영어 소설 읽기를 장려하려고
③ 시험 전에 학생들에게 추가 과제를 제출하도록 요청하려고
④ 중간고사 준비를 위한 팁을 제공하려고
【어휘】
urgent 긴급한　notice 공지, 알림　scope 범위　upcoming 다가오는　cover 다루다, 포함하다　instead of ~대신에　originally 원래　grammar 문법　section 부분　include 포함하다　detail 세부 사항　remain 유지되다　confusion 혼란　attention 주의, 관심　modify 조정하다, 변경하다

14. ① 【해설】
문맥상 accountable for는 "책임지는, 책임있는"이라는 뜻으로 사용되었으므로 가장 가까운 의미는 ① in charge of이다.

15. ① 【해설】
주어진 글은 원어민 영어 강사를 모집하고, 지원 자격과 제출 기한을 안내하는 내용이므로, 이 글의 목적으로 가장 적절한 것은 ① '원어민 영어 강사 모집을 알리려고'이다.
【해석】
지원자 여러분께,
그린밸리 어학원은 다가오는 학기를 위해 원어민 영어 강사를 모집하고 있음을 알려드립니다. 합격자는 회화 및 작문 수업을 맡고, 수업 자료를 준비하며, 교과 외 활동을 지원하게 됩니다. 지원자는 학사 학위 이상을 소지해야 하며 최소 2년 이상의 교수 경험이 있어야 합니다. 관심 있는 분들은 2025년 6월 30일까지 지원 서류를 제출해 주시기 바랍니다. 더 자세한 내용은 공식 웹사이트를 참고하시기 바랍니다.
그린밸리 어학원 채용팀 드림
① 원어민 영어 강사 모집을 알리려고
② 학생들에게 동아리 활동 참여를 권장하려고
③ 고객들에게 변경된 여행 출발일을 알리려고
④ 교사들에게 시험 결과를 제때 제출하도록 상기시키려고
【어휘】
recruit 모집하다 instructor 강사 upcoming 다가오는 semester 학기 lesson 수업 material 자료 extracurricular 교과 과정 이외의 applicant 지원자 bachelor's degree 학사 학위 submit 제출하다 application 지원 document 서류 in charge of ~을 책임지는 explanation 설명

16. ④ 【해설】
주어진 지문은 미국 컴퓨터 업계의 불행에 관한 내용의 글이므로 이 글의 주제로 가장 적절한 것은 ④ '미국 컴퓨터 업계의 불행'이다. 참고로 ③ '미국 컴퓨터 업계의 문제점'은 너무 광범위한 선택지이므로 정답이 될 수 없다.
【해석】
개인용 컴퓨터들이 창고와 점포에 쌓여 가고 있으며 PC 재조업자들은 특히 세계 최대의 PC 시장인 미국의 판매량과 수입 추정치를 줄여 잡고 있다. 또한, 그들은 PC 사용의 증대로 호황을 누리던 전자공학과 컴퓨터 소프트웨어 산업 분야에서 우려의 목소리를 내고 있다. 전 세계 판매량이 거의 1,200억 달러에 달하는 PC 산업은 여태까지 성장둔화 현상을 보였지만 결국 전보다 활기를 띠며 회복되었다. 그러나 이번은 다르다. 컴퓨터 산업에서 PC 지배의 종말이 다가오고 있는지도 모른다.
① 미국 컴퓨터 업계의 규모
② 미국 컴퓨터 업계의 성장
③ 미국 컴퓨터 업계의 문제점
【어휘】
pile up 모으다, 쌓이다 warehouse 창고, 저장소 manufacturer 제조업자 cut 삭감하다, 줄이다 earnings 소득, 수입 estimate ① 추정하다 ② 추정치, 어림값 especially 특히, 상세히 throughout ~에 걸쳐서, ~의 전역에 ripple 파문(이 일다) industry 산업, 업계 thrive 번성 (번창)하다 slowdown 둔화 only to⒱ 하지만 ⒱하다 bounce (공이)튀다, 뛰어 오르다 vigor 활력 end 끝, 종말 dominance 우월, 지배 scale 규모 recession 불황

17. ① 【해설】
주어진 지문은 시련 속에서 인간이 더 한층 발전할 수 있다는 내용의 글이므로 빈칸에 들어가기에 가장 적절한 것은 ① '역경'이다.
【해석】
사람을 위대하게 만드는 것은 소위 인생의 축복, 즉 삶의 햇살(행복)과 평온하고 즐거운 경험이 아니라 삶의 모진 경험, 즉 삶의 풍파와 시련이라는 것은 아무리 자주 되풀이하여 말해도 지나치지 않다. 특히 초기의 역경은 종종 불행처럼 보이나 실은 축복이다. 영국과 미국의 선원들을 세계에서 가장 강인하고 능숙한 선원들로 만들어 준 것은 거친 대서양, 그 춥고, 어두운

겨울밤들, 그 거센 '북풍'이다. 역경과 슬픔이라는 학교에서의 단련은 가장 유능한 학생들을 만들어 내고, 어려움이라는 언덕은 정신적 중추를 강화시키는 데 있어 모든 운동 중 가장 좋은 운동이다. 벽돌이 불 없이 만들어질 수 없듯이 위대한 사람은 역경 없이 만들어질 수 없다.
【어휘】
so-called 소위, 이른바 blessing 축복 rugged 모진, 기복이 심한, 바위투성이의 adversity 고난, 역경(=hardship) blessing in disguise 불행처럼 보이나 실은 고마운 것 rough 거친 fierce 거친, 격심한, 격렬한 skillful 솜씨 좋은, 능숙한 sorrow 슬픔, 비탄, 불행 pupil 학생, 동공 strengthen 강화하다, 강력해지다 backbone 척추, 중추 brick 벽돌 pleasure 기쁨, 즐거움 A is no more B than C is to D C가 D가 아니듯 A도 B가 아니다

18. ③ 【해설】
지시 형용사를 이용해야 한다. ③에 That information은 주어진 문장의 information을 지칭하므로 주어진 문장이 들어가기에 가장 적절한 곳은 ③이다.
【해석】
왜 좋은 시작이 궁극적으로 어린아이가 능력 있는 어른이 될 수 있는 가능성을 이해하는 것은 그리 어려운 일이 아니다. 예를 들어 어렸을 때 평균 이상의 언어기술을 습득하는 것에 대한 몇 가지 장점을 생각해 보자. 언어를 습득하는 것은 기본적으로 사상가로서 아이의 능력에 영향을 준다. 언어는 또한 기억 속에 정보를 보유할 수 있는 아이의 능력에 폭발적인 성장을 가능하게 한다. 그러한 정보는 언어가 결여된 종으로서는 말 그대로 상상도 할 수 없는 계획, 이성, 선택, 판단 그리고 미래에 대한 예상과 같은 인지적 활동의 가능성을 열 수 있다. 요약해 보면, 언어습득은 아이가 할 수 있는 완전한 변형을 초래한다.
【어휘】
explosive 폭발성의, 폭발하기 쉬운 capacity 능력, 용량, 수용력 retain 보유하다, 유지하다 likelihood (어떤 일이 있을) 공산, 가능성 eventually 결국, 마침내 capable 유능한, ~을 할 수 있는 above-average 평균이상의 acquire 습득하다, 얻다 fundamental 근본적인, 본질적인, 필수적인 undertake 착수하다 cognitive 인지의, 인식의 anticipate 예상하다, 예측하다 literally 문자(말) 그대로, 그야말로 inconceivable 상상도(생각도) 할 수 없는 in sum 말하자면, 요컨대 transformation 변화, 탈바꿈, 변신 acquisition 습득 broaden 넓히다, 넓어지다 considerably 상당히

19. ④ 【해설】
인생에 마감 시한이 있다는 주어진 문장에 이어 기대 수명에 나이를 빼고 365를 곱한 남겨 둔 날을 계산하는 (C)가 와야 한다. (B)에서 언급하고 있는 the number는 (C)의 계산을 통해 나온 것이고 (A)의 This increasing number는 다시 (B)의 계산에서 나온 것이므로 (C) 다음에는 (B)와 (A)가 순서대로 이어져야 한다.
【해석】
한 사람이 불치병을 진단받고 6개월의 시한부 인생을 받았다. 마지막 며칠에, 그는 그의 삶 전체보다 지난 몇 달간 더 많은 일을 했다고 말했다. 인생에 마감 시한이 있다는 것을 기억하라. 하지만 그때가 언제인지 우리는 정말 모른다. 그러므로 한 번 해 보자. (C) 당신이 얼마나 더 오래 살아야 하는지 알아보기 위한 몇 가지 계산을 하게 될 것이다. 평균 기대 수명인 숫자 79부터 시작하라. 이제 당신의 현재 나이를 빼라. 그 수에 365를 곱하라. (B) 당신이 가진 것은 살 수 있도록 당신이 남겨 둔 날들의 수이다. 이 숫자를 적어두고 매일 아침 하나씩 지운 다음 새로운 숫자를 써 보라. (A) 이 줄어드는 숫자가 당신에게 오늘의 삶을 살아가도록 적극적으로 행동하게 만드는 동기를 제공하는 변치 않는 촉매재이다. 당신은 인생에 주어지는 각각의 하루를 그날 당신이 한 일과 맞바꾼다. 훌륭한 거래를 성사시키라!
【어휘】
diagnose 진단하다 terminal illness 불치병 entire 전체의

deadline 마감시한 constant 변하지 않는 trade ①맞교환하다 ②거래 cross out X표시하다, 지우다, 없애다 novel 새로운 calculation 계산 life expectancy 기대수명 subtract 빼다 current 현재의 multiply 곱하다

20. ④ 【해설】
연구에서의 무작위 표본 추출은 모집단의 모든 구성원이 선택될 가능성이 동등하다는 것을 의미하는데, 대부분의 표본 추출 방법은 일부 구성원을 편애하기 마련이라서 무작위 표본 추출이 매우 어렵다는 요지의 글이다. 따라서 '유선 전화는 가정에서 사라지고 있지만 휴대 전화는 인기를 얻고 있다'는 내용의 ④는 글의 전체 흐름과 관계가 없다.

【해석】
무작위 표본 추출은 연구에 참여할 사람을 그저 되는 대로 선택하는 것을 의미하지 않는데, 일상적으로 사용되는 '무작위적'이라는 단어의 의미와 통계학과 연구 방법에서 그것의 의미 사이에는 차이가 있다. 무작위 표본은 모집단의 모든 구성원이 연구를 위해 선택될 가능성이 똑같이 있을 법한 표본인데, 그것은 들리는 것만큼 쉽지 않다. 대부분의 표본 추출 방법은 무심결에 일부 사람들은 편애하고 일부 다른 사람들은 편애하지 않기 마련이다. 무작위로 전화번호부에서 이름을 고르는 것은 전화번호부에 올라 있지 않거나 유선 전화를 사용하지 않는 사람들이 포함되지 않으리라는 것을 의미한다. (유선 전화는 가정에서 사라지고 있지만, 휴대 전화는 인기를 얻고 있다.)

【어휘】
random 무작위의, 무작위적인 sampling 표본추출, 샘플링 statistics 통계학 population 모집단 equally 똑같이, 동등하게 likely ~할 것 같은 unconsciously 무심결에, 무의식적으로 favour 선호하다, 편들다 at random 무작위로 telephone directory 전화번호부 ex-directory 전화번호부에 올라 있지 않은 landline 유선전화

한 국 사

출제교수: 노범석 교수님

1. ② 【해설】 구석기 시대
제시된 자료는 구석기시대 유적지인 연천 전곡리에 대해 설명하고 있다.
② 구석기 시대에 대한 설명이다.
①, ③ 청동기 시대, ④ 신석기 시대에 대한 설명이다.

2. ④ 【해설】 여러나라의 성장
제시된 자료에서 (가)는 부여, (나)는 고구려와 관련된 내용이다.
④ 동예에 대한 설명이다.
① 부여에서는 여섯 가축의 이름으로 관명을 정하였는데, 전해지는 것으로는 마가·구가·저가·우가가 있다.
② 부여는 중국으로부터 장례 용구인 옥갑(玉匣)을 수입하였는데 주로 국왕의 장례 때 사용하였다.
③ 고구려는 중대한 범죄를 저지를 경우, 제가회의를 통해 사형을 처하였고 그 가족은 노비로 삼았다.

3. ③ 【해설】 대가야
밑줄 친 '이 나라'는 대가야다.
③ 6세기 초, 대가야의 이뇌왕은 신라 법흥왕과 결혼동맹을 맺어 국제적 고립에서 벗어나고자 하였다.
① 대대로는 고구려의 귀족 회의를 주관하는 관리이다.
② 개국, 대창, 홍제는 신라 진흥왕의 연호이다.
④ 금관가야의 유적지이다.

4. ① 【해설】 근초고왕
제시된 자료는 4세기 백제 전성기 때의 지도로, 이 시기 백제의 왕은 근초고왕이다.
① 근초고왕 때 왕위의 부자 상속제를 확립하였다.
② 6세기 백제 성왕의 업적이다.
③ 4세기 백제 침류왕 때의 일이다.
④ 나·제 동맹을 처음 체결한 왕은 백제 비유왕과 신라 눌지 마립간이다.

5. ④ 【해설】 발해 무왕
제시된 자료는 발해 무왕이 일본에 보낸 국서의 내용이다. 따라서 밑줄 친 '왕'은 발해 무왕이다.
④ 고왕(대조영)에 대한 설명이다.
① 발해 무왕 때 중국 산둥 지방의 등주에 장문휴를 필두로 하는 수군을 보내 공격하였다.
② 발해 무왕은 인안이라는 독자적인 연호를 사용하였다.
③ 발해 무왕은 당과 신라를 견제하기 위해 돌궐, 일본 등과 외교 관계를 수립하고자 하였다.

6. ② 【해설】 고려 태조
제시된 자료는 고려 태조가 실시한 취민유도 정책과 관련된 내용이다.
② 태조는 건국 과정에서 공을 세운 이들을 공신으로 책봉하고 역분전을 하사하였다.
①, ④ 정종 때의 일이다.
③ 고려 성종의 업적이다.

7. ③ 【해설】 지눌
제시된 자료는 지눌의 정혜결사문이다.
③ 지눌은 내가 곧 부처라는 깨달음을 위한 노력과 함께, 꾸준한 수행으로 깨달음의 확인을 아울러 강조한 돈오점수를 주장하였다.
① 혜심, ② 요세, ④ 의천에 대한 설명이다.

8. ④ 【해설】 성종
제시된 사료는 성종이 용산에 독서당을 설치하면서 조위가 작성한 것으로, 밑줄 친 '임금'은 성종이다.
④ 성종 재위 기간에 반포된 『경국대전』은 조선의 기본 통치 방향과 이념을 제시한 조선의 통일 법전이었다.
① 세조, ② 태종, ③ 세종에 대한 설명이다.

9. ④ 【해설】 병자호란과 정묘호란
㉡ 인조반정은 1623년의 일이다.
㉣ 1624년(인조 2)의 일이다.
㉠ 1627년(인조 5)의 일이다.
㉢ 1636년(인조 14)의 일이다.

10. ④ 【해설】 세종 때의 편찬 사업
제시된 자료는 세종 때 한양을 기준으로 하여 만든 역법서인 칠정산에 대한 것으로 밑줄 친 왕은 세종이다.
④ 세종실록지리지는 '신찬팔도지리지'를 축소하여 단종 때 편찬한 것이다.
① '의방유취'는 세종 때 편찬된 동양 최대의 의학 백과사전이다.
② '총통등록'은 세종 때 편찬된 화약 제조법과 그 규격 및 화약 사용법에 관한 책이다.
③ 세종 때에 모범이 될 만한 충신, 효자, 열녀 등의 행적을 그림으로 그리고 설명을 붙여 '삼강행실도'를 편찬하였다.

11. ② 【해설】 숙종
제시된 자료의 (가)는 장길산이다. 장길산의 난은 숙종 때 일어났다.
② 숙종 때인 1712년에 백두산 정계비가 건립되었다.
① 인조 때의 일이다.
③, ④ 영조 때의 일이다.

12. ③ 【해설】 평양(지역사)
③ 1920년대 초에 평양에서 조만식을 중심으로 물산장려 운동이 시작되었다.
① 공주, ② 순천, ④ 청주에 대한 설명이다.

13. ② 【해설】 조·미 수호 통상 조약
밑줄 친 '조약'은 1882년에 미국과 체결한 조·미 수호 통상을 일컫는다.
② 조·미 수호 통상 조약은 1882년 4월에 체결된 조약으로, 갑신정변은 1884년에 일어났기 때문에 시기상 적절하지 않다.
① 조·미 수호 통상 조약은 영사 재판에 의한 치외 법권을 인정하였다.
③ 조·미 수호 통상 조약은 최혜국 대우 조항이 최초로 포함된 조약이다.
④ 『조선책략』의 유포로 연미론이 확산되어 조·미 수호 통상 조약이 체결되는데 영향을 미쳤다.

14. ① 【해설】 독립협회
제시된 자료의 밑줄 친 '이 단체'는 독립협회를 일컫는다.
① 독립협회는 청나라 사신을 맞아하던 영은문을 헐고 독립문을 건립하였다.
② 홍범 14조는 고종이 1894년 12월에 발표된 것으로, 독립협회와는 관련 없다.
③ 교육 입국 조서는 고종이 1895년에 공포된 것으로, 독립협회와는 관련 없다.
④ 국채 보상 운동은 독립협회가 해체된 이후인 1907년에 전개되었기 때문에 시기상 적절하지 않다.

15. ④ 【해설】 육영공원
④ 제시된 자료는 육영 공원(1886)에 대한 설명이다. 육영 공원은 좌원과 우원으로 나눠 입학생을 받았다. 좌원은 문무 현직 관료 중에서 선발하였으며, 우원은 과거에 오르지 못한 양반 자제들 가운데서 선발하였다.

16. ④ 【해설】 1910년대 무단 통치
제시된 자료의 법령은 1910년에 제정된 회사령이다. 회사령은 1910년에 제정되어 1920년에 폐지되었다.
④ 1910년대 실시된 헌병 경찰 제도에 대한 설명이다.
① 국가 총동원법은 민족 말살 통치 시기인 1938년에 제정되었다.
② 일제는 1920년부터 산미 증식 계획을 시작했으나, 1934년 일본의 농민들을 보호할 목적에서 이를 중단하였다.
④ 1931년 만주사변 발발 무렵, 일제는 공업 원료의 수탈을 목적으로 남면북양 정책을 추진하였다.

17. ① 【해설】 이동휘
　　　제시된 자료는 독립 운동가인 이동휘의 활동에 대해 설명하고
　　　있다.
　　　① 이동휘는 임시 정부의 초대 국무총리가 되어 활동하였다.
　　　② 지청천, ③ 조만식, ④ 이승만에 대한 설명이다.

18. ④ 【해설】 정미의병
　　　제시된 자료는 정미의병 당시, 의병부대가 서울 진공 작전을
　　　시도한 것과 관련된 내용이다.
　　　④ 정미의병 때 13도 창의군이 결성되어 서울 진공 작전을 계
　　　획하였다.
　　　① 을사의병에 대한 설명이다.
　　　②, ③ 을미의병에 대한 설명이다.

19. ④ 【해설】 정부 수립 과정
　　　ⓔ 1943년 카이로 회담에 대한 설명이다.
　　　ⓖ 1944년 여운형은 국내에서 비밀리에 조선 건국 동맹을 조
　　　직하고 일본의 패망과 광복에 대비하였다.
　　　ⓒ 광복 직후인 1945년 8월 15일 여운형과 안재홍이 중심이
　　　되어 조선 건국 준비 위원회가 결성되었다.
　　　ⓛ 1946년 3월의 일이다.

20. ② 【해설】 의열단
　　　제시된 자료는 님 웨일즈가 쓴 '아리랑'의 내용으로, 의열단원
　　　들의 모습을 묘사하고 있다.
　　　② 1929년에 광주 학생 항일 운동이 발생하자 신간회는 조사
　　　단을 파견하고 민중 대회를 계획하였다.
　　　①, ④ 의열단에 대한 설명이다.
　　　③ 의열단은 일제를 타도하기 위해 일제 요인 암살과 식민 통
　　　치 기관 파괴에 주력하였다.

행 정 법

출제교수: 강성빈 교수님

1. ③ 【해설】행정법통론
정보통신매체를 이용하여 학습비를 받고 불특정 다수인에게 원격평생교육을 실시하기 위해 구 평생교육법 제22조 등에서 정한 형식적 요건을 모두 갖추어 신고한 경우, 행정청은 실체적 사유를 들어 신고 수리를 거부할 수 없다. 대법원 2011. 7. 28. 선고 2005두11784 판결
① 사인의 공법상 행위는 명문으로 금지되거나 성질상 불가능한 경우가 아닌 한 그에 의거한 행정행위가 행하여질 때까지는 자유로이 철회나 보정이 가능하다. 대법원 2001. 6. 15. 선고 99두5566 판결
② 구 유통산업발전법에 따른 대규모점포의 개설등록 및 구 재래시장법에 따른 시장관리자 지정은 행정청이 실체적 요건에 관한 심사를 한 후 수리하여야 하는 이른바 '수리를 요하는 신고'로서 행정처분에 해당한다. 대법원 2019. 9. 10. 선고 2019다208953 판결
④ 구 체육시설의 설치·이용에 관한 법률에 의하여 체육시설의 회원을 모집하고자 하는 자는 시·도지사 등으로부터 회원모집계획서에 대한 검토결과 통보를 받은 후에 회원을 모집할 수 있다고 보아야 하고, 따라서 체육시설의 회원을 모집하고자 하는 자의 시·도지사 등에 대한 회원모집계획서 제출은 수리를 요하는 신고에서의 신고에 해당하며, 시·도지사 등의 검토결과 통보는 수리행위로서 행정처분에 해당한다. 대법원 2009. 2. 26. 선고 2006두16243 판결

2. ② 【해설】행정작용법
전결과 같은 행정권한의 내부위임은 법령상 처분권자인 행정관청이 내부적인 사무처리의 편의를 도모하기 위하여 그의 보조기관 또는 하급 행정관청으로 하여금 그의 권한을 사실상 행사하게 하는 것으로서 법률이 위임을 허용하지 않는 경우에도 인정되는 것이므로, 설사 행정관청 내부의 사무처리규정에 불과한 전결규정에 위반하여 원래의 전결권자 아닌 보조기관 등이 처분권자인 행정관청의 이름으로 행정처분을 하였다고 하더라도 그 처분이 권한 없는 자에 의하여 행하여진 무효의 처분이라고는 할 수 없다. 대법원 1998. 2. 27. 선고 97누1105 판결
① 행정규칙이 법령의 규정에 의하여 행정관청에 법령의 구체적 내용을 보충할 권한을 부여한 경우나 재량권행사의 준칙인 규칙이 그 정한 바에 따라 되풀이 시행되어 행정관행이 이룩되게 되면, 평등의 원칙이나 신뢰보호의 원칙에 따라 행정기관은 그 상대방에 대한 관계에서 그 규칙에 따라야 할 자기구속을 당하게 되는 경우에는 대외적인 구속력을 가지게 되는바, 이러한 경우에는 헌법소원의 대상이 될 수도 있다. 헌법재판소 2001. 5. 31. 선고 99헌마413 결정
③ 고시 또는 공고의 법적 성질은 일률적으로 판단될 것이 아니라 고시에 담겨진 내용에 따라 구체적인 경우마다 달리 결정된다고 보아야 한다. 즉, 고시가 일반·추상적 성격을 가질 때는 법규명령 또는 행정규칙에 해당하지만, 고시가 구체적인 규율의 성격을 갖는다면 행정처분에 해당한다. 헌법재판소 1998. 4. 30. 선고 97헌마141 결정
④ 상급행정기관이 하급행정기관에 대하여 업무처리지침이나 법령의 해석적용에 관한 기준을 정하여서 발하는 이른바 행정규칙은 일반적으로 행정조직 내부에서만 효력을 가질뿐 대외적인 구속력을 갖는 것은 아니지만, 법령의 규정이 특정행정기관에게 그 법령내용의 구체적 사항을 정할 수 있는 권한을 부여하면서 그 권한행사의 절차나 방법을 특정하고 있지 아니한 관계로 수임행정기관이 행정규칙의 형식으로 그 법령의 내용이 될 사항을 구체적으로 정하고 있다면 그와 같은 행정규칙, 규정은 행정규칙이 갖는 일반적 효력으로서가 아니라, 행정기관에 법령의 구체적 내용을 보충할 권한을 부여한 법령규정의 효력에 의하여 그 내용을 보충하는 기능을 갖게 된다 할 것이므로 이와 같은 행정규칙, 규정은 당해 법령의 위임한계를 벗어나지 아니하는 한 그것들과 결합하여 대외적인 구속력이 있는 법규명령으로서의 효력을 갖게 된다. 대법원 1987. 9. 29. 선고 86누484 판결

3. ② 【해설】행정정보
독립유공자서훈 공적심사위원회의 심의·의결 과정 및 그 내용을 기재한 회의록은 비공개대상에 해당한다. 대법원 2014. 7. 24. 선고 2013두20301 판결
① 사면대상자들의 사면실시건의서와 그와 관련된 국무회의 안건자료에 관한 정보는 비공개대상에 해당하지 않는다. 대법원 2006. 12. 7. 선고 2005두241 판결
③ 문제은행 출제방식을 채택하고 있는 치과의사 국가시험의 문제지와 정답지는 비공개대상에 해당한다. 대법원 2007. 6. 15. 선고 2006두15936 판결
④ '2002년도 및 2003년도 국가 수준 학업성취도평가 자료'는 비공개대상정보에 해당하는 부분이 있으나, '2002학년도부터 2005학년도까지의 대학수학능력시험 원데이터'는 연구목적으로 그 정보의 공개를 청구하는 경우 위 조항의 비공개대상정보에 해당하지 않는다. 대법원 2010. 2. 25. 선고 2007두9877 판결

4. ① 【해설】실효성 확보수단
행정기본법 제30조

> **행정기본법 제30조(행정상 강제)**
> ② 행정상 강제 조치에 관하여 이 법에서 정한 사항 외에 필요한 사항은 따로 법률로 정한다.

② 공법인인 대한주택공사가 법령에 의하여 대집행권한을 위탁받아 공무인 대집행을 실시하기 위하여 지출한 비용을 행정대집행법 절차에 따라 징수할 수 있음에도 민사소송절차에 의하여 그 비용의 상환을 청구한 경우, 그 청구는 소의 이익이 없어 부적법하다. 대법원 2011. 9. 8. 선고 2010다48240 판결
③ 행정상 즉시강제는 상대방의 임의이행을 기다릴 시간적 여유가 없을 때 하명 없이 바로 실력을 행사하는 것으로서, 그 본질상 급박성을 요건으로 하고 있어 법관의 영장을 기다려서는 그 목적을 달성할 수 없다고 할 것이므로, 원칙적으로 영장주의가 적용되지 않는다고 보아야 할 것이다. 관계행정청이 등급분류를 받지 아니하거나 등급분류를 받은 게임물과 다른 내용의 게임물을 발견한 경우 관계공무원으로 하여금 이를 수거·폐기하게 할 수 있도록 한 구 음반·비디오물 및 게임물에 관한 법률 규정은 영장주의에 위반되거나 헌법에 위반되지 아니한다. 헌법재판소 2002. 10. 31. 선고 2000헌가12 결정
④ 행정기본법 제32조 및 제31조

> **행정기본법 제32조(직접강제)**
> ③ 직접강제의 계고 및 통지에 관하여는 제31조 제3항 및 제4항을 준용한다.

> **행정기본법 제31조(이행강제금의 부과)**
> ③ 행정청은 이행강제금을 부과하기 전에 미리 의무자에게 적절한 이행기간을 정하여 그 기한까지 행정상 의무를 이행하지 아니하면 이행강제금을 부과한다는 뜻을 문서로 계고하여야 한다.

5. ④ 【해설】행정쟁송법
증액경정처분이 있는 경우 당초처분은 증액경정처분에 흡수되어 소멸하고, 소멸한 당초처분의 절차적 하자는 존속하는 증액경정처분에 승계되지 아니한다. 대법원 2010. 6. 24. 선고 2007두16493 판결
① 세무서장의 국세환급금에 대한 결정은 이미 납세의무자의 환급청구권이 확정된 국세환급금에 대하여 내부적인 사무처리절차로서 과세관청의 환급절차를 규정한 것에 지나지 않고 그 규정에 의한 국세환급금의 결정에 의하여 비로소 환급청구권이 확정되는 것이 아니므로, 국세환급금결정이나 그 결정을 구하는 신청에 대한 환급거부결정 등은 항고소송의 대상이 되는 처분이라고 볼 수 없다. 대법원 1994. 12. 2. 선고 92누14250 판결
② 어떠한 처분에 법령상 근거가 있는지, 행정절차법에서 정한 처분절차를 준수하였는지는 본안에서 당해 처분이 적법한가를 판단하는 단계에서 고려할 요소이지, 소송요건 심사단계에서 고려할 요소가 아니다. 대법원 2020. 1. 16. 선고 2019다264700 판결
③ 수익적 행정처분을 구하는 신청에 대한 거부처분이 있은 후

당사자가 다시 신청을 한 경우에는 신청의 제목 여하에 불구하고 그 내용이 새로운 신청을 하는 취지라면 관할 행정청이 이를 다시 거절하는 것은 새로운 거부처분이라고 보아야 한다. 나아가 어떠한 처분이 수익적 행정처분을 구하는 신청에 대한 거부처분이 아니라고 하더라도, 해당 처분에 대한 이의신청의 내용이 새로운 신청을 하는 취지로 볼 수 있는 경우에는, 그 이의신청에 대한 결정의 통보를 새로운 처분으로 볼 수 있다. 대법원 2022. 3. 17. 선고 2021두53894 판결

6. ④ 【해설】 행정구제법
국가배상법 제2조 제1항 단서 규정은 다른 법령에 보상제도가 규정되어 있고, 그 법령에 규정된 상이등급 또는 장애등급 등의 요건에 해당되어 그 권리가 발생한 이상, 실제로 그 권리를 행사하였는지 또는 그 권리를 행사하고 있는지 여부에 관계없이 적용된다고 보아야 하고, 그 각 법률에 의한 보상금청구권이 시효로 소멸되었다 하여 적용되지 않는다고 할 수는 없다. 대법원 2002. 5. 10. 선고 2000다39735 판결
① 국가 또는 지방자치단체의 산하 공무원이 그 직무를 집행함에 당하여 중대한 과실로 인하여 법령에 위반하여 타인에게 손해를 가함으로써 국가 또는 지방자치단체가 손해배상책임을 부담하고, 그 결과로 손해를 입게 된 경우에는 국가 등은 당해 공무원의 직무내용, 당해 불법행위의 상황, 손해발생에 대한 당해 공무원의 기여정도, 당해 공무원의 평소 근무태도, 불법행위의 예방이나 손실분산에 관한 국가 또는 지방자치단체의 배려의 정도 등 제반사정을 참작하여 손해의 공평한 분담이라는 견지에서 신의칙상 상당하다고 인정되는 한도 내에서만 당해 공무원에 대하여 구상권을 행사할 수 있다고 봄이 상당하다. 대법원 1991. 5. 10. 선고 91다6764 판결
② 고속도로의 관리상 하자가 인정되는 이상 고속도로의 점유관리자는 그 하자가 불가항력에 의한 것이거나 손해의 방지에 필요한 주의를 해태하지 아니하였다는 점을 주장·입증하여야 비로소 그 책임을 면할 수 있다. 대법원 2008. 3. 13. 선고 2007다29287 판결
③ 공익근무요원은 국가배상법 제2조 제1항 단서의 규정에 의하여 국가배상법상 손해배상청구가 제한되는 군인·군무원·경찰공무원 또는 향토예비군대원에 해당한다고 할 수 없다. 대법원 1997. 3. 28. 선고 97다4036 판결

7. ① 【해설】 실효성 확보수단
마약류 불법거래 방지에 관한 특례법 제4조 제1항에 따른 조치의 일환으로 특정한 수출입물품을 개봉하여 검사하고 그 내용물의 점유를 취득한 행위는 위에서 본 수출입물품에 대한 적정한 통관 등을 목적으로 조사를 하는 경우와는 달리, 범죄수사인 압수 또는 수색에 해당하여 사전 또는 사후에 영장을 받아야 한다. 대법원 2017. 7. 18. 선고 2014도8719 판결
② 우편물 통관검사절차에서 이루어지는 우편물의 개봉, 시료채취, 성분분석 등의 검사는 수출입물품에 대한 적정한 통관 등을 목적으로 한 행정조사의 성격을 가지는 것으로서 수사기관의 강제처분이라고 할 수 없으므로, 압수·수색영장 없이 우편물의 개봉, 시료채취, 성분분석 등 검사가 진행되었다 하더라도 특별한 사정이 없는 한 위법하다고 볼 수 없다. 대법원 2013. 9. 26. 선고 2013도7718 판결
③ 금지되는 재조사에 기하여 과세처분을 하는 것은 단순히 당초 과세처분의 오류를 경정하는 경우에 불과하다는 등의 특별한 사정이 없는 한 그 자체로 위법하고, 이는 과세관청이 그러한 재조사로 얻은 과세자료를 과세처분의 근거로 삼지 않았다거나 이를 배제하고서도 동일한 과세처분이 가능한 경우라고 하여 달리 볼 것은 아니다. 대법원 2017. 12. 13. 선고 2016두55421 판결
④ 부과처분을 위한 과세관청의 질문조사권이 행해지는 세무조사결정이 있는 경우 납세의무자는 세무공무원의 과세자료 수집을 위한 질문에 대답하고 검사를 수인하여야 할 법적 의무를 부담하게 되는 점 등을 종합하면, 세무조사결정은 납세의무자의 권리·의무에 직접 영향을 미치는 공권력의 행사에 따른 행정작용으로서 항고소송의 대상이 된다. 대법원 2011. 3. 10. 선고 2009두23617 판결

8. ③ 【해설】 행정절차법
교육부장관이 어떤 후보자를 총장 임용에 부적격하다고 판단하여 배제하고 다른 후보자를 임용제청하는 경우라면 배제한 후보자에게 연구윤리 위반, 선거부정, 그 밖의 비위행위 등과 같은 부적격사유가 있다는 점을 구체적으로 제시할 의무가 있다. 대법원 2018. 6. 15. 선고 2016두57564 판결
① 행정절차법 제20조

> **행정절차법 제20조(처분기준의 설정·공표)**
> ① 행정청은 필요한 처분기준을 해당 처분의 성질에 비추어 되도록 구체적으로 정하여 공표하여야 한다. 처분기준을 변경하는 경우에도 또한 같다.

② 행정청이 문서로 처분을 한 경우 원칙적으로 처분서의 문언에 따라 어떤 처분을 하였는지 확정하여야 한다. 그러나 처분서의 문언만으로는 행정청이 어떤 처분을 하였는지 불분명한 경우에는 처분 경위와 목적, 처분 이후 상대방의 태도 등 여러 사정을 고려하여 처분서의 문언과 달리 처분의 내용을 해석할 수 있다. 특히 행정청이 행정처분을 하면서 논리적으로 당연히 수반되어야 하는 의사표시를 명시적으로 하지 않았다고 하더라도, 그것이 행정청의 추단적 의사에도 부합하고 상대방도 이를 알 수 있는 경우에는 행정처분에 위와 같은 의사표시가 묵시적으로 포함되어 있다고 볼 수 있다. 대법원 2020. 10. 29 선고 2017다269152 판결
④ 행정절차법 제2조 제4호가 행정절차법의 당사자를 행정청의 처분에 대하여 직접 그 상대가 되는 당사자로 규정하고, 도로법 제25조 제3항이 도로구역을 결정하거나 변경할 경우 이를 고시에 의하도록 하면서, 그 도면을 일반인이 열람할 수 있도록 한 점 등을 종합하여 보면, 도로구역을 변경한 이 사건 처분은 행정절차법 제21조 제1항의 사전통지나 제22조 제3항의 의견청취의 대상이 되는 처분은 아니라고 할 것이다. 대법원 2008. 6. 12. 선고 2007두1767 판결

9. ② 【해설】 행정작용법
국가인권위원회의 성희롱결정과 이에 따른 시정조치의 권고는 성희롱 행위자로 결정된 자의 인격권에 영향을 미침과 동시에 공공기관의 장 또는 사용자에게 일정한 법률상의 의무를 부담시키는 것이므로 국가인권위원회의 성희롱결정 및 시정조치권고는 행정소송의 대상이 되는 행정처분에 해당한다고 보지 않을 수 없다. 대법원 2005. 7. 8. 선고 2005두487 판결
① 피청구인이 청구인들로 하여금 육군훈련소 내 종교행사에 참석하도록 한 이 사건 종교행사 참석조치는 피청구인이 우월적 지위에서 청구인들에게 일방적으로 강제한 행위로, 헌법소원심판의 대상이 되는 권력적 사실행위에 해당한다. 헌법재판소 2022. 11. 24 자 2019헌마941 결정
③ 세무당국이 소외 회사에 대하여 원고와의 주류거래를 일정기간 중지하여 줄 것을 요청한 행위는 권고 내지 협조를 요청하는 권고적 성격의 행위로서 소외 회사나 원고의 법률상의 지위에 직접적인 법률상의 변동을 가져오는 행정처분이라고 볼 수 없는 것이므로 항고소송의 대상이 될 수 없다. 대법원 1980. 10. 27. 선고 80누395 판결
④ 행정절차법 제51조

> **행정절차법 제51조(다수인을 대상으로 하는 행정지도)**
> 행정기관이 같은 행정목적을 실현하기 위하여 많은 상대방에게 행정지도를 하려는 경우에는 특별한 사정이 없으면 행정지도에 공통적인 내용이 되는 사항을 공표하여야 한다.

10. ② 【해설】 행정작용법
처분의 근거 법령이 행정청에 처분의 요건과 효과 판단에 일정한 재량을 부여하였는데도, 행정청이 자신에게 재량권이 없다고 오인한 나머지 처분으로 달성하려는 공익과 그로써 처분상대방이 입게 되는 불이익의 내용과 정도를 전혀 비교형량 하지 않은 채 처분을 하였다면, 이는 재량권 불행사로서 그 자체로 재량권 일탈·남용으로 해당 처분을 취소하여야 할 위법사유가 된다. 대법원 2019. 7. 11. 선고 2017두38874 판결
① 구 학교용지 확보 등에 관한 특례법 제5조 제1항은 "시·도지사는 개발사업지역에서 단독주택을 건축하기 위한 토지를 개발하여 분양하거나 공동주택을 분양하는 자에게 부담금을 부과·징수할 수 있다."라고 규정하고 있어, 문언상 위 규정에

따른 학교용지부담금 부과는 재량행위로 해석된다. 대법원 2022. 12. 29. 선고 2020두49041 판결
③ 육아휴직 중인 여성 교육공무원이 출산휴가 요건을 갖추어 복직신청을 하는 경우는 물론 그 이전에 미리 출산을 이유로 복직신청을 하는 경우에도 임용권자는 출산휴가 개시 시점에 휴직사유가 없어졌다고 보아 복직명령과 동시에 출산휴가를 허가하여야 한다. 대법원 2014. 6. 12. 선고 2012두4852 판결
④ 건설부장관이 행한 국립공원지정처분은 그 결정 및 첨부된 도면의 공고로써 그 경계가 확정되는 것이고, 시장이 행한 경계측량 및 표지의 설치 등은 공원관리청이 공원구역의 효율적인 보호, 관리를 위하여 이미 확정된 경계를 인식, 파악하는 사실상의 행위로 봄이 상당하며, 위와 같은 사실상의 행위를 가리켜 공권력행사로서의 행정처분의 일부라고 볼 수 없고, 이로 인하여 건설부장관이 행한 공원지정처분이나 그 경계에 변동을 가져온다고 할 수 없다. 대법원 1992. 10. 13. 선고 92누2325 판결

11. ① 【해설】 행정법통론
개성공단 전면중단 조치가 고도의 정치적 결단을 요하는 문제이기는 하나, 조치 결과 개성공단 투자기업인 청구인들에게 기본권 제한이 발생하였고, 국민의 기본권 제한과 직접 관련된 공권력의 행사는 고도의 정치적 고려가 필요한 행위라도 헌법과 법률에 따라 결정하고 집행하도록 견제하는 것이 헌법재판소 본연의 임무이므로, 그 한도에서 헌법소원심판의 대상이 될 수 있다. 헌법재판소 2022. 1. 27. 선고 2016헌마364 전원재판부 결정
② 한미연합 군사훈련은 1978. 한미연합사령부의 창설 및 1979. 2. 15. 한미연합연습 양해각서의 체결 이후 연례적으로 실시되어 왔고, 특히 이 사건 연습은 대표적인 한미연합 군사훈련으로서, 피청구인이 2007. 3.경에 한 이 사건 연습결정이 새삼 국방에 관련되는 고도의 정치적 결단에 해당하여 사법심사를 자제하여야 하는 통치행위에 해당된다고 보기 어렵다. 헌법재판소 2009. 5. 28. 선고 2007헌마369 결정
③ 외국에의 국군의 파견결정은 파견군인의 생명과 신체의 안전뿐만 아니라 국제사회에서의 우리나라의 지위와 역할, 동맹국과의 관계, 국가안보문제 등 궁극적으로 국민 내지 국익에 영향을 미치는 복잡하고도 중요한 문제로서 국내 및 국제정치관계 등 제반상황을 고려하여 미래를 예측하고 목표를 설정하는 등 고도의 정치적 결단이 요구되는 사안이므로 사법심사의 대상이 되지 아니한다. 헌법재판소 2004. 4. 29. 선고 2003헌마814 결정
④ 비록 서훈취소가 대통령이 국가원수로서 행하는 행위라고 하더라도 법원이 사법심사를 자제하여야 할 고도의 정치성을 띤 행위라고 볼 수는 없다. 대법원 2015. 4. 23. 선고 2012두26920 판결

12. ① 【해설】 행정쟁송법
행정심판법 제6조

> **행정심판법 제6조(행정심판위원회의 설치)**
> ① 다음 각 호의 행정청 또는 그 소속 행정청의 처분 또는 부작위에 대한 행정심판의 청구에 대하여는 다음 각 호의 행정청에 두는 행정심판위원회에서 심리·재결한다.
> 　2. 국회사무총장·법원행정처장·헌법재판소사무처장 및 중앙선거관리위원회사무총장

② 행정심판법 제5조

> **행정심판법 제5조(행정심판의 종류)**
> 행정심판의 종류는 다음 각 호와 같다.
> 　3. 의무이행심판: 당사자의 신청에 대한 행정청의 위법 또는 부당한 거부처분이나 부작위에 대하여 일정한 처분을 하도록 하는 행정심판

③ 행정심판법 제29조

> **행정심판법 제29조(청구의 변경)**
> ⑧ 청구의 변경결정이 있으면 처음 행정심판이 청구되었을 때부터 변경된 청구의 취지나 이유로 행정심판이 청구된 것으로 본다.

④ 행정심판법 제18조의2

> **행정심판법 제18조의2(국선대리인)**
> ① 청구인이 경제적 능력으로 인해 대리인을 선임할 수 없는 경우에는 위원회에 국선대리인을 선임하여 줄 것을 신청할 수 있다.

13. ③ 【해설】 행정작용법
공정거래위원회가 부당한 공동행위를 행한 사업자로서 구 독점규제 및 공정거래에 관한 법률제22조의2에서 정한 자진신고자나 조사협조자에 대하여 과징금 부과처분(선행처분)을 한 뒤, 동법 시행령 제35조 제3항에 따라 다시 자진신고자 등에 대한 사건을 분리하여 자진신고 등을 이유로 한 과징금 감면처분(후행처분)을 하였다면, 후행처분은 자진신고 감면까지 포함하여 처분 상대방이 실제로 납부하여야 할 최종적인 과징금액을 결정하는 종국적 처분이고, 선행처분은 이러한 종국적 처분을 예정하고 있는 일종의 잠정적 처분으로서 후행처분이 있을 경우 선행처분은 후행처분에 흡수되어 소멸한다. 따라서 위와 같은 경우에 선행처분의 취소를 구하는 소는 이미 효력을 잃은 처분의 취소를 구하는 것으로 부적법하다. 대법원 2015. 2. 12. 선고 2013두987 판결
① 행정절차법 제40조의2

> **행정절차법 제40조의2(확약)**
> ④ 행정청은 다음 각 호의 어느 하나에 해당하는 경우에는 확약에 기속되지 아니한다.
> 　1. 확약을 한 후에 확약의 내용을 이행할 수 없을 정도로 법령등이나 사정이 변경된 경우

② 폐기물처리업의 허가에 앞서 사업계획서에 대한 적정·부적정 제도를 두고 있는 것은 허가관청으로 하여금 미리 사업계획서를 심사하여 그 적정·부적정통보 처분을 하도록 하고, 나중에 허가단계에서는 나머지 허가요건만을 심사하여 신속하게 허가업무를 처리하는 데 그 취지가 있다. 대법원 1998. 4. 28. 선고 97누21086 판결
④ 원자로 및 관계 시설의 부지사전승인처분은 건설허가 전에 신청자의 편의를 위하여 미리 그 건설허가의 일부 요건을 심사하여 행하는 사전적 부분 건설허가처분의 성격을 갖고 있는 것이어서 나중에 건설허가처분이 있게 되면 그 건설허가처분에 흡수되어 독립된 존재가치를 상실함으로써 그 건설허가처분만이 쟁송의 대상이 되는 것이므로, 부지사전승인처분의 취소를 구하는 소는 소의 이익을 잃게 되고, 따라서 부지사전승인처분의 위법성은 나중에 내려진 건설허가처분의 취소를 구하는 소송에서 이를 다투면 된다. 대법원 1998. 9. 4. 선고 97누19588 판결

14. ③ 【해설】 행정작용법
의제된 인허가는 통상적인 인허가와 동일한 효력을 가지므로, 적어도 '부분 인허가 의제'가 허용되는 경우에는 그 효력을 제거하기 위한 법적 수단으로 의제된 인허가의 취소나 철회가 허용될 수 있고, 이러한 직권 취소·철회가 가능한 이상 그 의제된 인허가에 대한 쟁송취소 역시 허용된다. 대법원 2018. 11. 29. 선고 2016두38792 판결
① 관련 인허가 의제 제도는 사업시행자의 이익을 위하여 만들어진 것이므로, 사업시행자가 반드시 관련 인허가 의제 처리를 신청할 의무가 있는 것은 아니다. 대법원 2020. 7. 23. 선고 2019두31839 판결
② 건축법에서 인허가의제 제도를 둔 취지는, 인허가의제사항과 관련하여 건축허가의 관할 행정청으로 창구를 단일화하고 절차를 간소화하며 비용과 시간을 절감함으로써 국민의 권익을 보호하려는 것이지, 인허가의제사항 관련 법률에 따른 각각의 인허가 요건에 관한 일체의 심사를 배제하려는 것으로 보기는 어려우므로, 도시계획시설인 주차장에 대한 건축허가신청을 받은 행정청으로서는 건축법상 허가 요건뿐 아니라 국토의 계획 및 이용에 관한 법령이 정한 도시계획시설사업에 관한 실시계획인가 요건도 충족하는 경우에 한하여 이를 허가해야 한다. 대법원 2015. 7. 9. 선고 2015두39590 판결
④ 행정기본법 제26조

> **행정기본법 제26조(인허가의제의 사후관리 등)**

① 인허가의제의 경우 관련 인허가 행정청은 관련 인허가를 직접 한 것으로 보아 관계 법령에 따른 관리·감독 등 필요한 조치를 하여야 한다.

15. ④ 【해설】 행정쟁송법
행정처분과 동일한 사유로 위법한 처분이 반복될 위험성이 있어 행정처분의 위법성 확인 내지 불분명한 법률문제에 대한 해명이 필요한 경우에는 행정의 적법성 확보와 그에 대한 사법통제, 국민의 권리구제 확대 등의 측면에서 예외적으로 그 처분의 취소를 구할 소의 이익을 인정할 수 있다. 여기에서 '그 행정처분과 동일한 사유로 위법한 처분이 반복될 위험성이 있는 경우'란 불분명한 법률문제에 대한 해명이 필요한 상황에 대한 대표적인 예시일 뿐이며, 반드시 '해당 사건의 동일한 소송 당사자 사이에서' 반복될 위험이 있는 경우만을 의미하는 것은 아니다. 대법원 2020. 12. 24. 선고 2020두30450 판결
① 인·허가 등의 수익적 행정처분을 신청한 수인이 서로 경쟁관계에 있어서 일방에 대한 허가 등의 처분이 타방에 대한 불허가 등으로 귀결될 수밖에 없는 때 허가 등의 처분을 받지 못한 자는 비록 경원자에 대하여 이루어진 허가 등 처분의 상대방이 아니라 하더라도 당해 처분의 취소를 구할 원고적격이 있다. 다만, 명백한 법적 장애로 인하여 원고 자신의 신청이 인용될 가능성이 처음부터 배제되어 있는 경우에는 당해 처분의 취소를 구할 정당한 이익이 없다. 대법원 2009. 12. 10. 선고 2009두8359 판결
② 거부처분을 취소하는 재결이 있더라도 그에 따른 후속처분이 있기까지는 제3자의 권리나 이익에 변동이 있다고 볼 수 없고 후속처분 시에 비로소 제3자의 권리나 이익에 변동이 발생한다. 이러한 점들을 종합하면, 거부처분이 재결에서 취소된 경우 재결에 따른 후속처분이 아니라 그 재결의 취소를 구하는 것은 실효적이고 직접적인 권리구제수단이 될 수 없어 분쟁해결의 유효적절한 수단이라고 할 수 없으므로 법률상 이익이 없다. 대법원 2017. 10. 31. 선고 2015두45045 판결
③ 학교법인 임원취임승인의 취소처분 후 그 임원의 임기가 만료되고 구 사립학교법 제22조 제2호 소정의 임원결격사유기간마저 경과한 경우 또는 위 취소처분에 대한 취소소송 제기 후 임시이사가 교체되어 새로운 임시이사가 선임된 경우, 위 취임승인취소처분 및 당초의 임시이사선임처분의 취소를 구할 소의 이익이 있다. 대법원 2007. 7. 19. 선고 2006두19297 판결

16. ① 【해설】 행정구제법
사업시행자가 동일한 토지소유자에 속하는 일단의 토지 일부를 취득함으로써 잔여지의 가격이 감소하거나 그 밖의 손실이 있을 때에는 잔여지를 종래의 목적으로 사용할 수 있는 경우라도 잔여지 손실보상의 대상이 되고, 잔여지를 종래의 목적에 사용하는 것이 불가능하거나 현저히 곤란한 경우에만 잔여지 손실보상청구를 할 수 있는 것이 아니다. 대법원 2020. 4. 9. 선고 2017두275 판결
② 구 '공익사업을 위한 토지 등의 취득 및 보상에 관한 법률' 제74조 제1항에 규정되어 있는 잔여지 수용청구권은 손실보상의 일환으로 토지소유자에게 부여되는 권리로서 그 요건을 구비한 때에는 잔여지를 수용하는 토지수용위원회의 재결이 없더라도 그 청구에 의하여 수용의 효과가 발생하는 형성권적 성질을 가지므로, 잔여지 수용청구를 받아들이지 않은 토지수용위원회의 재결에 대하여 토지소유자가 불복하여 제기하는 소송은 위 법 제85조 제2항에 규정되어 있는 '보상금의 증감에 관한 소송'에 해당하여 사업시행자를 피고로 하여야 한다. 대법원 2010. 8. 19. 선고 2008두822 판결
③ 토지보상법 제66조

토지보상법 제66조(사업시행 이익과의 상계금지)
사업시행자는 동일한 소유자에게 속하는 일단의 토지의 일부를 취득하거나 사용하는 경우 해당 공익사업의 시행으로 인하여 잔여지의 가격이 증가하거나 그 밖의 이익이 발생한 경우에도 그 이익을 그 취득 또는 사용으로 인한 손실과 상계할 수 없다.

④ 도시계획시설의 지정으로 말미암아 당해 토지의 이용가능성이 배제되거나 또는 토지소유자가 토지를 종래 허용된 용도

대로로도 사용할 수 없기 때문에 이로 말미암아 현저한 재산적 손실이 발생하는 경우에는, 원칙적으로 사회적 제약의 범위를 넘는 수용적 효과를 인정하여 국가나 지방자치단체는 이에 대한 보상을 해야 한다. 헌법재판소 1999. 10. 21. 선고 97헌바26 전원재판부

17. ④ 【해설】 실효성 확보수단
구 개인정보 보호법은 제2조 제5호, 제6호에서 공공기관 중 법인격이 없는 '중앙행정기관 및 그 소속 기관' 등을 개인정보처리자 중 하나로 규정하고 있으면서도, 양벌규정에 의하여 처벌되는 개인정보처리자로는 같은 법 제74조 제2항에서 '법인 또는 개인'만을 규정하고 있을 뿐이고, 법인격 없는 공공기관에 대하여도 위 양벌규정을 적용할 것인지 여부에 대하여는 명문의 규정을 두고 있지 않으므로, 죄형법정주의의 원칙상 '법인격 없는 공공기관'을 위 양벌규정에 의하여 처벌할 수 없고, 그 경우 행위자 역시 위 양벌규정으로 처벌할 수 없다고 봄이 타당하다. 대법원 2021. 10. 28. 선고 2020도1942 판결
① 이 사건 항만순찰 등 업무는 부산광역시장이 국가로부터 위임받은 기관위임사무에 해당한다고 봄이 상당하고, 이러한 경우에 지방자치단체인 피고인을 양벌규정에 의한 처벌대상이 되는 법인에 해당하는 것으로 보아 처벌할 수는 없으므로 피고인에게는 이 사건 자동차관리법 위반죄가 성립할 수 없다. 대법원 2009. 6. 11. 선고 2008도6530 판결
② 과태료는 행정상의 질서유지를 위한 행정질서벌에 해당할 뿐 형벌이라고 할 수 없어 죄형법정주의의 규율대상에 해당하지 아니한다. 헌법재판소 1998. 5. 28. 선고 96헌바83 결정
③ 질서위반행위규제법 제20조

질서위반행위규제법 제20조(이의제기)
② 제1항에 따른 이의제기가 있는 경우에는 행정청의 과태료 부과처분은 그 효력을 상실한다.

18. ③ 【해설】 행정법통론
기부채납받은 공유재산을 무상으로 기부자에게 사용을 허용하는 행위는 사경제주체로서 상대방과 대등한 입장에서 하는 사법상 행위이지 행정청이 공권력의 주체로서 행하는 공법상 행위라고 할 수 없으므로, 기부자가 기부채납한 부동산을 일정기간 무상사용한 후에 한 사용허가기간 연장신청을 거부한 행정청의 행위도 단순한 사법상의 행위일 뿐 행정처분 기타 공법상 법률관계에 있어서의 행위는 아니다. 대법원 1994. 1. 25. 선고 93누7365 판결
① 구 공익사업을 위한 토지 등의 취득 및 보상에 관한 법률 제91조에 규정된 환매권의 존부에 관한 확인을 구하는 소송 및 같은 조 제4항에 따라 환매금액의 증감을 구하는 소송은 민사소송에 해당한다. 대법원 2013. 2. 28. 선고 2010두22368 판결
② (지방자치단체가 보조금 지급결정을 하면서 일정 기한 내에 보조금을 반환하도록 하는 교부조건을 부가한 사안에서) 보조사업자의 지방자치단체에 대한 보조금 반환의무는 행정처분인 위 보조금 지급결정에 부가된 부관상 의무이고, 이러한 부관상 의무는 보조사업자가 지방자치단체에 부담하는 공법상 의무이므로, 보조사업자에 대한 지방자치단체의 보조금반환청구는 공법상 권리관계의 일방 당사자를 상대로 하여 공법상 의무이행을 구하는 청구로서 당사자소송의 대상이 된다. 대법원 2011. 6. 9. 선고 2011다2951 판결
④ 납세의무자에 대한 국가의 부가가치세 환급세액 지급의무에 대응하는 국가에 대한 납세의무자의 부가가치세 환급세액 지급청구는 민사소송이 아니라 행정소송법 제3조 제2호에 규정된 당사자소송의 절차에 따라야 한다. 대법원 2013. 3. 21. 선고 2011다95564 전원합의체 판결

19. ② 【해설】 행정쟁송법
행정소송법 제38조 제1항이 무효확인 판결에 관하여 취소판결에 관한 규정을 준용함에 있어서 같은 법 제30조 제2항을 준용한다고 규정하면서도 같은 법 제34조는 이를 준용한다는 규정을 두지 않고 있으므로, 행정처분에 대하여 무효확인 판결이 내려진 경우에는 그 행정처분이 거부처분인 경우에도 행정청에 판결의 취지에 따른 재처분의무가 인정될 뿐 그에 대하여 간접강제까지 허용되는 것은 아니라고 할 것이다. 대법원

1998. 12. 24.자 98무37 판결
① 신청인이 피신청인을 상대로 제기한 부작위위법확인소송에서 신청인의 제2예비적 청구를 받아들이는 내용의 확정판결을 받았다. 그 판결의 취지는 피신청인이 신청인의 광주광역시 지방부이사관 승진임용신청에 대하여 아무런 조치를 취하지 아니하는 것 자체가 위법함을 확인하는 것일 뿐이다. 대법원 2010. 2. 5.자 2009무153 판결
③ 행정청이 여러 개의 위반행위에 대하여 하나의 제재처분을 하였으나, 위반행위별로 제재처분의 내용을 구분하는 것이 가능하고 여러 개의 위반행위 중 일부의 위반행위에 대한 제재처분 부분만이 위법하다면, 법원은 제재처분 중 위법성이 인정되는 부분만 취소하여야 하고 제재처분 전부를 취소하여서는 아니 된다. 대법원 2020. 5. 14. 선고 2019두63515 판결
④ 기판력의 객관적 범위는 그 판결의 주문에 포함된 것, 즉 소송물로 주장된 법률관계의 존부에 관한 판단의 결론 그 자체에만 미치는 것이고 판결이유에 설시된 그 전제가 되는 법률관계의 존부에까지 미치는 것은 아니다. 대법원 1987. 6. 9. 선고 86다카2756 판결

20. ④ 【해설】 행정작용법
지방자치단체장이 공장시설을 신축하는 회사에 대하여 사업승인 내지 건축허가 당시 부가하였던 조건을 이행할 때까지 신축공사를 중지하라는 명령을 한 경우, 위 회사에게는 중지명령의 원인사유가 해소되었음을 이유로 당해 공사중지명령의 해제(주: 강학상 철회를 의미함)를 요구할 수 있는 권리가 조리상 인정된다. 대법원 2007. 5. 11. 선고 2007두1811 판결
① 행정기본법 제18조

> **행정기본법 제18조(위법 또는 부당한 처분의 취소)**
> ② 행정청은 제1항에 따라 당사자에게 권리나 이익을 부여하는 처분을 취소하려는 경우에는 취소로 인하여 당사자가 입게 될 불이익을 취소로 달성되는 공익과 비교·형량하여야 한다. 다만, 다음 각 호의 어느 하나에 해당하는 경우에는 그러하지 아니하다.
> 1. 거짓이나 그 밖의 부정한 방법으로 처분을 받은 경우
> 2. 당사자가 처분의 위법성을 알고 있었거나 중대한 과실로 알지 못한 경우

② 행정처분이 취소되면 그 소급효에 의하여 처음부터 그 처분이 없었던 것과 같은 효과를 발생하게 되는바, 행정청이 의료법인의 이사에 대한 이사취임승인취소처분(제1처분)을 직권으로 취소(제2처분)한 경우에는 그로 인하여 이사가 소급하여 이사로서의 지위를 회복하게 되고, 그 결과 위 제1처분과 제2처분 사이에 법원에 의하여 선임결정된 임시이사들의 지위는 법원의 해임결정이 없더라도 당연히 소멸된다. 대법원 1997. 1. 21. 선고 96누3401 판결
③ 영유아보육법 제30조 제5항 제3호에 따른 평가인증의 취소는 평가인증 당시에 존재하였던 하자가 아니라 그 이후에 새로이 발생한 사유로 평가인증의 효력을 소멸시키는 경우에 해당하므로, 법적 성격은 평가인증의 '철회'에 해당한다. 그런데 행정청이 평가인증을 철회하면서 그 효력을 철회의 효력발생일 이전으로 소급하게 하면, 철회 이전의 기간에 평가인증을 전제로 지급한 보조금 등의 지원이 그 근거를 상실하게 되어 이를 반환하여야 하는 법적 불이익이 발생한다. 이는 장래를 향하여 효력을 소멸시키는 철회가 예정한 법적 불이익의 범위를 벗어나는 것이다. 이처럼 행정청이 평가인증이 이루어진 이후에 새로이 발생한 사유를 들어 영유아보육법 제30조 제5항에 따라 평가인증을 철회하는 처분을 하면서도, 평가인증의 효력을 과거로 소급하여 상실시키기 위해서는, 특별한 사정이 없는 한 영유아보육법 제30조 제5항과는 별도의 법적 근거가 필요하다. 대법원 2018. 6. 28. 선고 2015두58195 판결

행 정 학

출제교수: 김규대 교수님

1. ③　【해설】총론 - 후기행태적 접근방법
가치중립적인 과학적·실증적 연구보다는 가치평가적인 정책연구를 지향하는 입장으로, 정책과학(1970년대)의 발전에 견인차 역할을 하였다
④ 주지주의(主知主義)가 의지나 감성보다는 지성(이성)을 중시하는 입장으로서, 참다운 진리는 이성에 의하여 얻어진다는 합리주의 입장이라면, 주의주의(主意主義)는 관념론 철학의 세계관으로서, 지성(이성)이 아닌 의지를 상위에 두고는 사상인데, 칸트의 정언명령(定言명령)은 윤리적 주의주의에 속한다. 따라서 후기행태주의는 주의주의와 주관주의를 표방한다.

2. ①　【해설】조직론 - 가외성
조직원리 중 가외성의 원리에 해당한다. 가외성은 불확실한 상황에서의 오류 발생 가능성을 최소화하고 체제의 신뢰성을 높이기 위해 강조되는 행정가치이며, 여러 기관에 한 가지 기능이 혼합되는 중첩성(overlapping)과 동일 기능이 여러 기관에서 독립적으로 수행되는 중복성(duplication) 등을 포괄하는 개념이다.

3. ④　【해설】인사행정론 - 직위분류제
직무의 종류는 다르지만 그 곤란성.책임도 및 자격 수준이 상당히 유사하여 동일한 보수를 지급할 수 있는 직위의 군은 등급의 설명이다. 직급은 직무의 종류와 책임도가 상당히 유사한 직위의 군이다.
① 직류는 동일한 직렬 내에서 담당 직책이 유사한 직무들을 묶은 하위 분류다.
② 직렬은 직무의 종류가 유사하지만 난이도와 책임도가 서로 다른 직급들의 군이다.
③ 직군은 직무의 성질이 유사한 여러 직렬들을 포괄하는 상위 범주다.

4. ②　【해설】재무행정론 - 수입대체경비와 예산원칙
수입대체경비는 경비의 성질상 특정지출이 직접 수입을 수반하는 경우 그 수입의 한도 내에서 그 경비를 직접 지출할 수 있도록 인정하는 제도로서, 통일성과 완전성 원칙에 대한 예외에 속한다.
③ 수입금마련지출제도는「정부기업예산법」에 근거하여 정부기업이 그 사업을 합리적으로 운영하기 위하여 수요 증가로 인한 예산 초과수입 또는 초과할 것이 예측되는 수입을 그 초과수입에 직접적으로 관련되는 비용에 사용할 수 있게 하는 제도이다. 수입대체경비와 수입금마련지출제도는 직접 지출을 인정하게 되면 예산의 통일성 원칙에 위배되는 점과 초과수입으로 초과지출을 하게 되면 완전성의 원칙에 위배된다는 점에서 유사하다. 기획재정부 장관이 지정하는 제도는 수입대체경비이다.

5. ④　【해설】총론 - 니스카넨의 예산극대화모형
관료는 총비용곡선과 총편익곡선이 교차하는 지점에서 공급하려고 한다.
①, ② 정치가는 사회후생의 극대화를 강조하기 때문에 한계편익곡선과 한계비용곡선이 교차하는 지점인 총편익과 총비용의 차이인 순편익이 극대화되는 지점에서 공급하려 한다.
③ Niskanen은 경제학적 관점에 따라 행정의 공급자인 관료를 자기의 효용을 극대화하려는 주체로 이해하고 관료제를 분석하였다.

6. ②　【해설】총론 - 시장실패와 정부실패론
정치인은 짧은 재임기간 때문에 단기적인 이익에 집중한다. 장기적 이익을 낮게 평가하므로 시간에 대한 할인율은 매우 높게 나타난다. 정치인의 단기적 시계는 정부실패의 원인이다
① 비용부담자와 수혜자의 불일치 현상이 일어나기 때문에 공공서비스를 독자적으로 공급하는 정부는 비용적 측면에 둔감해져 낭비를 한다. 이를 정부실패의 원인 중 하나인 비용과 수익의 절연현상이라 한다.

③ 시장실패인 자연독점에 대응하기 위해 정부는 공적공급은 물론, 규제 또한 필요하다.
④ 외부효과는 아무런 대가 없이 불이익이나 혜택만을 주는 효과로서 재화의 공급자와 수요자 외에 제 3자가 환경오염의 피해를 겪는 것은 불이익만을 주는 경우는 외부불경제에 해당한다. 이는 시장실패의 한 원인이다.

7. ②　【해설】정책론 - 정책지지연합모형
정책지지연합모형은 정책하위체제(Sub system)라는 분석단위에 초점을 두고 정책변화를 이해한다
① 정책지지연합 모형은 정책변동 모형 중에서 정책 과정 참여자의 신념체계를 가장 강조하는 모형이다.
③ 외부 안정적 요인으로는 정책문제의 특성, 자원의 배분, 기본적인 사회문화적 가치와 사회구조, 법적 구조 등으로 이러한 안정적인 변수들은 변화가 불가능하진 않지만 속도가 느리고 거의 변화하지 않는다. 그러면서 정책 하위체계가 선택가능한 정책대안의 범위를 한정하고 정책하위체제들의 자원과 신념체계에 영향을 미친다.
④ 외부 역동적 요인으로는 사회경제적 조건의 변화, 선거 등을 통한 통치집단의 변화, 다른 정책으로부터의 영향 및 정책결정 등으로 이는 정책하위체제에 단기간의 큰 영향을 미친다. 정책의 핵심적인 내용의 변화는 대부분 이러한 역동적인 요인에 의해 초래된다.

8. ②　【해설】조직론 - 수평구조
수평적 구조(horizontal structure)의 팀 조직이다. 구성원을 핵심 업무과정 중심으로 조직화한 구조로서 팀(team) 조직이 대표적이다. 수평구조는 수직적 계층과 부서 간 경계가 제거되어 소통과 조정이 용이하다. 부서 간 조정을 위한 교차 기능팀, 임시과제 수행을 위한 임시작업단 등이 있다.

9. ④　【해설】재무행정론 - 예산심의론
미국은 정부의 동의 없이 증액하거나 새로운 비목을 설치할 수 있으나, 영국과 한국은 증액보정권이 허용되지 않는다. 한국은 예산심의 과정에서 정부예산안에 대한 소극적 수정은 가능하지만, 정부의 동의없이 증액수정이나 신항목설치(증액보정권)와 같은 적극적 수정은 할 수 없다.

10. ①　【해설】정책론 - 이슈네트워크 vs 정책공동체
이슈네트워크의 참여자는 광범위 개방적이나, 정책공동체의 참여자는 전문가들로만 이루어져 제한적·폐쇄적이다.

11. ①　【해설】조직론 - 직무설계론
수평적 분화는 조직이 수행하는 업무의 세분화를 의미하고, 수직적 분화는 조직 내에 있는 계층의 수 또는 계층제의 깊이이다.
② 조직의 전략과 정책을 결정하는 고위관리 직무는 낮은 수평적.수직적인 전문화가 효과적이다.

12. ④　【해설】지방자치론 - 자치경찰제도
경찰기관 상호간의 협조가 용이하여 경찰행정의 능률성을 확보할 수 있는 것은 자치경찰제가 아닌 국가경찰제도의 장점에 해당한다. 국가경찰제도를 실시하면 강력한 집행력과 능률성이 확보된다. 또한 비상사태 시 또는 광역적 사건처리가 효율적이다.

13. ③　【해설】조직론 - 집단사고론
영감적 동기부여(inspirational motivation)는 변혁적 리더십의 특성에 해당한다.
①, ②, ④ 집단간의 상호작용이 없는 조직은 정태적인 조직이 된다. 조직이 정태성을 벗어나서 다이내믹하게 상호작용하는 집단의 특성을 연구하는 것을 집단역학(group dynamics)이라고 한다. Janis는 「집단사고의 희생(Victims of Groupthinks, 1972)」에서 응집성이 강한 소수로 구성된 정책결정은 각자의 목표와 가치가 발현되지 못하고 하나의 동일한 방향으로 향하게 되는 특징적인 의사결정 성향 때문에 의사결정의 민주성과 타당성을 훼손하는 결과를 초래하게 된다고 한다. 집단사고의 원인은 집단에 대한 과도한 충성과 집권적 의

사결정 구조와 의사결정의 규칙이나 절차의 부재 및 외부의 위협이나 위기가 잠재한다고 인식될 때 잘 발생하게 된다.

14. ④ 【해설】인사행정론 - 고위공무원단제도
고위공무원단은 계급 중심이 아닌 성과와 책임을 중시하는 제도이다.
① 고위공무원단은 과장급 이상을 관리계층으로 전(全)정부적으로 통합 관리되는 개방성과 성과관리를 특징으로 하는 인사시스템이다.
② 미국은 미국식 공무원제도의 문제점을 극복하기 위하여 직위분류구조를 단순화하고 계급제나 폐쇄형 공무원 제도 및 일반행정가 중심에 입각한 직업공무원제도의 장점을 도입하려고 1978년 연방공무원제도개혁법에 의해 고위공무원단제도를 도입하고 있다.
③ 소속기관장과 1년 단위의 직무성과계약을 체결하고, 급여에 대해서는 직무성과급제를 적용하여 고위직에 대한 성과관리가 강화된다.

15. ④ 【해설】정책론 - 정책평가론 (외적 타당성)
상실요소에 대한 설명으로, 내적 타당성의 저해요인이다.
① 외적 타당성 저해요인인 다수처리에 의한 간섭에 해당한다.
② 외적 타당성 저해요인인 표본의 대표성 부족에 해당한다.
측정의 상호작용에 해당한다.
③ 외적 타당성 저해요인인 측정의 상호작용에 해당한다.

16. ② 【해설】인사행정론 - 행정윤리
내부고발자 보호제도는 공직자윤리법이 아니라 「부패방지 및 국민권익위원회의 설치와 운영에 관한 법률」에 규정되어 있다. 공직자윤리법은 주로 재산등록, 이해충돌방지, 취업제한 등을 다룬다.
① 국가공무원법은 성실의무, 복종의무, 친절·공정의무, 비밀엄수의무, 정치적 중립의무 등 공무원의 복무규정을 폭넓게 규정하고 있다.
③ 공직자윤리법은 고위공직자의 재산등록 및 공개제도에 대한 내용을 상세히 규정하고 있다.
④ 「부패방지 및 국민권익위원회의 설치와 운영에 관한 법률」은 국민감사청구제도를 규정하고 있다.

17. ① 【해설】재무행정론 - 특별회계
「정부기업예산법」의 적용은 정부부처 형태를 띤 공기업으로서 우편사업·우체국예금·양곡관리·조달의 회계이다. 이들 조직은 정부조직법에 근거하여 설치·운영되며, 「정부기업예산법」의 적용을 받고, 경영합리화를 위하여 일반 행정기관과는 달리 특별회계로 운영되기 때문에 기업성 향상을 위하여 정부회계와는 달리 원가계산제도·감가상각·대차 대조표·손익계산서 작성 및 발생주의 원칙, 예산의 신축성 부여를 위한 수입금마련지출제도의 특징을 띤다.

정부기업예산법 제3조【특별회계의 설치】
정부기업을 운영하기 위하여 다음 각 호의 특별회계를 설치하고 그 세입으로써 그 세출에 충당한다.
1. 우편사업특별회계
2. 우체국예금특별회계
3. 양곡관리특별회계
4. 조달특별회계

18. ④ 【해설】인사행정론 - 직무평가방법
평가대상 직위의 직무구성요소를 정의하고 각 요소의 비중 혹은 등급을 직무평가기준표로 정한 다음 그에 따라 각 요소를 평가하는 계량적 방법으로서 제일 많이 사용하고 있는 평가방식은 점수법이다. 점수법은 계량적 방법이면서 절대평가 방법이다.

19. ④ 【해설】정책론 - 정책의제설정
조합주의 이론(corporatist theory)은 정부는 집단 간 이익의 중재에만 머물지 않고 국가이익이나 사회 공동선을 달성하기 위한 주도적인 역할을 담당하는 것으로 전제한다.

20. ④ 【해설】지방자치론 - 지방자치제도
인지세와 증여세는 국세이다
① 지방자치단체는 법인격을 가지고 있다.(지방자치법 제3조 ① 지방자치단체는 법인으로 한다.)
② 지방의회와 집행기관이 대립하는 기관분립(기관대립)형이다.
③ 지방자치법 제 126조 규정에 의하여 대통령령이나 대통령령으로 정하는 바에 따라 지방자치단체의 조례로 중소기업지도기관, 시험연구기관 등을 직속기관으로 설치할 수 있다.

-제1회-

이 름: ________________

제1과목 국어
제2과목 영어
제3과목 한국사
제4과목 행정법총론
제5과목 행정학개론

합격까지 박문각

국 어

1. 다음 글에 대한 이해로 가장 적절한 것은?

'ㅎ'이 포함된 말은 음운 환경에 따라 다양한 변동을 보인다. 먼저 거센소리되기는 예사소리 'ㄱ, ㄷ, ㅂ, ㅈ'과 'ㅎ'이 만나 각각 'ㅋ, ㅌ, ㅍ, ㅊ'으로 바뀌는 현상으로, 두 음운이 합쳐지는 축약의 일종이다. 이 현상은 배열 순서에 따라 두 가지로 나눌 수 있다. 'ㅎ'이 앞에 놓이면 항상 축약이 일어난다. 표준 발음법 제12항에서는 'ㅎ(ㄶ, ㅀ)' 뒤에 'ㄱ, ㄷ, ㅈ'이 오면 'ㅋ, ㅌ, ㅊ'으로 발음한다고 규정하며, 실제로 '놓고[노코]', '않던[안턴]', '닳지[달치]'와 같은 예가 있다.
반대로 'ㅎ'이 뒤에 놓일 경우에는 상황이 달라진다. 어근에 'ㅎ'으로 시작하는 접미사가 결합하면 '꽂히다[꼬치다]', '밟히다[발피다]'처럼 곧바로 거센소리되기가 일어나지만, 단어와 단어가 이어질 때에는 교체나 탈락이 먼저 적용된 후 축약이 뒤따른다. '빚하고[비타고]'는 받침 'ㅈ'이 'ㄷ'으로 교체된 다음 'ㄷ'과 'ㅎ'이 합쳐져 [ㅌ]으로 바뀐 것이고, '닭 한 마리[다칸마리]'는 겹받침 'ㄺ'에서 'ㄹ'이 탈락한 후 'ㄱ'과 'ㅎ'이 합쳐져 [ㅋ]으로 된 것이다. 그러나 모든 경우에 거센소리되기가 적용되는 것은 아니다. '낳은[나은]', '않아[아나]', '쌓이다[싸이다]'와 같이 어간 말 'ㅎ' 뒤에 모음이 오면 'ㅎ'은 연음되지 않고 예외 없이 탈락한다. 이는 거센소리되기와 달리 반드시 일어나는 현상이다.

① '잃고'는 '놓고'와 달리 어간 말 'ㅎ'과 뒤 음절 첫소리가 합쳐져 축약되어 발음된다.

② '빚하고'는 교체가 일어나기 전 축약이 먼저 일어나 발음된다.

③ '끓이다'와 달리 '밟히다'는 'ㅂ'과 'ㅎ'이 탈락하고 'ㄹ'이 연음되어 발음된다.

④ '쌓아'와 '쌓이다' 모두 어간 말 'ㅎ' 뒤에 모음이 오게 되면, 'ㅎ'이 연음되지 않고 반드시 탈락하여 발음된다.

2. '규칙 활용 용언과 불규칙 활용 용언'의 짝으로 옳은 것은?

『한글 맞춤법』 제15항은 규칙 활용 용언의 표기 원칙을, 제18항은 불규칙 활용 용언의 표기 원칙을 규정한다. 규칙 활용이란 어간이 변하지 않고 일정한 방식으로 활용하는 경우를 말한다. 예를 들어 '웃다'는 '웃어, 웃으니, 웃는'처럼 활용형이 규칙적으로 변한다. 반면 '긋다'는 '그어, 그으니, 긋는'처럼 어간 모음이 변하므로 불규칙 활용이다. 국어사전은 이러한 규정을 반영하여 활용형을 제시한다. 따라서 사전을 보면 용언이 규칙적으로 변하는지, 불규칙적으로 변하는지를 확인할 수 있고, 같은 양상을 보이는 다른 용언도 알 수 있다. '벗다'는 '웃다'와 마찬가지로 규칙 활용을, '짓다'는 '긋다'와 같은 불규칙 활용을 한다.

① 빗다 - 잇다

② 긋다 - 짓다

③ 잡다 - 덮다

④ 굳다 - 먹다

3. 다음 글의 ㉠이 쓰인 예문으로 적절하지 않은 것은?

연결 어미는 어간에 붙어 다음 말과 이어주는 구실을 하는데, 동일한 형태가 다양한 의미를 가질 수 있다. 대표적으로 '-고'가 있다. 먼저 '-고'는 ㉠ 보조적 연결 어미로서 본용언에 보조 용언을 이어 준다. 보조 용언은 홀로 쓰이지 못하고 반드시 본용언 뒤에서 문법적 의미를 더한다. 예를 들어, '나는 금강산을 보고 싶다.'에서 '-고'는 본용언 '보다'에 희망의 의미를 지닌 보조 용언 '싶다'를 이어 준다. 이때 '-고' 뒤에는 '-서'를 붙일 수 없다. 또한 이어진문장에서 '-고'는 절과 절을 이어 동작이나 상태를 나열할 때 쓰인다. 이 경우 앞뒤 절의 주어는 달라도 되고, 시제 선어말 어미가 함께 나타날 수 있으며, 순서를 바꾸어도 된다. 그러나 '-고'가 사건의 연속이나 지속 관계를 나타낼 때는 달라진다. 예를 들어 '그녀는 사진을 찍고 제보하였다.'에서는 '찍다'가 [+완결성][-지속성]이므로 시간적 순차 관계이고, '아이가 장난감을 쥐고 흔들었다.'에서는 '쥐다'가 [+완결성][+지속성]이므로 지속 관계를 보인다. 이런 경우 주어가 동일해야 하고, 시제 선어말 어미는 앞 절에 쓸 수 없으며, 절의 순서도 바꿀 수 없다.

① 자꾸 따지고 들지 마라.

② 너 아직도 울고 있구나.

③ 나는 치킨이 먹고 싶다.

④ 세진이가 택배를 두고 떠났다.

4. 다음 진술이 모두 참일 때 반드시 참인 것은?

○ B가 참여하면, C도 보고한다.
○ A가 프로젝트를 시작하면, B도 참여한다.
○ C가 보고하지 않으면, D도 보고하지 않는다.

① D가 보고하면, B도 참여한다.

② B가 참여하지 않으면, D는 보고한다.

③ A가 프로젝트를 시작하면, D는 보고하지 않는다.

④ C가 보고하지 않으면, A도 프로젝트를 시작하지 않는다.

5. 다음 진술이 모두 참일 때 반드시 참인 것은?

○ X가 회의에 참석하면, Y는 보고서를 작성하지 않는다.
○ Y가 보고서를 작성하지 않으면, Z는 출장을 간다.
○ Z는 출장을 가지 않았다.

① X는 회의에 참석했다.

② Y는 보고서를 작성했다.

③ Y가 보고서를 작성하지 않고 Z가 출장을 갔다.

④ X가 회의에 참석하지 않고 Y가 보고서를 작성하지 않았다.

6. 다음 대화의 (가)에 들어갈 말로 적절한 것은?

> 갑: 판사는 재판관이고 재판관은 법을 적용하는 사람이야. 모든 판사는 법을 적용하니까, 판사가 아닌 사람은 법을 적용할 필요가 없어.
>
> 을: 모든 새가 알을 낳는다고 해서 알을 낳는 것이 모두 새는 아니잖아. 네가 "판사가 아닌 사람은 법을 적용할 필요가 없다."라고 하려면 " (가) "가 참이어야 해.

① 법을 적용하는 사람은 모두 판사다.
② 모든 판사는 법을 적용하지 않는다.
③ 법을 적용하지 않는 사람은 모두 판사다.
④ 판사가 아닌 사람도 법을 적용할 수 있다.

7. (가)와 (나)를 전제로 결론을 이끌어 낼 때, 빈칸에 들어갈 말로 가장 적절한 것은?

> (가) 본선에 출전할 수 있는 팀은 모두 예선을 통과한 팀이다.
> (나) 본선에 출전할 수 있는 팀 가운데는 스폰서를 확보하지 못한 팀도 있다.
>
> 따라서 ______

① 예선을 통과한 모든 팀은 본선에 출전할 수 있다.
② 본선에 출전할 수 있는 어떤 팀은 예선을 통과하지 않았다.
③ 스폰서를 확보하지 못한 팀은 모두 본선에 출전할 수 없다.
④ 예선을 통과한 팀 가운데는 스폰서를 확보하지 못한 팀도 있다.

8. 다음 중 문맥상 ㉠의 의미와 가장 가까운 것은?

> 본부에 무전을 ㉠ 쳐서 사건 상황을 보고했다.

① 김치에 넣으려고 무를 칼로 치고 있다.
② 할머니가 위독하시다고 어서 전보를 쳐라.
③ 새들이 날개를 치며 하늘을 향해 날아갔다.
④ 자신의 미래를 알기 위해 점을 치는 사람들이 많다.

9. <지침>에 따라 <개요>를 작성할 때 (가)~(라)에 들어갈 내용으로 적절하지 않은 것은?

> < 지 침 >
> ○ 서론은 보고서 작성의 배경과 필요성을 포함할 것.
> ○ 본론은 제목에서 밝힌 내용을 2개의 장으로 구성하되, 2장의 하위 항목이 3장의 하위 항목과 서로 대응하도록 할 것.
> ○ 결론은 기대 효과와 향후 과제를 순서대로 제시할 것.

> < 개 요 >
> ○ 제목: 청각장애인을 위한 공공 방송 자막 접근권 확대 방안
> 1장 서론
> 1. 정보 접근의 평등성과 공영방송의 사회적 책무
> 2.   (가)
>
> 2장 청각장애인의 방송 접근권 제약 실태
> 1.   (나)
> 2. 자막 품질 저하로 인한 정보 전달 왜곡
>
> 3장 방송 자막 접근권 강화를 위한 제도 개선
> 1. 공영방송 생방송 자막 실시간 제공 의무화
> 2.   (다)
>
> 4장 결론
> 1.   (라)
> 2. 장애인 미디어 권리 보장을 위한 콘텐츠 제작 기준의 지속적 개선

① (가): 청각장애인의 미디어 접근 제약은 정보격차를 심화시킴
② (나): 생방송 속보 상황에서 자막 미제공 사례
③ (다): 자막 품질 향상을 위한 인증 제도 도입
④ (라): 방송 제작 인력의 자막 업무 과중 문제 해결 필요

10. <공공언어 바로 쓰기 원칙>에 따라 수정한 것으로 적절하지 않은 것은?

> < 공공언어 바로 쓰기 원칙 >
> ○ 표현의 정확성
> ㉠ 의미에 맞는 정확한 단어 쓰기.
> ○ 부적절한 피·사동 표현 자제
> ㉡ 부적절한 피·사동 표현은 자연스럽고 정확한 표현으로 바꿀 것.
> ○ 여러 뜻으로 해석되는 표현 삼가기
> ㉢ 문장이 오해 없이 하나의 의미로 읽히도록 함.
> ○ 대등한 것끼리 접속
> ㉣ '-고, -(으)며, 와/과' 등으로 연결된 말은 구조를 맞춤.

① "정부는 아동 복지 서비스를 민간 기관에 위탁했다."를 ㉠에 따라 "정부는 아동 복지 서비스를 민간 기관에 수탁했다."로 수정한다.
② "정부는 책임자를 교체시키도록 하겠다."를 ㉡에 따라 "정부는 책임자를 교체하도록 하겠다."로 수정한다.
③ "학교는 학부모와 학생을 대상으로 설문 조사를 실시하였다."를 ㉢에 따라 "학교는 학부모와 협의하여 학생을 대상으로 설문 조사를 실시하였다."로 수정한다.
④ "정책 개선 방안 마련과 관련 제도 개정을 추진한다."를 ㉣에 따라 "정책 개선 방안을 마련하고 관련 제도를 개정한다."로 수정한다.

11. 다음 대화를 분석한 내용으로 가장 적절한 것은?

> 갑: 가상화폐는 투기 성격이 너무 강해. 실제로 청년층이 일확천금을 꿈꾸며 무리하게 투자했다가 큰 손해를 보는 경우가 많아. 이 정도면 국가가 제도적으로 규제하고 개입해야 해.
>
> 을: 난 다르게 봐. 가상화폐는 블록체인이라는 혁신 기술의 결과물이야. 과도한 규제는 기술 발전을 막을 수도 있어. 리스크를 스스로 감수하는 것은 개인의 선택이지.
>
> 병: 둘의 말이 다 일리 있지. 다만 내가 보기엔 지금 필요한 건 전면 규제보단 최소한의 투명성 확보야. 거래소 운영 기준이나 투자자 보호장치는 마련하되, 기술 발전 자체를 막아선 안 돼.
>
> 갑: 그렇다고 그냥 둘 순 없어. 이미 스캠 코인이나 불법 자금 세탁에도 활용되는 사례가 많은데, 무조건 시장 자율에 맡기는 건 위험해.
>
> 을: 그건 개인의 판단 문제야. 암호화폐는 본질적으로 분산 시스템을 기반으로 하니까, 정부가 통제하려고 들면 오히려 시장이 더 왜곡될 수 있어.

① 가상화폐에 대한 정부의 통제가 시장을 왜곡할 수 있다는 점에 대해 을은 동의한다.

② 가상화폐는 제도적으로 규제되어야 한다는 점에 대해 갑은 동의하지 않고 을은 동의한다.

③ 가상화폐 시장의 최소한의 개입은 필요하다는 점에 대해 갑은 동의하지 않고 병은 동의한다.

④ 가상화폐의 위험성을 고려할 때 정부의 전면 규제가 필요하다는 점에 대해 갑과 병의 입장이 동일하다.

12. ㉠의 원인으로 가장 적절한 것은?

> 현대 사회의 노동 환경은 빠르게 변화하고 있다. 기술 발전과 자동화는 생산성을 높였지만, 동시에 전통적인 일자리의 수를 줄이는 결과를 낳았다. 특히 단순 반복 노동은 기계와 인공지능으로 대체되는 속도가 빠르다. 일부 전문직조차도 자동화의 위협을 받고 있다. 한편으로는 새로운 산업과 직종이 생겨나기도 하지만, 그만큼 새로운 기술 습득 능력이 부족한 사람들은 노동 시장에서 배제되기 쉽다. 이에 따라 소득 격차가 확대되고, 청년층은 안정적인 일자리를 찾는 데 어려움을 겪고 있다. 기업은 효율성을 강조하며 고용을 줄이고 단기 계약직을 늘리는 방향으로 나아가고 있다. ㉠최근 사회 전반적으로 불안정 고용이 확산된 것도 이와 같은 맥락에서 이해할 수 있다.

① 노동 시장에 진입하려는 사람이 줄어들었기 때문이다.

② 청년층이 기술 습득 능력을 충분히 갖추지 못했기 때문이다.

③ 새로운 산업이 늘어나 안정적인 일자리가 생겨났기 때문이다.

④ 자동화와 기업의 효율성 추구가 고용 구조를 변화시켰기 때문이다.

13. 다음 글을 읽고 (가), (나)에 들어갈 말로 가장 적절한 것은?

> 입은 많은데 '파이'는 제한되어 있다. 그렇게 ⎡(가)⎤에는 그 전체 안에서 부분 간의 제 몫 찾기 경쟁이 치열해질 수밖에 없다. 현대사회의 이런 특성을 포착한 용어가 바로 '제로섬'인데, 1971년 미국의 공학자인 다로가 제안했다. 제로섬 이론에 따르면 집단의 모든 구성원이 얻게 되는 ⎡(나)⎤. 제로섬 이론에서는 총체적 갈등의 상황이 전개된다. 따라서 한 구성원의 이익은 곧 다른 구성원에게 손해가 된다. 어느 구성원이 어떤 행동을 하더라도 전체 구성원의 득과 실은 결국 '플러스마이너스 제로'가 되는 것이다. 제로섬 이론은 원래 미국 경제의 문제점을 분석하기 위해 창안되었지만, 미국만이 아니라 현대사회의 특징을 첨예하게 드러내며, 적용되는 분야도 경제뿐만이 아니라 매우 다양하다.

	(가)	(나)
①	전체의 양이 늘어날 수 있는 경우	득과 실의 총량은 결국 마이너스가 된다
②	전체의 양이 늘어날 수 없는 경우	득과 실의 총량은 결국 제로가 된다
③	전체의 양이 늘어날 수 없는 경우	득과 실의 총량은 결국 마이너스가 된다
④	전체의 양이 늘어날 수 있는 경우	득과 실의 총량은 결국 제로가 된다

14. 다음을 (가)~(라)의 순서로 가장 적절하게 배열한 것은?

> (가) 이러한 맥락에서 사회학자들은 '내면화' 개념에 주목해 왔다. 내면화란 사회적 가치나 규범이 반복된 경험과 교육을 통해 개인의 사고와 감정에 자리 잡는 과정을 말한다. 이는 자율적 선택처럼 보이는 행동조차 사회의 산물일 수 있음을 보여준다.
>
> (나) 현대 사회에서 '개인'은 더 이상 고립된 존재가 아니다. 사회는 개인의 선택과 행동에 강력한 영향을 미치며, 우리는 종종 자신의 욕망이 아닌 사회적 규범에 따라 결정을 내린다.
>
> (다) 예를 들어 우리가 아침에 일어나 세수를 하고 인사를 하는 일상적 행동조차도 문화와 사회가 부여한 의미와 규칙을 따른 것이다. 즉, 사소한 일상마저도 내면화된 사회 구조의 표현이라 할 수 있다.
>
> (라) 따라서 사회를 이해한다는 것은 결국 개인을 이해하는 것이며, 반대로 개인을 이해한다는 것은 사회의 작동 원리를 이해하는 길이기도 하다. 사회와 개인은 분리된 것이 아니라, 끊임없이 영향을 주고받는 관계에 있다.

① (가)-(나)-(다)-(라)

② (가)-(나)-(라)-(다)

③ (나)-(가)-(다)-(라)

④ (나)-(라)-(라)-(다)

15. 글쓴이가 주장하는 생활 태도로 적절하지 않은 것은?

　환경 보호는 더 이상 선택의 문제가 아니다. 오늘날 우리는 미세먼지, 기후 변화, 해양 플라스틱과 같은 심각한 환경 위기에 직면해 있다. 그러나 여전히 사람들은 편리함을 이유로 일회용품 사용을 멈추지 못하고, 자동차를 과도하게 이용하며, 쓰레기 분리배출조차 제대로 하지 않는다. 물론 개인의 편리함은 중요하다. 하지만 사회 전체의 건강과 미래 세대의 삶은 그보다 더 소중하다. 환경 문제는 특정 집단이나 지역만의 문제가 아니라, 인류 모두의 생존을 좌우하는 문제다. 그러므로 이제는 개인의 작은 불편을 감수하고 생활 습관을 바꾸는 것이 필요하다. 일회용 컵 대신 텀블러를 사용하고, 가까운 거리는 걸어 다니며, 재활용품을 올바르게 분리해야 한다. 또한 기업과 정부도 환경 정책과 제도를 강화해야 하며, 시민들은 이를 지지하고 적극적으로 참여해야 한다. 환경 보호는 불편을 감수하는 것이 아니라 더 나은 미래를 선택하는 길이다.

① 일회용품 사용을 줄이는 것

② 대중교통을 적극 이용하는 것

③ 올바른 분리배출을 실천하는 것

④ 개인의 편리함을 최우선으로 하는 것

16. 다음 글의 이해로 가장 적절한 것은?

　홉스는 인간의 자유를 외적 제약이 없는 상태로 정의하였다. 그는 『리바이어던』에서 자유란 외부의 방해가 없을 때 원하는 대로 움직일 수 있는 능력이라고 말했다. 따라서 국가 권력이 개인의 행동을 규제하면 자유가 줄어든다고 이해했다. 그러나 그는 무제한적 자유가 유지될 경우, 모든 개인이 자신의 욕망을 충족하려 하다가 충돌하게 되고, 결국 '만인의 만인에 대한 투쟁'이라는 무질서로 귀결된다고 보았다. 자유의 무제한적 방임은 곧 혼란으로 이어지므로, 오히려 절대적 주권자가 강력한 권위를 행사해야만 개인의 안전과 최소한의 자유가 보장될 수 있다고 결론지었다. 이처럼 홉스에게 자유는 자연 상태에서 무한히 주어진 것이지만, 사회적 평화를 위해 일정 부분 제약되는 것을 피할 수 없는 것이었다.

　반면 루소는 자유를 단순한 방임이 아니라, 공동체 안에서 스스로 법을 세우고 따르는 자율로 이해했다. 그는 『사회계약론』에서 인간은 자유롭게 태어났으나 어디서나 쇠사슬에 묶여 있다고 말하며, 진정한 자유는 개인적 욕망의 방임이 아니라 공동체 구성원 모두가 동등하게 참여하여 형성한 '일반의지'를 따를 때 실현된다고 보았다. 따라서 공동체의 규범에 복속하는 것은 자유의 상실이 아니라 자유의 완성이다. 개인이 단순히 자기 이익을 좇을 때 노예적 욕망에 얽매이지만, 공동체 전체의 의지 속에서 법을 자율적으로 수용할 때 비로소 진정한 자유를 얻는 것이다. 루소에게 자유는 권력의 제약이 아니라, 공적 의지를 내면화할 때 실현되는 고차원적 상태였다.

① 루소는 자유를 욕망의 충족 상태로만 이해했다.

② 루소는 무제한적 자유가 안전을 보장한다고 보았다.

③ 홉스는 자유를 사회적 합의 속에서 실현된 자율로 보았다.

④ 홉스는 자유를 외적 제약이 없는 상태로 이해했으나, 절대적 주권자의 권위를 통해 이를 보장해야 한다고 보았다.

17. 다음 글의 중심 내용으로 가장 적절한 것은?

　현대 사회에서 '디지털 격차'는 중요한 사회 문제로 떠올랐다. 이는 정보통신 기술을 자유롭게 활용하는 집단과 그렇지 못한 집단 간의 차이를 의미한다. 초기에는 인터넷 접근 여부가 주요 쟁점이었으나, 스마트폰 보급률이 높아지면서 단순한 접근 격차는 상당히 해소되었다. 그러나 오늘날에는 디지털 기기를 통해 얻을 수 있는 정보 활용 능력과 질적인 차이가 더욱 두드러지고 있다. 예를 들어, 동일하게 스마트폰을 사용하더라도 어떤 사람은 공공서비스를 신청하거나 최신 정보를 빠르게 습득하는 반면, 다른 사람은 단순한 오락 기능에만 활용한다. 이러한 차이는 사회적 기회 불평등으로 이어질 수 있다. 특히 고령층은 디지털 기기를 다루는 데 어려움을 겪는 경우가 많아 금융·의료·행정 서비스 접근에 제약을 받는다.

　이 문제를 단순히 개인의 능력 부족으로만 설명할 수는 없다. 교육 기회의 차이, 세대별 문화 차이, 지역 간 인프라 격차 등이 복합적으로 작용하기 때문이다. 따라서 디지털 격차를 해소하기 위해서는 단순히 기기를 보급하는 수준을 넘어서, 정보 활용 능력을 길러 주는 교육과 사회적 지원이 필요하다. 예컨대 지방자치단체가 운영하는 '디지털 배움터'나, 노인을 대상으로 한 무료 스마트폰 교육 프로그램은 효과적인 사례다. 결국 디지털 격차는 현대 사회의 또 다른 불평등으로서, 개인의 노력이 아닌 사회적 차원에서 대응해야 한다. 이를 통해 누구나 정보화 사회에서 동등하게 기회를 누릴 수 있도록 하는 것이 중요하다.

① 스마트폰 보급 확대는 디지털 격차를 완전히 해소하는 효과적인 방법이다.

② 디지털 격차는 고령층에서만 나타나므로, 노인을 대상으로 한 정책만 필요하다.

③ 정보 활용 능력은 개인 차원에서 해결 가능한 문제이므로 사회적 지원은 불필요하다.

④ 디지털 격차는 단순히 접근 문제를 넘어 정보 활용 능력 차원에서 사회적 대응이 요구된다.

18. 다음 글의 제목으로 가장 적절한 것은?

　발표는 화자의 의도를 청중에게 효과적으로 전달하는 말하기 행위이다. 발표자는 단순히 정보를 나열하는 것이 아니라, 청중의 반응을 고려하여 내용을 조직하고 표현 방식을 선택해야 한다. 발표 초반에는 청중의 주의를 집중시키기 위해 흥미로운 사례나 문제 제기를 활용할 수 있다. 또한 청중이 발표 내용을 이해하도록 시각 자료를 적절히 활용하는 것도 중요하다. 발표 중간에는 핵심 메시지를 반복하거나 요약함으로써 청중이 흐름을 따라오도록 도와야 한다. 발표 후반에는 청중에게 행동을 촉구하거나 인상을 남기는 결론을 제시하는 것이 바람직하다. 발표는 일방향적 전달에 머무르지 않고 청중과의 상호작용을 포함할 때 완성된다. 청중의 표정과 몸짓을 파악하는 것은 발표자의 중요한 능력이다. 발표자가 준비한 원고만 읽는다면 청중의 이해도와 몰입도가 떨어질 수 있다. 반대로 청중의 반응을 살피며 말의 속도, 억양, 사례 제시를 조절하면 발표의 효과는 배가된다. 특히 발표가 끝난 뒤 이어지는 질의응답은 청중의 궁금증을 해소하는 동시에 발표 내용을 확장하는 기회가 된다. 발표자가 질문에 성실히 대답할수록 신뢰는 높아지고, 발표는 단순한 정보 전달을 넘어 설득과 소통의 장으로 자리매김한다.

① 질의응답의 필요성

② 발표자의 신뢰 형성

③ 발표의 도입부 구성

④ 발표와 청중의 상호작용

19. 다음 글을 이해한 것으로 <보기>에서 옳지 않은 것만을 모두 고른 것은?

우리는 신체의 감각으로부터 얻는 느낌과 개념적 사고로부터 얻는 이성을 다른 것으로 생각한다. 느낌은 명료하게 정의할 수도 없고 명확히 분류할 수도 없다는 점에서, 개념적으로 명확한 경계가 있는 언어야말로 이성의 초석이다. 즉 포유류와 어류, 삼각형과 원, 숫자 등의 개념은 언어가 마련해 준다. 그래서 유일하게 언어를 사용하는 인간만이 이성적 존재로서 다른 생물들과 근원적으로 다르다는 생각을 가지게 되는 것이다. 그러나 레이코프와 존슨은 이성을 중심으로 한 서구의 사상을 비판한다.

범주화는 언어가 마련해주는 개념을 기반으로 하므로 인간만이 할 수 있는 것으로 흔히 생각되지만, 모든 생물이 사물을 범주화한다는 것이다. 예컨대 가장 열등한 동물이라고 여겨지는 아메바도 자기와 마주치는 것들을 먹을 수 있는 것과 먹을 수 없는 것으로, 또는 다가가야 할 대상과 멀어져야 할 대상으로 범주화한다. 이런 범주화는 동물계의 모든 층위에 적용된다. 동물들은 음식, 약탈자, 가능한 짝, 자신들의 종에 소속된 동물 등을 범주화한다. 동물들이 범주화하는 방식은 자신들의 감각기관과 이동 능력 및 대상 조작 능력에 의존한다. 인간이 사물을 범주화하는 일도 신체화되어 있는 방식의 한 결과이다. 대체로 범주화는 의식적인 사유 작용의 산물이 아니다. 범주화는 인간의 생물학적 구조의 피할 수 없는 결과이다.

< 보 기 >

㉠ 인간은 언어를 통해 이성으로만 사물을 범주화한다.

㉡ 인간이 하는 모든 범주화는 의식적인 사유 작용의 산물이다.

㉢ 모든 생물은 의식적인 사유 작용을 활용하여 사물을 범주화한다.

① ㉠

② ㉠, ㉡

③ ㉡, ㉢

④ ㉠, ㉡, ㉢

20. 다음 글을 이해한 것으로 <보기>에서 옳은 것만을 모두 고른 것은?

19세기 후반부터 진공펌프와 높은 전압을 내는 장치가 발명되면서 물리학자들은 여러 가지 진공방전 실험에 매달리기 시작했다. 그중 하나가 유리로 만든 관 내부에서 공기를 빼내어 높은 진공상태를 만든 후 다른 기체를 약간 넣고 금속판을 연결하여 양극과 음극 사이에서 높은 전압을 방전시키는 실험이었다. 이 실험에서는 유리관 내부에서 특이한 빛이 관찰되었을 뿐 아니라 음극에서 양극으로 어떤 이상한 빛을 내는 선이 흐르는 현상도 관찰되었다. 독일의 물리학자 골드슈타인은 이 선을 음극선이라고 불렀다. 골드슈타인은 또한 어떤 금속을 전극으로 사용하든지 간에 음극선의 성질은 똑같다는 것을 발견하였다.

1897년 영국 케임브리지 대학의 톰슨은 음극선에 전기장이나 자기장을 걸었을 때 음극선이 휘어지는 정도를 측정하였다. 그 결과, 음극의 금속 원자에서 튀어나와 음극선을 이루는 입자의 전하와 질량의 비율(e/m)은 유리관 안에 들어 있는 기체의 종류에 상관없이 수소이온의 경우에 비해 약 1,000배가 된다는 것을 알아냈다. 그런데 음극선 입자의 전하와 수소이온의 전하는 크기가 같으므로, 실험 내용은 음극선 입자의 질량이 원자 중에서 가장 작은 수소 원자 질량의 약 1,000분의 1밖에 안 된다는 것을 의미하는 것이었다. 즉 원자보다 훨씬 가벼운, 음전기를 띠는 입자가 원자 내부에 들어 있는 것이 확실해진 것이다. 그 후 이 입자는 스토니가 '전자'라고 불렀던 입자였던 것으로 밝혀졌다. 톰슨은 전자를 발견한 업적으로 1906년에 노벨 물리학상을 수상했다.

< 보 기 >

㉠ 톰슨은 수소원자의 질량을 측정하기 위해 음극선에 전기장이나 자기장을 걸어 주었다.

㉡ 음극선을 이루는 입자의 전하와 질량 비율을 측정할 때 유리관 속 기체의 종류와 상관이 없다.

㉢ 음극선 입자의 전하와 수소이온이 갖는 전하의 크기가 같다는 사실을 토대로 원자 내 전자의 존재를 알 수 있게 되었다.

① ㉠

② ㉡

③ ㉢

④ ㉡, ㉢

영 어

1. 밑줄 친 부분과 의미가 가장 가까운 것을 고르시오.

> Riding a roller coaster can be a dash of emotions: the nervous anticipation as you're strapped into your seat, the questioning and regret that comes as you go up, up, up, and the <u>sheer</u> adrenaline rush as the car takes that first dive.

① scary   ② imaginary
③ utter   ④ impartial

2. 밑줄 친 부분과 의미가 가장 가까운 것을 고르시오.

> A decent action can be an excellent <u>medium</u> for getting your message across.

① container   ② fellow
③ departure   ④ vehicle

3. 다음 빈칸에 들어갈 말로 가장 적절한 것을 고르시오.

> Many civilians are looking forward to a member of the National Assembly offering ___________ solution for a new health care reform bill.

① viable   ② monotonous
③ trivial   ④ anonymous

4. 다음 빈칸에 들어갈 말로 가장 적절한 것을 고르시오.

> _________________ you were coming, I would have invited James and Jenny.

① Had I known
② If I have known
③ Had I been known
④ If I had been known

5. 빈칸에 들어갈 말로 가장 적절한 것을 고르시오.

> The various advantages ________ running provides seem to be apparent.

① what
② that
③ in which
④ whichever

6. 다음 밑줄 친 부분 중 어법상 적절하지 않은 것은?

> It is often the case ① <u>that</u> people become too concerned with spending as little as possible in the short term, while ② <u>ignoring</u> the long-term cost of their expenditures. Homebuilders are ③ <u>keen</u> aware most of homebuyers ④ <u>are</u> trying to buy a home for the lowest price.

7. 다음 대화의 빈칸에 들어갈 말로 가장 적절한 것은?

Peter
> Hey, our business trip is coming soon. Did you buy our train tickets?

10:35 am

Kate

> Yes, I did. Let me check them... Busan, Saturday the 11th, right?

10:36 am

Peter
> Oh! The destination is correct, but they're for the wrong Saturday!

10:37 am

Kate

> _________________________

10:37 am

① My mistake. I'll change the tickets for the correct date.
② That's okay. I can get to the train station by myself.
③ Not yet. We haven't decided where to go on a trip.
④ Why not? The area is a popular tourist destination.

8. 다음 대화의 빈칸에 들어갈 말로 가장 적절한 것은?

> A: I'm tired and starving.
> B: Me, too. What do you want to eat?
> A: Korean food, absolutely. You know I'm huge fan of spiced pork.
> B: Oh, I've heard there's a nice Korean restaurant near here.
> A: _______________________________
> B: Good! Shall we go right now?
> A: Sure. Don't you think we need a reservation?
> B: Probably. I'll call and ask them.

① I think it just isn't my day.
② Then, what are we waiting for?
③ Wow, unbelievable. That's a steal.
④ Can I have a moment of your time?

[9~10] 다음 글을 읽고 물음에 답하시오.

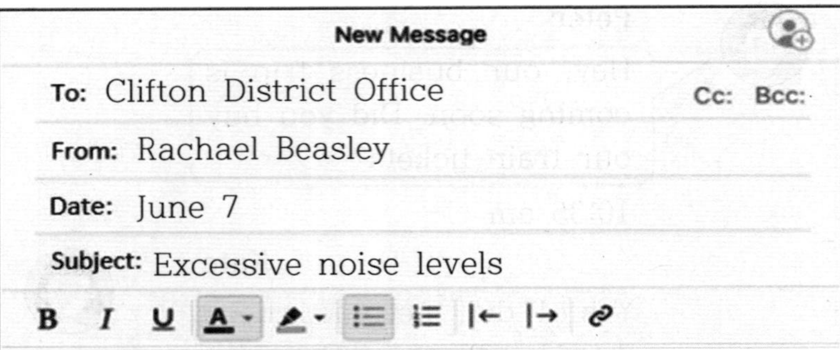

New Message

To: Clifton District Office   Cc: Bcc:

From: Rachael Beasley

Date: June 7

Subject: Excessive noise levels

To whom it may concern,

I hope this email finds you well. I am writing to express my concern and frustration regarding the excessive noise levels in our neighborhood, specifically coming from the new sports field.

As a resident of Clifton district, I have always appreciated the peace of our community. However, the ongoing noise disturbances have significantly impacted my family's well-being and our overall quality of life. The sources of the noise include crowds cheering, players shouting, whistles, and ball impacts.

I kindly request that you look into this matter and take appropriate <u>steps</u> to address the noise disturbances. Thank you for your attention to this matter, and I appreciate your prompt response to help restore the tranquility in our neighborhood.

Sincerely,

Rachael Beasley

9. 윗글의 목적으로 가장 적절한 것은?
① 체육대회 소음에 대해 주민들의 양해를 구하려고
② 새로 이사 온 이웃 주민의 소음에 대해 항의하려고
③ 인근 스포츠 시설의 소음에 대한 조치를 요청하려고
④ 밤 시간 악기 연주와 같은 소음의 차단을 부탁하려고

10. 밑줄 친 "steps"의 의미와 가장 가까운 것은?
① movements   ② measures
③ levels   ④ stairs

11. 다음 글에서 The World Financial Law Forum에 대한 내용과 일치하는 것은?

The World Financial Law Forum

The World Financial Law Forum brings together legal scholars, practitioners, and policymakers from around the world to examine the legal and regulatory dimensions of global finance. Held annually in a major financial hub, the forum promotes dialogue and international cooperation through a wide range of discussions.

Major Projects

- **Global Panels:** Experts analyze emerging trends in financial regulation and present research on international banking law.
- **Case Study Sessions:** Daily workshops cover landmark cases in corporate governance, cross-border trade, and digital currency regulation.
- **Cultural Exchange:** Participants engage in networking events with traditional performances and regional cuisine.
- **Sustainability Focus:** The forum uses eco-friendly materials and emphasizes reducing paper waste through digital documentation.

① It is held annually in a leading financial center.
② It analyzes only domestic banking law rather than international issues.
③ It excludes cultural activities such as traditional performances and cuisine.
④ It increases paper waste by requiring printed documentation instead of digital file.

12. 다음 글의 내용과 일치하지 않는 것은?

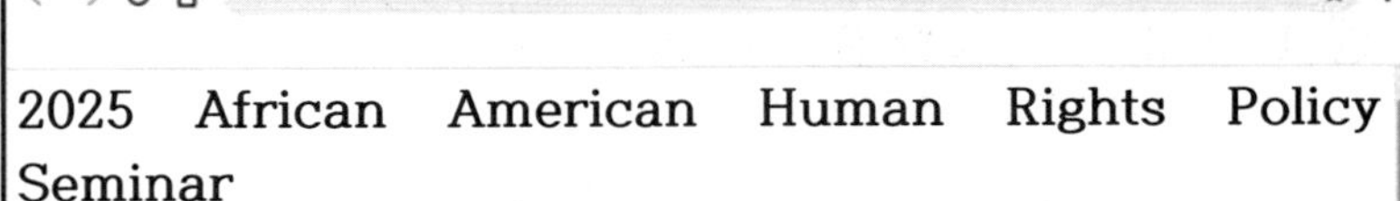

2025 African American Human Rights Policy Seminar

The African American Human Rights Policy Seminar is designed to discuss key strategies for protecting civil rights and advancing social justice. This three-day seminar invites university students, scholars, and community leaders to engage in both academic and practical activities.

Seminar Highlights

- Attending lectures on civil rights history and modern policy issues
- Participating in workshops on advocacy and legal strategies
- Engaging in community discussions with local activists
- Exploring cultural programs that highlight African American heritage

Schedule: August 5–August 7, 2025

Location: Washington, D.C.

Eligibility: Open to current university students

Program Fee: $300 (includes materials and meals)

Application Deadline: July 10 (online submission required)

① It is designed to discuss strategies for protecting civil rights and advancing social justice.
② It lasts for three days and welcomes university students, scholars, and community leaders.

③ It requires that applicants be graduate-level students to participate.

④ It emphasizes cultural programs that feature African American heritage.

---

13. 다음 글의 목적으로 가장 적절한 것은?

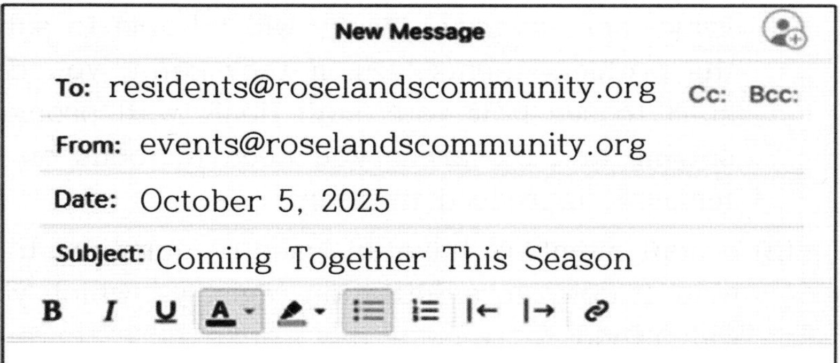

Dear Roselands Community Members,

We are delighted to share that our annual Virtual Sports Day will take place on October 25. This online event will bring families and neighbors together for an exciting day of fitness and fun. The program will include live-streamed competitions, interactive challenges, and wellness sessions designed to promote health and community spirit. All activities are free and open to participants of all ages. Whether you enjoy friendly competition or simply want to cheer on others, we encourage you to join us. The full schedule and registration details can be found on our community website. Let's celebrate health and unity at Roselands Virtual Sports Day this year!

Sincerely,

Roselands Community Center

① to provide information about new sports equipment for the Roselands Virtual Sports Day event

② to request feedback on last year's Roselands Virtual Sports Day event

③ to explain safety rules for the Roselands Virtual Sports Day event

④ to announce the Roselands Virtual Sports Day event

[14~15] 다음 글을 읽고 물음에 답하시오.

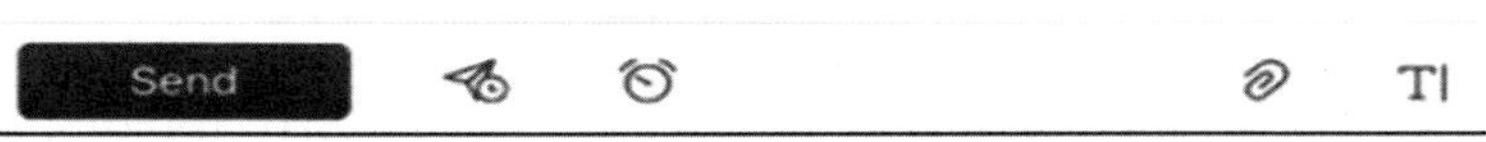

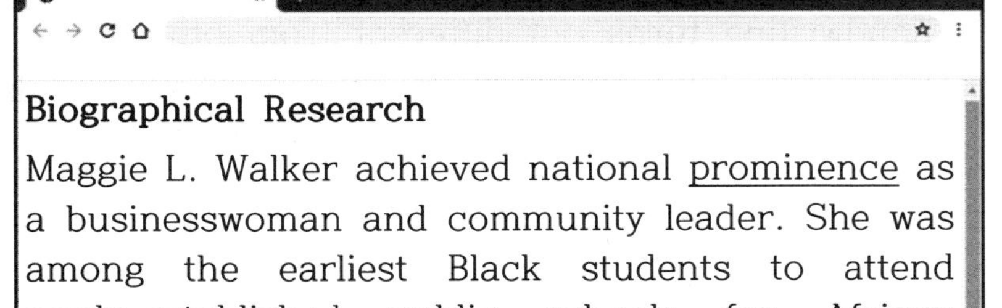

Biographical Research

Maggie L. Walker achieved national <u>prominence</u> as a businesswoman and community leader. She was among the earliest Black students to attend newly-established public schools for African Americans. After graduating, she worked as a teacher for three years at the Valley School, where she had studied. In the early 1900s, Virginia banks owned by white bankers were unwilling to do business with African American organizations or individuals. The racial discrimination by white bankers drove her to study banking and financial laws. She established a newspaper to promote closer communication between the charitable organization she belonged to and the public. Soon after, she founded the St. Luke Penny Savings Bank, which survived the Great Depression and combined with two other banks. It thrived as the oldest continually African American-operated bank until 2009. Walker achieved successes with the vision to make improvements in the way of life for African Americans.

14. 밑줄 친 "prominence"의 의미와 가장 가까운 것은?

① alineation

② reputation

③ obscurity

④ hesitation

15. 윗글의 내용과 일치하지 않는 것은?

① She attended a school established for African Americans.

② After graduation, she worked as a teacher at the school where she had studied.

③ Because of racial discrimination, she was unable to begin studying banking and financial laws.

④ She established a newspaper to promote communication between the charitable organization and the public.

16. 다음 글의 제목으로 가장 적절한 것을 고르시오.

The benefits of work out extend far beyond physical health improvement. Many people work out as much for mental and spiritual well-being as for staying fit. Can being physically active make you happy? Can it help you deal with life stress? Can it lead to a more spiritual and religious life? For many, the answer is yes. Exercise, such as walking, increases blood flow to the brain. A study of people over 60 found that walking 45 minutes a day at 6 km/h enhanced the participants' thinking skills. They started at 15 minutes of walking and gradually increased exercise time and speed. The result was that the participants were found mentally sharper with this walking program.

① Exercise: Best Teacher in our Life

② A Sound Mind in a Sound Body

③ Practice Makes Perfect

④ Haste Makes Waste

17. 밑줄 친 부분에 들어갈 말로 가장 적절한 것을 고르시오.

All people are more or less influenced by the speech, the manners, the gestures, and even the thinking habits of those around them. Let a young man, therefore, associate with other people better than himself, and especially those who do not possess the kind of fault that he finds difficult to conquer. Their example is always inspiring. A young man corrects his own deed by theirs, and becomes a partner with their wisdom. If they are stronger in will or character than he is, he becomes a participator in their strength. This is all possible because men are, by nature, _________________.

① initiators
② imitators
③ cowards
④ conquerors

18. 다음 주어진 문장이 들어가기에 가장 적절한 곳은?

Another more serious instance includes depicting rotting slums as 'substandard housing'.

The term euphemism derives from a Greek word meaning 'to speak with good words' and involves substituting a more pleasant, less objectionable way of saying something for a blunt or more direct way. Why do people use euphemisms? (①) They do so probably to help smooth out the 'rough edges' of life, to make the unbearable bearable and the offensive inoffensive. (②) However, euphemisms can become dangerous when they are used to create misperceptions of some important issues. (③) For example, a politician may describe that one of his statements was 'somewhat at variance with the truth,' meaning that he lied. (④) Such a description makes the miserable conditions appear reasonable and the need for action less important.

19. 주어진 글 다음에 이어질 글의 순서로 가장 적절한 것은?

Many business owners are ready to do something to do for their subordinates throughout their working day because they are always available to answer questions or help staff members solve problems.

(A) This will make them start to think through the issue, and invariably, they will be able to solve the problem themselves. If they can't, you can start to see how your staff deals with problem solving and the areas you need to focus on in terms of increased training.

(B) If staff members have an issue or question, they write it down in a "question registry," which you will attend to twice a day. Make sure there is space available next to the question for them to write down what the person thinks the answer is.

(C) While this is important, it can also be an unproductive use of the owner's time. A simple system to avoid this is to allocate two periods of the day where you, as the business owner, are available to answer these questions.

① (A) – (C) – (B)
② (B) – (A) – (C)
③ (C) – (A) – (B)
④ (C) – (B) – (A)

20. 다음 글의 흐름상 가장 어색한 문장은?

In recent years it has been fashionable to allow children to try to copy letters and to record their thoughts from almost their first day at school. The attitude has been to let them play with letters and not correct or teach anything that might inhibit them from expressing their creativity. ① This may sound delightful — indeed young children's preschool scribbles are fun for all concerned, but the problems that result from letting this playful attitude to letters continue for too long are only too obvious in our classrooms. ② Once children can write as much as the letters of their own names, they need to be taught the correct movement of each letter. ③ When you put all those factors together, it's no surprise that each person's handwriting turns out different from others'. ④ If this is not done, incorrect movements become habits that are progressively more difficult to alter.

한 국 사

1. 다음 (가) 시대에 대한 설명으로 옳은 것을 <보기>에서 모두 고르면?

> (가) 시대 유적지는 한반도 전 지역에 고루 퍼져 있으며, 주로 큰 강 유역이나 해안 지역에서 발견되고 있다. 유적지인 봉산 지탑리 등에서는 뿔과 돌로 만든 괭이, 낫 등이 발견되었다. 다른 유적지에서는 곡식을 가는 돌갈판과 도토리, 조, 피 등 곡식류가 출토되었다.

> <보기>
> ㉠ 빗살무늬 토기와 가락바퀴가 제작되었다.
> ㉡ 조, 피 등을 재배하는 농경이 시작되었다.
> ㉢ 무덤은 일반적으로 고인돌이 사용되었다.
> ㉣ 동굴이나 바위 그늘에서 살거나 강가에 막집을 짓고 살았다.

① ㉠, ㉡
② ㉠, ㉢
③ ㉡, ㉣
④ ㉢, ㉣

2. 밑줄 친 '왕'이 실시한 정책으로 옳지 못한 것은?

> 이연종이 간하려고 문밖에서 기다리고 있었더니, 왕이 사람을 시켜 물었다. …(중략)… 답하기를 "변발과 호복은 선왕의 제도가 아니오니, 원컨대 전하께서는 본받지 마소서." 라고 하니, 왕이 기뻐하면서 즉시 변발을 풀어 버리고 그에게 옷과 요를 하사하였다.

① 정동행성 이문소를 혁파하였다.
② 쌍성총관부를 무력으로 탈환하였다.
③ 성균관을 순수 유학 교육 기관으로 개편하였다.
④ 사림원을 두어 신진 학자들과 개혁을 추진하였다.

3. 다음 편찬 사업을 추진한 국왕에 대한 설명으로 옳은 것은?

> 그는 왕조의 통치 규범을 전반적으로 재정비하기 위하여 대전통편을 편찬하였다. 또한, 이덕무·박제가에게 명하여 무예 훈련 교범서인 무예도보통지를 편찬하게 하였다.

① 이인좌의 난을 진압하였다.
② 친위 부대인 장용영을 설치하였다.
③ 상평통보를 법화로 제정하고 전국으로 유통시켰다.
④ 『속대전』을 편찬하여 법전 체계를 정리하였다.

4. 조선의 통치 기구에 대한 설명으로 옳은 것은?
① 승정원에서는 역사서 편찬과 보관을 담당하였다.
② 의정부는 '맑고 중요한 자리'라 하여 청요직이라 불렸다.
③ 예문관은 임금의 교지를 작성하거나 회의록을 작성하였다.
④ 사헌부는 임금에게 간언하고, 정사의 잘못을 논박하는 직무를 관장하였다.

5. 다음 밑줄 친 '왕'의 재위 기간에 있었던 역사적 사실로 옳은 것은?

> 중군(中軍)이 아뢰기를, "윤언이는 정지상과 결탁하여 생사를 함께하기로 맹세한 당(黨)이 되어 크고 작은 일마다 실제로 함께 의논하였습니다. 또한 임자년에 왕께서 서경으로 행차하실 때, 글을 올려 연호를 세우고 황제로 칭하기를 청하였습니다. … ." 라고 아뢰었다.
> － 『고려사』 －

① 양현고를 설치하였다.
② 국자감에 서적포를 설치하였다.
③ 김부식이 '삼국사기'를 편찬하였다.
④ 복원궁이라는 도교 사원을 건립하였다.

6. 밑줄 친 '그'에 대한 설명으로 옳은 것은?

> 그는 당나라에 유학하여 지엄의 문하에서 공부하고 돌아와 영주에 부석사를 창건하고 문무왕의 정치적 자문도 맡았다.

① 『왕오천축국전』을 남겼다.
② 『화엄일승법계도』를 저술하였다.
③ 걸사표를 지어 수나라 황제에게 보냈다.
④ 무애가를 지어 부르면서 대중을 교화하였다.

7. 다음은 삼국의 발전 과정에서 있었던 사실이다. 시대순으로 바르게 나열한 것은?

> ㉠ 백제가 고구려의 평양성을 공격하여 고국원왕이 전사하였다.
> ㉡ 수나라의 위협을 받은 고구려는 돌궐, 백제와 연합 세력을 구축하였다.
> ㉢ 신라는 국호를 신라로 바꾸고, 왕의 칭호도 마립간에서 왕으로 고쳤다.

① ㉠ - ㉡ - ㉢
② ㉠ - ㉢ - ㉡
③ ㉡ - ㉢ - ㉠
④ ㉢ - ㉠ - ㉡

8. 다음 정책을 추진한 왕의 재위 기간에 있었던 사실로 옳은 것은?

> 왕은 왕권을 안정시키고 중앙 집권 체제를 강화하였으며, 경국대전 편찬 사업에 착수하였다. 또한 국가 재정을 안정시키기 위해 과전을 현직 관료에게만 지급하는 직전법을 실시하였다.

① 보법을 시행하였다.
② 홍문관이 설치되었다.
③ 이종무가 쓰시마섬을 토벌하였다.
④ 도첩제를 폐지하는 등 억불정책을 시행하였다.

9. 다음 시기에 전개된 경제 활동에 대한 설명으로 옳은 것은?

> ○ 서예에서 간결한 구양순체 대신에 우아한 송설체가 유행하였다.
> ○ 고려 태조에서 숙종 대까지의 역대 임금의 치적을 정리한 『사략』이 편찬되었다.

① 화폐가 전국적으로 유통되었다.
② 상업은 촌락을 중심으로 발달하였다.
③ 시장을 감독하는 관청으로 동시전을 설치하였다.
④ 사원수공업이 발달하여 베, 소금 등을 생산하였다.

10. (가) 단체에 대한 설명으로 옳은 것은?

> 11월 3일 광주에서 일어난 고등보통학교 학생과 일본인 학생의 충돌 사건에 대하여, (가) 본부는 중앙 상무 집행위원회를 열고 광주 지회에 긴급 조사를 실시하라고 지시하였다. 사건 내용을 철저히 조사하는 동시에 구금된 학생들의 석방도 교섭하기로 하고, 중앙 집행위원장 허헌, 서기장 황상규, 회계 김병로를 광주에 급파하기로 하였다.

① 원산 노동자 총파업을 지원하였다.
② 정우회 선언의 영향으로 해체되었다.
③ 105인 사건으로 국내 조직이 해체되었다.
④ 학생 조직과 함께 6·10 만세 운동을 계획하였다.

11. 다음 역사적 사건을 순서대로 바르게 나열한 것은?

> ㉠ 위화도 회군
> ㉡ 공양왕 옹립
> ㉢ 과전법 공포
> ㉣ 조선의 건국

① ㉠ - ㉡ - ㉢ - ㉣
② ㉠ - ㉢ - ㉡ - ㉣
③ ㉡ - ㉠ - ㉢ - ㉣
④ ㉡ - ㉠ - ㉣ - ㉢

12. 다음 시기의 사회 상황에 대한 설명으로 적절하지 못한 것은?

> 근래 아전의 풍속이 나날이 변하여 하찮은 아전이 길에서 만나도 절을 하지 않으려 한다. 아전의 아들 손자로서 아전의 역을 맡지 않은 자가 고을 안의 양반을 만날 때 맞먹듯이 너나 하며 자(字)를 부른다.

① 수령의 향촌 지배력이 점차 약화되어 갔다.
② 문중을 중심으로 서원과 사우가 많이 건립되었다.
③ 촌락 단위의 동약이 실시되고 동족 마을이 만들어졌다.
④ 부농층은 향회를 장악하여 향촌 사회에서 영향력을 키우고자 하였다.

13. 다음 글을 저술한 역사가에 대한 설명으로 옳은 것은?

> 대개 국교·국학·국어·국문·국사는 혼(魂)에 속하는 것이요, … 그런데 혼의 됨됨은 백에 따라서 죽고 사는 것이 아니다. 그러므로 국교·국사가 망하지 않으면 그 나라는 망하지 않는다.

① 조선사편수회에서 『조선사』를 집필하였다.
② 서북학회의 기관지에 많은 논설을 발표하였다.
③ 『동사강목』에서 우리나라의 독자적인 정통론을 세웠다.
④ 역사를 '아(我)와 비아(非我)의 투쟁'으로 해석했다.

14. 다음 자료를 반포한 정부가 추진한 정책으로 옳지 못한 것은?

> 제1조 대한국은 세계 만국이 공인한 자주 독립 제국이다.
> 제2조 대한 제국의 정치는 만세불변의 전제 정치이다.

① 청나라와 한·청 통상 조약을 체결하였다.
② 미국인 측량사를 초빙하여 양전 사업을 실시하였다.
③ 원수부를 설치하고, 진위대의 병력을 증강하였다.
④ 태양력을 사용하고 건양이라는 연호를 제정하였다.

15. 밑줄 친 '이 신문'의 이름으로 옳은 것은?

> 이 신문은 영국인 베델이 발행인으로 참여하고 있어서, 통감부의 극심한 통제에도 불구하고 일본의 침략에 반대하는 논설을 실을 수 있었다. 특히, 의병 활동 등에 관한 기사를 많이 실어 민족 의식을 고취시키는 데에 커다란 공헌을 하였다.

① 한성순보
② 독립신문
③ 제국신문
④ 대한매일신보

16. 다음 사건으로 말미암아 나타난 사실로 옳은 것은?

> 우리는 왜 총을 들 수밖에 없었는가? 그 대답은 너무나 간단합니다. 너무나 무자비한 만행을 더 이상 보고 있을 수만 없어서 너도나도 총을 들고 나섰던 것입니다. …(중략)… 계엄 당국은 18일 오후부터 공수 부대를 대량 투입하여 시내 곳곳에서 학생, 젊은이들에게 무차별 살상을 자행하였으니!
>
> — 「광주 시민군 궐기문」 —

① 3·15 부정 선거를 규탄하였다.
② 대통령이 하야하는 계기가 되었다.
③ 5년 단임의 대통령 직선제 개헌이 이루어졌다.
④ 비상 계엄령 해제와 신군부 퇴진을 요구하였다.

17. 다음 (가) 시기에 있었던 일로 옳은 것은?

	(가)	
좌우 합작 7원칙 발표		제헌국회 개원

① 농지개혁법을 제정하였다.
② 반민족 행위 처벌법을 제정하였다.
③ 제주에서 4·3 사건이 발생하였다.
④ 이승만이 정읍 발언을 발표하였다.

18. 다음 역사적 사실들을 순서대로 바르게 나열한 것은?

> ㉠ 병인박해를 빌미로 프랑스 함대가 침입하였다.
> ㉡ 최익현의 상소를 계기로 흥선대원군이 하야했다.
> ㉢ 이만손 등이 '영남만인소'를 올려 개화 정책에 반대하였다.
> ㉣ 미국에 민영익, 홍영식 등을 보빙사로 파견하였다.

① ㉠ - ㉡ - ㉢ - ㉣
② ㉠ - ㉡ - ㉣ - ㉢
③ ㉡ - ㉠ - ㉢ - ㉣
④ ㉡ - ㉠ - ㉣ - ㉢

19. 다음 조약에 대한 설명으로 옳은 것은?

> 제1조 일본국 정부는 동경의 외무성을 경유하여 금후 한국의 외국과의 관계 및 사무를 감리, 지휘할 수 있고, 일본국의 외교 대표자와 영사는 외국에 있는 한국의 신민 및 이익을 보호할 수 있다.

① 통감의 권한이 강화되었다.
② 대한제국의 사법권과 감옥 사무를 박탈하였다.
③ 고종이 헤이그에 특사를 파견하는 계기가 되었다.
④ 재정 고문 메가타가 화폐 정리 사업을 실시하는 근거가 되었다.

20. 다음 자료에서 설명하고 있는 (가) 단체는?

> (가) 단체는 만주 지역의 독립군과 각처에 산재해 있던 무장 투쟁 세력을 모아 충칭에서 창설하였다. 지청천을 총사령관으로, 이범석을 참모장으로 했으며 김원봉의 조선 의용대 병력을 흡수하여 군사력을 더욱 강화하였다.

① 조선 의용군
② 한국 광복군
③ 조선 혁명군
④ 대한 광복회

행정법총론

1. 공법관계와 사법관계에 대한 설명으로 옳은 것은? (다툼이 있는 경우 판례에 의함)
   ① 국유 일반재산의 대부료 지급은 사법상 법률관계이므로 행정상 강제집행절차가 인정되더라도 따로 민사소송으로 대부료의 지급을 구하는 것이 허용된다.
   ② 국유재산의 관리청이 행정재산의 사용·수익을 허가한 다음 그 사용·수익하는 자에 대하여 하는 사용료 부과는 사경제주체로서 행하는 사법상의 이행청구에 해당한다.
   ③ 한국공항공단이 무상사용허가를 받은 행정재산에 대하여 하는 전대행위는 사법관계이다.
   ④ 구「예산회계법」상 입찰보증금의 국고귀속조치는 국가가 공권력을 행사하는 것이라는 점에서, 이를 다투는 소송은 행정소송에 해당한다.

2. 행정행위에 대한 설명으로 옳지 않은 것은? (다툼이 있는 경우 판례에 의함)
   ① 무허가건물을 무허가건물관리대장에서 삭제하는 행위는 다른 특별한 사정이 없는 한 항고소송의 대상이 되는 행정처분에 해당하지 아니한다.
   ② 공익법인의 기본재산 처분에 대한 허가의 법률적 성질은 형성적 행정행위로서의 인가에 해당하고, 그 허가에 조건으로서의 부관을 부과하는 것이 허용된다.
   ③ 다른 법령에 의한 인허가가 의제되지 않는 일반적인 건축신고는 자기완결적 신고이나, 이에 대한 수리 거부행위는 항고소송의 대상이 되는 처분에 해당한다.
   ④ 요양기관 업무정지처분은 대물적 처분의 성격을 가지므로, 속임수나 그 밖의 부당한 방법으로 보험자에게 요양급여비용을 부담하게 한 요양기관이 폐업한 때에는 폐업 후 그 요양기관의 개설자가 새로 개설한 요양기관에 대하여 업무정지처분을 할 수 있다.

3. 행정의 실효성 확보수단에 대한 설명으로 옳은 것은? (다툼이 있는 경우 판례에 의함)
   ① 「농지법」에 따른 이행강제금을 부과할 때에는 그때마다 이행강제금을 부과·징수한다는 뜻을 미리 문서로 알려야 하고, 이와 같은 절차를 거치지 아니한 채 이행강제금을 부과하는 것은 이행강제금 제도의 취지에 반하는 것으로써 위법하다.
   ② 행정청이 건물 철거의무를 행정대집행의 방법으로 실현하는 과정에서 건물을 점유하고 있는 철거의무자들에 대하여 제기한 건물퇴거를 구하는 소송은 적법하다.
   ③ 「식품위생법」에 따른 영업소 폐쇄는 행정상 즉시강제에 해당하는 실효성 확보수단이다.
   ④ 과세관청이 체납처분으로서 행하는 공매는 우월한 공권력의 행사로서 행정소송의 대상이 되는 행정처분이나, 공매에 의하여 재산을 매수한 자는 그 공매처분이 취소된 경우에 그 취소처분의 위법을 주장하여 행정소송을 제기할 법률상 이익이 없다.

4. 취소소송의 원고적격에 대한 설명으로 옳지 않은 것은? (다툼이 있는 경우 판례에 의함)
   ① 소방청장이 처분성이 인정되는 국민권익위원회의 조치요구에 불복하여 이에 대한 취소소송을 제기하는 경우 소방청장은 당사자능력과 원고적격을 가진다.
   ② 건축물의 하자를 다투는 입주예정자들은 건물의 사용검사처분에 대해 제3자효 행정행위의 차원에서 행정소송을 통해 다툴 수 있다.
   ③ 지방법무사회의 사무원 채용승인 거부처분 또는 채용승인 취소처분에 대해서는 처분 상대방인 법무사뿐만 아니라 그 때문에 사무원이 될 수 없게 된 사람도 이를 다툴 원고적격이 인정된다.
   ④ 환경영향평가 대상지역 밖에 거주하는 주민에게 헌법상의 환경권 또는 「환경정책기본법」에 근거하여 공유수면매립면허처분과 농지개량사업 시행인가처분의 무효확인을 구할 원고적격은 인정되지 아니한다.

5. 행정입법에 대한 설명으로 옳지 않은 것은? (다툼이 있는 경우 판례에 의함)
   ① 법원이 구체적 규범통제를 통해 위헌·위법으로 선언할 심판대상은, 해당 규정의 전부가 불가분적으로 결합되어 있어 일부를 무효로 하는 경우 나머지 부분이 유지될 수 없는 결과를 가져오는 특별한 사정이 없는 한, 원칙적으로 해당 규정 중 재판의 전제성이 인정되는 조항에 한정되지 않는다.
   ② 일반적으로 시행령이 헌법이나 법률에 위반된다는 사정은 그 시행령의 규정을 위헌 또는 위법하여 무효라고 선언한 대법원의 판결이 선고되지 아니한 상태에서는 객관적으로 명백한 것이라 할 수 없으므로, 이러한 시행령에 근거한 행정처분의 하자는 취소사유에 해당할 뿐 무효사유가 되지 아니한다.
   ③ 한국수력원자력 주식회사가 조달하는 기자재, 용역 및 정비공사, 기기수리의 공급자에 대한 관리업무 절차를 규정함을 목적으로 제정·운용하고 있는 '공급자관리지침' 중 등록취소 및 그에 따른 일정 기간의 거래제한조치에 관한 규정들은 상위 법령의 구체적 위임 없이 정한 것이어서 대외적 구속력이 없는 행정규칙이다.
   ④ 집행명령은 상위법령이 개정되더라도 개정법령과 성질상 모순·저촉되지 아니하고 개정된 상위법령의 시행에 필요한 사항을 규정하고 있는 이상, 개정법령의 시행을 위한 집행명령이 제정·발효될 때까지는 여전히 그 효력을 유지한다.

6. 행정소송의 판결에 대한 설명으로 옳지 않은 것은? (다툼이 있는 경우 판례에 의함)
① 처분등을 취소하는 확정판결은 제3자에 대하여도 효력이 있다.
② 처분청이 재처분을 하였는데 종전 거부처분에 대한 취소 확정판결의 기속력에 반하는 경우에는 간접강제의 대상이 될 수 있다.
③ 취소판결의 기속력은 주로 판결의 실효성 확보를 위하여 인정되는 효력으로서 판결의 주문뿐만 아니라 그 전제가 되는 처분 등의 구체적 위법사유에 관한 이유 중의 판단에 대하여도 인정된다.
④ 영업정지처분에 대한 취소소송에서 취소판결이 확정되면 처분청은 영업정지처분의 효력을 소멸시키기 위하여 영업정지처분을 취소하는 처분을 하여야 할 의무를 진다.

7. 행정형벌에 대한 설명으로 옳지 않은 것은? (다툼이 있는 경우 판례에 의함)
① 구「대기환경보전법」에 따라 배출허용기준을 초과하는 배출가스를 배출하는 자동차를 운행하는 행위를 처벌하는 규정은 과실범의 경우에도 적용된다.
② 법인 대표자의 법규위반행위에 대한 법인의 책임은, 법인 자신의 법규위반행위로 평가될 수 있는 행위에 대한 법인의 직접책임으로서, 대표자의 고의에 의한 위반행위에 대하여는 법인 자신의 고의에 의한 책임을, 대표자의 과실에 의한 위반행위에 대하여는 법인 자신의 과실에 의한 책임을 부담하게 된다.
③ 지방국세청장이 조세범칙행위에 대하여 고발을 한 후에 동일한 조세범칙행위에 대하여 통고처분을 하여 조세범칙행위자가 이를 이행하였다면, 고발에 따른 형사절차의 이행은 일사부재리의 원칙에 반하여 위법하게 된다.
④ 구「행형법」에 의한 징벌을 받은 뒤에 형사처벌을 한다고 하여 일사부재리의 원칙에 반하는 것은 아니다.

8. 행정소송의 집행정지에 대한 설명으로 옳지 않은 것은? (다툼이 있는 경우 판례에 의함)
① 집행정지결정을 한 후라도 본안소송이 취하되어 소송이 계속하지 아니한 것으로 되면 집행정지결정은 당연히 그 효력이 소멸되고 별도의 취소 조치를 필요로 하는 것은 아니다.
② 행정처분의 무효란 행정처분이 처음부터 아무런 효력도 발생하지 아니한다는 의미이므로 무효등 확인소송에 대해서는 집행정지가 인정되지 아니한다.
③ 행정처분의 효력이나 집행 혹은 절차속행 등의 정지를 구하는 신청은 「행정소송법」상 집행정지신청의 방법으로서만 가능할 뿐 「민사소송법」상 가처분의 방법으로는 허용될 수 없다.
④ 「행정소송법」상 집행정지의 결정 또는 기각의 결정에 대하여는 즉시항고할 수 있고, 이 경우 집행정지의 결정에 대한 즉시항고에는 결정의 집행을 정지하는 효력이 없다.

9. 행정행위의 취소와 철회에 대한 설명으로 옳지 않은 것은? (다툼이 있는 경우 판례에 의함)
① 행정처분을 한 처분청은 그 처분의 성립에 하자가 있는 경우 이를 취소할 별도의 법적 근거가 없다고 하더라도 직권으로 이를 취소할 수 있다.
② 수익적 행정처분에 대한 취소권 등의 행사는 기득권의 침해를 정당화할 만한 중대한 공익상의 필요 또는 제3자의 이익보호의 필요가 있는 때에 한하여 허용될 수 있다는 법리는, 처분청이 수익적 행정처분을 직권으로 취소·철회하는 경우뿐만 아니라 쟁송취소의 경우에도 마찬가지로 적용된다.
③ 행정청은 당사자의 신뢰를 보호할 가치가 있는 등 정당한 사유가 있는 경우에는 위법한 처분을 장래를 향하여 취소할 수 있다.
④ 건축주가 토지소유자로부터 토지사용승낙서를 받아 그 토지 위에 건축물을 건축하는 건축허가를 받았다가 착공에 앞서 건축주의 귀책사유로 해당 토지를 사용할 권리를 상실한 경우, 토지소유자의 건축허가 철회신청을 거부한 행위는 항고소송의 대상이 된다.

10. 행정대집행에 대한 설명으로 옳은 것은? (다툼이 있는 경우 판례에 의함)
① 관계 법령상 행정대집행의 절차가 인정되어 행정청이 행정대집행의 방법으로 건물의 철거 등 대체적 작위의무의 이행을 실현할 수 있는 경우에도 따로 민사소송의 방법으로 그 의무의 이행을 구할 수 있다.
② 관계 법령에 위반하여 장례식장 영업을 하고 있는 자에 대한 장례식장 사용중지의무는 대집행의 대상이 된다.
③ 행정대집행을 함에 있어 비상시 또는 위험이 절박한 경우에 당해 행위의 급속한 실시를 요하여 절차를 취할 여유가 없을 때라도 계고와 달리 대집행영장 통지 절차는 생략할 수 없다.
④ 권원 없이 국유재산에 설치한 시설물에 대하여 관리청이 행정대집행을 통해 철거를 하지 않는 경우, 그 국유재산에 대하여 사용청구권을 가진 자는 국가를 대위하여 민사소송으로 그 시설물의 철거를 구할 수 있다.

11. 「행정기본법」상 처분의 재심사에 대한 설명으로 옳은 것은?
① 처분의 재심사 신청은 당사자가 처분의 재심사 사유를 안 날부터 60일 이내에 하여야 한다. 다만, 처분이 있은 날부터 5년이 지나면 신청할 수 없다.
② 처분의 재심사 결과 중 처분을 유지하는 결과에 대해서는 행정심판, 행정소송 및 그 밖의 쟁송수단을 통하여 불복할 수 있다.
③ 당사자는 제재처분이 행정심판, 행정소송 및 그 밖의 쟁송을 통하여 다툴 수 없게 된 경우에도 그 처분의 근거가 된 사실관계 또는 법률관계가 추후에 당사자에게 유리하게 바뀐 경우에는 해당 처분을 한 행정청에 처분을 취소·철회하거나 변경하여 줄 것을 신청할 수 있다.
④ 처분으로 법률상 이익이 침해된 제3자는 해당 처분에 대해 재심사를 청구할 수 있다.

12. 「행정소송법」상 처분등에 대한 설명으로 옳은 것은? (다툼이 있는 경우 판례에 의함)
　① 어떠한 처분에 법령상 근거가 있는지, 「행정절차법」에서 정한 처분 절차를 준수하였는지는 소송요건 심사단계에서 고려하여야 한다.
　② 「국가를 당사자로 하는 계약에 관한 법률」에 따라 국가가 당사자가 되는 이른바 공공계약은 사경제 주체로서 상대방과 대등한 위치에서 체결하는 사법상 계약으로서 본질적인 내용은 사인 간의 계약과 다를 바가 없으므로, 조달청장이 법령에 근거하여 입찰참가자격을 제한하는 것은 사법관계에 해당한다.
　③ 거부처분이 있은 후 당사자가 다시 신청을 한 경우에는 신청의 제목 여하에 불구하고 그 내용이 새로운 신청을 하는 취지라면 관할 행정청이 이를 다시 거절하는 것은 새로운 거부처분으로 봄이 원칙이다.
　④ 재결취소소송의 경우 재결 자체에 고유한 위법이 있는지 여부를 심리할 것이고, 재결 자체에 고유한 위법이 없는 경우에는 원처분의 당부와는 상관없이 당해 재결취소소송은 이를 각하하여야 한다.

13. 행정행위의 부관에 대한 설명으로 옳지 않은 것은? (다툼이 있는 경우 판례에 의함)
　① 공유수면매립준공인가처분 중 매립지 일부에 대하여 한 국가 또는 지방자치단체에의 귀속처분은 독립하여 행정소송의 대상이 될 수 없다.
　② 공유재산의 관리청이 기부채납된 행정재산에 대하여 행하는 사용·수익 허가의 경우, 부관인 사용·수익 허가의 기간에 위법사유가 있다면 허가 전부가 위법하게 된다.
　③ 수익적 행정처분에 있어서는 법령에 특별한 근거규정이 없다고 하더라도 그 부관으로서 부담을 붙일 수 있고, 부담을 부가하기 이전에 상대방과 협의하여 부담의 내용을 협약의 형식으로 미리 정한 다음 행정처분을 하면서 이를 부가할 수도 있다.
　④ 행정처분에 붙인 부담인 부관이 제소기간 도과로 불가쟁력이 생긴 경우에는 그 부담의 이행으로 한 사법상 법률행위의 효력을 다툴 수 없다.

14. 공법상 계약에 대한 설명으로 옳지 않은 것은? (다툼이 있는 경우 판례에 의함)
　① 행정청은 법령등을 위반하지 아니하는 범위에서 행정목적을 달성하기 위하여 필요한 경우에는 공법상 법률관계에 관한 계약을 체결할 수 있고, 이 경우 계약의 목적 및 내용을 명확하게 적은 계약서를 작성하여야 한다.
　② 지방자치단체를 당사자로 하는 계약에 관하여는 그 계약의 성질이 공법상 계약이 아닌 사법상 계약인 경우에만 「지방자치단체를 당사자로 하는 계약에 관한 법률」의 규율이 적용된다.
　③ 구 「중소기업기술혁신 촉진법」상 중소기업 정보화지원사업에 따른 지원금 출연을 위하여 중소기업청장이 체결하는 협약은 공법상 계약에 해당한다.
　④ 민간투자사업 실시협약을 체결한 당사자가 공법상 당사자소송에 의하여 그 실시 협약에 따른 재정지원금의 지급을 구하는 경우에, 수소법원은 단순히 주무관청이 재정지원금액을 산정한 절차 등에 위법이 있는지 여부를 심사하는 데 그쳐서는 아니 되고, 실시협약에 따른 적정한 재정지원금액이 얼마인지를 구체적으로 심리·판단하여야 한다

15. 정보공개에 대한 설명으로 옳지 않은 것은? (다툼이 있는 경우 판례에 의함)
　① 공공기관이 보유·관리하고 있는 개인정보의 공개에 관하여는 구 정보공개법 제9조 제1항 제6호가 「개인정보 보호법」에 우선하여 적용된다.
　② 정보공개청구권은 법률상 보호되는 구체적인 권리이므로 청구인이 공공기관에 대하여 정보공개를 청구하였다가 거부처분을 받은 것 자체가 법률상 이익의 침해에 해당한다.
　③ 정보공개청구인이 정보공개와 관련한 공공기관의 비공개 결정 또는 부분 공개 결정에 대하여 불복하는 경우에는 「정보공개법」상 이의신청절차를 거친 후에야 비로소 행정심판을 청구할 수 있다.
　④ 정보공개거부처분 취소소송에서 공개청구의 취지에 어긋나지 아니하는 범위 안에서 공개를 거부한 정보가 비공개대상정보에 해당하는 부분과 공개가 가능한 부분으로 분리될 수 있다고 인정되면 법원은 공개가 가능한 부분을 특정하고 판결의 주문에 공개가 가능한 정보에 관한 부분만을 취소한다고 표시해야 한다.

16. 행정절차에 대한 설명으로 옳지 않은 것은? (다툼이 있는 경우 판례에 의함)
　① 행정청은 행정처분으로 인하여 권익을 침해받게 되는 제3자에 대하여 처분의 원인이 되는 사실과 처분의 내용 및 법적 근거를 미리 통지하여야 한다.
　② 행정청이 처분기준 사전공표 의무를 위반하여 미리 공표하지 아니한 기준을 적용하여 처분을 하였다고 하더라도, 그러한 사정만으로 곧바로 해당 처분에 취소사유에 이를 정도의 흠이 존재한다고 볼 수는 없다.
　③ 행정청이 처분을 하면서 당사자가 그 근거를 알 수 있을 정도로 이유를 제시한 경우에는 처분의 근거와 이유를 구체적으로 명시하지 않았더라도 그로 말미암아 그 처분이 위법하다고 볼 수는 없다.
　④ 「행정절차법」상 문서주의 원칙에도 불구하고, 행정청의 처분서의 문언만으로는 행정청이 어떤 처분을 하였는지 불분명하다는 등 특별한 사정이 있는 때에는 처분 경위나 처분 이후의 상대방의 태도 등 다른 사정을 고려하여 처분서의 문언과 달리 그 처분의 내용을 해석할 수도 있다.

17. 국가배상에 대한 설명으로 옳지 않은 것은? (다툼이 있는 경우 판례에 의함)
① 형벌에 관한 법령이 헌법재판소의 위헌결정으로 소급하여 효력을 상실한 경우, 위헌 선언 전 그 법령에 기초하여 수사가 개시되어 공소가 제기되고 유죄판결이 선고되었더라도, 그러한 사정만으로 국가의 손해배상책임이 발생한다고 볼 수 없다.
② 행위 자체의 외관이 객관적으로 관찰하여 공무원의 직무행위로 보일 때에는 그것이 실질적으로 직무행위가 아니거나 또는 행위자에게 주관적으로 공무집행의 의사가 없었다고 하더라도 그 행위는 직무행위에 해당한다.
③ 행위 자체의 외관이 객관적으로 관찰하여 공무원의 직무행위로 보이더라도 그 행위가 실질적으로 공무집행행위가 아니라는 사정을 피해자가 알았던 경우「국가배상법」상 요건인 직무행위관련성은 부정된다.
④ 공무원의 부작위가 공무원으로서 마땅히 지켜야 할 준칙이나 규범을 위반한 경우를 포함하여 널리 객관적인 정당성이 없는 경우, 그 부작위는 '법령을 위반'하는 경우에 해당한다.

18. 행정법의 일반원칙에 대한 설명으로 옳은 것은? (다툼이 있는 경우 판례에 의함)
① 처분청이 착오로 행정서사업 허가처분을 한 후 20년이 다 되어서야 취소사유를 알고 행정서사업 허가를 취소한 경우, 그 허가취소처분은 실권의 법리에 저촉되는 것으로 보아야 한다.
② 건축물에 인접한 도로의 개설을 위한 도시계획사업시행허가처분은 건축물에 대한 건축허가처분과는 별개의 행정처분이므로 사업시행허가를 함에 있어 조건으로 내세운 기부채납의무를 이행하지 않았음을 이유로 한 건축물에 대한 준공거부처분은 「건축법」에 근거 없이 이루어진 것으로서 위법하다.
③ 과세관청이 납세의무자에게 부가가치세 면세사업자용 사업자등록증을 교부하거나 고유번호를 부여하였다면 납세의무자에게 그가 영위하는 사업에 관하여 부가가치세를 과세하지 아니함을 시사하는 언동이나 공적인 견해를 표명한 것이라 할 수 있다.
④ 제1종 보통면허로 운전할 수 있는 차량을 음주운전한 경우 제1종 보통면허의 취소 외에 동일인이 소지하고 있는 제1종 대형면허는 취소할 수 없다.

19. 「공익사업을 위한 토지 등의 취득 및 보상에 관한 법률」에 따른 토지 등의 취득 및 보상에 대한 설명으로 옳은 것은? (다툼이 있는 경우 판례에 의함)
① 토지수용위원회는 사업시행자, 토지소유자 또는 관계인이 신청한 범위에서 재결하여야 하나, 손실보상의 경우에는 증액재결을 할 수 있다.
② 어떤 보상항목이 공익사업을 위한 토지 등의 취득 및 보상에 관한 법령상 손실보상대상에 해당함에도 관할 토지수용위원회가 사실을 오인하거나 법리를 오해함으로써 손실보상대상에 해당하지 않는다고 잘못된 내용의 재결을 한 경우에는, 피보상자는 관할 토지수용위원회를 상대로 재결취소소송을 제기하여야 한다.
③ 구「하천법」에 의한 하천수 사용권은 「공익사업을 위한 토지 등의 취득 및 보상에 관한 법률」이 손실보상의 대상으로 규정하고 있는 '물의 사용에 관한 권리'에 해당하지 않는다.
④ 사업시행자에게 한 잔여지매수청구의 의사표시는 일반적으로 관할 토지수용위원회에 한 잔여지수용청구의 의사표시로 볼 수 있다.

20. 행정심판에 대한 설명으로 옳지 않은 것은? (다툼이 있는 경우 판례에 의함)
① 심판청구에 대한 재결이 있으면 그 재결 및 같은 처분 또는 부작위에 대하여 다시 행정심판을 청구할 수 없다.
② 처분행정청은 재결에 기속되어 재결의 취지에 따른 처분의무를 부담하게 되므로 재결에 불복하여 행정소송을 제기할 수 없다.
③ 행정심판위원회는 영업정지 3월의 처분에 대한 취소심판의 청구가 이유 있다고 인정하면 이를 영업정지 2월에 갈음하는 과징금 처분으로 변경하는 재결을 할 수 있다.
④ 정보공개명령재결은 행정심판위원회에 의한 직접처분의 대상이 된다.

행정학개론

1. 조직의 갈등관리에 대한 설명으로 옳지 않은 것은?
   ① 집단 간 목표의 차이로 인해 발생한 갈등은 상위 목표를 제시하거나 계층제 또는 권위를 이용하여 해결한다.
   ② 수평적 갈등은 목표의 분업 구조, 과업의 상호 의존성, 제한된 자원으로 인해 발생한다.
   ③ 통합형 협상은 자원이 제한되어 있어 제로섬 방식을 기본 전제로 하는 협상이다.
   ④ 조직의 불확실성을 높이거나 위기감을 불러일으키는 것과 같이 조직의 갈등을 인위적으로 조성하는 전략은 조직의 생존.발전에 필요한 전략 중 하나이다.

2. 다음 중 X-비효율성에 대한 설명으로 옳지 않은 것은?
   ① 뢰벤스타인(Lebenstein)이 제시한 개념으로써 분배적 비효율성과 대비되는 개념이다.
   ② 법규로 규정할 수 없는 어떤 관리상의 행정적 요인에 의해 나타나는 관리상의 비효율성을 의미한다.
   ③ 근본적으로 공공부문이 경쟁체제에 노출되지 못하기 때문이며 정부실패의 주원인이 된다.
   ④ X - 비효율성은 정부가 가진 권력을 통해 불평등한 분배가 이루어지는 현상이다.

3. 실적제 확립의 역사적 배경과 가장 가까운 것은?
   ① 1868년 젠크스 법안
   ② 1774년 워싱턴, 제퍼선의 내각구성
   ③ 1820년 4년 임기법
   ④ 1829년 잭슨 대통령의 연두교서

4. 신공공관리론과 구별되는 신공공서비스론의 특성으로 옳지 않은 것은?
   ① 기대하는 조직구조는 리더십을 공유하는 협동적 조직구조이다.
   ② 지역사회 문제를 해결하는 과정에서 시민들의 공유된 가치를 관료가 협상하고 중재해야 한다고 주장한다.
   ③ 공익 인식에서 개인 이익의 총합으로 보기보다는 담론의 결과물로 본다.
   ④ 목표달성 기제는 공공기관과 비영리 민간기관과 연합보다 유인기제를 중시한다.

5. 다음 예산의 원칙 중 스미스(H. Smith)가 주장한 현대적 예산의 원칙과 거리가 먼 것은?
   ① 예산의 편성, 심의, 집행은 공식적인 형식을 가진 재정 보고 및 업무 보고에 기초를 두어야 한다.
   ② 효율적인 운영을 위한 적절한 수단을 구비하여야 한다.
   ③ 중앙과 부처예산담당기구 간 교류 및 협력을 하여야 한다.
   ④ 모든 세입과 세출은 모두 예산에 계상해야 한다.

6. 무의사결정론(non-decision making)에 대한 설명으로 옳지 않은 것은?
   ① 매스컴 활용을 통하여 지지나 동의를 확보하기도 한다.
   ② 어떤 문제가 정책의제로 거론되기도 전에 질식시켜버리는 저지 전략이다.
   ③ 기득권 세력의 특권이나 이익 그리고 가치관이나 신념에 대한 잠재적 또는 현재적 도전을 좌절시키려는 것을 의미한다.
   ④ 권력이나 폭력 등의 힘을 사용하기도 한다.

7. 예산제도에 대한 설명으로 가장 옳지 않은 것은?
   ① 품목별 예산제도(LIBS)는 각 항목에 의한 예산배분으로 조직 목표 파악이 쉽다.
   ② 성과주의 예산제도(PBS)는 투입요소 중심으로 단위원가에 업무량을 곱하여 예산액을 측정한다.
   ③ 계획 예산제도(PPBS)는 계획과 예산의 연계를 추구한다.
   ④ 영기준 예산제도(ZBB)는 긴축국면에서 공공서비스 성과에 초점을 두면서 신규 사업과 기존 사업예산 모두 분석한다.

8. 진실험적 방법과 준실험적 방법에 대한 설명으로 옳지 않은 것은?
   ① 진실험적 방법은 실험집단과 통제집단의 동질성을 확보해 행하는 실험이다.
   ② 실험집단과 통제집단을 서로 동질적인 것으로 구성하기 위해서는 대상들을 이들 두 집단에 무작위적으로 배정하지 않아야 한다.
   ③ 진실험 설계에서 실험집단과 통제집단은 관찰 기간 동안에 동일한 시간과 관련된 과정을 경험해야 한다.
   ④ 동일 정책대상집단에 대해 정책집행을 기준으로 여러 번의 사전, 사후측정을 하여 정책효과를 추정하는 '단절적 시계열설계'는 준실험설계 유형 중 하나이다.

9. 우리나라 지방자치법에서 지방자치단체장 및 보조기관에 대해 규정한 내용으로 옳지 않은 것은?
① 지방공무원의 정원은 인건비 등 행정안전부령으로 정하는 기준에 따라 그 지방자치단체의 조례로 정한다.
② 지방자치단체장은 지방의회의 의결이 지체될 경우 선결처분할 수 있다.
③ 지방자치단체장의 임기는 4년이며 재임은 3기로 제한된다.
④ 궐위된 경우, 공소제기된 후 구금상태에 있을 때, 60일이상 장기 입원의 경우에 부단체장이 권한 대행을 한다.

10. 애드호크라시(adhocracy)에 대한 설명으로 옳은 것은?
① 문제해결과 의사결정은 집단사고나 집단과정보다는 분업화의 원리에 의존한다.
② 구조적 측면에서 높은 공식화와 임시적 성격으로 인해 조직의 안정성이 높다.
③ 책임소재가 명확하여 갈등이 생길 가능성이 작다.
④ 팀워크 중심의 자발적 참여와 결과 지향적 산출을 지향한다.

11. 과학적 관리론과 인간관계론의 차이점에 대한 설명으로 옳지 않은 것은?
① 과학적 관리론은 과학적인 관리기술을 통한 경영합리화를 추구하며 인간관계론은 인간적 관리를 통한 조직의 생산성 향상을 추구한다.
② 과학적 관리론은 경제적 유인에 의한 동기부여를 중요시하고 인간관계론은 사회심리적 유인을 통한 동기부여를 중시한다.
③ 과학적 관리론은 능률성과 민주성과의 일치 가능성을 주장하며, 인간관계론은 능률성과 민주성의 불일치를 강조한다.
④ 과학적 관리론은 합리적 경제인관에, 인간관계론은 사회적 인간관에 기초하고 있다.

12. 대표관료제에 대한 설명으로 옳지 않은 것은?
① 인적구성면이나 정책지향면에서 사회전체의 축소처럼 되어 있는 관료제이다.
② 정부 관료의 충원에 있어서 다양한 집단을 참여시킴으로써 정부 관료제의 민주화에 기여할 수 있다
③ 정치적 대표성이 사회적 대표성으로 표출된다는 전제를 바탕으로 하고 있다.
④ 민주성·형평성에 대한 열망이 강하게 반영된 제도이다.

13. 다음 중 주인-대리인 이론에 대한 설명으로 옳은 것은?
① 관료들이 피규제집단의 입장을 옹호하는 소위 관료포획 현상은 역선택의 사례이다.
② 도덕적 해이는 주인이 대리인의 업무처리 능력과 지식을 충분히 알지 못해 기준 미달의 대리인을 선택하는 현상이다.
③ 공기업의 민영화는 시장의 경쟁요소를 도입함으로써 역선택을 방지하고자 하는 노력의 일환이다.
④ 정보비대칭을 줄이기 위한 방안으로는 주민참여, 내부고발자 보호제도, 입법예고제도 등이 있다.

14. 공무원 노조에 가입할 수 있는 공무원의 범위가 아닌 것은?
① 일반직 공무원
② 특정직공무원 중 외무영사직렬·외교정보기술직렬 외무공무원, 소방공무원 및 교육공무원(다만, 교원은 제외한다)
③ 인사, 감독업무 담당 공무원
④ 별정직 공무원

15. 정책목표 달성을 위해서는 실질적 도구적 수단과 실행적 보조수단이 필요한데, 물가안정이라는 정책 목표 달성을 위하여 고려되는 실행적 보조적 수단으로 보기 어려운 것은?
① 임금동결
② 담당인력 배치
③ 공권력 동원
④ 예산

16. 예산에 관한 설명으로 가장 옳지 않은 것은?
① 추가경정예산은 본예산과 별개로 성립되어도 일단 성립되면 본예산과 통합하여 운용 집행된다.
② 자본예산제도는 능률적 사업 추진 성과를 기대할 수 있으며, 새로운 자산취득으로 결국 재정팽창을 억제할 수 있는 예산제도이다.
③ 국가재정운용계획은 중.장기적 국가비전과 정책 우선순위를 고려한 계획으로 단년도 예산편성의 기본틀이 된다.
④ 성인지예산제도는 「국가재정법」에 명문화되어 있다.

17. 정책집행에 대한 다음 설명 중 틀린 것은?
　① 전방향적 접근(forward mapping)은 정치행정일원론, 기술적 능률성 등을 중시한다.
　② 재량적 실험형은 결정자가 추상적인 목표의식은 가지고 있지만 목표를 명확하게 표명하지를 못한다고 본다.
　③ 정책대상집단의 규모가 작고 구분이 명확할수록 정책집행이 용이하다.
　④ 표준운영절차(SOP)는 자원절감 및 변화에 신속히 대처할 수 없다는 단점이 있다.

18. 공무원에 대한 행정통제가 강화될수록 일어날 수 있는 부작용의 행정문화와 관련성이 큰 것은?
　① 레드테이프
　② 전문가적 무능
　③ 복지부동
　④ 파킨슨의 법칙

19. 조직구조유형에 대한 설명으로 옳지 않은 것은?
　① 네트워크구조 조직-결정과 기획 같은 핵심기능만 수행하는 조직을 중심에 놓고 다수의 독립된 조직들을 협력 관계로 묶어 일을 수행한다.
　② 기능구조 조직-수평적인 조정이 필요한 곳에 사용된다.
　③ 매트릭스구조 조직-변화하는 환경에 적응하기 유리하다.
　④ 사업구조 조직-성과책임의 소재가 분명해 성과관리 체제에 유리하다.

20. 우리나라의 지방재정조정제도에서 재원의 배분주체가 다른 하나는?
　① 보통교부세
　② 부동산교부세
　③ 특별교부세
　④ 조정교부금

-제2회-

이 름: ________________

제1과목 국어
제2과목 영어
제3과목 한국사
제4과목 행정법총론
제5과목 행정학개론

합격까지 박문각

국 어

1. 다음 글에 대한 이해로 적절하지 않은 것은?

『한글 맞춤법』은 표준어를 소리대로 적되, 어법에 맞도록 하는 것을 원칙으로 한다(제1항). 따라서 실제 발음을 그대로 적는 것이 아니라 문법적 조건에 따라 표기를 달리하기도 한다. 제5항에서는 한 단어 안에서 특별한 이유 없이 나는 된소리 표기를 규정한다. 두 모음 사이에서 나는 된소리는 된소리로 적으며, 'ㄴ, ㄹ, ㅁ, ㅇ' 받침 뒤에서 나는 된소리도 그대로 적는다. 그러나 'ㄱ, ㅂ' 받침 뒤에서 나는 된소리는 발음이 된소리라도 같은 음절이나 비슷한 음절이 겹치지 않는 한 표기에 드러내지 않는다. 예컨대 '국수'는 [국쑤], '몹시'는 [몹씨]로 발음되지만 '국수, 몹시'로 적는다. 제13항은 한 단어 안에서 같은 음절이나 비슷한 음절이 겹쳐 나는 경우, 같은 글자로 적도록 한다. 따라서 '딱딱'은 반복 구조에 따라 '딱닥'이 아니라 '딱딱'으로 적는다. 이처럼 된소리 표기는 발음을 그대로 따르지 않고 규정에 따라 달라진다.

① '오빠'는 두 모음 사이에서 된소리가 나므로 표기에서도 된소리를 밝혀 적는다.

② '깍두기'는 된소리로 발음되더라도 'ㄱ' 받침 뒤의 된소리는 표기에 드러내지 않는다.

③ '법석'은 비슷한 음절이 겹쳐 나므로 된소리를 밝혀 적어야 한다.

④ '듬뿍'은 비음 뒤에 된소리는 특별한 까닭이 있다고 할 수 없으므로 소리 나는 대로 표기해야 한다.

2. 다음 글에 대한 이해로 가장 적절한 것은?

'품사'는 공통 성질을 지닌 단어의 분류, '문장 성분'은 문장에서의 기능을 뜻한다. 관형사는 체언 앞에서 그 체언을 꾸미는 품사이고, 관형어는 문장 성분으로서 체언을 수식하는 모든 표현을 말한다. 관형사는 고정된 형태로만 쓰이며 조사와 결합하거나 활용하지 않고, 언제나 체언을 직접 수식해 관형어 기능만을 수행한다. 반면 관형어는 여러 방식으로 실현된다. 관형사 자체가 관형어가 되고, 체언에 관형격 조사가 결합하여 관형어가 된다. 또한 체언 자체가 뒤 체언을 꾸미는 경우도 있으며, 용언은 관형사형 어미인 '-(으)ㄴ, 는, -(으)ㄹ, 던'이 결합하여 관형어가 된다. 또한 관형사와 형용사는 활용 여부로 구별된다. 관형사는 활용이 없고 서술어로 쓰이지 않지만, 형용사는 '새롭다, 새로운'처럼 서술과 수식이 모두 가능하다. 따라서 관형사는 품사이고, 관형어는 기능이므로 전자는 후자의 한 유형에 포함된다.

① '우리 집'의 '우리'는 대명사로서 관형어이므로 관형사에 포함된다.

② 동사 어간에 '-는'이 결합한 '달리는'은 품사상 관형사이므로 조사와 결합할 수 없다.

③ '고향 집'에서 '고향'은 관형격 조사 '의'를 반드시 생략한 형태이므로 '고향의 집'에는 관형어가 없다.

④ 관형사는 활용이 없고 서술어로 쓰이지 않으며, 언제나 체언을 직접 수식해 관형어 기능을 수행한다.

3. 다음 글에 대한 이해로 가장 적절한 것은?

품사는 단어의 성질에 따른 분류 단위이고, 문장 성분은 실제 문장에서 품사가 어떤 기능을 하는지를 보여 준다. 명사는 격 조사와 결합하여 주어나 목적어로 실현되기도 하고, 경우에 따라 조사가 생략된 채로 주어 기능을 하기도 한다. 부사는 주로 용언이나 다른 부사를 꾸며 부사어로 나타난다. 용언은 어미와 결합하여 서술어로 쓰이고, 수사는 단위를 나타내는 명사와 결합하여 관형어 역할을 한다. 예를 들어, '동생은 빵을 좋아한다'에서 명사 '빵'은 좋아한다의 대상인 목적어를 이룬다. 또한 '항상 찾았다'에서 부사인 '항상'은 용언 '찾았다'를 수식하는 부사어이다. 게다가 '우리 다시 만나자'에서 대명사인 '우리'는 조사 없이 주어로 쓰였다. 마지막으로 '세 마리가 있다'에서 관형사인 '세'는 명사인 '마리'를 꾸며 관형어로 기능한다. 이처럼 품사와 문장 성분은 구별되지만, 실제 문장에서 서로 긴밀히 연결되어 드러난다.

① '개구리가 호랑이가 돼서 나타났다'에서 명사인 '호랑이'는 조사 없이 주어로 쓰였다.

② '감자는 동생이 제일 좋아한다'에서 명사인 '감자'는 조사와 결합하여 주어로 쓰였다.

③ '민호는 아주 옛 물건만 찾았다'에서 부사인 '아주'는 관형사를 수식하는 부사어로 쓰였다.

④ '다람쥐 다섯 마리가 나무를 오른다'에서 명사인 '다람쥐'가 다음에 오는 명사 '다섯'을 꾸미는 관형어로 쓰였다.

4. 다음 진술이 모두 참일 때 반드시 참인 것은?

○ 장 군이 등록하면, 김 군도 등록한다.
○ 김 군이 등록하면, 최 군도 등록한다.
○ 최 군이 등록하지 않으면, 박 군도 등록하지 않는다.

① 박 군이 등록하면, 김 군도 등록한다.

② 장 군이 등록하면, 박 군은 등록하지 않는다.

③ 김 군이 등록하지 않으면, 박 군은 등록한다.

④ 최 군이 등록하지 않으면, 장 군도 등록하지 않는다.

5. 다음 진술이 모두 참일 때 반드시 참인 것은?

○ M이 동아리에 가입하면, N은 가입하지 않는다.
○ N이 가입하지 않으면, P는 활동을 시작한다.
○ P는 활동을 시작하지 않았다.

① M과 N 모두 가입했다.

② M은 동아리에 가입하지 않았다.

③ N은 동아리에 가입하지 않았다.

④ N이 가입하지 않았고 P가 활동을 시작했다.

6. 다음 대화의 (가)에 들어갈 말로 적절한 것은?

> 갑: 기자는 보도자이고 보도자는 사실을 전달하는 사람이야. 모든 기자는 사실을 전달하니까, 기자가 아닌 사람은 사실을 전달할 필요가 없어.
>
> 을: 모든 강이 물을 가진다고 해서 물을 가진 것이 모두 강은 아니듯이, 네가 "기자가 아닌 사람은 사실을 전달할 필요가 없다."라고 주장하려면 " (가) ."가 참이어야 해.

① 몇몇 기자는 사실을 전달하지 않는다
② 사실을 전달하는 사람은 모두 기자다
③ 모든 기자는 사실을 전달할 필요가 없다
④ 사실을 전달하지 않는 사람은 모두 기자다

7. (가)와 (나)를 전제로 결론을 이끌어 낼 때, 빈칸에 들어갈 말로 가장 적절한 것은?

> (가) 유기농 코너에서 판매할 수 있는 상품은 모두 인증 마크가 있다.
>
> (나) 유기농 코너에서 판매할 수 있는 상품 가운데는 냉장 보관 의무가 없는 상품도 있다.
>
> 따라서

① 유기농 코너에서 판매할 수 있는 어떤 상품은 인증 마크가 없다.
② 인증 마크가 있는 상품은 모두 유기농 코너에서 판매할 수 있다.
③ 인증 마크가 있는 상품 가운데는 냉장 보관 의무가 없는 상품도 있다.
④ 냉장 보관 의무가 없는 상품은 모두 유기농 코너에서 판매할 수 있다.

8. 다음 중 문맥상 ㉠의 의미와 가장 가까운 것은?

> 작은 시침바늘은 12시에 ㉠ 서 있었다.

① 한 그루의 나무가 교문 옆에 서 있다.
② 달리던 기차가 갑자기 그 자리에 섰다.
③ 그의 두 눈에는 시뻘건 핏발이 서 있었다.
④ 그는 직장을 잃고 나서 가족에게 위신이 서지 않아서 괴로웠다.

9. <지침>에 따라 <개요>를 작성할 때 (가)~(라)에 들어갈 내용으로 적절하지 않은 것은?

> **< 지 침 >**
> ○ 서론은 보고서 작성의 배경과 필요성을 포함할 것.
> ○ 본론은 제목에서 밝힌 내용을 2개의 장으로 구성하되, 2장의 하위 항목이 3장의 하위 항목과 서로 대응하도록 할 것.
> ○ 결론은 기대 효과와 향후 과제를 순서대로 제시할 것.

> **< 개 요 >**
> ○ 제목: 자살 유가족 지원을 위한 통합적 사회 대응 방안
> 1장 서론
> 1. 자살률 증가와 사회적 파장의 심화
> 2. (가)
>
> 2장 자살 유가족이 겪는 심리·사회적 어려움
> 1. 비자발적 외상과 죄책감에 의한 정신적 고통
> 2. (나)
>
> 3장 자살 유가족 지원체계 구축 방안
> 1. 심리치료 서비스 및 상담 연계 시스템 확대
> 2. (다)
>
> 4장 결론
> 1. (라)
> 2. 보건·복지·교육 연계를 통한 지역 기반 지원체계 구축

① (가): 유가족은 단기적 심리 충격보다 장기적 고립이 더 치명적일 수 있음
② (나): 낙인으로 인한 유가족의 사회적 단절
③ (다): 인식 개선을 위한 대국민 캠페인
④ (라): 유가족의 자살률이 일반인 대비 낮아지는 결과 보고

10. <공공언어 바로 쓰기 원칙>에 따라 수정한 것으로 적절하지 않은 것은?

> **< 공공언어 바로 쓰기 원칙 >**
> ○ 표현의 정확성
> ㉠ 의미에 맞는 정확한 단어 쓰기.
> ○ 부적절한 피·사동 표현 자제
> ㉡ 부적절한 피·사동 표현은 자연스럽고 정확한 표현으로 바꿀 것.
> ○ 여러 뜻으로 해석되는 표현 삼가기
> ㉢ 문장이 오해 없이 하나의 의미로 읽히도록 함.
> ○ 대등한 것끼리 접속
> ㉣ '-고, -(으)며, 와/과' 등으로 연결된 말은 구조를 맞춤.

① "그는 계약에 따라 지급받은 금액을 기부했다."를 ㉠에 따라 "그는 계약에 따라 지급한 금액을 기부했다."로 수정한다.
② "시민들은 낡은 건물의 철거를 촉진시키자고 요구했다."를 ㉡에 따라 "시민들은 낡은 건물의 철거를 촉진하자고 요구했다."로 수정한다.
③ "정부는 전문가와 국민을 대상으로 조사를 실시하였다."를 ㉢에 따라 "정부는 전문가와 협의한 뒤 국민을 대상으로 조사를 실시하였다."로 수정한다.
④ "청소년 보호를 위한 규정 수립과 지도 방안을 강화한다."를 ㉣에 따라 "청소년 보호를 위한 규정을 수립하고 지도 방안을 강화한다."로 수정한다.

11. 다음 대화를 분석한 내용으로 가장 적절한 것은?

> 갑: 이제는 주 4일제 도입을 진지하게 검토해야 해. 노동시간이 줄어들면 삶의 질이 높아지고, 결국 장기적으로는 생산성도 올라갈 수 있어. 지금처럼 '많이 일하는 사람이 성실한 사람'이라는 인식부터 바꿔야 해.
>
> 을: 이상은 좋은데 현실은 달라. 중소기업이나 자영업자 입장에서는 하루라도 영업을 덜 하면 수익이 바로 줄어들어. 노동시간을 줄이려면 그만큼 임금을 줄이거나 인력을 늘려야 하는데, 그 부담을 누가 지겠어?
>
> 병: 나는 제도 도입 자체는 찬성하지만, 업종별, 기업 규모별로 탄력적으로 적용하는 게 필요하다고 봐. 모두에게 일률적으로 적용하면 오히려 혼란만 커질 수 있잖아.
>
> 갑: 물론 현실의 어려움은 알지만, 어느 시점에선 기준을 바꿔야 하지 않겠어? 계속 '지금은 어려우니까 나중에'만 반복하면 아무 변화도 일어나지 않아. 복지도 결국 구조 개편 없이 불가능해.
>
> 을: 그런데 그런 변화가 근로자의 임금 삭감이나 고용 불안정으로 이어질 수 있다는 게 문제야. 좋은 취지라고 해서 모든 결과가 좋은 건 아니야. 그걸 감당해야 하는 쪽은 결국 일하는 사람들이잖아.

① 주 4일제는 고용 불안과 임금 삭감으로 이어질 수 있다는 점에 대해 을과 병은 동의한다.

② 주 4일제는 제도 취지는 좋지만 현실 적용은 유예해야 한다는 점에 대해 갑과 병은 동의한다.

③ 주 4일제는 업종과 기업 규모를 고려해 유연하게 적용해야 한다는 점에 대해 병과 을은 동의한다.

④ 주 4일제는 삶의 질 향상을 위한 구조 개편이 필요하다는 점에 대해 갑은 동의하고 을은 동의하지 않는다.

12. ㉠의 원인으로 가장 적절한 것은?

> 현대인의 소비 패턴은 과거와 크게 달라졌다. 과거에는 기본적인 의식주가 소비의 중심이었다면, 지금은 문화·여가·경험 소비가 증가했다. 특히 온라인 플랫폼의 발달은 소비 방식을 빠르게 변화시켰다. 클릭 한 번으로 전 세계의 상품을 주문할 수 있으며, 후기와 별점은 소비자의 구매 결정에 큰 영향을 준다. 그러나 이러한 편리함 뒤에는 부작용도 존재한다. 신용카드와 간편 결제의 보편화는 소비자가 지출을 직접 체감하지 못하게 만들고, 이로 인해 계획적이지 않은 충동구매가 늘어난다. 또한 사회 전반에 '지금 누리지 않으면 손해'라는 분위기가 퍼지면서 과소비 성향이 확산되었다. 실제 조사에 따르면, ㉠ 최근 개인 파산 신청이 늘어난 주요 요인은 생활비 증가가 아니라 이러한 소비문화와 결제 방식이 결합해 형성된 무분별한 소비 습관과 관련이 있는 것으로 드러났다.

① 금융 기관이 대출을 제한하여 현금 거래가 증가했기 때문이다.

② 온라인 플랫폼과 사회적 분위기가 충동구매를 부추겼기 때문이다.

③ 소비자 보호 장치 강화로 지출 관리가 지나치게 엄격해졌기 때문이다.

④ 소비자들이 필수 생활비보다 경험 소비를 줄이는 데 집중했기 때문이다.

13. 다음 글의 (가), (나)에 들어갈 말을 적절하게 나열한 것은?

> 산업혁명은 인류 역사에서 가장 커다란 전환점 중 하나로 평가된다. 증기기관과 기계의 발달은 대량생산을 가능케 했고, 도시의 성장과 교통망의 확충은 이전과는 전혀 다른 생활 방식을 만들어냈다. 그러나 산업혁명은 긍정적 성과만을 남기지 않았다. 공장에서 일하는 노동자들은 열악한 근무 환경과 저임금에 시달렸고, 농촌에서 도시로 몰려든 사람들은 불안정한 삶을 살 수밖에 없었다. 자본가와 노동자 간의 갈등은 심화되었으며, 사회 전반의 　(가)　 문제는 날로 심각해졌다. 이러한 부작용은 기술 발전이 단순히 경제적 풍요만을 보장하지 않는다는 점을 잘 보여 준다. 따라서 근대 사회는 기술의 성과를 인정하는 동시에, 그것이 초래한 　(나)　를/을 해결하기 위한 새로운 제도적 장치를 마련해야 했다. 노동법 제정, 복지 제도의 확충, 공교육의 확대는 이런 노력의 일환이었다. 결국 산업혁명은 인류에게 양면성을 지닌 사건이었으며, 그 유산을 어떻게 다루느냐가 사회 발전의 관건이 되었다.

	(가)	(나)
①	빈부격차 심화	사회 문제
②	환경 오염	자연 보호
③	과학 발전	철학적 질문
④	전통 붕괴	역사적 재구성

14. 다음을 (가)~(라)의 순서로 가장 적절하게 배열한 것은?

> (가) 이 과정에서 중요한 개념이 바로 '의식의 이중성'이다. 인간은 단순히 생각하는 존재가 아니라, 자신이 생각하고 있다는 사실을 인식할 수 있는 존재다. 이 메타적 사고 능력은 인간만의 특징이며, 철학적 성찰의 출발점이다.
>
> (나) 결국 자기성찰은 자기 이해를 넘어서, 타자 이해로 확장된다. 자신을 비판적으로 돌아보는 힘은 타인의 입장을 존중하고, 공동체 속에서의 자기를 재구성하는 힘으로 작용한다.
>
> (다) '자기성찰'은 고대 철학에서부터 오늘날까지 인간 정신의 핵심 주제로 여겨져 왔다. 철학자들은 끊임없이 '나는 누구인가', '왜 이런 생각을 하는가'라는 질문을 통해 인간 존재를 탐구해 왔다.
>
> (라) 이러한 의식의 이중성을 훈련하기 위해 철학자들은 일기 쓰기, 대화, 논증 구성 등의 방법을 제안해 왔다. 이는 자신의 판단을 거리 두고 바라보는 훈련이자, 타인의 시선으로 자신을 바라보는 방식이기도 하다.

① (가)-(다)-(나)-(라)

② (나)-(라)-(가)-(다)

③ (다)-(가)-(라)-(나)

④ (라)-(나)-(다)-(가)

15. 글쓴이의 주장으로 볼 때 적절하지 않은 것은?

　스마트폰은 현대 사회에서 없어서는 안 될 도구가 되었다. 언제 어디서든 정보를 얻을 수 있고, 다양한 앱을 활용해 업무와 일상을 효율적으로 관리할 수 있다. 그러나 문제는 지나친 의존이다. 특히 청소년들은 스마트폰을 오래 사용하면서 독서와 사색의 기회를 잃어가고 있다. 깊이 있는 독서는 단순히 지식을 쌓는 것에 그치지 않는다. 책 속에서 다른 사람의 경험과 생각을 만나고, 그와 대화하듯 읽어 나가면서 자기 사고의 폭을 넓히고 비판적 사고를 기를 수 있다. 반면 스마트폰은 빠른 속도로 넘쳐나는 정보 속에서 피상적인 이해만을 남기기 쉽다. 따라서 지금 필요한 것은 스마트폰을 무조건 버리자는 극단적 주장이 아니다. 오히려 스마트폰 사용 시간을 줄이고 책 읽는 시간을 늘려 균형을 찾는 것이다. 스마트폰은 도구로서 활용하되, 우리의 정신적 토대는 여전히 독서에서 길러져야 한다.

① 사색의 기회를 중시한다.

② 독서를 통해 사고력을 키운다.

③ 스마트폰의 유용성을 인정한다.

④ 스마트폰 사용을 완전히 배제한다.

16. 다음 글의 이해로 가장 적절한 것은?

　마르크스는 역사 발전을 경제적 토대가 상부 구조를 규정하는 '경제 결정론'으로 설명했다. 그는 사회의 생산력과 생산관계가 일정한 발전 단계에 도달하면 기존 체제가 붕괴하고 새로운 사회질서가 나타난다고 보았다. 예컨대 봉건제 사회에서 자본주의 사회로의 전환은 단순한 정치적 사건이 아니라 생산력의 발달과 그에 맞지 않는 생산관계의 모순에서 비롯된 결과였다. 따라서 역사 발전의 동력은 개인의 의지나 우연이 아니라 물질적 생산 방식에 있다고 보았고, 이 때문에 그는 역사를 계급투쟁의 역사라고 규정했다. 계급 간 갈등은 경제 구조에서 필연적으로 발생하며, 이 갈등의 해소 과정이 곧 사회 발전이라는 것이다.

　반면 베버는 경제 구조만으로는 사회 변화를 설명하기 어렵다고 지적했다. 그는 『프로테스탄트 윤리와 자본주의 정신』에서 종교적 가치와 문화적 신념이 경제 구조와 결합하여 새로운 사회를 형성하는 데 중요한 역할을 했다고 주장했다. 특히 금욕적 생활과 근면·절약을 강조하는 개신교적 윤리가 자본 축적을 촉진하고, 근대 자본주의 정신을 낳았다고 보았다. 즉, 경제가 일방적으로 문화를 결정하는 것이 아니라, 오히려 특정한 정신적·문화적 요인이 사회 변화를 촉진할 수도 있다는 것이다. 이러한 관점은 사회 발전을 물질적 토대에만 환원하지 않고, 문화와 가치의 독립적 변인으로서의 역할을 강조한다는 점에서 마르크스와 뚜렷이 대립한다.

① 마르크스는 계급 간 갈등이 사회 발전을 이끈다고 보았다.

② 베버는 경제적 토대가 모든 사회 발전을 결정한다고 주장했다.

③ 마르크스는 사회 변화를 가치·신념의 독립적 작용으로 설명했다.

④ 베버는 자본주의가 경제 발전만으로도 충분히 설명된다고 보았다.

17. 다음 글의 중심 내용으로 가장 적절한 것은?

　지구 온난화는 단순히 평균 기온 상승에 그치지 않고, 다양한 기후 변화를 초래한다. 대표적으로 해수면 상승, 극단적 기상 현상 증가, 생태계 변화가 있다. 이 중 해수면 상승은 가장 직접적이고 심각한 문제로 꼽힌다. 빙하와 만년설이 녹아내리면서 전 세계 해수면은 꾸준히 높아지고 있으며, 일부 저지대 국가와 해안 도시는 생존 자체가 위협받고 있다. 또한 기후 변화는 태풍, 홍수, 폭염과 같은 극단적 기상 현상을 더욱 빈번하게 만든다. 이는 농업 생산량 감소, 산불 확대, 질병 확산으로 이어져 사회 전반의 안정성을 해친다. 그러나 이러한 문제는 단순히 환경 문제에 머무르지 않고, 경제·안보 문제와도 직결된다. 기후 난민의 발생, 자원 부족으로 인한 국제 갈등 가능성은 이미 현실적인 우려가 되고 있다.

　그럼에도 불구하고 일부 국가와 기업은 여전히 온실가스 감축에 소극적이다. 단기적 경제 이익을 이유로 근본적인 전환을 미루는 경우가 많다. 하지만 과학자들은 기후 변화가 임계점을 넘으면 되돌릴 수 없는 상황에 도달한다고 경고한다. 따라서 지금 시점에서의 대응은 선택이 아니라 필수다. 재생에너지 전환, 탄소세 도입, 국제 협력 강화는 반드시 병행되어야 할 과제다. 결국 지구 온난화는 단순한 환경 문제가 아니라 인류 전체가 직면한 종합적 위기이며, 이를 해결하기 위해서는 국제적 공조와 지속 가능한 정책적 노력이 필요하다.

① 기후 변화는 주로 농업 생산량 감소에 영향을 미치는 현상이다.

② 일부 국가와 기업이 온실가스 감축을 소극적으로 대하는 것은 불가피하다.

③ 해수면 상승은 지구 온난화의 유일한 결과로, 국제 사회의 주된 대응 대상이다.

④ 기후 변화는 환경 문제에 국한되지 않고 인류 전체가 해결해야 할 종합적 위기다.

18. 다음 글의 제목으로 가장 적절한 것은?

　토론은 상반된 주장을 가진 사람들이 논제를 중심으로 논리적 대화를 통해 합리적 결론을 도출하는 과정이다. 토론은 입론 – 반대신문 – 반론 순서로 진행되며, 이때 반드시 다루어야 하는 것이 '필수 쟁점'이다. 필수 쟁점은 논제를 둘러싼 핵심 문제로서, 이를 검토하지 않으면 토론이 성립되지 않는다. 찬성 측은 필수 쟁점을 근거로 현 상태의 변화를 주장하고 입증 책임을 진다. 반대 측은 동일한 쟁점을 근거로 현 상태 유지의 필요성을 논증한다. 한쪽이 필수 쟁점을 회피하면 토론은 공허해진다. 따라서 입론 준비 시 토론자는 다양한 자료를 수집하여 쟁점을 중심으로 정리해야 한다. 반대신문에서도 상대측이 제시한 근거가 쟁점을 충족하는지 검토해야 하며, 반론 또한 쟁점 위에서 자기 입장을 정리해야 한다. 필수 쟁점은 단순히 주장과 근거를 나열하는 틀이 아니라, 토론의 흐름과 설득 방향을 결정짓는 기준이 된다. 토론이 흥미로운 논박으로 보일 수 있으나, 사실상 쟁점을 공유하지 않는다면 논의는 평행선만 달릴 뿐이다. 필수 쟁점을 중심에 둔 토론만이 논제를 둘러싼 진지한 해결책을 모색할 수 있다.

① 반대신문의 기능　　　② 토론의 순서와 절차

③ 찬성 측의 입증 책임　④ 필수 쟁점의 의미와 역할

19. 다음 글을 이해한 것으로 <보기>에서 옳지 않은 것만을 모두 고른 것은?

고전주의적 관점에서는 보편적 규칙에 따라 고전적 이상에 일치시켜 대상을 재현한 작품에 높은 가치를 부여한다. 반면 낭만주의적 관점에서는 예술가 자신의 감정이나 가치관, 문제의식 등을 자유로운 방식으로 표현한 것에 가치를 부여한다. 그렇다면 예술 작품을 감상할 때에는 어떠한 관점을 취해야 할까? 예술 작품을 감상한다는 것은 예술가를 화자로 보고, 감상자를 청자로 설정하는 의사소통 형식으로 가정할 수 있다. 고전주의적 관점에서는 재현 내용과 형식이 정해지기 때문에 화자인 예술가가 중심이 된 의사소통 행위가 아니라 청자가 중심이 된 의사소통 행위라 할 수 있다. 즉, 예술 작품 감상에 있어서 청자인 감상자는 보편적 규칙과 정형적 재현 방식을 통해 쉽게 예술 작품을 수용하고 이해할 수 있게 된다.

그런데 의사소통 상황에서 청자가 중요시되지 않는 경우도 흔히 발견된다. 가령 스포츠 경기를 볼 때 주변 사람과 관련 없이 자기 혼자서 탄식하고 환호하기도 한다. 또한 독백과 같이 특정한 청자를 설정하지 않는 발화 행위도 존재한다. 낭만주의적 관점에서 예술 작품을 이해하고 감상하는 것도 이와 유사하다. 낭만주의적 관점에서는, 예술 작품을 예술가가 감상자를 고려하지 않은 채 자기 생각이나 느낌을 자유롭게 표현한 것으로 보아야만 작품의 본질을 오히려 잘 포착할 수 있다고 본다. 즉, 낭만주의적 관점에서 올바른 작품 감상을 위해서는 예술가의 창작 의도나 창작관에 대한 이해가 필요하다.

< 보 기 >

㉠ 낭만주의적 관점에서 볼 때, 예술 작품을 감상하는 것은 독백을 듣는 것과 유사하다.

㉡ 낭만주의적 관점에서 볼 때, 예술 작품의 창작 의도에 대한 충분한 소통은 작품 이해를 위해 중요하다.

㉢ 고전주의적 관점에 따르면 예술 작품의 본질은 예술가가 자기 생각이나 느낌을 창의적으로 표현하는 데에 있다.

① ㉠

② ㉢

③ ㉠, ㉡

④ ㉡, ㉢

20. 다음 글을 이해한 것으로 <보기>에서 옳은 것만을 모두 고른 것은?

논증은 여러 가지 논거를 들어 자신이 주장하는 명제가 참이라는 것을 증명하는 것이다. 논증의 목적은 상대방을 효과적으로 설득하는 것이다. 논증이 설득력을 가지려면 주장을 뒷받침할 수 있는 충분하고 객관적인 논거의 제시가 중요한데, 이러한 논거로는 이미 입증된 일반적 원리, 여러 객관적 사례, 권위 있는 전문가의 견해 등이 있다. 논증의 특성은 기술, 인과적 설명 등과 비교해 보면 분명히 드러난다. 기술은 설명 대상이 되는 사물이나 현상 또는 사건을 객관적인 입장에서 그대로 서술하는 것으로, 개인의 주관적 평가나 가치관의 개입이 배제된다. 인과적 설명은 결과에 대한 원인을 제시함으로써 그것의 발생 이유나 정황을 설명하는 것으로, 논거를 통하여 주장이 참임을 밝히는 논증과 차이가 있다.

논증 방법에는 연역법, 귀납법, 유추가 있다. 연역법은 일반적인 사실이나 원리를 전제로 하여 구체적인 사실을 결론으로 끌어내는 방법이다. 이 방법은 전제가 반드시 참이어야 하며 전제에 오류가 있으면 성립하지 않는다. 귀납법은 구체적인 사실로부터 일반적인 사실을 결론으로 끌어내는 방법이다. 가능한 한 많은 사례를 통해 결론을 도출하는 것이 중요하지만 예외가 있을 때는 주장을 완벽하게 증명하기 어렵다. 유추는 두 대상의 유사한 속성을 근거로 하여 주장을 끌어내는 방법이다. 어떤 두 대상에 비슷한 속성이 있으므로 하나의 대상에서 발견되는 현상이 다른 대상에서도 발견될 것이라고 주장하는 것이다. 하지만 두 대상의 속성이 비슷하다고 해서 반드시 다른 대상에 같은 현상이 일어나는 것은 아니므로 주장을 완벽하게 증명하기 어려울 수 있다.

< 보 기 >

㉠ 주관적 평가나 가치관을 배제하고 객관적인 입장에서 서술하는 것을 논거라고 한다.

㉡ 이미 입증된 일반적인 원리라고 할지라도 주장하고자 하는 내용과 배치될 때 자기가 주장하고자 하는 내용의 설득력이 약해진다.

㉢ 두 대상의 속성이 비슷하다면 다른 대상에 같은 현상이 일어나는 것으로 주장을 끌어내는 방식인 유추가 논증 방법에서 가장 나은 방식이다.

① ㉡

② ㉢

③ ㉠, ㉢

④ ㉡, ㉢

영 어

1. 밑줄 친 부분과 의미가 가장 가까운 것을 고르시오.

> Their <u>audacious</u> and reckless assaults mobilized the local community into action.

① conducive   ② bold
③ boastful   ④ naive

2. 밑줄 친 부분과 의미가 가장 가까운 것을 고르시오.

> Over the past 40 years after the 80's Middle East oil embargo, an <u>era</u> of energy scarcity has come to us.

① epoch   ② pretext
③ escape   ④ confine

3. 다음 빈칸에 들어갈 말로 가장 적절한 것을 고르시오.

> I found his movie review rather lengthy. So, I advised him to __________ it from 3 pages to 1 page.

① contract
② deride
③ rescue
④ dodge

4. 빈칸에 들어갈 말로 가장 적절한 것을 고르시오.

> The supporters who will wait for attending a rally __________________ around the ground.

① roamed unnecessary
② roaming unnecessary
③ roamed unnecessarily
④ roaming unnecessarily

5. 빈칸에 들어갈 말로 가장 적절한 것을 고르시오.

> My driving licence that I got 10 years ago __________________ next month.

① is going to expire
② is going to be expired
③ was going to expire
④ was going to be expired

6. 다음 밑줄 친 부분 중 어법상 적절하지 않은 것은?

> In recent years, the world tries ① <u>to</u> make tremendous advances in fields ranging from biology to information technology, and ② <u>help</u> deprive the poor of starvation. In a sense, these efforts ③ <u>that</u> must be conducive to a lot of people are necessary. However, everyone is not benefiting from these innovations. Thus, the science and technology cannot all ④ <u>figure out</u> as panaceas.

7. 다음 대화의 빈칸에 들어갈 말로 가장 적절한 것은?

① Praise me
② Haste makes waste
③ You reap what you sow
④ Don't jump to conclusions

8. 다음 대화의 빈칸에 들어갈 말로 가장 적절한 것은?

> A: I hoped I hadn't made too much blunders in my recital.
> B: No, you did not. You performed with verve and polish.
> A: But surely, others were equally as proficient.
> B: __________________________.
> A: Do you really think so?

① I can work through that
② I'll cross my fingers for you
③ You have an edge on the rest
④ Oh my gosh! That's a relief to hear

[9~10] 다음 글을 읽고 물음에 답하시오.

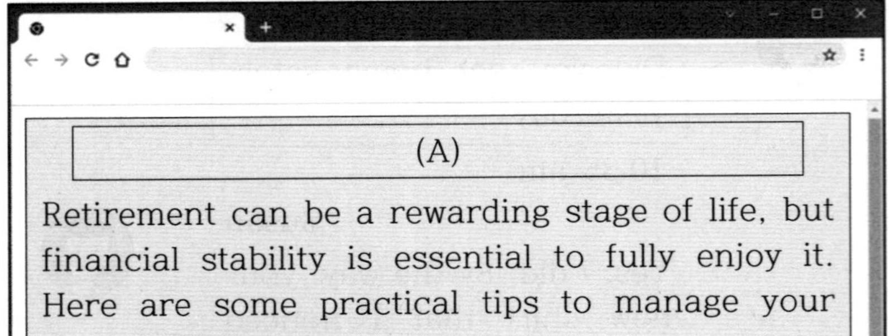

(A)

Retirement can be a rewarding stage of life, but financial stability is essential to fully enjoy it. Here are some practical tips to manage your money after retirement:

- Create a monthly budget to track your expenses and avoid overspending.
- Consider part-time work or consulting to maintain a steady income.
- Review your health insurance plan and ensure it covers potential medical costs.
- Avoid risky investments and focus on safe, long-term options.
- Set aside an emergency fund for unexpected expenses.

By following these guidelines, retirees can enjoy peace of mind and maintain financial security throughout their later years.

☐ Don't show again   Close ✖

9. (A)에 들어갈 윗글의 제목으로 가장 적절한 것은?
① Financial Tips for a Stable Retirement
② How to Become a Millionaire Quickly
③ The History of Retirement Systems
④ Why People Fear Getting Old

10. 윗글의 내용과 일치하는 것은?
① 은퇴 후에는 월별 예산을 세워 지출을 관리해야 한다.
② 안정적인 수입을 위해 풀타임 직업을 새로 시작하라고 조언한다.
③ 건강보험은 은퇴자에게 불필요한 지출이므로 검토할 필요가 없다.
④ 재정적 성장을 위해 단기적이고 위험한 투자에 집중해야 한다.

11. 다음 글에서 The Future Scientists Programs에 대한 내용과 일치하는 것은?

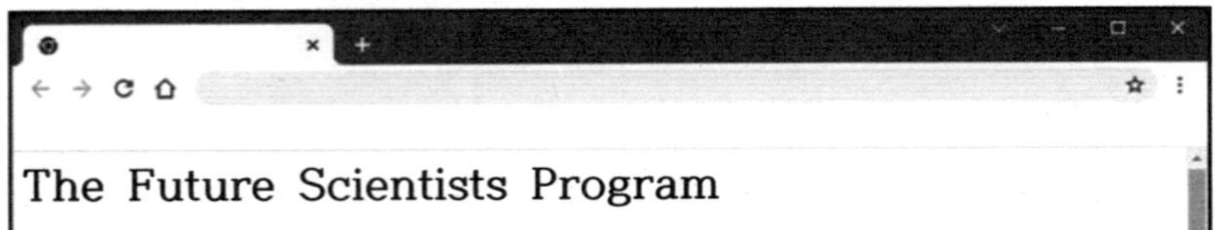

The Future Scientists Program

The Future Scientists Program invites high school students with a passion for discovery to join summer workshops at the Global Science Center. The program emphasizes hands-on research experience.

Main Highlights

- **Research Projects:** Students conduct small-scale experiments in physics, biology, and environmental science.
- **Seminars:** Professionals lead discussions on critical thinking and science communication.
- **Mentorship:** Leading figures in science provide guidance and feedback.
- **Showcase:** Participants present their projects at a public event attended by families and community members.

① Students only carry out observation classes instead of practical activities.
② Students conduct experiments in two different scientific fields.
③ Experts give seminars on critical thinking and science communication.
④ Participants present their work with no audience at a public showcase.

12. 다음 글의 내용과 일치하지 않는 것은?

2025 Amateur Sommelier Program

Do you want to deepen your knowledge of wine culture? The 2025 Amateur Sommelier Program offers wine enthusiasts a chance to learn tasting skills, explore winemaking traditions, and connect with fellow learners. This one-week program is open to adults of all backgrounds who wish to develop a refined appreciation of wine.

Program Highlights:
- Attending daily workshops on wine tasting techniques
- Learning about grape varieties and regional wine traditions
- Visiting local vineyards to observe winemaking processes
- Meeting professional sommeliers and receiving feedback

Schedule: August 10–August 16, 2025

Location: Bordeaux, France

Eligibility: Open to anyone over the age of 21

Program Fee: €900 (covers accommodation and meals)

Application Deadline: July 5 (apply online)

① Participants will attend daily workshops on wine tasting.
② Learners will gain knowledge of grape types and wine traditions.
③ The program is only open to those under the age of 21.
④ Applicants must complete the online application by the given deadline.

13. 다음 글의 목적으로 가장 적절한 것은?

Dear HR Team,

I am writing to formally request a salary adjustment. Over the past two years at Sunlight Corporation, I have consistently taken on additional responsibilities, including mentoring new employees and leading project teams. My performance reviews have been positive, and I have contributed to improving efficiency in our department. Considering my dedication and the rising cost of living, I kindly ask you to review my current salary. I would greatly appreciate the opportunity to discuss this matter further at your earliest convenience.

Thank you for your attention to this request.

Sincerely,

[Staff Member]

① to acknowledge the company's recent financial difficulties

② to request a salary increase based on contributions and responsibilities

③ to remind HR about the upcoming annual performance evaluations

④ to suggest reducing work hours due to personal circumstances

---

[14~15] 다음 글을 읽고 물음에 답하시오.

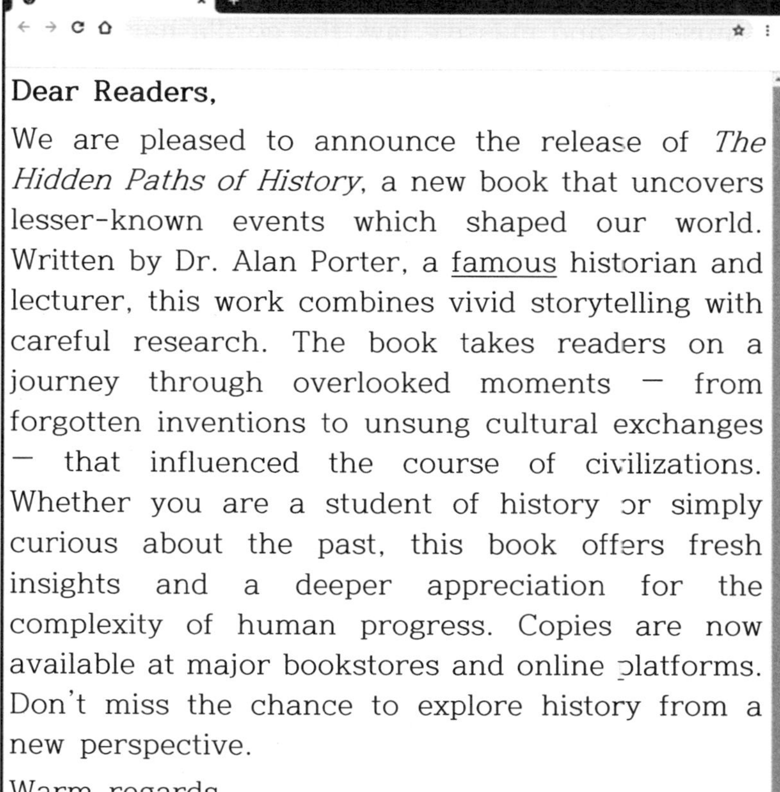

Dear Readers,

We are pleased to announce the release of *The Hidden Paths of History*, a new book that uncovers lesser-known events which shaped our world. Written by Dr. Alan Porter, a <u>famous</u> historian and lecturer, this work combines vivid storytelling with careful research. The book takes readers on a journey through overlooked moments — from forgotten inventions to unsung cultural exchanges — that influenced the course of civilizations. Whether you are a student of history or simply curious about the past, this book offers fresh insights and a deeper appreciation for the complexity of human progress. Copies are now available at major bookstores and online platforms. Don't miss the chance to explore history from a new perspective.

Warm regards,

The Horizon Publishing Team

14. 밑줄 친 "famous"의 의미와 가장 가까운 것은?
① temporary   ② renowned
③ hospitable   ④ notorious

15. 윗글의 목적으로 가장 적절한 것은?
① to introduce the release of a new history book
② to summarize the main findings of historical research
③ to provide guidelines for academic writing in history
④ to invite readers to attend a museum exhibition

16. 다음 글의 제목으로 가장 적절한 것은?

Restoration assumes that one can recreate an artist's original intent and product. At best, restorers' and museum directors' aesthetic preferences and historical theories drive restorations, for it is impossible to step outside one's historical context. How can restorers be so sure that removing a layer of lacquer isn't merely their subconscious attempt to refashion an artwork according to contemporary tastes? What's "restorative" about that? The "restored" Sistine Chapel may look "authentic" today, but will it still look so when aesthetic and historical theories have changed? Surely the best approach with any great work of art is to simply leave it alone.

① Do We Really Need Restoration?
② Aesthetics Counts in Restoration?
③ History of Successful Restoration
④ Restorers: A New Type of Artist

17. 다음 글의 빈칸에 들어갈 말로 가장 적절한 것은?

Because of its fierce face, huge chest, enormous muscles, and massive jaw, the gorilla has become a symbol of terror to humans. Of all the anthropoids, it is probably ___________, though. When a gorilla believes it is in danger, it puts on a blood-curdling and terrifying act to frighten away an intruder. When it has finished acting it sits down and, using the palms of its hands, thumps the ground. If this doesn't frighten the trespasser, the gorilla turns and moves away. Rarely does it attack, even if advanced upon, nor does it ever make an unprovoked attack.

① the most ferocious
② the least defensive
③ the most threatening
④ the least horrible

18. 다음 주어진 문장이 들어가기에 가장 적절한 곳은?

Unreasonable problems, in contrast, cannot be treated this way because the task contains some 'trick' or 'catch' that must be understood before someone can arrive at a solution.

Problems can be distinguished according to whether they are reasonable or unreasonable. Reasonable problems are of the kind that can be solved in a step-by-step manner. (①) A crossword puzzle is of this nature. (②) Given a sufficient vocabulary, the empty spaces can be filled in one by one. (③) This feature frustrates any step-by-step process that proceeds without the realization that "things aren't what they seem." (④) Thereby, successful problem solving in these cases requires that the person procure an insight into the nature of the trick.

19. 주어진 문장 다음에 이어질 글의 순서로 가장 적절한 것은?

Tucson is a city in the desert. Its population has grown rapidly over the last twenty years, putting stress on one vital resource: water.

(A) A quick review of water use indicated landscaping consumed too much water, accounting for over half the total water used by the city. The one policy encouraged residents to weed out trees and bushes and replace them with rocks, sand, and other non-living landscape.

(B) For the last decade a strong water conservation ethic has developed, and city leaders took some extraordinary steps to encourage conservation when they created landscaping policies.

(C) This helped reinforce the so-called xeriscape philosophy(landscaping that uses little water). The policies were expressed as landscape ordinances. Additional encouragement included recommendations via public service announcements and consumer publications.

① (A) - (C) - (B)
② (B) - (A) - (C)
③ (C) - (A) - (B)
④ (C) - (B) - (A)

20. 다음 글의 흐름상 가장 어색한 문장은?

Children's book awards have proliferated in recent years;today, there are well over 100 different awards and prizes by a variety of organizations. ① <u>The awards may be given for books of a specific genre or simply for the best of all children's books published within a given time period.</u> An award may honor a particular book or an author for a lifetime contribution to the world of children's literature. ② <u>Most children's book awards are chosen by adults, but now a growing number of children's choice book awards exist.</u> The larger national awards given in most countries are the most influential and have helped considerably to raise public awareness about the fine books being published for young readers. ③ <u>An award ceremony for outstanding services to the publishing industry is put on hold.</u> ④ <u>Of course, readers are wise not to put too much faith in award-winning books.</u> An award doesn't necessarily mean a good reading experience, but it does provide a starting place when choosing books.

한 국 사

1. 다음 자료와 관련있는 나라에 대한 설명으로 옳은 것은?

> 사람을 죽인 자는 즉시 죽이고, 남에게 상처를 입힌 자는 곡식으로 갚는다. 도둑질한 자는 노비로 삼는다. 이를 용서받고자 하는 자는 한 사람마다 50만 전을 내야 한다.

① 책화라는 풍습이 있었다.
② 동맹이라는 제천 행사가 있었다.
③ 행정 구역인 사출도가 존재하였다.
④ 상·대부·장군 등의 관직이 있었다.

2. 다음은 신라의 삼국 통일 과정에서 있었던 사건들이다. 이를 시기순으로 바르게 연결한 것은?

> ㄱ. 의자왕이 사비성에서 항복을 선언하였다.
> ㄴ. 신라는 사비성에 소부리주를 설치하였다.
> ㄷ. 당나라는 평양에 안동 도호부를 설치하였다.
> ㄹ. 신라군이 매소성에서 당군과 크게 승리하였다.

① ㄱ - ㄴ - ㄷ - ㄹ
② ㄱ - ㄷ - ㄴ - ㄹ
③ ㄱ - ㄷ - ㄹ - ㄴ
④ ㄴ - ㄷ - ㄱ - ㄹ

3. 밑줄 친' 주심포 건축 양식'에 해당하는 건축물이 아닌 것은?

> 주심포 건축 양식은 지붕의 무게를 기둥에 전달하면서 건물을 치장하는 장치인 공포가 기둥 위에만 짜여져 있는 건축 양식이다. 이 건축 양식은 주로 고려 전기에 유행했으며, 13세기 이후에 지은 일부 건물이 지금까지 남아 있다.

① 안동 봉정사 극락전
② 예산 수덕사 대웅전
③ 영주 부석사 무량수전
④ 황해도 성불사 응진전

4. 다음 사료에서 제시된 일본의 식민지정책과 관련된 설명으로 옳지 않은 것은?

> 토지조사사업은 지세의 부담을 공평히 하고 지적을 명확히 하여 그 소유권을 보호하고, 그 매매·양도를 간편·확실하게 함으로써 토지의 개량 및 이용을 자유롭게 하고, 또 그 생산력을 증진시키는 것으로서 조선의 긴요한 시책이라는 것은 말할 필요도 없다.

① 농민의 도지권, 입회권 등은 인정되지 않았다.
② 역둔토, 문중 공유지 등이 총독부의 소유가 되었다.
③ 식량 생산을 대폭 늘려 일본으로 수출하고자 하였다.
④ 짧은 신고 기간으로 제대로 신고가 이루어지지 않았다.

5. 다음의 법을 제정한 왕의 재위시기에 있었던 일로 옳은 것은?

> 전제상정소에 전지하기를, "토지 결복(結卜)의 개정 및 전품(田品)의 등급과 연분(年分)의 고하(高下)를 분간하여 조세 받는 법을 정하되, 먼저 …… 금년부터 시험적으로 시행하고자 하니 그 조건들을 의논하여 올리라"하였다.

① 중앙군제를 5위제로 확립하였다.
② 홍문관을 설치하고 경연을 강화하였다.
③ 인재 양성을 목적으로 사가독서제를 실시하였다.
④ 종로에 시전을 조성하여 상인들에게 대여하였다.

6. 다음 제시된 정책들 중 같은 왕대에 실시된 것을 모두 고르면?

> ㄱ. 기인제도와 사심관제도를 실시하였다.
> ㄴ. 전국의 주요 지역에 12목을 설치하였다.
> ㄷ. 광덕, 준풍 등 독자적 연호를 사용하였다.
> ㄹ. 문무산계제를 실시하여 지배층을 구분하였다.

① ㄱ, ㄴ
② ㄴ, ㄷ
③ ㄴ, ㄹ
④ ㄷ, ㄹ

7. 다음 사료의 밑줄 친 인물이 소속된 항일 단체와 관련된 내용으로 옳지 않은 것은?

> 너희도 만일 피가 있고 뼈가 있다면
> 반드시 조선을 위해 용감한 투사가 되어라.
> 태극의 깃발을 높이 드날리고
> 나의 빈 무덤 앞에 찾아와
> 한잔의 술을 부어 놓아라
> 그리고 너희들은 아비 없음을 슬퍼하지 마라.
> 　　　　　　　　　　- <u>윤봉길</u> 의사의 편지 中 -

① 민족 혁명당을 결성을 주도하였다.
② 임시 정부의 침체를 극복할 목적으로 조직되었다.
③ 이봉창은 일왕에게 폭탄을 투척했으나 실패하였다.
④ 홍커우 공원 의거 이후 중국 국민당의 지원을 받았다.

8. 밑줄 친 '국왕'에 대한 설명으로 옳은 것은?

> <u>국왕</u>은 병부를 설치하여 직접 병권을 장악하였고, 건원이라는 독자적인 연호를 사용하였다. 또한 영토 확장에 힘을 기울여 금관가야를 정복하였다.

① 울진 봉평비를 건립하였다.
② 이사부를 앞세워 대가야를 정복하였다.
③ 화랑도를 국가적인 조직으로 개편하였다.
④ 원광에게 걸사표를 짓게 하여 수나라에 보냈다.

9. 밑줄 친 '이들'에 해당하는 것은?

이들의 과거 응시와 벼슬을 제한한 것은 우리나라의 옛 법이
아니다. 그런데 『경국대전』을 편찬한 뒤부터 이들을 금고(禁
錮)하였으니, 아직 백 년이 채 되지 않았다. 또한 다른 나라
에 이러한 법이 있다는 말은 듣지 못했다. 경대부(卿大夫)의
자식인데 오직 어머니가 첩이라는 이유만으로 대대로 이들
의 벼슬길을 막아, 비록 훌륭한 재주와 쓸만한 자질이 있어
도 이를 발휘할 수 없게 하였으니, 참으로 안타깝다.

① 중인
② 노비
③ 백정
④ 서얼

10. 밑줄 친 인물과 같은 조선후기의 상인에 대한 설명으로 올바른 것은?

의주에 사는 임상옥은 본영(경기)에 4천냥, 양주에 6천냥의
돈을 스스로 내어 진휼을 도왔다고 한다. 전에도 진휼을 도
와 상을 준 적이 있다.

① 전국적인 장시를 무대로 활동하였다.
② 대동법이 실시되면서 등장한 어용상인이다.
③ 특정 상품에 대한 독점 판매권을 부여받았다.
④ 책문후시 등에서 청의 상인과 사무역을 행하였다.

11. 다음 교서를 내린 국왕이 시행한 정책으로 옳은 것은?

붕당의 폐단이 요즈음보다 심한 적이 없었다 … 다른 붕당
의 사람들을 모조리 역당으로 몰고 있다. … 귀양 간 사람
들은 그 경중을 참작하여 풀어주고 관리의 임용을 담당하
는 관서에서는 탕평(蕩平)하게 거두어 쓰도록 하라.

① 삼정이정청을 설치하였다.
② 『동국문헌비고』를 편찬하였다.
③ 금위영을 설치하여 5군영 체제를 완비하였다.
④ 순정고문으로 환원시키려는 정책을 추진하였다.

12. 제시된 자료와 관련된 역사서로 옳은 것은?

이 역사를 편찬하면서 범례는 다 사마천(司馬遷)의 『사기
(史記)』에 준하고 … 신우와 신창을 세가에 넣지 않고 열전
으로 내린 것은 그들이 참람하게 왕위를 도둑질한 사실을
엄히 논죄하려는 것입니다.

① 『사략』
② 『발해고』
③ 『고려사』
④ 『삼국사기』

13. (가) 인물이 추진한 정책으로 옳지 않은 것은?

선비들 수만 명이 대궐 앞에 모여 만동묘와 서원을 다시 설
립할 것을 청하니, (가)이/가 크게 노하여 한성부의 조례
(皁隸)와 병졸로 하여금 한강 밖으로 몰아내게 하고 드디어
천여 곳의 서원을 철폐하고 그 토지를 몰수하여 관에 속하
게 하였다.

- 『대한계년사』 -

① 사창제를 실시하였다.
② 만동묘 건립을 주도하였다.
③ 『대전회통』을 편찬하였다.
④ 통상 수교 거부 정책을 추진하였다.

14. 다음 내용이 담긴 조약의 명칭으로 옳은 것은?

제37관 만약 조선국이 가뭄, 홍수, 전쟁 등의 일로 인해 국
　　　　내에 식량이 결핍될 것을 염려해잠시 미곡 수출을
　　　　금지하려면, 반드시 먼저 1개월을 기약해 지방관이
　　　　일본 영사관에게 알려 항구에 있는 일본 상민이 준
　　　　수하는데 편리하게 한다.
제42관 …(중략)… 현재 혹은 장래에 조선 정부가 어떤 권
　　　　리와 특전 및 혜택을 다른 나라관민에게 베풀면 일
　　　　본국관민 또한 즉시일체 균점한다.

① 한성 조약
② 제물포 조약
③ 조·일 수호 조규
④ 개정 조·일 통상 장정

15. 다음 (가) 정책이 시행된 시기에 있었던 일제의 식민 통치 모습으로 옳은 것은?

더 많은 쌀을 일본으로 가져가기 위해 추진된 (가) 정책으
로 말미암아 소작농들은 수리조합비나 비료 대금을 비롯한
각종 비용 부담이 늘어나 자·소작농 가운데 토지를 잃고 소
작농이나 화전민으로 전락하는 농민들이 많아졌다.

① 징병과 징용을 실시하였다.
② 조선어 사용을 금지하였다.
③ 관습적인 경작권을 부정하는 정책을 공포하였다.
④ 회사령이 폐지되어 일본 자본의 침투가 증가했다.

16. 다음 법령에 대한 설명으로 옳은 것은?

> 제5조 정부는 다음에 의하여 농지를 매수한다.
>
> 　　2. 다음의 농지는 본 법 규정에 의하여 정부가 매수
> 　　　　한다.
>
> 　　　　(가) 농가 아닌 자의 농지
>
> 　　　　(나) 자경하지 않는 자의 농지
>
> 　　　　(다) 본 법 규정의 한도를 초과하는 부분의 농지

① 북한의 토지 개혁에 영향을 주었다.

② 임야와 산림을 포함한 농지를 대상으로 하였다.

③ 3정보 미만의 토지는 개혁 대상에서 제외되었다.

④ 신한공사를 설립하여 매입한 토지들을 관리하였다.

17. (가), (나) 인물에 대한 설명으로 옳은 것은?

> (가) 나는 통일된 조국을 건설하려다 38도선을 베고 쓰러질
> 　　지언정 일신에 구차한 안일을 취하여 단독 정부를 세
> 　　우는 데는 협력하지 아니하겠다.
>
> (나) 우리는 남방만이라도 임시 정부 혹은 위원회 같은 것
> 　　을 조직하여 38 이북에서 소련이 철퇴하도록 세계 공
> 　　론에 호소하여야 될 것이니 여러분도 결심하여야 될
> 　　것이다.

① (가) - 좌우 합작 운동을 추진하였다.

② (가) - 김규식과 남북협상을 추진하였다.

③ (나) - 1930년대 한국 국민당을 조직하였다.

④ (나) - 헤이그 만국 평화 회의에 이준과 함께 참여하였다.

18. 밑줄 친 '국왕'의 재위 기간의 문화에 대한 설명으로 옳은 것은?

> 자장은 중국 유학을 마치고 귀국한 다음, 국왕에게 황룡사
> 에 9층탑을 세울 것을 건의했다. 자장이 9층탑 건립을 건의
> 한 데에는 주변 나라의 침입을 막고자 하는 호국 정신이 담
> 겨있다.

① 감은사지 3층 석탑이 건립되었다.

② 첨성대를 세워 천문 현상을 관측하였다.

③ 도교 사원인 복원궁이 처음 건립되었다.

④ 거칠부가 왕명을 받아 『국사』를 편찬하였다.

19. 조선 시대, 일본과의 대외관계에 대한 설명으로 옳은 것을
모두 고르면?

> ㄱ. 박위를 보내어 쓰시마를 토벌하였다.
>
> ㄴ. 기유약조를 체결하여 국교를 재개하였다.
>
> ㄷ. 부산포, 염포, 제포의 3포를 개항하였다.
>
> ㄹ. 국경지대에 각장을 설치하여 교역을 하였다.

① ㄱ, ㄴ

② ㄱ, ㄷ

③ ㄴ, ㄷ

④ ㄴ, ㄹ

20. 다음 (가)와 (나) 사이에 들어갈 역사적 사실로 적절치 못한
것은?

> (가) … 많은 군인이 분노하여 하인을 때려눕혔다. 민겸호
> 　　는 주동자를 잡아 포도청에 가두고는 곧 죽여 버리겠
> 　　다고 하니 군인들은 분기하여 포도청과 경기 감영을
> 　　습격하였다.
>
> (나) 급진 개화파는 우정총국 낙성 기념 축하연을 이용하여
> 　　정변을 개시하였다. 이후 이들은 개혁 정책을 담고 있
> 　　는 정강 14개조를 공포하였다.

① 조·청 상민 수륙 무역 장정을 체결하였다.

② 민영익을 보빙사로 삼아 미국에 파견하였다.

③ 마젠창, 묄렌도르프 등이 고문으로 파견되었다.

④ 영국은 러시아를 견제하기 위해 거문도를 점령하였다.

행정법총론

1. 행정법의 효력에 대한 설명으로 옳지 않은 것은? (다툼이 있
   는 경우 판례에 의함)
   ① 당사자의 신청에 따른 처분은 법령등에 특별한 규정이 있
   거나 처분 당시의 법령등을 적용하기 곤란한 특별한 사정
   이 있는 경우를 제외하고는 처분 당시의 법령등에 따른다.
   ② 경과규정 등의 특별규정 없이 법령이 변경된 경우, 그 변
   경 전에 발생한 사항에 대하여 적용할 법령은 개정 후의
   신법령이다.
   ③ 법령등을 공포한 날부터 시행하는 경우에는 공포한 날을
   시행일로 한다.
   ④ 법령위반 행위가 있은 후 법령이 개정되어 그 위반행위에
   대한 제재처분 기준이 감경된 경우, 특별한 규정이 없다
   면 해당 제재처분에 대해서는 개정된 법령을 적용한다.

2. 행정행위의 성립 및 효력발생요건에 대한 설명으로 옳지 않
   은 것은? (다툼이 있는 경우 판례에 의함)
   ① 송달이 불가능하여 관보, 공보 등에 공고한 경우에는 다
   른 법령등에 특별한 규정이 있는 경우를 제외하고는 공고
   일부터 5일이 지난 때에 그 효력이 발생한다. 다만, 긴급
   히 시행하여야 할 특별한 사유가 있어 효력 발생 시기를
   달리 정하여 공고한 경우에는 그에 따른다.
   ② 공문서는 결재권자가 서명 등의 방법으로 결재함으로써
   성립하고, 여기서 '결재'란 문서의 내용을 승인하여 문서
   로서 성립시킨다는 의사를 서명 등을 통해 외부에 표시하
   는 행위이다.
   ③ 법무부장관이 한 입국금지결정의 의사가 공식적인 방법으
   로 외부에 표시된 것이 아니라 단지 그 정보를 내부 전산
   망인 출입국관리정보시스템에 입력하여 관리한 것에 지나
   지 않은 경우, 이는 항고소송의 대상에 해당되지 않는다.
   ④ 납세고지서의 교부송달 및 우편송달에 있어서 반드시 납
   세의무자 또는 그와 일정한 관계에 있는 사람의 현실적인
   수령행위를 전제로 하고 있다고 보아야 하며, 납세자가
   과세처분의 내용을 이미 알고 있는 경우에도 납세고지서
   의 송달이 불필요하다고 할 수 없다.

3. 당사자소송에 대한 설명으로 옳지 않은 것은? (다툼이 있는
   경우 판례에 의함)
   ① 「공익사업을 위한 토지 등의 취득 및 보상에 관한 법률」
   에 따른 사업폐지 등에 대한 보상청구권은 공법상 권리로
   서 그에 관한 소송은 행정소송절차에 의하여야 한다.
   ② 국가를 상대로 하는 당사자소송의 경우에는 가집행선고를
   할 수 있다.
   ③ 공법상 근무관계의 형성을 목적으로 하는 채용계약의 체
   결 과정에서 행정청의 일방적인 의사표시로 계약이 성립
   하지 아니한 경우, 그 의사표시는 대등한 지위에서 행하
   는 의사표시가 아니라 공권력행사로서 행정처분에 해당
   한다.
   ④ 「행정소송법」은 공법상 당사자소송을 민사소송으로 변경
   할 수 있는지에 관하여 명문의 규정을 두고 있지는 않으
   나, 공법상 당사자소송도 청구의 기초가 바뀌지 아니하는
   한도 안에서 민사소송으로 소 변경이 가능하다.

4. 행정절차에 대한 설명으로 옳은 것은? (다툼이 있는 경우 판
   례에 의함)
   ① 처분상대방이 이미 행정청에 위반사실을 시인하였다는 사
   정은 사전통지의 예외가 적용되는 '의견청취가 현저히 곤
   란하거나 명백히 불필요하다고 인정될 만한 상당한 이유
   가 있는 경우'에 해당하지 아니한다.
   ② 인허가 등을 취소하는 처분을 하는 경우에는 당사자등의
   신청이 있는 경우에 한하여 행정청은 청문을 한다.
   ③ 행정청은 행정처분의 상대방에 대한 청문통지서가 반송되
   었거나, 행정처분의 상대방이 청문일시에 불출석하였다
   는 이유로 청문절차를 생략하고 침해적 행정처분을 할 수
   있다.
   ④ 행정청이 당사자와 도시계획사업의 시행과 관련한 협약을
   체결하면서 관계 법령 및 「행정절차법」에 규정된 청문의
   실시 등 의견청취절차를 배제하는 조항을 두었다면, 이는
   청문을 실시하지 않아도 되는 예외적인 경우에 해당한다.

5. 「행정조사기본법」에 대한 설명으로 옳지 않은 것은?
   ① 행정조사는 법령등 또는 행정조사운영계획으로 정하는 바
   에 따라 정기적으로 실시함을 원칙으로 한다.
   ② 조사원이 현장조사 중에 자료등을 영치하는 경우에 조사
   대상자의 생활이나 영업이 사실상 불가능하게 될 우려가
   있는 때에는 조사원은 자료등을 사진으로 촬영하거나 사
   본을 작성하는 등의 방법으로 영치에 갈음할 수 있고, 이
   는 증거인멸의 우려가 있는 자료등을 영치하는 경우에도
   마찬가지이다.
   ③ 자발적인 협조에 따라 실시하는 행정조사에 대하여 조사
   대상자가 조사에 응할 것인지에 대한 응답을 하지 아니하
   는 경우에는 법령 등에 특별한 규정이 없는 한 그 조사를
   거부한 것으로 본다.
   ④ 행정기관의 장은 법령등에 특별한 규정이 있는 경우를 제
   외하고는 행정조사의 결과를 확정한 날부터 7일 이내에
   그 결과를 조사대상자에게 통지하여야 한다.

6. 취소소송의 피고적격에 대한 설명으로 옳지 않은 것은? (다
   툼이 있는 경우 판례에 의함)
   ① 「국가공무원법」에 따른 처분, 그 밖에 본인의 의사에 반
   한 불리한 처분이나 부작위에 관한 행정소송을 제기할 때
   에 대통령의 처분 또는 부작위의 경우에는 소속 장관을
   피고로 한다.
   ② 취소소송은 다른 법률에 특별한 규정이 없는 한 그 처분
   등을 행한 행정청을 피고로 하나, 처분등을 행한 행정청
   이 없게 된 때에는 그 처분등에 관한 사무가 귀속되는 국
   가 또는 공공단체를 피고로 한다.
   ③ 대리기관이 대리관계를 표시하고 피대리 행정청을 대리하
   여 행정처분을 한 때에는 피대리 행정청이 피고로 되어야
   한다.
   ④ 취소소송에서 피고가 될 수 있는 행정청에는 대외적으로
   의사를 표시할 수 있는 기관이 아니더라도 국가나 공공단
   체의 의사를 실질적으로 결정하는 기관이 포함된다.

7. 신뢰보호의 원칙에 대한 설명으로 옳지 않은 것은? (다툼이 있는 경우 판례에 의함)
① 헌법재판소의 위헌결정은 행정청이 개인에 대하여 신뢰의 대상이 되는 공적인 견해를 표명한 것이라고 할 수 없으므로 그 결정에 관련한 개인의 행위에 대하여는 신뢰보호의 원칙이 적용되지 아니한다.
② 법률에 따른 개인의 행위가 국가에 의하여 일정 방향으로 유인된 것이라면 특별히 보호가치가 있는 신뢰이익이 인정될 수 있고, 원칙적으로 개인의 신뢰보호가 국가의 법률개정이익에 우선된다.
③ 폐기물처리업에 대하여 사전에 관할 관청으로부터 적정통보를 받은 후 허가요건을 갖춘 다음 허가신청을 하였음에도 다수 청소업자의 난립으로 안정적이고 효율적인 청소업무의 수행에 지장이 있다는 이유로 불허가처분을 하는 것은 신뢰보호의 원칙에 위반된다.
④ 입법 예고를 통해 법령안의 내용을 국민에게 예고하였다면 국가가 이해관계자들에게 그 법령안에 관련된 사항을 약속하였다고 볼 수 있으므로 신뢰의 대상이 되는 공적인 견해표명을 한 것으로 볼 수 있다.

8. 헌법재판소의 위헌결정의 효력에 대한 설명으로 옳지 않은 것은? (다툼이 있는 경우 판례에 의함)
① 법률에 대한 위헌결정은 원칙적으로 장래효를 가지나, 따로 위헌제청신청을 아니하였더라도 당해 법률 또는 법률의 조항이 재판의 전제가 되어 법원에 계속 중인 사건에 대하여는 위헌결정의 소급효가 인정된다.
② 취소소송의 제기기간을 경과하여 확정력이 발생한 행정처분에는 위헌결정의 소급효가 미치지 않는다.
③ 과세처분에 불가쟁력이 발생한 후 과세의 근거가 되었던 법률규정에 대하여 위헌결정이 내려진 경우, 그 조세채권의 집행을 위해 새로운 체납처분에 착수하거나 이를 속행하는 것은 당연무효로 볼 수 없다.
④ 법률에 근거하여 행정청이 행정처분을 한 후에 헌법재판소가 그 법률을 위헌으로 결정하였다면 결과적으로 그 행정처분은 하자가 있는 것이 된다고 할 것이나, 특별한 사정이 없는 한 이러한 하자는 위 행정처분의 취소사유에 해당할 뿐 당연무효사유는 아니라고 봄이 상당하다.

9. 국가배상에 대한 설명으로 옳은 것은? (다툼이 있는 경우 판례에 의함)
① 국가의 철도운행사업과 관련하여 발생한 사고로 인한 손해배상청구의 경우 그 사고에 공무원이 간여하였다고 하더라도 「국가배상법」이 아니라 「민법」이 적용되어야 하지만, 철도시설물의 설치 또는 관리의 하자로 인한 손해배상청구의 경우에는 「국가배상법」이 적용된다.
② 공무원에게 부과된 직무상 의무의 내용이 공공 일반의 이익을 위한 것이거나 행정기관의 내부의 질서를 규율하기 위한 경우에도 공무원이 그 직무상 의무를 위반하여 국민에게 손해를 가한 경우에는 국가 또는 지방자치단체가 배상책임을 진다.
③ 공무원이 자기 소유의 자동차로 공무수행 중 사고를 일으킨 경우, 그 공무원은 「자동차손해배상보장법」에서 정한 '자기를 위하여 자동차를 운행하는 자'에 해당하지 않는 결과 고의 또는 중과실이 없는 한 피해자에 대하여 손해배상책임을 부담하지 않는다.
④ 외국인이 피해자인 경우에는 해당 국가와 상호보증이 있을 때에만 「국가배상법」이 적용되며, 상호보증은 해당 국가와 조약이 체결되어 있어야 한다.

10. 인허가의제에 대한 설명으로 옳은 것은?
① 인·허가의제는 의제되는 행위에 대하여 본래적으로 권한을 갖는 행정기관의 권한행사를 보충하는 것이므로 법령의 근거가 없는 경우에도 인정된다.
② 주된 인·허가에 관한 사항을 규정하고 있는 법률에서 주된 인·허가가 있으면 다른 법률에 의한 인·허가를 받은 것으로 의제한다는 규정을 둔 경우, 주된 인·허가가 있으면 다른 법률에 의하여 인·허가를 받았음을 전제로 하는 그 다른 법률의 모든 규정들까지 적용되는 것은 아니다.
③ 주된 인·허가에 의해 의제되는 인·허가는 원칙적으로 주된 인·허가로 인한 사업을 시행하는 데 필요한 범위 내에서만 그 효력이 유지되는 것은 아니므로, 주된 인·허가로 인한 사업이 완료된 이후에도 효력이 있다.
④ 인·허가의 근거 법령인 건축법령에서 절차간소화를 위하여 관련 인·허가를 의제 처리할 수 있는 근거 규정을 둔 경우, 주된 인·허가를 신청하려는 사업시행자는 반드시 관련 인·허가 의제 처리를 동시에 신청해야 한다.

11. 취소소송의 심리에 대한 설명으로 옳지 않은 것은? (다툼이 있는 경우 판례에 의함)
① 사실심에서 변론 종결시까지 당사자가 주장하지 않던 직권조사사항에 해당하는 사항을 상고심에서 비로소 주장하는 경우 그 직권조사사항에 해당하는 사항은 상고심의 심판범위에 해당하지 않는다.
② 법원의 직권심리를 규정한 「행정소송법」 제26조에도 불구하고 법원이 아무런 제한 없이 당사자가 주장하지 아니한 사실을 판단할 수 있는 것은 아니고, 일건 기록에 현출되어 있는 사항에 관하여서만 직권으로 증거조사를 하고 이를 기초로 하여 판단할 수 있을 따름이다.
③ 법원은 당사자의 신청이 있는 때에는 결정으로써 재결을 행한 행정청에 대하여 행정심판에 관한 기록의 제출을 명할 수 있다.
④ 행정처분이 재량권의 한계를 벗어난 것이어서 위법하다는 점은 그 행정처분의 효력을 다투는 원고가 이를 주장·입증하여 한다.

12. 행정입법에 대한 설명으로 옳지 않은 것은? (다툼이 있는 경우 판례에 의함)
① 처벌법규나 조세법규와 같이 국민의 기본권을 직접적으로 제한하거나 침해할 소지가 있는 영역에서는 구체성·명확성의 요구가 강화되어 그 위임의 요건과 범위가 일반적인 급부행정의 영역에서보다 더 엄격하게 제한되어야 한다.
② 법률의 시행령은 법률에 의한 위임이 없는 한 법률이 규정한 개인의 권리·의무에 관한 내용을 변경·보충하거나 법률에 규정되지 아니한 새로운 내용을 규정할 수는 없다.
③ 법률이 공법적 단체 등의 정관에 자치법적 사항을 위임한 경우에도 원칙적으로 헌법 제75조가 정하는 포괄적인 위임입법 금지 원칙이 적용된다.
④ 구 「여객자동차 운수사업법」 제11조 제4항의 위임에 따라 시외버스운송사업의 사업계획변경에 관한 절차, 인가기준 등을 구체적으로 규정한 구 「여객자동차 운수사업법 시행규칙」 제31조 제2항 제1호, 제2호, 제6호는 대외적인 구속력이 있는 법규명령이다.

13. 행정질서벌에 대한 설명으로 옳지 않은 것은? (다툼이 있는 경우 판례에 의함)
① 과태료는 행정상의 질서유지를 위한 행정질서벌에 해당할 뿐 형벌이라고 할 수 없어 죄형법정주의의 규율대상에 해당하지 아니한다.
② 행정청은 질서위반행위가 종료된 날부터 5년이 경과한 경우에는 해당 질서위반행위에 대하여 과태료를 부과할 수 없다.
③ 신분에 의하여 과태료를 감경 또는 가중하거나 과태료를 부과하지 아니하는 때에는 그 신분의 효과는 신분이 없는 자에게도 미친다.
④ 「질서위반행위규제법」에 따른 과태료부과처분은 항고소송의 대상인 행정처분에 해당하지 않는다.

14. 이행강제금에 대한 설명으로 옳지 않은 것은? (다툼이 있는 경우 판례에 의함)
① 「공정거래법」상 기업결합 제한위반행위자에 대한 이행강제금이 부과되기 전에 시정조치를 이행하거나 부작위 의무를 명하는 시정조치 불이행을 중단한 경우, 과거의 시정조치 불이행기간에 대하여 이행강제금을 부과할 수 있다.
② 「건축법」상 시정명령 위반에 따른 이행강제금의 부과와 건축행위에 대한 형사처벌은 그 처벌 내지 제재대상이 되는 기본적 사실관계가 다르므로 이중처벌에 해당하지 않는다.
③ 시정명령을 받은 의무자가 그 시정명령의 취지에 부합하는 의무를 이행하기 위한 정당한 방법으로 행정청에 신청 또는 신고를 하였으나 행정청이 위법하게 이를 거부 또는 반려함으로써 결국 그 처분이 취소되기에 이르렀다면, 특별한 사정이 없는 한 그 시정명령의 불이행을 이유로 이행강제금을 부과할 수는 없다.
④ 건축주 등이 장기간 시정명령을 이행하지 아니하였으나 그 기간 중에 시정명령의 이행 기회가 제공되지 아니하였다가 뒤늦게 이행 기회가 제공된 경우, 이행 기회가 제공되지 아니한 과거의 기간에 대한 이행강제금까지 한꺼번에 부과하였다면 그러한 이행강제금 부과처분은 위법하나 당연무효는 아니다.

15. 정보공개에 대한 설명으로 옳지 않은 것은? (다툼이 있는 경우 판례에 의함)
① ‘알 권리’의 핵심은 국민의 정부에 대한 일반적 정보공개를 구할 권리가 되며, 이러한 ‘알 권리’의 실현은 「정보공개법」과 같은 법률이 제정되어 있지 않다고 하더라도 불가능한 것은 아니고 헌법 제21조에 의해 직접 보장될 수 있다.
② 「정보공개법」은 모든 국민을 정보공개청구권자로 규정하고 있는데, 이에는 자연인은 물론 법인, 권리능력 없는 사단·재단, 지방자치단체 등이 포함된다.
③ 「정보공개법」 시행령 제2조 제1호가 정보공개의무를 지는 공공기관의 하나로 사립대학교를 들고 있는 것이 모법인 구 공공기관의 정보공개에 관한 법률의 위임 범위를 벗어났다거나 사립대학교가 국비의 지원을 받는 범위 내에서만 공공기관의 성격을 가진다고 볼 수 없다.
④ 정보공개를 요구받은 공공기관이 법률에서 정한 비공개사유에 해당하는지를 주장·증명하지 아니한 채 개괄적인 사유만을 들어 공개를 거부하는 것은 허용되지 아니한다.

16. 신고 및 처분의 신청에 대한 설명으로 옳지 않은 것은? (다툼이 있는 경우 판례에 의함)
　　① 다른 법령등에 특별한 규정이 있는 경우와 행정청이 미리 다른 방법을 정하여 공시한 경우를 제외하고는 행정청에 처분을 구하는 신청은 문서로 하여야 한다.
　　② 법령 등에서 행정청에 대하여 일정한 사항을 통지함으로써 의무가 끝나는 신고는 그 기재사항에 흠이 없고, 필요한 구비서류가 첨부되어 있으며, 기타 법령 등에 규정된 형식상의 요건에 적합할 때에는 신고서가 접수기관에 도달된 때에 신고의 의무가 이행된 것으로 본다.
　　③ 구「체육시설의 설치·이용에 관한 법률」에 의한 골프장이용료 변경신고서는 행정청에 제출하여 접수된 때에 신고가 있었다고 볼 것이고, 행정청의 수리행위가 있어야만 하는 것은 아니다.
　　④ 행정청은 신청에 구비서류의 미비 등 흠이 있는 경우 원칙상 형식적·절차적인 요건만을 보완요구하여야 하므로 실질적인 요건에 관한 흠이 민원인의 단순한 착오나 일시적인 사정 등에 기인한 경우에도 보완을 요구할 수 없다.

17. 행정상 손실보상에 대한 설명으로 옳은 것은? (다툼이 있는 경우 판례에 의함)
　　① 하나의 수용재결에서 여러 가지의 토지, 물건, 권리 또는 영업의 손실의 보상에 관하여 심리·판단이 이루어졌을 때, 피보상자는 재결 전부에 관하여 불복하여야 하고 여러 보상항목들 중 일부에 관해서만 개별적으로 불복할 수는 없다.
　　② 민간기업에게 산업단지개발사업에 필요한 토지 등을 수용할 수 있도록 규정한 「산업입지 및 개발에 관한 법률」 제22조 제1항은 헌법에 위반된다고 할 수 없다.
　　③ 사업인정고시는 수용재결절차로 나아가 강제적인 방식으로 토지소유자나 관계인의 권리를 취득·보상하기 위한 요건으로서, 영업손실 보상청구를 위해서는 반드시 사업인정이나 수용이 전제되어야 한다.
　　④ 공유수면매립면허의 고시가 있는 경우 그 사업이 시행되고 그로 인하여 직접 손실이 발생한다고 할 수 있으므로, 관행어업권자는 공유수면매립면허의 고시를 이유로 손실보상을 청구할 수 있다.

18. 행정계획에 대한 설명으로 옳은 것은? (다툼이 있는 경우 판례에 의함)
　　① 구「도시계획법」상 행정청이 정당하게 도시계획결정의 처분을 하였다고 하더라도 이를 관보에 게재하여 고시하지 아니한 이상 대외적으로는 아무런 효력이 발생하지 않는다.
　　② 국공립대학의 총장직선제 개선 여부를 재정지원 평가요소로 반영하고 이를 개선하지 않을 경우 다음 연도에 지원금을 삭감 또는 환수하도록 규정한 교육부장관의 '대학교육역량강화사업 기본계획'은 헌법소원의 대상이 된다.
　　③ '4대강 살리기 마스터플랜'은 4대강 정비사업 지역 인근에 거주하는 주민의 권리·의무에 직접 영향을 미치는 것이어서 행정처분에 해당한다.
　　④ 문화재보호구역 내의 토지소유자가 문화재보호구역의 지정해제를 신청하는 경우에는 그 신청인에게 법규상 또는 조리상 행정계획 변경을 신청할 권리가 인정되지 않는다.

19. 행정소송에 대한 설명으로 옳지 않은 것은? (다툼이 있는 경우 판례에 의함)
　　① 취소소송의 대상이 되는 처분이 있은 뒤에 그 처분에 관계되는 권한이 다른 행정청에 승계된 때에는 이를 승계한 행정청을 피고로 한다.
　　② 고등학교졸업이 대학입학자격이나 학력인정으로서의 의미밖에 없다고 할 수 없으므로 고등학교졸업학력검정고시에 합격하였다 하여 고등학교 학생으로서의 신분과 명예가 회복될 수 없는 것이니 퇴학처분을 받은 자로서는 퇴학처분의 위법을 주장하여 그 취소를 구할 소송상의 이익이 있다.
　　③ 「행정소송법」상 제3자 소송참가에 있어서 참가인이 상소를 한 경우, 피참가인은 참가인의 의사에 반하여 상소 취하를 할 수 없다.
　　④ 취소소송에 당해 처분의 취소를 선결문제로 하는 부당이득반환청구가 병합된 경우, 그 청구가 인용되기 위해서는 그 소송절차에서 당해 처분의 취소가 확정되어야 한다.

20. 강학상 확약에 대한 설명으로 옳지 않은 것은? (다툼이 있는 경우 판례에 의함)
　　① 어업권면허에 선행하는 우선순위결정은 강학상 확약에 불과하고 행정처분은 아니므로, 우선순위결정에 공정력이나 불가쟁력과 같은 효력은 인정되지 않는다.
　　② 확약을 한 후에 확약의 내용을 이행할 수 없을 정도로 법령등이나 사정이 변경된 경우, 행정청은 확약에 기속되지 아니한다.
　　③ 법령등에서 당사자가 신청할 수 있는 처분을 규정하고 있는 경우 행정청은 당사자의 신청에 따라 장래에 어떤 처분을 하거나 하지 아니할 것을 내용으로 하는 의사표시인 확약을 할 수 있고, 이때 확약의 방식에는 아무런 제한이 없다.
　　④ 자동차운송사업 양도·양수인가신청에 대하여 행정청이 내인가를 한 후 그 본인가신청이 있음에도 내인가를 취소한 경우, 다시 본인가에 대하여 별도로 인가여부의 처분을 한다는 사정이 보이지 않는다면 내인가취소는 행정처분에 해당한다.

행정학개론

1. 행정학의 연구방법에 대한 설명으로서 타당하지 않은 것은?
   ① 연역적 접근은 일정한 이론적 전제에서 출발하여 현상을 기술하고 설명하는 접근이다.
   ② 귀납적 접근은 관찰에서 시작하여 규칙성을 요약하고 이로부터 잠정적 결론을 도출하는 접근이다.
   ③ 거시적 접근방법은 방법론적 개체주의에 입각하고 있다.
   ④ 미시적 접근방법은 분석수준을 개인이라는 작은 단위에 두고, 거시적 접근방법은 분석 수준을 정치행정체계라는 큰 단위에 둔다.

2. J. Denhardt와 R. Denhardt가 주장하는 신공공서비스론이 지향하는 행정으로 보기 어려운 것은?
   ① 시민이 아니라 고객에게 봉사하는 행정이 되라.
   ② 공익 자체를 목적으로 삼으라.
   ③ 전략적으로 생각하고 민주적으로 행동하라.
   ④ 기업가정신보다는 시민정신을 존중하라.

3. 민간위탁 방식에 대한 설명으로 가장 옳지 않은 것은?
   ① 보조금(Grants) 지불방식은 서비스가 기술적으로 단순하고 서비스의 목표를 달성하는 방식이 확실한 경우에 사용된다.
   ② 계약 방식(contracting-out)은 정부가 서비스 제공자에게 서비스 비용을 직접 지불하여 이용자의 비용 부담을 경감시키는 장점이 있다.
   ③ 바우처(voucher)방식은 공공서비스의 생산을 민간부문에 위탁하면서 시민들의 구입부담을 완화시키기 위해 금전적 가치가 있는 쿠폰(coupon)을 제공하는 것이다.
   ④ 자조활동(self-help) 방식은 공공서비스의 수혜자와 제공자가 같은 집단에 소속되어 서로 돕는 형식의 활동으로서, 정부의 서비스 생산 업무를 보조하는 성격을 띤다.

4. 『정부업무평가 기본법』상 정부업무평가제도에 대한 주체별 연결이 잘못된 것은?
   ① 중앙행정기관 재평가 - 국무총리
   ② 공공기관평가 - 공공기관 외부의 기관
   ③ 특정평가 - 중앙행정기관장 혹은 지방자치단체장
   ④ 합동평가 - 행정안전부장관 및 중앙행정기관의 장

5. 리플리(Ripley)와 프랭클린(Franklin)의 정책분류 유형에 해당하지 않는 것은?
   ① 추출정책
   ② 경쟁적 규제정책
   ③ 재분배정책
   ④ 보호적 규제정책

6. 정책의제설정 모형에 대한 설명으로 가장 옳은 것은?
   ① 동원형은 공중의제화 과정을 거치기 때문에 행정부의 영향력이 작고 민간부문이 발전된 선진국에서 많이 나타나는 모형이다.
   ② 올림픽이나 월드컵 유치 등 국민들이 적극적인 관심을 보인 사례는 외부집단이 주도한 외부주도형이다.
   ③ 포자모형은 정책문제가 제기되어 정의되는 환경보다는 정책문제 자체의 성격이 갖는 중요성에 주목한다.
   ④ 동형화모형은 정부 간 정책전이(policy transfer)가 모방, 규범, 강압을 통해 이뤄진다고 본다.

7. 다음 내용에서 정책평가의 내적 타당성을 위협하는 요인은?

   > 버스전용차선제의 효과를 평가하기 위하여 버스전용차선제의 시행 전과 시행 후의 도로 교통 소통 정도를 측정·비교하려고 한다. 그런데 두 측정시점 사이에 측정구간을 통과하는 지하철이 개통되었다고 한다.

   ① 역사요인
   ② 성숙요인
   ③ 상실요인
   ④ 회귀인공요인

8. 정책집행 연구에 대한 설명으로 옳은 것은?
   ① 하향식 접근론자들은 정책집행을 이해하기 위해서는 일선 관료의 행태를 고찰하여야 한다고 본다.
   ② 상향식 접근법은 규범적 처방을 정책결정자에게 제시하는 데 그 목적이 있다.
   ③ 상향식 접근법은 정치행정이원론과 합리모형을 배경으로 하고 있으며 Elmore의 전향적 접근과 맥을 같이 한다.
   ④ 하향식 접근법은 정책목표를 달성하는데 영향을 주는 집행요인들을 밝히는 것에 초점을 둔다.

9. 매슬로우(Maslow)의 욕구단계론에 대한 비판으로 보기 어려운 것은?
   ① 모든 인간에게서 다섯 가지 욕구의 계층이 항상 고정적인 것은 아니다.
   ② 충족된 욕구보다 충족되지 않은 욕구가 동기유발을 작동하는 것으로 보았다.
   ③ 욕구 유발이 항상 순차적으로 이루어지는 것은 아니다.
   ④ 상위 차원의 욕구가 충족되지 못하거나 좌절될 경우, 하위 욕구를 더욱 더 충족시키고자 한다.

10. 공무원 수 증가에 관한 파킨슨(Parkinson) 법칙에 대한 설명 중 옳지 않은 것은?
　① 정부의 업무량 증가와 직원 수 증가 간에는 상호 관련성이 없이 증가하고 있다고 본 이론이다.
　② 관료제는 계층서열에 따른 승진으로 인해 무능한 사람들로 충원하고 있다는 것을 비판한 이론이다.
　③ 공무원 수는 상승하는 피라미드의 법칙(the law of rising pyramid)을 따르고 있다고 주장하였다.
　④ '부하배증의 법칙'은 A라는 공무원이 과중한 업무에 허덕이게 될 때 자기의 동료 B를 보충받기보다는 자기를 보조해줄 부하C를 보충받기를 원한다는 것이다.

11. 학습조직(learning organization)에 대한 설명으로 옳지 않은 것은?
　① 연결된 체계 간의 상호작용을 이해하고, 이를 효과적으로 활용하기 위한 체계적 사고(systems thinking)를 강조한다.
　② 개방체제모형과 타인 지향적 인간관에 기초한다.
　③ 조직구성원이 더불어 학습하는 방법을 지속한다.
　④ 성공하기 위해서는 사려 깊은 리더십이 필요하다.

12. 공직윤리와 관련한 설명 중 가장 적절하지 않은 것은?
　① 공직자 윤리법은 재산등록 의무, 공직내부비리 발견 시 신고할 의무, 취업제한 의무 등을 규정하고 있다.
　② 공직 윤리규범의 법제화가 갖는 효용으로는 정부의 신뢰성 향상, 윤리적 감수성 향상, 정부활동의 평가기준 제시 등이 있다.
　③ 고위공직자의 직무 관련 주식 보유에 따른 공·사적 이해 충돌방지를 위해 주식백지신탁제도를 도입, 운용하고 있다
　④ 국가공무원법은 성실 의무, 정치운동 금지 의무, 비밀엄수 의무 등을 규정하고 있다.

13. 다음 인사제도와 행정적 특성에 대한 연결 중 옳은 것은?
　① 직업공무원제도 - 행정의 전문성 강화
　② 대표관료제 - 실적주의 강화
　③ 개방형 공무원제도 - 행정의 계속성 유지
　④ 엽관주의 - 행정의 민주화에 공헌

14. 다음의 근무성적 평정상의 오류와 관련된 설명 중 가장 옳지 않은 것은?
　① 연쇄효과란 도표식 평정척도법에서 자주 발생하며 피평가자별이 아닌 평정요소별 평정을 완화방법으로 고려할 수 있다.
　② 집중화 경향이란 평정자가 모든 피평정자에게 대부분 중간 수준의 점수를 주는 경향을 의미한다.
　③ 총계적 오류란 어떤 평정자가 다른 평정자들보다 언제나 좋은 점수 또는 나쁜 점수를 주게 되는 것을 의미한다.
　④ 선입견에 의한 오류란 사람에 대한 경직적 편견이나 고정관념 때문에 발생하는 오류이다.

15. 예산집행상의 배정 관련에 관한 설명으로 틀린 것은?
　① 예산 배정에 관하여는 감사원에 통지하여야 한다.
　② 예산의 배정은 의회의 행정부에 대한 외부통제의 기능을 수행한다.
　③ 경기부양이나 경기안정화를 위한 시책적 수단이 되기도 한다.
　④ 긴급배정은 회계연도 개시 전에 예산을 배정할 수 있는 제도이다

16. 우리나라 정부기금에 대한 설명에서 옳지 않은 것은?
　① 기금이란 국가가 특정한 목적을 위하여 특정한 자금을 신축적으로 운용할 필요가 있을 때에 한하여 법률로써 설치한다.
　② 기금은 법률로써 설치하며 출연금, 부담금 등은 기금의 재원으로 활용할 수 있다.
　③ 세입세출예산 내에서 운영되는 '제3의 예산'이다.
　④ 합목적성 차원에서 예산에 비하여 운영의 자율성과 탄력성이 높다.

17. 국가재정법 제89조에 의거 추가경정예산안의 편성 가능한 사유가 아닌 것은?
　① 전쟁이나 대규모 재해가 발생한 경우
　② 물가인상, 남북관계의 변화와 같은 중대한 변화가 발생한 경우
　③ 법령에 따라 국가가 지급해야 하는 지출이 발생하거나 증가한 경우
　④ 경기침체, 경제 협력과 같은 대내·외 여건에 중대한 변화가 발생할 우려가 있는 경우

18. 행정 책임성의 역사적 변화에서 상호 연결이 올바르지 않는
　　것은?
　　① Weber의 관료제 - 법적 책임성
　　② 신행정학 - 전문가적 책임성
　　③ 신공공관리론 - 시장적 책임성
　　④ 거버넌스 - 법규 준수의 법적 책임성

19. 지방직영기업에 대한 설명으로 가장 옳지 않은 것은?
　　① 지방자치단체가 공기업특별회계로 독립적으로 회계를 운
　　　영하는 형태의 기업이다.
　　② 지방직영기업에 소속된 직원은 공무원 신분이 아니다.
　　③ 지방자치단체가 행정조직 형태로 직접 운영하는 사업을
　　　말한다.
　　④ 지방직영기업에는 일반적으로 상수도사업, 하수도사업,
　　　공영개발, 지역개발기금 등이 속한다.

20. 특별지방행정기관의 장점으로 볼 수 없는 것은?
　　① 업무 수행의 통일성 확보
　　② 주민참여와 행정의 민주성 제고
　　③ 업무수행의 전문성 확보
　　④ 광역행정의 추진 용이

-제3회-

이　름: ________________

제1과목 국어
제2과목 영어
제3과목 한국사
제4과목 행정법총론
제5과목 행정학개론

주간 모의고사 정오표

합격까지 박문각

국　어

1. 다음 글에 대한 이해로 가장 적절하지 않은 것은?

> 국어의 음운변동 가운데 동화는 어떤 음운이 인접한 다른 음운의 성질을 닮아 가는 현상을 말한다. 동화는 방향에 따라 순행 동화와 역행 동화로 나뉜다. 순행 동화는 뒤에 오는 음운이 앞 음운의 영향을 받아 비슷하거나 같은 소리로 바뀌는 현상이다. 예를 들어 '칼날'이 [칼랄], '강릉'이 [강능]으로 발음되는 것이 이에 해당한다. 반면 역행 동화는 앞 음운이 뒤 음운의 영향을 받아 소리가 바뀌는 경우로, '편리'가 [펼리], '까막눈'이 [까망눈]으로 발음되는 예가 있다. 이러한 동화 현상은 발음을 수월하게 하려는 음운의 자율적 작용에서 비롯된 것이다. 그러나 모든 음운 환경에서 동화가 일어나는 것은 아니며, 국어의 규칙에 따라 특정한 자음군이나 모음 환경에서만 나타난다. 따라서 단어를 분석할 때 어떤 음운 동화가 일어나는지, 또 그 방향이 순행인지 역행인지를 구분하는 것이 중요하다.

① '작년'은 [장년]으로 발음되어 역행 동화가 일어난다.

② '신라'는 [실라]로 발음되어 역행 동화가 일어난다.

③ '항로'는 [항노]로 발음되어 순행 동화가 일어난다.

④ '밥물'은 [밤물]로 발음되어 순행 동화가 일어난다.

2. 다음 글에 대한 이해로 가장 적절한 것은?

> 단어의 구조를 분석할 때는 직접 구성 성분이라는 개념을 쓴다. 예를 들어 '오가다'의 어간 '오가-'는 '오-'와 '가-'로 나뉘는데, 이처럼 각 성분이 어근인 경우 합성어라 한다. 반면 '먹히다'의 어간 '먹히-'는 어근 '먹-'과 접사 '-히-'로 나뉘므로 파생어가 된다. 일반적으로 어간은 두 성분으로 나누어 분석되지만, 경우에 따라 3개 이상의 성분으로 나누어질 수 있다. 이런 경우에도 먼저 직접 성분이 무엇인지 확인해야 한다. 만약 직접 성분이 어근과 어근이라면 합성어, 어근과 접사라면 파생어가 된다. 예컨대 '밀어붙이다'는 '밀어'와 '붙이다'로 나뉘고, 다시 '붙이다'는 '붙-'과 '-이-'로 분석된다. 이때 직접 성분은 '밀어'와 '붙이다'인데, 두 부분 모두 어근에 해당하므로 합성어이다. 따라서 어간이 3개 이상의 구성 요소로 분석될 때는 '먼저 무엇과 무엇이 직접 성분이 되는가'를 따져 합성어와 파생어를 구분해야 한다.

① '계단을 오르내리다.'의 '오르내리다'는 직접 구성 요소가 어근과 접사인 파생어이다.

② '연기가 하늘로 치솟는다.'의 '치솟는다'는 직접 구성의 요소가 접사와 어근인 합성어이다.

③ '차바퀴가 헛돌았다.'의 '헛돌았다'는 3개 이상의 성분으로 나누어질 수 있고, 어근과 어근으로 구성된 합성어이다.

④ '발길에 짓밟히겠다.'의 '짓밟히겠다'는 3개 이상의 성분으로 나누어질 수 있고, 어근과 접사로 구성된 파생어이다.

3. 다음 글에 대한 이해로 적절하지 않은 것은?

> 파생어란 어근에 접사가 붙어 새롭게 형성된 단어를 말한다. 파생어가 형성되면 단순히 의미만 달라지는 것이 아니라, 경우에 따라 품사가 달라지기도 한다. 예를 들어 형용사 '넓다'에 접사 '-히-'가 붙어 '넓히다'가 되면, 형용사였던 단어가 동사로 바뀐다. 또한 파생어가 문장 속에 들어가면 문장 구조까지 달라질 수 있다. '방이 넓다'에서 서술어 자리에 쓰였던 '넓다'를 '넓히다'로 바꾸면 '방을 넓히다'와 같이 주어와 목적어의 관계가 달라지면서 문장 구조도 변한다. 반면 어떤 파생어는 품사는 변하지만 문장 구조는 그대로 유지되기도 하고, 또 어떤 경우는 품사는 변하지 않지만 문장 구조만 달라지기도 한다. 이와 같이 파생어 형성 결과를 '품사 변화 여부'와 '문장 구조 변화 여부'로 나누어 살펴보면, 네 가지 경우가 생긴다. 그중 ㉠은 품사도 달라지고 문장 구조도 달라지는 경우이며, ㉡은 품사는 그대로지만 문장 구조만 달라지는 경우이다.

① '방이 넓다'가 '방을 넓히다'로 바뀌는 경우는 ㉠에 해당한다.

② '굽이 높다'가 '굽을 높이다'로 바뀌는 경우는 ㉠에 해당한다.

③ '발을 밟다'가 '발이 밟히다'로 바뀌는 경우는 ㉡에 해당한다.

④ '문을 밀다'가 '문을 밀치다'로 바뀌는 경우는 ㉡에 해당한다.

4. 다음 진술이 모두 참일 때 반드시 참인 것은?

> ○ 나 교수가 발표하면, 윤 교수가 토론한다.
> ○ 윤 교수가 토론하면, 장 교수가 기록한다.
> ○ 장 교수가 기록하지 않으면, 손 교수가 진행하지 않는다.

① 손 교수가 진행하면, 윤 교수가 토론한다.

② 나 교수가 발표하면, 손 교수는 진행하지 않는다.

③ 윤 교수가 토론하지 않으면, 손 교수는 진행한다.

④ 장 교수가 기록하지 않으면, 나 교수도 발표하지 않는다.

5. 다음 진술이 모두 참일 때 반드시 참인 것은?

> ○ A가 시험을 통과하면, B는 불합격한다.
> ○ B가 불합격하면, C는 시험을 응시하지 않는다.
> ○ C가 시험을 응시했다.

① B가 불합격했다.

② A가 시험을 통과하지 않았다.

③ A와 C가 모두 시험을 통과했다.

④ C가 시험을 응시하지 않았고 B는 불합격했다.

6. 다음 대화의 (가)에 들어갈 말로 적절한 것은?

> 갑: 예술가는 창작자이고, 창작자는 작품을 세상에 내놓는 사람이야. 모든 예술가는 작품을 내놓으니까, 예술가가 아닌 사람은 작품을 내놓을 필요가 없어.
>
> 을: 모든 꽃이 식물이라고 해서 모든 식물이 꽃은 아니듯이, 네가 "예술가가 아닌 모든 사람은 작품을 내놓을 필요가 없다."고 하려면 "　(가)　"가 참이어야 해.

① 작품을 내놓는 사람은 모두 예술가다.

② 몇몇 예술가는 작품을 내놓지 않는다.

③ 모든 예술가는 작품을 내놓을 필요가 없다.

④ 작품을 내놓지 않는 사람은 모두 예술가가 아니다.

7. (가)와 (나)를 전제로 결론을 이끌어 낼 때, 빈칸에 들어갈 말로 가장 적절한 것은?

> (가) 대학원 전용 세미나에 참석할 수 있는 학생은 모두 대학원생이다.
>
> (나) 대학원 전용 세미나에 참석할 수 있는 학생 가운데는 연구 윤리 교육을 아직 이수하지 않은 학생도 있다.
>
> 따라서

① 대학원생이면 누구나 대학원 전용 세미나에 참석할 수 있다.

② 대학원생 중에는 연구 윤리 교육을 이수하지 않은 학생도 있다.

③ 대학원 전용 세미나에 참석할 수 있는 어떤 학생은 대학원생이 아니다.

④ 연구 윤리 교육을 이수하지 않으면 대학원 전용 세미나에 참석할 수 없다.

8. 다음 중 문맥상 ⊙의 의미와 가장 가까운 것은?

> 그는 자기에게 불리한 얘기가 나오자 화제를 다른 것으로 ⊙ 돌리려고 애를 썼다.

① 그는 아침마다 각 가정으로 신문을 돌리는 일을 한다.

② 나는 그들에게 차례차례 마이크를 돌리면서 소감을 들었다.

③ 아침마다 병사들을 연병장을 돌리는 것은 체력을 단련시키기 위한 훈련이다.

④ 그는 누가 어떤 말을 하든지 간에 자기의 관심 분야로 이야기의 흐름을 돌리는 데는 일가견이 있다.

9. <지침>에 따라 <개요>를 작성할 때 (가)~(라)에 들어갈 내용으로 적절하지 않은 것은?

> **< 지 침 >**
>
> ○ 서론은 보고서 작성의 배경과 필요성을 포함할 것.
>
> ○ 본론은 제목에서 밝힌 내용을 2개의 장으로 구성하되, 2장의 하위 항목이 3장의 하위 항목과 서로 대응하도록 할 것.
>
> ○ 결론은 기대 효과와 향후 과제를 순서대로 제시할 것.

> **< 개 요 >**
>
> ○ 제목: 교통약자의 지하철 이동권 강화를 위한 제도 개선 방안
>
> 1장 서론
>
> 1. 교통수단의 보편적 접근성과 이동권의 개념 확대
>
> 2. 　(가)　
>
> 2장 교통약자의 지하철 이동 제약 실태
>
> 1. 고장 및 미작동 엘리베이터로 인한 대체 이동 수단 부재
>
> 2. 　(나)　
>
> 3장 이동권 강화를 위한 개선 방안
>
> 1. 지하철역 엘리베이터 고장 정보 실시간 제공 의무화
>
> 2. 　(다)　
>
> 4장 결론
>
> 1. 　(라)　
>
> 2. 이동권 보장을 위한 교통 설계의 사회적 원칙 확립

① (가): 교통약자의 자율 이동권은 시민 기본권의 일환임

② (나): 환승 안내 부족으로 인한 혼선

③ (다): 장애인 전용 택시 호출 앱 도입 확대

④ (라): 교통약자의 이동 불편 해소와 안전한 이동환경 조성

10. <공공언어 바로 쓰기 원칙>에 따라 수정한 것으로 적절하지 않은 것은?

> **< 공공언어 바로 쓰기 원칙 >**
>
> ○ 표현의 정확성
>
> ⊙ 의미에 맞는 정확한 단어 쓰기.
>
> ○ 부적절한 피·사동 표현 자제
>
> ⓛ 부적절한 피·사동 표현은 자연스럽고 정확한 표현으로 바꿀 것.
>
> ○ 여러 뜻으로 해석되는 표현 삼가기
>
> ⓒ 문장이 오해 없이 하나의 의미로 읽히도록 함.
>
> ○ 대등한 것끼리 접속
>
> ⓔ '-고, -(으)며, 와/과' 등으로 연결된 말은 구조를 맞춤.

① "담당자는 수집된 정보를 반출했다."를 ⊙에 따라 "담당자는 수집된 정보를 반입했다."로 수정한다.

② "관리자는 보고서를 작성되어지게 했다."를 ⓛ에 따라 "관리자는 보고서를 작성되게 했다."로 수정한다.

③ "행정관은 부서장과 직원들을 면담하였다."를 ⓒ에 따라 "행정관은 부서장과 함께 직원들을 면담하였다."로 수정한다.

④ "지역 주민의 참여 확대와 소통 체계를 마련한다."를 ⓔ에 따라 "지역 주민의 참여를 확대하고 소통 체계를 마련한다."로 수정한다.

11. 다음 대화를 분석한 내용으로 가장 적절한 것은?

갑: 지금 기초생활보장 제도는 현실을 제대로 반영하지 못하고 있어. 서류상 기준은 맞지 않아도 실제 생활이 어려운 사람들이 수급 대상에서 빠지는 경우가 너무 많아. 제도를 전면적으로 개편해서 더 많은 사람이 혜택을 받을 수 있어야 해. 사회 안전망이 그 역할을 못 하고 있다면 수정이 필요한 거잖아.

을: 그건 재정을 너무 낙관적으로 보는 거야. 그렇게 기준을 완화하다 보면 상대적으로 형편이 나은 사람들까지 포함될 수밖에 없어. 그럼 진짜 도움이 필요한 사람들에게 돌아갈 몫이 줄어들고, 결국 제도 자체가 흔들릴 수 있어.

병: 나는 둘 다 일리가 있다고 봐. 분명히 제도의 사각지대가 있다는 건 맞지만, 무조건 기준을 낮추는 것도 곤란해. 오히려 일정한 예외 조항을 도입하거나, 상황별로 탄력적으로 적용할 수 있는 장치를 두는 게 현실적이야. 제도 전체를 뒤엎기보다는 세부 규정을 조정하는 쪽이 낫지.

갑: 문제는 지금이 그런 '세부 조정'으로 해결될 수준이 아니라는 거야. 예외 조항은 일시적인 봉합일 뿐이고, 기준 자체가 너무 과거 기준에 머물러 있어. 실제 생활비나 물가, 부양가족 상황 등 지금 현실을 제대로 반영하는 새로운 틀로 바꿔야 해.

을: 그런데 그렇게 하다 보면 형평성 문제도 커질 수 있어. 겉으로는 어려워 보여도 실질 자산이 많은 사람들이 수급 혜택을 받는 사례가 생기면, 오히려 사회적 갈등만 키우는 결과가 될 수도 있어. 누군가에겐 기회지만, 누군가에겐 역차별로 느껴질 수 있다고.

① 기초생활보장 제도는 형평성과 지속 가능성이 더 중요하다는 점에 대해 을과 병은 동의한다.

② 기초생활보장 수급의 사각지대를 줄이기 위한 예외 조항이 필요하다는 점에 대해 갑과 병은 동의한다.

③ 기초생활보장 수급 확대는 사회 갈등을 유발할 수 있다는 점에 대해 갑은 동의하고 병은 동의하지 않는다.

④ 기초생활보장 수급 기준은 현실을 반영해 완화해야 한다는 점에 대해 갑은 동의하고 을은 동의하지 않는다.

12. ㉠의 원인으로 가장 적절한 것은?

대중교통은 도시 생활의 핵심 기반이다. 그러나 출퇴근 시간대마다 교통 혼잡 문제가 심각하게 발생한다. 정부는 버스 증차와 지하철 증편으로 이를 완화하려 했지만, 효과는 제한적이었다. 교통 수요는 계속 늘어나는데, 차량 공급은 물리적 한계에 부딪히기 때문이다. 최근 연구는 혼잡 심화의 배경을 단순히 차량 수 부족에서 찾지 않는다. 도심 주거비 상승으로 인해 외곽에 거주하는 시민이 늘어나고, 이들이 도심으로 몰려드는 '베드타운 현상'이 본질적 요인이라는 것이다. 이로 인해 통근 거리는 길어지고, 교통 수요는 특정 시간대에 집중된다. 따라서 ㉠ 교통 혼잡의 심화는 단순한 공급 부족이 아니라 구조적 주거 문제와 연결되어 있다고 볼 수 있다.

① 대중교통 수요가 전반적으로 줄어들었기 때문이다.

② 버스와 지하철 증편이 과도하게 이루어졌기 때문이다.

③ 외곽 지역 인구 증가로 통근 거리가 길어졌기 때문이다.

④ 도심 주거비가 낮아져 시민이 도심으로 집중했기 때문이다.

13. 다음 글의 (가), (나)에 들어갈 말을 적절하게 나열한 것은?

언어는 인간의 의사소통 수단일 뿐 아니라, 사고와 문화의 중요한 토대가 된다. 한 사회의 언어에는 그 사회가 중시하는 가치와 규범, 그리고 고유한 세계관이 반영되어 있다. 예를 들어, 자연을 세밀하게 구분해 표현하는 어휘가 많은 언어는 그 사회가 자연과 밀접하게 살아왔음을 보여 준다. 또한 존댓말이나 격식어가 발달한 언어는 사회적 위계와 관계를 중시하는 문화적 특성을 드러낸다. 따라서 언어는 단순히 말을 전달하는 기호 체계가 아니라, 집단적 삶의 방식이 내재된 구조라고 할 수 있다. 사람들은 언어를 통해 자신이 속한 사회의 규범과 질서를 습득하며, 그 과정에서 　(가)　를/을 공유한다. 이렇게 공유된 가치와 규범은 개인을 넘어 공동체 전체의 행동 방식을 통일시킨다. 결국 언어는 사회적 관계를 유지하고 강화하는 힘이 된다. 언어를 배우고 사용하는 과정에서 구성원들은 자연스럽게 　(나)　를/을 형성하며, 이를 통해 서로가 같은 집단의 일원임을 인식한다.

	(가)	(나)
①	사회적 규범	공동체적 유대
②	개별적 경험	개인의 정체성
③	자연적 질서	과학적 합리성
④	외적 권위	법적 강제성

14. 다음을 (가)~(라)의 순서로 가장 적절하게 배열한 것은?

(가) 이를 위해 시인은 함축, 반복, 대조, 의외성 등 다양한 표현 기법을 활용한다. 이러한 표현은 의미의 직선적 전달보다 감정의 떨림을 우선시하며, 시를 '느끼는' 텍스트로 만든다.

(나) 특히 시에서는 언어의 압축성과 상징성이 강조된다. 일상의 단어들이 새로운 배치 속에서 전혀 다른 이미지를 만들고, 단어 사이의 여백이 독자의 상상을 자극한다. 이런 특성은 시가 가진 감정적 밀도를 높이는 요소다.

(다) 결국 문학, 특히 시는 독자에게 정답을 요구하지 않는다. 오히려 다양한 해석의 가능성을 열어 두고, 독자 개개인이 스스로의 경험과 감정에 따라 '자기만의 시'를 구성하게 만든다.

(라) 문학은 현실을 모사하는 것이 아니라, 언어를 통해 현실을 새롭게 구성하고 독자와의 감정적 교감을 이끌어 내는 예술이다. 작가는 언어를 통해 세상을 보는 방식을 제안하고, 독자는 그 언어를 통해 새로운 세계를 경험한다.

① (나)-(라)-(가)-(다)

② (나)-(라)-(다)-(가)

③ (라)-(나)-(가)-(다)

④ (라)-(나)-(다)-(가)

15. 글쓴이의 주장으로 적절하지 않은 것은?

　우리 사회는 지나치게 '빠름'에 집착한다. 사람들은 모든 일이 신속하게 처리되기를 원하고, 조금만 늦어도 불편을 느낀다. 하지만 서두름은 종종 실수를 낳고, 사람 사이의 관계마저 피상적으로 만든다. 반대로 느림에는 깊은 여유와 사유의 시간이 있다. 밥을 천천히 씹어 먹을 때 소화가 잘되듯이, 인간관계도 느린 대화 속에서 신뢰와 공감이 쌓인다. 느림은 게으름이 아니다. 오히려 더 신중하고 깊은 성찰의 시간을 마련해 준다. 서양의 '슬로시티 운동'이나 '슬로푸드 운동'은 이러한 가치를 보여 주는 사례다. 우리는 '빨리빨리' 문화에 길들여 있으나, 이제는 속도를 줄이고 삶의 질을 높이는 방향으로 가야 한다. 빠름의 이익보다 느림의 가치를 발견할 때 비로소 더 건강하고 지속 가능한 사회를 만들 수 있다.

① 빠름은 실수를 낳는다.

② 느림은 성찰과 여유를 준다.

③ 느린 대화는 관계를 깊게 한다.

④ 빠른 처리가 모든 문제의 해답이다.

16. 다음 글의 이해로 가장 적절한 것은?

　맹자는 인간의 본성이 선하다고 주장했다. 그는 인간 누구에게나 인의예지의 '사단(四端)'이 잠재되어 있다고 하며, 측은지심·수오지심·사양지심·시비지심이 바로 그것이라고 설명했다. 이 씨앗들은 타고난 본성이므로 환경에 의해 완전히 사라지는 것은 아니며, 다만 외부의 유혹이나 잘못된 습관이 본성을 흐리게 할 뿐이라고 보았다. 따라서 교육과 수양은 새로운 본성을 만들어 내는 과정이 아니라, 이미 내재된 선한 본성을 회복하고 발현시키는 과정이다. 그는 물이 아래로 흐르듯 인간은 선으로 나아간다고 비유하며, 올바른 환경과 지도만 갖추어지면 누구나 본래의 선을 회복할 수 있다고 확신했다.

　그러나 순자는 정반대의 입장을 내세웠다. 그는 인간이 태어날 때부터 사욕과 이익 추구의 성향을 지녔다고 보았다. 인간이 욕망을 방치하면 사회는 혼란에 빠지고 갈등이 증폭된다고 보았기 때문에, 외적 규범과 제도를 통해 욕망을 제어해야 한다고 강조했다. 그에게 교육과 교화는 본성을 바꾸는 힘이라기보다 욕망을 억제하고 통제하는 장치였다. 따라서 예법과 제도, 권위 있는 규범이 없다면 인간 사회는 파괴적 경쟁으로 치닫게 된다. 순자에게 선은 자연스러운 흐름이 아니라, 끊임없는 훈련과 제도적 강제를 통해 억지로 만들어내야 하는 것이다. 이처럼 맹자와 순자는 인간 본성을 바라보는 근본 전제부터 정반대였고, 교육과 제도의 의미 역시 완전히 달랐다.

① 순자는 인간 본성이 악하므로 교육은 이를 변화시키는 힘이라고 했다.

② 순자는 인간 본성이 선하지만 잘못된 습관이 이것을 흐린다고 보았다.

③ 맹자는 인간 본성이 선하므로 교육은 이를 회복하는 과정이라고 보았다.

④ 맹자는 인간 본성이 악하기 때문에 교육으로 이를 억제해야 한다고 보았다.

17. 다음 글의 중심 내용으로 가장 적절한 것은?

　현대 사회에서 '1인 가구'의 증가는 뚜렷한 인구학적 변화 중 하나다. 과거에는 가족 단위가 기본적인 생활 단위였으나, 오늘날에는 혼자 사는 사람이 빠르게 늘고 있다. 이는 가치관 변화, 경제적 독립, 결혼 기피, 고령화 등 다양한 요인과 연결되어 있다. 1인 가구의 증가는 소비 패턴과 주거 문화에도 변화를 가져왔다. 대형 가구용 제품보다 소형·간편 제품의 수요가 늘고, 맞춤형 배달 서비스가 활성화되었다. 주거 측면에서도 원룸, 소형 아파트, 셰어하우스 등이 확대되었으며, 이는 부동산 시장의 구조적 변화를 이끌고 있다.

　그러나 1인 가구의 증가는 사회적 문제를 동반하기도 한다. 혼자 사는 사람들은 긴급 상황에서 돌봄을 받기 어렵고, 정서적 고립감을 느낄 가능성이 크다. 특히 고령층 1인 가구는 건강 관리나 생활 안전 문제에서 취약하다. 따라서 단순히 개인의 생활 양식으로만 볼 것이 아니라, 사회적 지원과 정책적 대책이 필요하다. 예를 들어, 지역사회 기반 돌봄 서비스, 공동체 활성화 프로그램, 맞춤형 의료 서비스는 1인 가구의 취약성을 보완할 수 있다. 결국 1인 가구의 증가는 피할 수 없는 흐름이지만, 이를 사회가 어떻게 포용하느냐가 중요한 과제가 된다.

① 고령층 1인 가구의 증가가 전체 사회 변화의 유일한 원인으로 작용한다.

② 소형 주택과 맞춤형 배달 서비스의 확대는 부정적 사회 현상으로 간주된다.

③ 1인 가구의 증가는 생활양식 변화뿐 아니라 사회적 지원이 요구되는 문제다.

④ 1인 가구의 증가는 개인의 자유를 확대시키므로 긍정적 현상으로만 평가할 수 있다.

18. 다음 글의 제목으로 가장 적절한 것은?

　협상은 상반된 이해관계를 조율하는 말하기 과정으로, 단순한 주장 경쟁이 아니라 상호 이해를 바탕으로 합의점을 찾는 대화이다. 협상자는 자신의 요구를 일방적으로 관철하려 해서는 안 되며, 상대방의 입장과 조건을 분석하여 조율 가능한 지점을 찾아야 한다. 효과적인 협상에서는 먼저 상대방의 요구와 관심사를 경청하는 것이 중요하다. 협상의 의제를 설정할 때는 상대방과 공유가능한 목표를 확인해야 한다. 의제가 협소하면 합의는 어렵고, 지나치게 확장하면 협상은 산만해진다. 따라서 협상자는 구체적이고 합리적인 범위의 의제를 설정해야 한다. 협상 과정에서 설득 전략도 필요하다. 상대방이 신뢰할 수 있는 자료와 사례를 제시하면 합의 가능성이 높아진다. 또한 협상은 양측이 모두 만족하는 결과를 지향해야 한다. 일방의 승리를 목표로 한다면 갈등은 오히려 심화된다. 협상은 결과뿐 아니라 과정에서도 대화적 성격이 드러나야 한다. 경청, 자료 제시, 의제 설정은 협상의 전 과정을 지탱하는 기둥이다. 협상은 결국 승자와 패자를 가르는 경쟁이 아니라, 모두가 납득할 수 있는 대화적 문제 해결 과정이다.

① 협상자의 태도

② 협상에서의 설득 기법

③ 협상의 의제 설정 방법

④ 협상과 합의의 대화적 성격

19. 다음 글을 이해한 것으로 <보기>에서 옳지 않은 것만을 모두 고른 것은?

소득과 부에 대한 불균등한 접근 기회는 국가의 형성보다 앞서 존재했고, 국가가 발전하는 데 기여했다. 하지만 통치 체제가 일단 구축되고 나자 결과적으로 기존의 불평등이 더욱 심화되고 나아가 새로운 불평등도 생성되기에 이르렀다. 전근대 국가들은 상업 활동에 대한 보호 조치를 마련함으로써, 그리고 동시에 정치권력 행사와 가장 밀접하게 연관된 자들을 위해 개인적 이득이 생겨날 새로운 출처를 가능케 함으로써 소수의 손안에 물질 자원이 축적 및 집중될 수 있는 전례 없는 기회를 창출했다.

결국 정치적·물질적 불평등은 하나의 변수가 증가하면 다른 변수에도 그에 상응하는 증가를 초래할 가능성이 높은 상향 나선형 상호 작용 효과라고 일컫는 것 안에서 나란히 진화했다. 현대 학자들은 국가라는 지위의 본질적 특징을 정확히 포착하기 위해 매우 다양한 정의를 제시해 왔다. 그 중 몇 가지 요소를 차용하면, 국가란 영토와 그곳의 인구 및 자원에 대한 지휘권을 주장하고, 구속력 있는 명령과 규칙을 공포하고, 이러한 명령과 규칙을 위협이나 물리적 폭력을 포함한 합법적인 강압 조치의 행사로 뒷받침함으로써 통치 기능을 수행하는 일련의 제도와 인력을 갖춘 정치 조직을 나타낸다고 할 수 있다.

< 보 기 >

㉠ 국가라는 지위의 본질적 특징을 정의할 때 영토보다는 조직이 우선하는 요소로 적용된다.

㉡ 소득과 부에 대한 불균등은 국가 형성 전부터 존재했고 국가가 성립한 후에도 유지되었다.

㉢ 전근대 국가들이 상업 활동에 대해 내린 보호 조치는 특정 개인이 부를 쌓는 기회가 될 수도 있었다.

① ㉠
② ㉢
③ ㉠, ㉡
④ ㉡, ㉢

20. 다음 글을 이해한 것으로 <보기>에서 옳은 것만을 모두 고른 것은?

디지털 연산은 회로의 동작으로 표현되는 논리적 연산에 의해 진행되며, 아날로그 연산은 소자의 물리적 특성에 의해 진행된다. 하지만 디지털 연산의 정밀도는 정보의 연산 과정에서 최종적으로 정보를 출력할 때 필요한 것보다 항상 같거나 높게 유지해야 하므로 동일한 양의 연산을 처리해야 하는 경우라면 디지털 방식이 아날로그 방식에 비해 훨씬 더 많은 소자를 필요로 한다. 아날로그 연산에서는 회로를 구성하는 소자 자체가 연산자이므로 온도 변화에 따르는 소자 특성의 변화, 소자 간의 특성 균질성, 전원 잡음 등의 외적 요인들에 의해 연산 결과가 크게 달라질 수 있다.

그러나 디지털 연산에서는 회로의 동작이 0과 1을 구별할 정도의 정밀도만 유지하면 되므로 회로를 구성하는 소자 자체의 특성 변화에 거의 영향을 받지 않는다. 또한 상대적으로 쉽게 변경이 가능하고 프로그램하기 편리한 점도 있다. 사람의 눈이나 귀 같은 감각기관은 아날로그 연산에 바탕을 둔 정보처리 조직을 가지고 있지만 이로부터 발생되는 정보는 디지털 정보이다. 감각기관에 분포하는 수용기는 특별한 목적을 가지는 아날로그 - 디지털 변환기로 볼 수 있는데, 이것은 전달되는 입력의 특정 패턴을 감지하여, 디지털 신호와 유사한 부호를 발생시킨다.

< 보 기 >

㉠ 사람의 감각기관은 디지털 연산을 기초로 정보를 처리한다.

㉡ 디지털 연산은 소자 자체의 특성 변화에 크게 영향을 받는다.

㉢ 같은 양의 연산을 처리해야 할 때, 디지털 방식이 아날로그 방식에 비해 더 많은 소자를 필요로 한다.

① ㉡
② ㉢
③ ㉠, ㉢
④ ㉡, ㉢

영 어

1. 밑줄 친 부분과 의미가 가장 가까운 것을 고르시오.

> Dialogue and compromise must continue <u>with an eye to</u> strengthening the relationship.

① on behalf of
② from scratch
③ irrespective of
④ for the purpose of

2. 밑줄 친 부분과 의미가 가장 가까운 것을 고르시오.

> Scientists produced evidence to <u>lay bare</u> the widely held belief that a high fat diet increases the risk of breast cancer in women.

① unveil
② endorse
③ conceal
④ despise

3. 밑줄 친 부분에 들어갈 말로 가장 적절한 것을 고르시오.

> "I just remembered something. If you take this medicine, it could ________ you a little drowsy," said the doctor.

① decline
② overlap
③ render
④ exhibit

4. 밑줄 친 부분에 들어갈 말로 가장 적절한 것을 고르시오.

> The elderly women ______________ vegetable much more when they were younger.

① used to eat
② used to eating
③ are used to eat
④ were used to eat

5. 다음 밑줄 친 부분 중 어법상 틀린 것은?

> The general recommended that every soldier ① <u>stick</u> their neck out and rigidly proclaimed that he would ② <u>rather not</u> keep his right up than ③ <u>surrender</u>. However, he cannot help but ④ <u>to give</u> in to his foes.

6. 다음 밑줄 친 부분 중 어법상 틀린 것은?

> The case of theft arose ① <u>at</u> the sweet shop in the last night. Police officers reached ② <u>with</u> speed the shop. The owner immediately informed them that valuables from the safe had ③ <u>been missed</u>. But some people insisted ④ <u>on</u> the distrust of the case.

7. 밑줄 친 부분에 들어가 말로 가장 적절한 것을 고르시오.

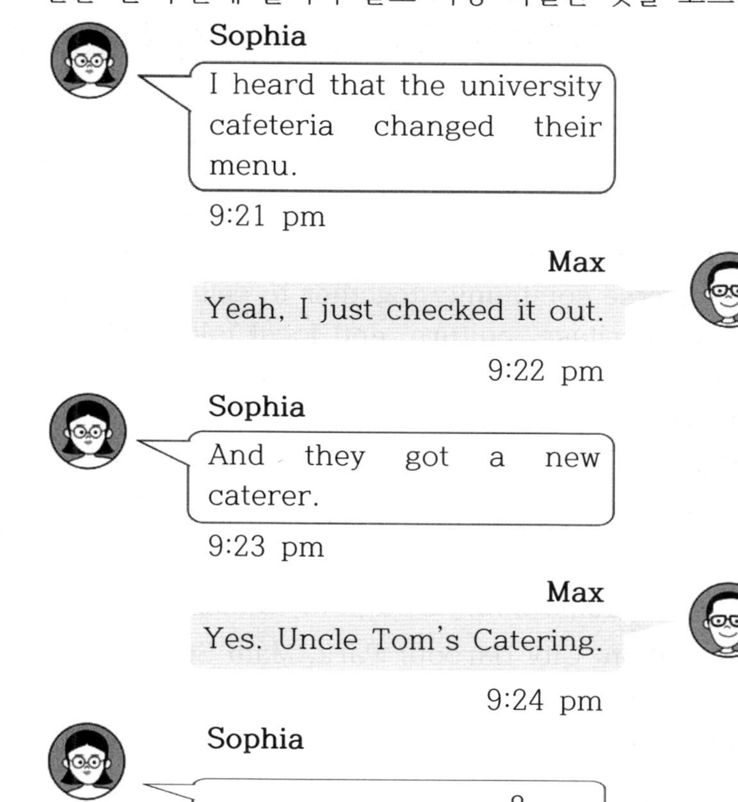

① What is your favorite dessert
② Do you know where their office is
③ Do you need my help with the menu
④ What's the difference from the last menu

8. 밑줄 친 부분에 들어갈 말로 가장 적절한 것을 고르시오.

> A: Pardon me, but could you give me a hand, please?
> B: ________________________________
> A: I'm trying to find the Personnel Department. I have an appointment at 10.
> B: It's on the third floor.
> A: How can I get up there?
> B: Take the elevator around the corner.

① We have no idea how to handle this situation.
② Would you mind telling us who is in charge?
③ Yes. I could use some help around here.
④ Sure. Can I help you with anything?

[9~10] 다음 글을 읽고 물음에 답하시오.

(A)

We're pleased to announce the upcoming City Harbour Festival, an annual event that brings our diverse community together to celebrate our shared heritage, culture, and local talent. Mark your calendars and join us for an exciting weekend!

Details
- **Dates:** Friday, June 16 - Sunday, June 18
- **Times:** 10:00 a.m. - 8:00 p.m. (Friday & Saturday)
  10:00 a.m. - 6:00 p.m. (Sunday)
- **Location:** City Harbour Park, Main Street, and surrounding areas

Highlights
- **Live Performances**

Enjoy a variety of live music, dance, and theatrical performances on multiple stages throughout the festival grounds.

- **Food Trucks**

Have a feast with a wide selection of food trucks offering diverse and delicious cuisines, as well as free sample tastings.

For the full schedule of events and activities, please visit our website at www.cityharbourfestival.org or contact the Festival Office at (552) 234-5678.

☐ Don't show again   Close ☒

9. (A)에 들어갈 윗글의 제목으로 가장 적절한 것은?
① Make Safety Regulations for Your Community
② Celebrate Our Vibrant Community Events
③ Plan Your Exciting Maritime Experience
④ Recreate Our City's Heritage

10. City Harbour Festival에 관한 윗글의 내용과 일치하지 않는 것은?
① 일 년에 한 번 개최된다.
② 일요일에는 오후 6시까지 열린다.
③ 행사 장소는 한 곳에서만 진행된다.
④ 웹사이트나 전화 문의를 통해 행사 일정을 알 수 있다.

11. 다음 글에서 2025 Drone Racing Championship에 대한 내용과 일치하지 않는 것은?

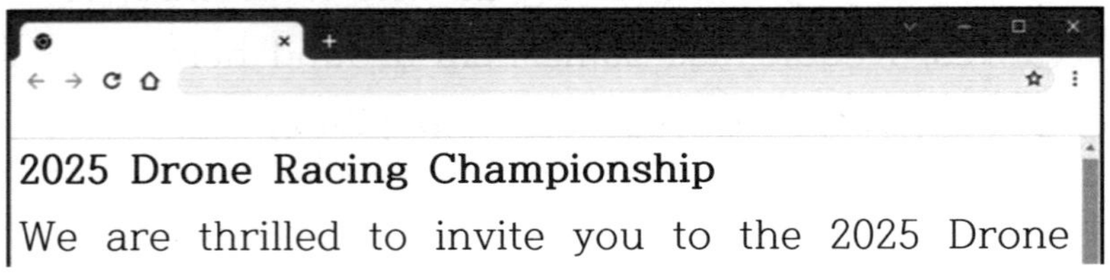

2025 Drone Racing Championship

We are thrilled to invite you to the 2025 Drone Racing Championship, the ultimate event for speed and technology enthusiasts. This year's championship will take place on Saturday, June 21, at the MetroTech Arena which is the most massive in our city. Spectators will witness skilled pilots navigating drones through a high-speed obstacle course with dazzling LED displays.

Special attractions include a tech fair where visitors can try out the latest drone models and attend short workshops led by industry experts. Food trucks and merchandise stalls will be available throughout the day, creating a festival-like atmosphere for families and fans alike.

Location: MetroTech Arena, Downtown Silverlake

Tickets: Available online in advance or at the venue on event day

Note: For safety reasons, personal drones are not permitted inside the arena.

① The competition will be held inside a large stadium.
② Audiences will watch experts fly drones skillfully.
③ Purchase of food and goods will be available throughout the event.
④ Guests are encouraged to bring their own drones for practice flights.

12. 다음 글에서 Eco Action Day에 대한 내용과 일치하는 것은?

Eco Action Day

Eco Action Day is an annual event that inspires citizens to adopt eco-friendly habits and raise awareness of environmental protection. Arranged by local communities and green organizations, it encourages people of all ages to participate in activities that make their neighborhoods cleaner and healthier.

Main Highlights

- **Morning Cleanup:** Volunteers collect litter in local parks and plant new trees.
- **Family Workshops:** Families learn practical ways to reduce plastic and recycle household items.
- **Green Market:** Local retailers sell eco-friendly products and organic foods.
- **Community Concert:** Musicians perform songs with environmental themes to raise awareness.

① Eco Action Day takes place once every year.
② It invites nothing but teenagers to join activities.
③ Participants dispose of trash in local parks.
④ Local vendors purchase eco-friendly products.

13. 다음 글의 목적으로 가장 적절한 것은?

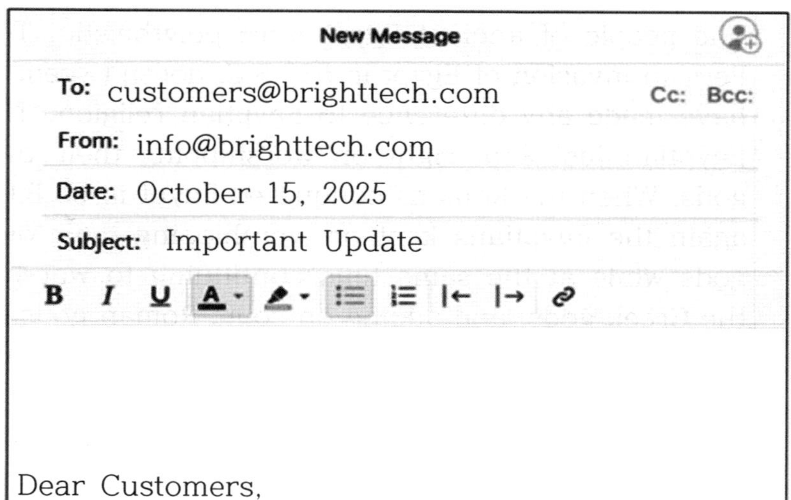

Dear Customers,

We would like to inform you of a delay in the release of our new product, the *BrightTech SmartWatch X*. The launch, originally scheduled for November 30, has been postponed to August 20 due to unexpected supply chain issues. All other product features and promotional offers will remain the same. We sincerely apologize for any inconvenience this may cause and thank you for your patience and understanding.

Sincerely,

BrightTech Customer Service Team

① to promote the new design of the *BrightTech SmartWatch X*

② to notify customers of a delay in the product launch date

③ to encourage customers to upgrade to the premium version early

④ to request customers to complete a survey on product satisfaction

[14~15] 다음 글을 읽고 물음에 답하시오.

Dear Valued Customers,

We are excited to announce the winners of our recent customer appreciation giveaway event. Congratulations to all who participated and showed continued support for Starlight Mall. The selected winners will receive free gift sets, which can be collected at the information desk on the first floor

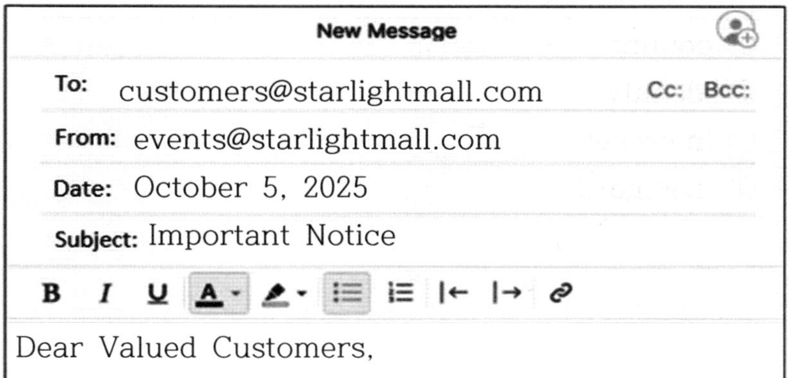

starting from October 10, 2025. Please bring a valid ID when <u>claiming</u> your prize. For further details and the full list of winners, kindly visit our official website. Thank you again for being a part of our community, and we look forward to welcoming you at Starlight Mall.

Sincerely,

Starlight Mall Events Team

14. 밑줄 친 "claiming"의 의미와 가장 가까운 것은?
① demanding   ② obtaining
③ avoiding   ④ checking

15. 윗글의 목적으로 가장 적절한 것은?
① 쇼핑몰 신상품 출시 일정을 알리려고
② 사은품 증정 행사 당첨자를 발표하려고
③ 고객 서비스 센터 운영 시간을 안내하려고
④ 고객 의견 조사를 요청하려고

16. 다음 주어진 글에 이어질 글의 순서로 가장 적절한 것은?

There's a direct counterpart to pop music in the classical song, more commonly called an "art song," which does not focus on the development of melodic material.

(A) But the pop song will rarely be sung and played exactly as written art song; the singer is inclined to embellish that vocal line to give it a "styling," just as the accompanist will fill out the piano part to make it more interesting and personal. The performers might change the original tempo and mood completely.

(B) Both the pop song and the art song tend to follow tried-and-true structural patterns. And both will be published in the same way — with a vocal part and a basic piano one written out underneath.

(C) You won't find such extremes of approach by the performers of songs by Franz Schubert or Richard Strauss. These will be performed note for note because both the vocal and piano parts have been painstakingly written down by the composer with an ear for how each relates to the other.

*embellish: 꾸미다

**tried-and-true: 유효성이 증명된

① (A) - (C) - (B)   ② (B) - (A) - (C)
③ (B) - (C) - (A)   ④ (C) - (A) - (B)

17. 다음 주어진 문장이 들어가기에 가장 적절한 곳은?

> They argue that too much government involvement undermines economic vitality and restricts personal freedom.

American politics has long been shaped by the competing visions of the Democratic and Republican parties. Even if both claim to serve the national interest, their priorities often differ in fundamental ways. (①) Democrats, in general, emphasize the role of government in addressing inequality, expanding access to healthcare, and protecting social welfare programs. (②) They believe that collective responsibility and federal action are essential to ensure fairness and opportunity for all citizens. (③) Republicans, by contrast, stress limited government, lower taxes, and individual responsibility. (④) These contrasting principles explain why debates on policies such as taxation, healthcare, and regulation remain so polarized in the United States.

18. 다음 글의 흐름상 어색한 문장은?

Whether you've been traveling, focusing on your family, or going through a busy season at work, 14 days out of the gym takes its toll — not just on your muscles, but your performance, brain, and sleep, too. ① Most experts agree that after two weeks, you're in trouble if you don't get back in the gym. "At the two week point without exercising, there are a multitude of physiological markers that naturally reveal a reduction of fitness level," says Scott Weiss, a New York-based exercise physiologist and trainer who works with elite athletes. ② After all, despite all of its abilities, the human body (even the fit human body) is a very sensitive system and physiological changes (muscle strength or a greater aerobic base) that come about through training will simply disappear if your training load dwindles, he notes. Since the demand of training isn't present, your body simply slinks back toward baseline. ③ More protein is required to build more muscles at a rapid pace in your body. ④ Of course, how much and how quickly you'll decondition depends on a slew of factors like how fit you are, your age, and how long sweating has been a habit. "Two to eight months of not exercising at all will reduce your fitness level to as if you never exercised before," Weiss notes.

19. 다음 글의 제목으로 가장 적절한 것은?

The people of ancient Egypt were polytheistic. The Persian invasion of Egypt in 539 B.C. doesn't seem to have made any difference to Egyptian religion. The Egyptian just kept right on worshipping their own gods. When the Romans conquered Egypt in 30 B.C., again the Egyptians kept on worshipping their own gods while at the same time continuing to worship the Greek gods, and adding on some Roman gods as well. But little by little some Egyptians began to convert to Christianity, and by the time of the Great Persecution in 303 A.D., there were many Christians in Egypt. After the Roman Emperors became Christian and the persecution ended, most of the people of Egypt were converted to Christianity.

① The Various Kinds of Egyptian Gods
② The Cultural Tradition of Ancient Egypt
③ The Historical Change of Egyptian Religion
④ The Conversion from Muslim to Christianity

20. 다음 글의 빈칸에 들어갈 말로 가장 적절한 것은?

The ability to sympathize with others reflects the multiple nature of the human being. This may be one of the things that enable us to get through literature an enlargement of our experience. Although we may see some characters as outside ourselves — that is, we may not sympathize with them completely — we are nevertheless able to enter their behavior and their emotions. Thus, the young readers may ___________ with the aged, one gender with the other, and a reader of a particular limited social background with members of a different class or a different period. Through such imaginative engagement, readers broaden their emotional horizons and develop a deeper understanding of human nature. This process not only enriches personal growth but also fosters empathy across diverse social and cultural boundaries.

① confine
② identify
③ intercept
④ disregard

한 국 사

1. 다음 사료의 밑줄 친 임금의 재위 기간에 있었던 역사적 사실로 옳은 것은?

> 임금이 세자와 함께 남색 군복을 입고 서문을 통해 나갔다. 청 태종은 일찍이 마전포에 진을 치고, 단을 마전포 남쪽에 설치하여 9층 계단을 만들었다. … 우리나라 임금으로 하여금 100보 가량을 걸어서 삼공과 육경을 데리고 삼배구고두 (三拜九叩頭)의 예를 평지에서 행하도록 하였다.

① 어영청을 중심으로 북벌을 준비하였다.
② 병법서인 「무예도보통지」를 편찬하였다.
③ 명과 후금 사이에서 중립외교를 전개하였다.
④ 이괄이 난을 일으켜 서울까지 점령하였다.

2. 밑줄 친 '역적들'에 대한 설명으로 옳은 것은?

> 지금 역적들이 갈수록 번성하여 그 피해가 경상도의 금주·밀성에까지 미쳤다. … 그런데 지금 역적들이 거점으로 삼고 있는 진도는 해상 수로의 목구멍과 같은 요충지인 까닭에 왕래하는 선박들이 통과할 수 없다.

> ㄱ. 좌군, 우군, 초군으로 구성되었다.
> ㄴ. 최씨 정권의 무력기반으로 기능하였다.
> ㄷ. 여진 정벌을 위하여 숙종 때 편성되었다.
> ㄹ. 개경 환도를 거부하며 진도, 제주도에서 항쟁하였다.

① ㄱ, ㄴ
② ㄴ, ㄷ
③ ㄴ, ㄹ
④ ㄷ, ㄹ

3. 다음 자료와 관련있는 국왕의 업적으로 옳은 것은?

> 이사부가 … 나무 사자를 많이 만들어 배에 나누어 싣고 우산국의 해안에 이르러 거짓으로 말하기를, "너희가 만약 항복하지 않으면 이 사나운 짐승을 풀어 밟아 죽이겠다."라고 하니, 그 나라 사람들이 두려워하며 곧 항복하였다.

① 건원이라는 연호를 사용하였다.
② 왕호를 중국식인 '왕'으로 고쳤다.
③ 북한산비와 단양적성비를 건립하였다.
④ 고구려의 도움을 받아 왜구를 격퇴하였다.

4. 다음은 고대 국가의 통치 조직이다. ㉠~㉣에 대한 설명으로 옳은 것은?

구분	고구려	백제	신라	통일신라
최고관직	대대로	㉠	상대등	시중
지방행정 조직	5부	5방	㉡	9주
특수행정 구역	3경	㉢	2소경	㉣
최고기구	제가회의	정사암회의	화백회의	

① ㉠ - 중서문하성의 장관이었다.
② ㉡ - 지방 행정 조직은 군사 조직을 겸하였다.
③ ㉢ - 풍수지리설을 기반으로 선정되었다.
④ ㉣ - 중앙에서 군주를 파견하였다.

5. 다음 자료와 관련된 국가에 대한 설명으로 옳지 않은 것은?

> 각 별읍에는 1~2차에 걸쳐 천군을 선발하여 일정한 장소에서 제사를 지내며, 질병과 재앙이 없기를 빌었다. 이곳은 정치적 군장의 세력이 미치지 못하였다.

① 소도라는 신성한 지역이 있었다.
② 읍군, 삼로, 후라고 불리는 군장이 있었다.
③ 두레를 조직하여 여러가지 공동 작업을 하였다.
④ 철을 많이 생산하여 일본과 낙랑 등으로 수출하였다.

6. 고려시대의 (가) 계층에 대한 설명으로 옳은 것을 모두 고르면?

> 문종 5년 10월 판하기를, "(가)의 첫 벼슬은 후단사(後壇史), … 다섯 번째 오르면 부호정(副戶正)이 되고, 여섯 번째는 오르면 호정(戶正)이 되며, 일곱 번째 오르면 병정(兵正)·창정(倉正)이 되며, 여덟 번째 오르면 부호장(副戶長)이 되고, 아홉 번째 오르면 호장(戶長)이 된다"고 하였다.

> ㄱ. 6방에 배속되어 업무를 수행하였다.
> ㄴ. 지방에서 실질적인 권력자로 행세하였다.
> ㄷ. 외래문화 수용에 선구자적 역할을 하였다.
> ㄹ. 정부로부터 직역에 대한 대가로 외역전을 받았다.

① ㄱ, ㄴ
② ㄴ, ㄹ
③ ㄴ, ㄹ
④ ㄷ, ㄹ

7. 고대의 불교에 대한 설명으로 옳지 않은 것은?
① 자장은 계율종을 개창하였다.
② 법흥왕은 전륜성왕임을 자처하였다.
③ 혜초는 『왕오천축국전』을 저술하였다.
④ 백제 무왕은 익산에 미륵사를 창건하였다.

8. 다음에서 설명한 역사서를 저술한 사람은?

> ○ 상권에서 중국 역사, 하권에서 고조선~고려 충렬왕 때까지 다룸.
> ○ 자주적, 민족적, 고조선 계승 의식(단군 신화 수록)

① 김부식
② 이규보
③ 이승휴
④ 일연

9. 다음 역사적 사실들을 순서대로 바르게 나열한 것은?

> ㉠ 징병제를 도입하였다.
> ㉡ 치안유지법을 제정하였다.
> ㉢ 토지조사령을 공포하였다.
> ㉣ 국가 총동원법을 발표하였다.

① ㉡ - ㉢ - ㉠ - ㉣
② ㉢ - ㉡ - ㉠ - ㉣
③ ㉢ - ㉡ - ㉣ - ㉠
④ ㉣ - ㉢ - ㉡ - ㉠

10. 다음 경제적 이권들을 획득한 국가에 대한 설명으로 옳은 것은?

> ○ 갑산 광산 · 운산 금광 채굴권
> ○ 전등 · 전화 · 전차 부설권

① 청나라와 톈진조약을 체결하였다.
② 용암포를 점령하고 강제로 조차하였다.
③ 러시아 견제를 위해 거문도를 점령하였다.
④ 조선은 이 나라에게 최초로 최혜국 대우를 인정하였다.

11. 다음 사료에 나온 조선시대의 관직인 (가)~(다)에 대한 설명으로 옳지 않은 것은?

> 만일 지방 사람이 (가) 수령에게 호소하여 수령이 밝게 처리하지 못하면 (나) 관찰사에게 호소한다. 관찰사가 옳은 판단을 못하면 (다) 사헌부에 호소한다. 사헌부에서도 옳게 판단하지 못한 다음에야 신문고를 쳐야한다. …

① (가)는 부, 목, 군, 현에 파견된 목민관이었다.
② (가)는 병마절도사와 수군절도사를 겸임하였다.
③ (나)는 임기는 1년이었으며 감영에 머물렀다.
④ (다)는 백관을 규찰하고 풍속을 교정하는 감찰기구다.

12. 다음 사건이 일어난 시기의 정치 상황으로 옳은 것은?

> 평서 대원수는 급히 격문을 띄우노니 관서의 부로자제와 공·사천민은 모두 이 격문을 들으라. …(중략)… 조정에서 관서를 버림이 분토와 다름없다. 심지어 권세가의 노비도 서토의 사람을 보면 반드시 '평한(平漢)'이라고 말한다.

① 환국이 나타나기 시작하였다.
② 박제가 등 서얼들을 검서관으로 발탁하였다.
③ 청의 요청으로 영고탑에 조총부대를 파병하였다.
④ 김조순을 비롯한 안동 김씨가 권력을 장악하였다.

13. 다음 조선 전기의 토지제도에 대한 설명으로 옳은 것은?

> (가) 지방 관청에서 그 해의 생산량을 조사하고 조(租)를 거두어 관리에게 나누어 주었다.
> (나) 과전의 세습 등으로 관료에게 지급할 토지가 부족해지자 현직 관리에게만 토지를 지급하였다.

① (가) - 세조 때부터 실시되었다.
② (가) - 국가의 토지 지배권이 약화되었다.
③ (나) - 수신전과 휼양전 등을 몰수하였다.
④ (나) - 경기 8현에 대한 수조권을 지급하였다.

14. 다음 (가) 시기에 들어갈 역사적 사실로 옳은 것은?

<임시정부의 지도 체제 변화>

대통령 중심제 개헌	국무령 중심 내각 책임제 개헌	국무위원 집단 지도제 개헌	주석 중심제 개헌	주석·부주석 중심제 개헌
		(가)		

① 임병찬이 독립의군부를 결성하였다.
② 김원봉의 민족 혁명당이 임시정부에 합류하였다.
③ 도쿄에서 이봉창이 일왕의 행차에 폭탄을 던졌다.
④ 강우규가 조선 총독 사이토에게 폭탄을 투척하였다.

15. 다음 밑줄 친 '이 협정'이 체결된 시기의 정치 상황으로 옳은 것은?

> 우리 교수 일동은 이 협정의 내용을 신중히 분석 검토한 끝에 다음과 같은 이유로 그 비준의 반대를 선언한다.
> …(중략)…
> 둘째, 청구권은 당당히 요구할 수 있는 재산상의 피해를 보상하는 것이 못 되고 무상 제공 또는 경제 협정이라는 미명 하에 경제적 시혜로 가식하였으며, 일본 자본의 경제적 지배를 위한 소지를 마련해 주었다.

① 부산에서 자유당이 조직되었다.
② 미국과 브라운 각서를 체결하였다.
③ 남북한이 유엔에 동시 가입하였다.
④ 국가 보위 비상 대책 위원회가 설치되었다.

16. 독립 협회에 대한 설명으로 옳은 것은?
① 대성 학교를 설립하였다.
② 고종의 퇴위 반대 운동을 주도하였다.
③ 러시아의 절영도 조차 요구를 저지하였다.
④ 일제의 황무지 개간권 요구에 반대하였다.

17. 다음 조약과 관련된 역사적 사건으로 옳지 않은 것은?

> 제4조 흉도의 폭거로 일본국이 받은 피해 및 공사를 호위한
> 　　　육해군 경비 중에서 50만 원을 조선국이 채워준다.
> 제5조 일본 공사관에 군인 약간을 두어 경비한다. 그 비용
> 　　　은 조선국이 부담한다.

① 흥선대원군이 재집권하였다.
② 서울의 하층민들까지 합세하였다.
③ 김옥균, 박영효 등이 주도하였다.
④ 청나라가 군대를 보내 진압하였다.

18. 유네스코에서 지정한 한국의 세계기록 유산이 아닌 기록물은?
① 『동의보감』
② 『난중일기』
③ 『열하일기』
④ 『승정원일기』

19. 다음 인물에 대한 설명으로 옳은 것은?

> ○ 1919년 상해 임시정부의 임시의정원 의정으로 활동
> ○ 1933년 조선 중앙 일보사 사장에 취임
> ○ 1936년 일장기 말소사건으로 사장직에서 물러남
> ○ 1944년 현우현 등과 '조선 건국 동맹' 조직

① 조선 국민당을 결성하였다.
② 조선 건국 준비 위원회를 조직하였다.
③ 대한 광복군 정부의 대통령으로 선출되었다.
④ 남북 협상을 시도하고 5·10 총선거에 불참하였다.

20. 다음 자료에서 언급하고 있는 사건에 대한 설명으로 옳지 않는 것은?

> 만세 시위가 확산되자, 일제는 헌병 경찰은 물론이고 군인
> 까지 긴급 출동시켜 시위 군중을 무차별 살상하였다. 정주,
> 사천, 맹산, 수안, 남원, 합천 등지에서는 일본 군경의 총격
> 으로 수십 명의 사상자를 냈으며, 화성 제암리에서는 전 주
> 민을 교회에 집합, 감금하고 불을 질러 학살하였다.

① 독립신문, 황성신문 등 언론의 지원을 받았다.
② 일제의 통치 방식이 문화통치로 바뀌게 되었다.
③ 주요 도시에서 지방 농촌까지 시위가 확산되었다.
④ 모든 계층이 참여한 최대 규모의 민족 운동이었다.

행정법총론

1. 행정심판에 대한 설명으로 옳지 않은 것은? (다툼이 있는 경우 판례에 의함)
   ① 종중이나 교회와 같은 비법인사단은 사단 자체의 명의로 행정심판을 청구할 수 없고 대표자가 청구인이 되어 행정심판을 청구하여야 한다.
   ② 임시처분은 집행정지로 목적을 달성할 수 있는 경우에는 허용되지 아니한다.
   ③ 행정심판의 심리는 구술심리나 서면심리로 한다.
   ④ 대통령의 처분 또는 부작위에 대하여는 다른 법률에서 행정심판을 청구할 수 있도록 정한 경우 외에는 행정심판을 청구할 수 없다.

2. 법치행정의 원칙에 대한 설명으로 옳지 않은 것은? (다툼이 있는 경우 판례에 의함)
   ① 조합의 사업시행인가 신청시의 토지 등 소유자의 동의요건은 토지 등 소유자의 재산상 권리·의무에 관한 기본적이고 본질적인 사항이라고 볼 수 없으므로 법률유보 내지 의회유보의 원칙이 반드시 지켜져야 하는 영역이라고 할 수 없다.
   ② 토지 등 소유자가 도시환경정비사업을 시행하는 경우 사업시행인가 신청시 필요한 토지 등 소유자의 동의요건을 정하는 것은 국민의 권리와 의무의 형성에 관한 기본적이고 본질적인 사항이므로 국회가 스스로 행하여야 하는 사항에 속하는 것이다.
   ③ 법외노조 통보는 적법하게 설립된 노동조합의 법적 지위를 박탈하는 중대한 침익적 처분으로서 원칙적으로 국민의 대표자인 입법자가 스스로 형식적 법률로써 규정하여야 할 사항이고, 행정입법으로 이를 규정하기 위하여는 반드시 법률의 명시적이고 구체적인 위임이 있어야 한다.
   ④ 개인택시운송사업자의 운전면허가 아직 취소되지 않았더라도 운전면허 취소사유가 있다면 행정청은 명문 규정이 없더라도 개인택시운송사업면허를 취소할 수 있다.

3. 신고에 대한 설명으로 옳지 않은 것은? (다툼이 있는 경우 판례에 의함)
   ① 「건축법」상 건축신고는 '수리를 요하지 않는 신고'이므로 건축허가권자는 건축신고가 「건축법」, 「국토의 계획 및 이용에 관한 법률」 등 관계 법령에서 정하는 명시적인 제한에 배치되지 않는 경우에는 건축을 허용하지 않아야 할 중대한 공익상 필요가 있는 경우에도 건축신고의 수리를 거부할 수 없다.
   ② 「건축법」상의 착공신고의 경우에는 신고 그 자체로서 법적 절차가 완료되어 행정청의 처분이 개입될 여지는 없으나, 행정청의 착공신고 반려행위는 항고소송의 대상인 처분에 해당한다.
   ③ 「의료법」에 따른 의원개설신고에 대하여 신고필증의 교부가 없더라도 의원개설신고의 효력을 부정할 수는 없다.
   ④ 건축주명의변경신고가 「건축법 시행규칙」에 규정되어 있는 형식적 요건을 갖추어 시장, 군수에게 적법하게 신고된 이상 시장, 군수는 그 신고를 수리하여야지 실체적인 이유를 내세워 그 신고의 수리를 거부할 수는 없다.

4. 행정법관계에 대한 설명으로 옳지 않은 것은? (다툼이 있는 경우 판례에 의함)
   ① 「군인사법」이 군인의 복무에 관한 사항을 규율할 권한을 대통령령에 위임하면서 대통령령으로 규정될 내용 및 범위에 관한 기본적인 사항을 다소 광범위하게 위임하였다 하더라도 포괄위임금지원칙에 위배된다고 볼 수 없다.
   ② 법령등 또는 처분에서 국민의 권익을 제한하거나 의무를 부과하는 경우 권익이 제한되거나 의무가 지속되는 기간의 말일이 토요일 또는 공휴일인 경우에는 국민에게 불리한 경우가 아니라면 기간은 그 다음날로 만료한다.
   ③ 「국가재정법」상 5년의 소멸시효가 적용되는 '금전의 급부를 목적으로 하는 국가의 권리'에는 국가의 사법상 행위에서 발생한 국가에 대한 금전채무도 포함된다.
   ④ 국가는 무단점유자를 상대로 변상금 부과·징수권의 행사와 별도로 국유재산의 소유자로서 민사상 부당이득반환청구의 소를 제기할 수 있다.

5. 취소소송의 제소기간에 대한 설명으로 옳지 않은 것은? (다툼이 있는 경우 판례에 의함)
   ① 어느 하나의 처분의 취소를 구하는 소에 당해 처분과 관련되는 처분의 취소를 구하는 청구를 추가적으로 병합한 경우, 추가적으로 병합된 소의 소제기 기간의 준수 여부는 그 청구취지의 추가신청이 있은 때를 기준으로 한다.
   ② 특정인에 대한 행정처분을 주소불명 등의 이유로 송달할 수 없어 관보·공보·게시판·일간신문 등에 공고한 경우에는, 공고가 효력을 발생하는 날에 상대방이 그 행정처분이 있음을 알았다고 볼 수는 없고, 상대방이 당해 처분이 있었다는 사실을 현실적으로 안 날에 그 처분이 있음을 알았다고 보아야 한다.
   ③ 선행처분의 취소를 구하는 소를 제기하였다가 이후 후행처분의 취소를 구하는 청구취지를 추가한 경우라면, 선행처분이 종국적 처분을 예정하고 있는 일종의 잠정적 처분으로서 후행처분이 있을 경우 선행처분은 후행처분에 흡수되어 소멸되는 관계에 있다고 하더라도, 후행처분의 취소를 구하는 소의 제소기간은 그 청구취지의 추가신청이 있은 때를 기준으로 정하여야 한다.
   ④ 이미 제소기간이 지남으로써 불가쟁력이 발생하여 불복청구를 할 수 없었던 경우라면, 그 이후에 행정청이 행정심판청구를 할 수 있다고 잘못 알렸다고 하더라도 그 잘못된 안내에 따라 청구된 행정심판 재결서 정본을 송달받은 날부터 다시 취소소송의 제소기간이 기산되는 것은 아니다.

6. 과징금에 대한 설명으로 옳지 않은 것은? (다툼이 있는 경우 판례에 의함)
① 과징금은 행정상 제재금이고 범죄에 대한 국가 형벌권의 실행이 아니므로 행정법규 위반에 대해 벌금 이외에 과징금을 부과하는 것은 이중처벌금지의 원칙에 위반되지 않는다.
② 「행정기본법」은 제28조 제1항에 과징금 부과의 법적 근거를 마련하였으므로 행정청은 직접 이 규정에 근거하여 과징금을 부과할 수 있다.
③ 관할 행정청이 여객자동차운송사업자가 범한 여러 가지 위반행위 중 일부만 인지하여 과징금 부과처분을 하였는데 그 후 과징금 부과처분 시점 이전에 이루어진 다른 위반행위를 인지하여 이에 대하여 별도의 과징금 부과처분을 하게 되는 경우, 종전 과징금 부과처분의 대상이 된 위반행위와 추가 과징금 부과처분의 대상이 된 위반행위에 대하여 일괄하여 하나의 과징금 부과처분을 하는 경우와의 형평을 고려하여 추가 과징금 부과처분의 처분양정이 이루어져야 한다.
④ 「부동산 실권리자명의 등기에 관한 법률」상 명의신탁자에 대한 과징금의 부과 여부는 기속행위에 해당한다.

7. 취소소송의 대상이 되는 처분에 대한 설명으로 옳지 않은 것은? (다툼이 있는 경우 판례에 의함)
① 지방자치단체의 장이 민간투자사업을 추진하는 과정에서 사업시행자를 지정하기 위한 전 단계에서 공모제안을 받아 일정한 심사를 거쳐 우선협상대상자를 선정하는 행위와 이미 선정된 우선협상대상자를 그 지위에서 배제하는 행위는 모두 항고소송의 대상이 되는 행정처분에 해당한다.
② 「교육공무원법」상 승진후보자 명부에 의한 승진심사 방식으로 행해지는 승진임용에서 승진후보자 명부에 포함되어 있던 후보자를 승진임용인사발령에서 제외하는 행위는 항고소송의 대상인 처분에 해당한다.
③ 과세관청의 원천징수의무자인 법인에 대한 소득금액변동통지는 항고소송의 대상이 되는 조세행정처분이다.
④ 상표권자인 법인에 대한 청산종결등기가 되었음을 이유로 특허청장이 행한 상표권 말소등록 행위는 항고소송의 대상이 되는 행정처분에 해당한다.

8. 정보공개에 대한 설명으로 옳지 않은 것은? (다툼이 있는 경우 판례에 의함)
① 공개청구의 대상이 되는 정보가 이미 다른 사람에게 공개되어 널리 알려져 있다거나 인터넷 등을 통하여 공개되어 인터넷검색 등을 통하여 쉽게 알 수 있다는 사정만으로는 비공개결정이 정당화될 수 없다.
② 교육공무원의 근무성적평정 결과를 공개하지 아니한다고 규정하고 있는 「교육공무원 승진규정」을 근거로 정보공개청구를 거부하는 것은 위법하다.
③ 도시공원위원회의 회의관련자료 및 회의록은 시장 등의 결정의 대외적 공표행위가 있은 후에는 이를 의사결정과정이나 내부검토과정에 있는 사항이라고 할 수 없고 위 위원회의 회의관련자료 및 회의록을 공개하더라도 업무의 공정한 수행에 지장을 초래할 염려가 없으므로 공개대상이 된다.
④ 외국 또는 외국 기관으로부터 비공개를 전제로 입수한 정보는 비공개를 전제로 하였다는 이유만으로 비공개대상정보에 해당한다.

9. 「토지보상법」상 손실보상에 대한 설명으로 옳지 않은 것은? (다툼이 있는 경우 판례에 의함)
① 공익사업으로 인해 농업손실을 입은 자가 사업시행자에게서 「토지보상법」에 따른 보상을 받으려면 재결절차를 거쳐야 하고, 이를 거치지 않고 곧바로 민사소송으로 보상금을 청구하는 것은 허용되지 않는다.
② 손실보상금에 관한 당사자 간의 합의가 성립하면, 그 합의내용이 「토지보상법」에서 정하는 손실보상 기준에 맞지 않는다고 하더라도 합의가 적법하게 취소되는 등의 특별한 사정이 없는 한 추가로 「토지보상법」상 기준에 따른 손실보상금 청구를 할 수 없다.
③ 사업시행자가 토지소유자 등의 재결신청의 청구를 거부하는 경우, 토지소유자 등은 민사소송의 방법으로 그 절차 이행을 구할 수 있다.
④ 토지수용위원회의 수용재결이 있은 후라고 하더라도 토지소유자와 사업시행자가 다시 협의하여 토지 등의 취득·사용 및 그에 대한 보상에 관하여 임의로 계약을 체결할 수 있다.

10. 국가배상에 대한 설명으로 옳은 것은? (다툼이 있는 경우 판례에 의함)
① 공무원에게 부과된 직무상 의무의 내용이 전적으로 공공일반의 이익을 위한 것이거나 행정기관 내부의 질서를 규율하기 위한 것인 경우에도, 공무원의 그와 같은 직무상 의무 위반으로 인한 손해에 대하여 국가는 배상책임을 진다.
② 국민이 법령에 정하여진 수질기준에 미달한 상수원수로 생산된 수돗물을 마심으로써 건강상의 위해 발생에 대한 염려 등에 따른 정신적 고통을 받았다고 하더라도, 이러한 사정만으로는 국가 또는 지방자치단체가 국민에게 손해배상책임을 부담하지 아니한다.
③ 국가의 철도운행사업과 관련하여 발생한 사고로 인한 손해배상청구의 경우 그 사고에 공무원이 간여하였다면 「국가배상법」이 적용된다.
④ 경과실로 불법행위를 한 공무원이 피해자에게 손해를 배상하였다면 이는 타인의 채무를 변제한 경우에 해당하므로 피해자는 공무원에게 이를 반환할 의무가 있다.

11. 행정절차에 대한 설명으로 옳지 않은 것은? (다툼이 있는 경우 판례에 의함)
① 묘지공원과 화장장의 후보지를 선정하는 과정에서 추모공원건립추진협의회가 후보지 주민들의 의견을 청취하기 위하여 그 명의로 개최한 공청회는 「행정절차법」에서 정한 절차를 준수하여야 한다.
② 행정청이 당사자에게 의무를 부과하거나 권익을 제한하는 처분을 할 때 청문을 하거나 공청회를 개최하는 경우 외에는 당사자등에게 의견제출의 기회를 주어야 한다.
③ 행정청은 대통령령을 입법예고하는 경우 국회 소관 상임위원회에 이를 제출하여야 한다.
④ 국민의 생명·신체·재산의 보호 등 국민의 안전 또는 권익 보호 등의 이유로 「행정절차법」 제38조에 따른 공청회를 개최하기 어려운 경우에는 온라인공청회를 단독으로 개최할 수 있다.

12. 행정행위의 취소와 철회에 대한 설명으로 옳지 않은 것은?
   (다툼이 있는 경우 판례에 의함)
   ① 행정행위를 한 처분청이 그 행위의 하자를 이유로 수익적 행정처분을 취소하려는 경우에는 별도의 법적 근거가 있어야 한다.
   ② 수익적 처분이 상대방의 허위 기타 부정한 방법으로 인하여 행하여졌다면 상대방은 그 처분이 그와 같은 사유로 인하여 취소될 것임을 예상할 수 있으므로, 이러한 경우까지 상대방의 신뢰를 보호하여야 하는 것은 아니다.
   ③ 행정행위의 취소사유는 행정행위의 성립 당시에 존재하였던 하자를 말하고, 철회사유는 행정행위가 성립된 이후에 새로이 발생한 것으로서 행정행위의 효력을 존속시킬 수 없는 사유를 말한다.
   ④ 행정청은 적법한 처분이 중대한 공익을 위하여 필요한 경우에는 그 처분을 장래를 향하여 철회할 수 있다.

13. 제재처분에 대한 설명으로 옳지 않은 것은? (다툼이 있는 경우 판례에 의함)
   ① 행정법규 위반에 대한 영업정지 처분은 행정목적의 달성을 위하여 행정법규 위반이라는 객관적 사실에 착안하여 가하는 제재이므로, 반드시 현실적인 행위자가 아니라도 법령상 책임자로 규정된 자에게 부과되고, 특별한 사정이 없는 한 위반자에게 고의나 과실이 없더라도 부과할 수 있다.
   ② 행정청은 재량이 있는 제재처분을 할 때에는 위반행위의 동기, 목적 및 방법, 위반행위의 결과, 위반행위의 횟수를 고려하여야 한다.
   ③ 일정한 법규위반 사실이 행정처분의 전제사실이자 형사법규의 위반사실이 되는 경우, 형사판결이 확정되기 전에 그 위반사실을 이유로 제재처분을 하였다면 절차적 위반에 해당한다.
   ④ 행정청은 법령등의 위반행위가 종료된 날부터 5년이 지나면 해당 위반행위에 대하여 제재처분을 할 수 없으나, 행정심판의 재결이나 법원의 판결에 따라 제재처분이 취소·철회된 경우에는 재결이나 판결이 확정된 날부터 1년(합의제행정기관은 2년)이 지나기 전까지는 그 취지에 따른 새로운 제재처분을 할 수 있다.

14. 행정행위의 요건과 효력에 대한 설명으로 옳지 않은 것은?
   (다툼이 있는 경우 판례에 의함)
   ① 망인에 대한 서훈취소는 유족에 대한 통지에 의해서만 성립하여 효력이 발생한다고 볼 수 없고, 그 결정이 처분권자의 의사에 따라 상당한 방법으로 대외적으로 표시됨으로써 행정행위로서 성립하여 효력이 발생한다.
   ② 병무청장이 「병역법」에 따라 병역의무 기피자의 인적사항 등을 공개하기로 하는 행정결정을 공개 대상자에게 미리 통보하지 않은 것이 적절한지는 본안에서 해당 처분이 적법한가를 판단하는 단계에서 고려할 요소이다.
   ③ 처분에 대해 불가쟁력이 발생했다 하더라도 이로 인해 그 처분의 기초가 된 사실관계나 법률적 판단이 확정되고 당사자들이나 법원이 이에 기속되어 모순되는 주장이나 판단을 할 수 없게 되는 것은 아니다.
   ④ 자동차 운전면허 취소처분을 받은 사람이 자동차를 운전하였으나 운전면허 취소처분의 원인이 된 교통사고 등에 대하여 무죄판결이 확정되었다 하더라도 그 취소처분이 취소되지 않은 이상 「도로교통법」에 규정된 무면허운전의 죄로 처벌할 수 있다.

15. 이의신청에 대한 설명으로 옳지 않은 것은? (다툼이 있는 경우 판례에 의함)
   ① 「행정기본법」에 따르면, 이의신청에 대한 결과를 통지받은 후 행정심판 또는 행정소송을 제기하려는 자는 그 결과를 통지받은 날부터 90일 이내에 행정심판 또는 행정소송을 제기할 수 있다.
   ② 수용재결에 불복하여 취소소송을 제기하는 경우에 있어서 이의신청을 거친 때에는 원칙적으로 이의재결을 한 중앙토지수용위원회를 피고로 하여 이의재결의 취소를 구하여야 한다.
   ③ 과세처분에 관한 이의신청절차에서 과세관청이 이의신청 사유가 옳다고 인정하여 과세처분을 직권으로 취소한 이상 그 후 특별한 사유 없이 이를 번복하고 종전 처분을 되풀이하는 것은 허용되지 않는다.
   ④ 정보비공개결정에 대하여 이의신청이 있는 경우 국가기관 등은 정보공개심의회를 개최해야 하는데, 법령에 따라 비밀로 규정된 정보에 대한 청구에 해당하는 경우에는 정보공개심의회를 개최하지 아니할 수 있다.

16. 인허가 받은 사업의 양도에 대한 설명으로 옳지 않은 것은?
   (다툼이 있는 경우 판례에 의함)
   ① 「식품위생법」에 의하여 허가영업의 양도에 따른 지위승계신고를 수리하는 허가관청의 행위는 사업허가자의 변경이라는 법률효과를 발생시키는 행위이다.
   ② 관할 행정청은 여객자동차운송사업의 양도·양수에 대한 인가를 한 후에도 그 양도·양수 이전에 있었던 양도인에 대한 운송사업면허 취소사유를 들어 양수인의 사업면허를 취소할 수 있다.
   ③ 행정청은 운송사업자의 지위를 승계한 양수인에 대하여 불법증차 차량에 관하여 지급된 유가보조금의 반환을 명할 수 있고, 이 때 양수인은 지위승계 전에 발생한 양도인의 유가보조금 부정수급액에 대하여도 반환책임을 진다.
   ④ 행정청이 주택건설사업의 양수인에 대하여 양도인에 대한 사업계획승인을 취소하였다는 사실을 통지한 행위는 항고소송의 대상이 되는 행정처분이라고 할 수는 없다.

17. 공법관계와 사법관계에 대한 설명으로 옳지 않은 것은? (다툼이 있는 경우 판례에 의함)
① 지방자치단체가 사인과 체결한 자원회수시설에 대한 위탁운영협약은 사법상 계약에 해당하므로 그에 관한 다툼은 민사소송의 대상이 된다.
② 폐기물처리업의 허가를 받은 자가 시장과 「지방자치단체를 당사자로 하는 계약에 관한 법률」에 따라 재활용품의 수집·운반 업무를 대행하는 계약을 체결한 것은 사법상 계약에 해당한다.
③ 지방자치단체가 근무기간을 정하여 임용하는 공무원으로 시민옴부즈만을 채용하는 행위는 공법상 계약에 해당한다.
④ 지방자치단체의 관할구역 내에 있는 각급 학교에서 학교회계직원으로 근무하는 것을 내용으로 하는 근로계약은 공법상 계약에 해당한다.

18. 이행강제금에 대한 설명으로 옳지 않은 것은? (다툼이 있는 경우 판례에 의함)
① 관할청이 「농지법」상의 이행강제금 부과처분을 하면서 재결청에 행정심판을 청구하거나 관할 행정법원에 행정소송을 할 수 있다고 잘못 안내한 경우 행정법원의 항고소송 재판관할이 생긴다.
② 「농지법」에 따른 이행강제금을 부과할 때에는 그때마다 이행강제금을 부과·징수한다는 뜻을 미리 문서로 알려야 하고, 이와 같은 절차를 거치지 아니한 채 이행강제금을 부과하는 것은 이행강제금 제도의 취지에 반하는 것으로써 위법하다.
③ 행정청은 이행강제금을 부과받은 자가 납부기한까지 이행강제금을 내지 아니하면 국세강제징수의 예 또는 「지방행정제재·부과금의 징수 등에 관한 법률」에 따라 징수한다.
④ 「건축법」상 이행강제금 납부의 최초 독촉은 징수처분으로서 항고소송의 대상이 되는 행정처분이 될 수 있다.

19. 재개발·재건축에 대한 설명으로 옳지 않은 것은? (다툼이 있는 경우 판례에 의함)
① 「도시 및 주거환경정비법」상 주택재건축조합에 대해 조합설립 인가처분이 행하여진 후에는, 조합설립결의의 하자를 이유로 조합설립의 무효를 주장하려면 조합설립 인가처분의 취소 또는 무효확인을 구하는 소송으로 다투어야 하며, 따로 조합설립결의의 하자를 다투는 확인의 소를 제기할 수 없다.
② 「도시 및 주거환경정비법」상 조합설립추진위원회 구성승인처분을 다투는 소송 계속 중에 조합설립인가처분이 이루어졌다면 조합설립추진위원회 구성승인처분의 취소를 구할 법률상 이익은 없다.
③ 이전고시가 효력을 발생하게 된 이후에도 조합원 등은 관리처분계획의 취소 또는 무효확인을 구할 법률상 이익이 있다.
④ 관리처분계획에 대한 관할 행정청의 인가·고시 이후 관리처분계획에 대한 조합총회결의의 하자를 다투고자 하는 경우에는 관리처분계획을 항고소송으로 다투어야 한다.

20. 취소소송의 판결에 대한 설명으로 옳은 것은? (다툼이 있는 경우 판례에 의함)
① 거부처분 취소판결이 확정된 후, 사실심 변론종결 이후에 발생한 새로운 사유를 근거로 다시 거부처분을 하는 것은 기속력에 저촉된다.
② 특별한 사정이 없는 한 간접강제결정에서 정한 의무이행 기한이 경과한 후에라도 확정판결의 취지에 따른 재처분의 이행이 있으면 더 이상 배상금의 추심은 허용되지 않는다.
③ 처분을 할 것인지 여부와 처분의 정도에 관하여 재량이 인정되는 과징금 납부명령에 대하여 그 명령이 재량권을 일탈하였을 경우, 법원은 재량권의 범위 내에서 어느 정도가 적정한 것인지에 관하여 판단할 수 있고 그 일부를 취소할 수 있다.
④ 사정판결은 항고소송 중 취소소송 및 무효등확인소송에서 인정된다.

행정학개론

1. 다음과 같은 시장실패 원인에 대응하는 정부의 방식에 모두 해당하는 것은?

ㄱ. 외부효과 발생	ㄴ. 자연독점
ㄷ. 불완전 경쟁	ㄹ. 정보의 비대칭성

① 공적 공급
② 공적 유도
③ 정부규제
④ 민영화

2. 조직목표의 변동에 대한 내용으로 올바르지 않은 연결은?
① 목표 전도(displacement)는 일정한 목표를 달성하기 위한 수단에 집착한 나머지 그 수단을 목표보다 더 중요시하게 되는 것이다.
② 목표 변질(change)은 시간이 흐름에 따라 처음 출발할 때의 목표를 망각하고 다른 목표를 추구하게 되는 것이다.
③ 목표 승계(succession)는 본래의 목표가 달성된 후, 그와 유사한 새로운 목표를 설정함으로써 그 조직을 해체하지 않고 계속 유지하는 경우에 발생한다.
④ 목표의 확장(expansion)은 본래의 목표를 달성하는데 성공한 경우, 새로운 재량권을 확장하는 것이다.

3. 네트워크 조직(network organization)의 주요 특성으로 관계가 가장 먼 것은?
① 조직 전체의 의사결정체제와 정보의 관리는 분권적이다.
② 지리적 분산의 장애를 극복하려는 통합지향적 조직이다.
③ 통합과 학습을 통해 경쟁력을 제고할 수 있다.
④ 구성단위의 업무수행의 과정적 자율성은 매우 높다.

4. SWOT분석에 대한 설명으로 옳지 않은 것은?
① 조직 내적 특성과 외부 환경의 조합에 따른 맞춤형 대응전략 수립에 도움이 된다.
② 조직 외부 환경은 기회와 위협으로, 조직 내부 자원.역량은 강점과 약점으로 구분한다.
③ 다양화 전략은 조직의 강점을 활용하여 위협을 회피하거나 최소화하는 전략이라고 볼 수 있다.
④ 공격적 전략은 조직의 약점을 최소화하고 위협을 회피하는 전략이라고 볼 수 있다.

5. 다음 중 근무성적평정상의 오류에 대한 설명으로 틀린 것은?
① 선택적 지각(selective perception)은 자기 기준체계에 유리한 것만을 일관성 있게 수용하려고 하는 것이다.
② 상동적 태도(stereotyping)는 개인의 지각과정에서 어떤 인식을 비교적 오랫동안 일관적으로 같은 상태로 계속 유지하려고 하는 경향이다.
③ 귀인(attribution)적 편견은 드러나는 행위를 기초로 해서 관찰자가 자신이나 피평가자의 내적 상태를 추론함으로써 발생하는 오류를 말한다.
④ 후광효과(halo effect)는 피그말리온 효과와 관련된다.

6. 우리나라 지방자치단체 조례에 관한 설명 중 올바른 것은?
① 지방의회는 조례를 통하여 조세의 종목과 세율을 자체적으로 결정할 수 있다.
② 지방의회는 자치단체의 내부구조, 운영, 사무처리 등을 규정하는 조례를 제정할 수 없다.
③ 조례는 상위 법령이나 상위 자치단체의 조례를 위반하여 제정될 수 없다.
④ 주민의 권리제한 또는 의무부과에 관한 사항이나 벌칙을 정할 때는 법령의 위임이 있어야 한다.

7. 과학적 관리론, Weber의 관료제, 행정관리론 등 고전적 조직 이론의 공통적 특성이 아닌 것은?
① 과학적 행정이론의 정립
② X이론적 인간관
③ 폐쇄체제적 접근방법
④ 공식적 요인에 치중

8. 신공공관리(NPM)와 뉴거버넌스의 차이로 볼 수 있는 것은?
① 기업가적 정부
② 방향잡기 강조
③ 행정과 민간의 구분의 상대성
④ 민관협력 강조

9. 정책의 유형에 대한 설명에서 사실과 거리가 먼 것은?
① 배분정책에서 로그롤링(log-rolling)이나 포크 배럴(pork barrel)과 같은 정치적 현상이 나타난다.
② 규제정책은 분배정책에 비해 피규제자(피해자)와 수혜자가 명백하게 구분된다.
③ 지불준비율 정책과 같은 재분배정책은 엘리트론적 비영합(non zero sum) 상황을 유발한다.
④ 연동형 비례대표 국회의원의 선출방식과 검경수사권 조정에 대한 정책은 구성정책에 속한다.

10. 최근 우리나라 예산제도 개혁에 대한 내용으로 틀린 것은?
① 국가재정운용계획을 통해 다년도 예산제도를 도입함으로써 재정운용의 합리성과 투명성을 제고한다.
② 총액배분·자율편성제도는 전략기획과 분권 확대를 예산편성 방식에 도입하기 위한 제도로서 상향식(bottom-up) 방식이다.
③ 절감된 예산의 일정 비율을 공무원 개인에게 성과금으로 지급하는 예산성과금제도를 도입하였다.
④ 총액인건비 제도를 활용하고 있으며 이것은 기관장이 예산의 한도 내에서 인력을 재량으로 활용할 수 있는 제도이다.

11. 공직윤리에 관한 설명 중 가장 적절하지 않은 것은?
① 공직윤리의 개념에는 공무원의 직업윤리는 물론 공무원이 입안하여 집행하는 정책의 내용이 윤리적이어야 한다는 의미도 내포되어 있다.
② 공직자 윤리나 책임성을 평가하기 위해서는 결과주의와 의무론이 균형있게 결합되어야 한다.
③ 정치와 행정의 상호작용이 활발해지면 공직윤리의 확보가 어려워질 가능성이 높아진다.
④ 국가공무원법은 공직윤리와 관련된 의무로써 청렴의 의무, 선물신고의 의무, 정치운동의 금지 등을 규정하고 있다.

12. 우리나라의 국가재무제표에 대한 설명으로 옳지 않은 것은?
① 재무제표는 국가결산보고서에 포함되어 국회에 제출하도록 하고 있다.
② 「국가회계법」에 따르면 재무제표는 재정상태표, 재정운영표, 순자산변동표로 구성된다.
③ 재정운영표는 한 회계연도 동안 운영성과를 표시하는 것이다.
④ 재정상태표와 재정운영표에는 발생주의와 복식부기가 각각 적용되고 있다.

13. 조세지출예산제도의 문제점으로 보기 어려운 것은?
① 조세지출은 매년 의회의 심의에 의하여 집행되기 때문에 만성적 기득권화를 방지하는데 기여한다.
② 조세특혜의 성격 때문에 특정집단의 이해관계와 더불어 정치적으로 커다란 관심의 대상이 된다.
③ 과세의 수직적, 수평적 형평을 파악할 수 있기때문에 세수인상을 위한 정책판단의 자료가 된다.
④ 국가에 대해 조세지출예산서, 지방자치단체에 대해 지방세지출보고서의 작성을 의무화하고 있다.

14. 우리나라 공기업과 관련 중앙관서 간의 잘못 연결된 것은?
① 한국조폐공사 - 기획재정부
② 한국마사회 - 문화체육관광부
③ 한국토지주택공사 - 국토교통부
④ 대한석탄공사 - 산업통상자원부

15. 동기이론의 하나인 강화이론(학습이론)에 대한 설명 중 가장 적절하지 않은 것은?
① 강화이론은 동기이론 중 과정이론에 속하며 행태변화에 초점을 둔 행태주의자들의 동기이론이다.
② 팀의 주요사업에 기여도가 약한 사람에게는 팀에 주어지는 성과 포인트를 배정하지 않음으로써 성실한 참여를 유도하는 방법은 스키너(Skinner)의 강화유형 중 소극적 강화에 해당한다.
③ 조직의 강화일정은 연속적 강화와 단속적 강화로 구분할 수 있다.
④ 조직의 강화일정 중 초기단계의 학습에서 바람직한 행동의 빈도를 늘리는데 가장 효과적인 방법은 연속적 강화이다.

16. 정책평가의 내적 타당성과 외적 타당성에 대한 설명으로 가장 옳은 것은?
① 역사요인, 상실요인, 모방요인은 모두 외적 타당성의 저해요인이다.
② 진실험과 비교하여 준실험이 갖는 약점은 주로 외적 타당성보다는 내적 타당성에 관한 것이다.
③ 호손효과는 내적 타당성의 저해요인이다.
④ 준실험에서 내적 타당도의 문제 가운데 가장 전형적인 것이 크리밍 효과(Creaming effect)이다.

17. 주민 참여 유형 중에서 주민의 연대서명이 필요하지 않은 제도는?
① 조례제정개폐청구제
② 주민투표
③ 주민소송
④ 주민소환

18. 신공공서비스론(NPS)에 대한 설명으로 가장 옳지 않은 것은?

① 신공공서비스론은 민주주의 이론 및 비판이론, 포스트모더니즘 등을 바탕으로 탄생한 복합적 이론이다.

② 책임성 확보의 방법으로 행정인이 민주적으로 선출된 대표자에게 책임을 다하는 것을 강조한다.

③ 정책과정에 있어서 전략적으로 생각하고 민주적으로 행동해야 한다고 강조한다.

④ 관료의 역할로 방향잡기보다는 시민들로 하여금 공유된 가치를 표명하고 그것을 충족시킬 수 있도록 도와주고 봉사해야 함을 강조한다.

19. 비용편익분석의 평가기준인 내부수익률(IRR)에 대한 설명과 거리가 먼 것은?

① 내부수익률은 사회적 할인율보다 높아야 타당성이 있다.

② 내부수익률은 할인율을 알지 못해도 사업평가가 가능하도록 하는 분석기법이다.

③ 내부수익률은 높을수록 사업의 타당성이 인정된다.

④ 내부수익률에 의한 우선순위와 순현재가치에 의한 우선순위가 다를 수 있다.

20. 최근의 인사제도의 설명에서 올바르지 못한 것은?

① 역량평가제도는 구조화된 모의 상황을 설정한 뒤 현실적 직무상황에 근거한 행동을 관찰해 평가하는 방식이다.

② 승진이나 복직 및 보직변경 등의 경우에 경력자를 대상으로 교육훈련을 실시하는 경우 이를 재적응훈련이라 부른다.

③ 경력개발은 조직의 요구와 개인의 요구가 일치될 수 있도록 개인의 경력목표를 설정하고 이를 달성하기 위한 경력계획을 수립하여 각 개인의 경력을 개발하는 활동을 말한다.

④ 공공봉사동기(PSM)는 개인의 이익이나 성과급 같은 외재적인 보상의 효과를 중심으로 하는 공공부문 조직관리 기법의 확산에 긍정적인 면을 강조하고 있는 이론이다.

-제4회-

이 름: ________________

제1과목 국어
제2과목 영어
제3과목 한국사
제4과목 행정법총론
제5과목 행정학개론

주간 모의고사 정오표

합격까지 박문각

국　어

1. 다음 글에 대한 이해로 가장 적절한 것은?

　국어의 음운변동 가운데 자음 동화는 두 자음이 이어질 때 발음을 수월하게 하기 위해 한쪽이 다른 쪽을 닮거나, 서로 비슷한 소리로 변하는 현상이다. 대표적인 경우는 크게 두 가지로 나눌 수 있다. 첫째, 파열음 'ㄱ, ㄷ, ㅂ'이 비음 'ㄴ, ㅁ' 앞에서 소리를 내기 쉽게 바뀌어, 각각 [ㅇ, ㄴ, ㅁ]으로 변하는 현상이다. 예를 들어 '먹는'은 [멍는], '입말'은 [임말]처럼 발음된다. 이는 앞의 파열음이 뒤의 비음 영향을 받아 같은 비음으로 변한 것이다. 둘째, 비음 'ㄴ'이 유음 'ㄹ' 앞이나 뒤에 올 때 발음을 원활하게 하기 위해 [ㄹ]로 변하는 현상이다. 예컨대 '설날'은 [설랄], '신라'는 [실라]처럼 발음된다. 이는 비음이 유음의 성질에 동화된 결과이다. 이런 현상은 모두 발음을 자연스럽게 만들기 위한 음운의 자율적 조정이며, 실제 발음과 표기 사이의 차이를 이해하는 데 중요한 개념이다.

① '먹는'이 [멍는]으로 발음되는 것은 첫째에 해당하고, '설날'이 [설랄]로 발음되는 것은 둘째에 해당한다.

② '국밥'이 [국빱]으로 발음되는 것은 첫째에 해당하고, '중력'이 [중녁]으로 발음되는 것은 둘째에 해당한다.

③ '닫는'이 [단는]으로 발음되는 것은 첫째에 해당하고, '강릉'이 [강능]으로 발음되는 것은 둘째에 해당한다.

④ '솜이불'이 [솜니불]로 발음되는 것은 첫째에 해당하고, '물난리'가 [물랄리]로 발음되는 것은 둘째에 해당한다.

2. 다음 글에 대한 이해로 적절하지 않은 것은?

　국어의 용언은 활용을 통해 여러 문법적 기능을 수행할 수 있는데, 그중 어말에 오는 어미는 문장에서 중요한 역할을 한다. 어미는 어간 뒤에 붙어 문장의 종결, 연결, 전성 기능을 담당한다. 먼저 종결 어미는 문장을 끝맺어 주는 기능을 하며, 평서(서술), 의문, 명령, 감탄 등 다양한 문장 유형을 만든다. 예컨대 '그는 책을 읽었다.'의 '-다', '꽃이 곱구나.'의 '-구나'가 그러하다. 연결 어미는 두 문장을 이어 주며, 대등적 연결과 종속적 연결로 나눌 수 있다. '이것은 꽃이고, 저것은 밥이다.'의 '-고', '그녀는 집에 갔으나 그는 가지 않았다.'의 '-으나' 등이 이에 해당한다. 전성 어미는 용언을 다른 품사처럼 기능하게 하여 문장에서 새로운 역할을 하게 한다. 관형사형 어미 '-는, -(으)ㄹ'은 용언을 관형어로, 명사형 어미 '-(으)ㅁ, -기'는 용언을 명사 기능으로 바꾸어 준다. 따라서 어미의 분류를 이해하는 것은 문장의 구조와 기능을 파악하는 데 큰 도움이 된다.

① '밥을 먹으라고 할 때 먹을걸.'의 '-을'는 전성 어미에 해당한다.

② '이곳에서는 은하수가 잘 보이는구나.'의 '-는구나'는 종결 어미에 해당한다.

③ '절친한 친구 사이라도 보증은 안 된다.'의 '-라도'는 연결 어미에 해당한다.

④ '농부들은 비가 내리기를 기다리고 있다.'의 '-기'는 전성 어미에 해당한다.

3. 다음 글에 대한 이해로 가장 적절한 것은?

　국어의 용언 중에는 사동사와 피동사의 형태가 같은 경우가 있다. 이를테면 '보다'의 사동사와 피동사는 모두 '보이다'라는 동일한 형태로 실현된다. 그러나 문장에서 쓰임을 보면 의미와 문장 구조에서 차이가 나타난다. 사동사란 다른 사람이나 사물이 어떤 행동을 하게 만드는 동사로, 예를 들어 '동생이 새 시계를 내게 보였다'에서는 '보이다'가 사동사로 쓰였다. 반대로 피동사는 주어가 스스로 행위를 하는 것이 아니라, 외부의 힘에 의해 행위의 대상이 되는 경우이다. '구름 사이로 희미하게 해가 보였다'의 '보였다'는 해가 스스로 보인 것이 아니라 자연스럽게 드러난 것이므로 피동사로 쓰인 것이다. 이처럼 동일한 형태가 사동과 피동으로 모두 해석될 수 있기에, 실제 문맥 속에서 문장의 구조와 의미 관계를 통해 사동사와 피동사를 구분해야 한다.

① '아이가 엄마 등에 업혔다'에서 '업혔다'는 사동사이고, '윤기가 그에게 아기를 업혔다'에서 '업혔다'는 피동사이다.

② '부모님께서 아들에게 꽃다발을 안겼다'에서 '안겼다'는 사동사이고, '아기 곰이 어미 품에 안겼다'에서 '안겼다'는 피동사이다.

③ '촛불이 고드름을 천천히 녹였다'에서 '녹였다'는 사동사이고, '따뜻한 곳에서 토끼들이 몸을 녹였다'에서 '녹였다'는 피동사이다.

④ '그는 옷을 햇볕에 말렸다'에서 '말렸다'는 사동사이고, '그 남자는 비리를 저지르겠다는 친구를 말렸다'에서 '말렸다'는 피동사이다.

4. 다음 진술이 모두 참일 때 반드시 참인 것은?

○ 철수가 참석하면, 민수도 참석한다.
○ 민수가 참석하면, 지훈도 참석한다.
○ 지훈이 참석하지 않으면, 영희도 참석하지 않는다.

① 영희가 참석하면, 민수도 참석한다.

② 철수가 참석하면, 영희는 참석하지 않는다.

③ 민수가 참석하지 않으면, 영희는 참석한다.

④ 지훈이 참석하지 않으면, 철수도 참석하지 않는다.

5. 다음 진술이 모두 참일 때 반드시 참인 것은?

○ 갑이 서울에 있으면, 을은 부산에 없다.
○ 을이 부산에 없으면, 병은 대전에 있다.
○ 병은 대전에 없다.

① 갑은 서울에 있다.

② 을은 부산에 있다.

③ 을은 부산에 없고 병은 대전에 없다.

④ 갑은 서울에 있고 병은 대전에 있다.

6. 다음 대화의 (가)에 들어갈 말로 적절한 것은?

> 갑: 의사는 치료자이고 치료자는 환자를 돕는 사람이지. 모든 의사는 환자를 돕기 때문에, 의사가 아닌 사람은 환자를 도울 필요가 없어.
> 을: 모든 나무가 생명을 유지한다고 해서 생명을 유지하는 것이 다 나무는 아니듯, 네가 "의사가 아닌 사람은 환자를 도울 필요가 없다."고 하려면 " (가) ."가 참이어야 해.

① 환자를 돕는 사람은 모두 의사다
② 환자를 돕지 않는 사람은 모두 의사다
③ 모든 사람은 환자를 도울 필요가 있다
④ 몇몇 환자를 돕는 사람은 의사가 아니다

7. (가)와 (나)를 전제로 결론을 이끌어 낼 때, 빈칸에 들어갈 말로 가장 적절한 것은?

> (가) 사내 보안망에 접속할 수 있는 계정은 모두 2단계 인증이 설정되어 있다.
> (나) 사내 보안망에 접속할 수 있는 계정 가운데는 외부 이메일을 수신할 수 없는 계정도 있다.
> 따라서 ________________________________

① 2단계 인증이 설정된 계정은 모두 외부 이메일을 수신할 수 있다.
② 외부 이메일을 수신할 수 없는 계정은 모두 사내 보안망에 접속할 수 있다.
③ 사내 보안망에 접속할 수 없는 계정은 모두 2단계 인증이 설정되어 있지 않다.
④ 2단계 인증이 설정된 계정 가운데는 외부 이메일을 수신할 수 없는 계정도 있다.

8. 다음 중 문맥상 ㉠의 의미와 가장 가까운 것은?

> 그의 술주정을 ㉠ 받아 주기 시작하면 끝이 없다.

① 그렇게 거친 피부에는 화장이 잘 받지 않는다.
② 예전에는 빗물을 큰 물통에 받아 머리를 감았다.
③ 네가 원하는 요구 조건은 무엇이든지 받아 주겠다.
④ 경기가 아무리 좋지 않아도 회사의 미래를 생각하면 신입 사원을 받지 않을 수 없다.

9. <지침>에 따라 <개요>를 작성할 때 (가)~(라)에 들어갈 내용으로 적절하지 않은 것은?

> **< 지 침 >**
> ○ 서론은 보고서 작성의 배경과 필요성을 포함할 것.
> ○ 본론은 제목에서 밝힌 내용을 2개의 장으로 구성하되, 2장의 하위 항목이 3장의 하위 항목과 서로 대응하도록 할 것.
> ○ 결론은 기대 효과와 향후 과제를 순서대로 제시할 것.

> **< 개 요 >**
> ○ 제목: 기후 불평등 완화를 위한 공공정책 방향
> 1장 서론
> 1. 기후 위기가 삶의 질에 미치는 영향의 양극화
> 2. __________(가)__________
>
> 2장 기후 불평등의 구체적 양상 주거 환경
> 1. 주거 환경 취약계층의 폭염 피해 집중
> 2. __________(나)__________
>
> 3장 정책적 완화 방안
> 1. 에너지 바우처 및 냉방복지 예산의 계층별 확대
> 2. __________(다)__________
>
> 4장 결론
> 1. __________(라)__________
> 2. 기후 불평등 해소를 위한 행정·재정 통합 모델 수립

① (가): 기후 변화로 인한 피해는 소득 수준에 따라 크게 달라짐
② (나): 냉방기기 사용 제한으로 인한 폭염 피해 증가
③ (다): 냉방복지 지원 예산 확대 정책
④ (라): 고소득층의 탄소세 부담 증가로 인한 형평성 논란

10. <공공언어 바로 쓰기 원칙>에 따라 수정한 것으로 적절하지 않은 것은?

> **< 공공언어 바로 쓰기 원칙 >**
> ○ 표현의 정확성
> ㉠ 의미에 맞는 정확한 단어 쓰기.
> ○ 부적절한 피·사동 표현 자제
> ㉡ 부적절한 피·사동 표현은 자연스럽고 정확한 표현으로 바꿀 것.
> ○ 여러 뜻으로 해석되는 표현 삼가기
> ㉢ 문장이 오해 없이 하나의 의미로 읽히도록 함.
> ○ 대등한 것끼리 접속
> ㉣ '-고, -(으)며, 와/과' 등으로 연결된 말은 구조를 맞춤.

① "업체는 불량 제품을 회수했다."를 ㉠에 따라 "업체는 불량 제품을 배포했다."로 수정한다.
② "학생회는 공지를 전달시키겠다고 밝혔다."를 ㉡에 따라 "학생회는 공지를 전달하겠다고 밝혔다."로 수정한다.
③ "학교는 교사와 학생을 대상으로 연수를 기획하였다."를 ㉢에 따라 "학교는 교사와 논의하여 학생을 대상으로 연수를 기획하였다."로 수정한다.
④ "문헌 자료 수집과 분석을 실시하였다."를 ㉣에 따라 "문헌 자료를 수집하고 분석을 실시하였다."로 수정한다.

11. 다음 대화를 분석한 내용으로 가장 적절한 것은?

> 갑: 이젠 병역 제도를 전면적으로 바꿔야 할 때야. 시대가 변했는데, 아직도 청년들의 시간을 국가가 강제로 가져가는 건 부당하다고 생각해. 자율적으로 군 복무를 선택할 수 있는 모병제로 바꾸고, 그 대신 처우를 더 개선하면 되잖아. 지금은 개개인의 삶과 진로가 다양한데, 모두에게 동일한 징병을 요구하는 건 불공정해.
>
> 을: 네 말은 이해하지만 현실을 너무 이상적으로만 보는 거 같아. 병력 수급은 단순한 인권 문제를 넘어서 안보와 직결된 사안이야. 우리처럼 지정학적으로 불안정한 나라에선 병력 유지가 핵심인데, 자발적으로 오겠다는 사람만으로는 충분하지 않아.
>
> 병: 나는 두 사람 말에 다 공감이 가. 다만 나는 점진적인 개편이 필요하다고 봐. 무작정 징병제를 없애는 건 위험하지만, 직업군인 비율을 조금씩 늘려서 장기적으로는 혼합형 체제로 가는 게 바람직해 보여. 안정성과 효율성을 동시에 고려할 수 있으니까.
>
> 갑: 하지만 현실을 고려해서 변화를 미루다 보면 영영 바뀌지 않아. 현행 징병제는 청년층에게 일방적인 희생을 강요하고 있어. 소수는 이미 병역 회피 수단을 찾고 있는데, 성실히 복무하는 사람만 손해 보는 구조야. 이건 공정하지 않아.
>
> 을: 그렇다고 해서 국가 안보를 개인의 선택에 맡기긴 어렵잖아. 병역은 단순히 의무가 아니라, 국민 전체가 국방을 함께 책임진다는 공동체 의식의 표현이기도 해. 이걸 없애면 오히려 사회 결속이 더 약해질 수도 있어.

① 징병제는 불공정하므로 폐지되어야 한다는 점에 대해 갑과 병은 동의한다.

② 병역 제도는 단계적으로 개편해야 한다는 점에 대해 갑은 동의하고 병은 동의하지 않는다.

③ 병역은 개인 선택으로 운영되어야 한다는 점에 대해 갑은 동의하고 을은 동의하지 않는다.

④ 병역 제도는 공동체 의식 유지를 위해 의무화가 필요하다는 점에 대해 을과 병은 동의한다.

12. ㉠의 원인으로 가장 적절한 것은?

> 　현대 사회에서 정보는 중요한 자원이자 권력이 되었다. 사람들은 검색엔진, 소셜미디어, 온라인 뉴스 등을 통해 방대한 정보를 접한다. 그러나 문제는 정보의 양이 아니라 질이다. 잘못된 정보나 가짜 뉴스가 순식간에 확산되며 사회적 혼란을 초래한다. 예컨대, 근거 없는 소문이 퍼져 특정 기업의 주가가 폭락하거나, 허위 의료 정보가 공유되어 건강에 위협을 주는 경우가 있다. 전문가들은 이러한 현상을 단순히 개인의 비판적 사고 부족으로만 보지 않는다. 알고리즘은 사용자가 오래 머무를 수 있도록 자극적인 내용을 더 많이 노출시키는 경향이 있다. 결국 ㉠ 가짜 뉴스가 빠르게 확산되는 이유는 개인의 무지 때문이라기보다 구조적 문제와 연결되어 있다.

① 정보의 양이 줄어들어 신뢰성이 떨어졌기 때문이다.

② 특정 기업이 주가 상승을 노리고 정보를 은폐했기 때문이다.

③ 사용자의 비판적 사고 능력이 과도하게 높아졌기 때문이다.

④ 알고리즘이 자극적인 정보를 집중적으로 노출시키기 때문이다.

13. 다음 글의 (가), (나)에 들어갈 말을 적절하게 나열한 것은?

> 　과학은 인간이 세상을 이해하는 가장 강력한 도구이지만, 그 본질은 불변의 진리를 제공하는 데 있지 않다. 과학적 지식은 언제나 관찰과 실험에 근거하며, 새로운 증거가 제시될 때마다 수정되거나 대체된다. 실제로 역사 속의 여러 과학 이론들은 한때 절대적 진리처럼 받아들여졌으나, 새로운 발견 앞에서 그 지위를 잃었다. 대표적인 예가 천동설과 지동설의 전환이다. 오랫동안 사람들은 지구가 우주의 중심이라고 믿었지만, 코페르니쿠스와 갈릴레이의 연구는 그 믿음을 뒤집었다. 이처럼 과학의 역사는 끊임없는 수정과 보완의 과정이다. 따라서 과학은 결코 　(가)　로/으로 볼 수 없다. 과학을 절대적 권위로 받아들이는 순간, 그것은 스스로의 본질을 부정하는 것이 된다. 오히려 과학의 강점은 언제든지 스스로를 의심하고 새로운 사실에 맞추어 이론을 고쳐나가는 데 있다. 즉 과학의 힘은 　(나)　에서 비롯된다. 과학이 신뢰를 얻는 까닭은 그 지식이 영원히 옳아서가 아니라, 틀릴 수 있음을 인정하고 수정하는 체계를 갖추었기 때문이다.

	(가)	(나)
①	절대적 진리	자기 수정
②	잠정적 합의	영원 불변성
③	상대적 지식	경험 배제
④	집단의 합의	전통의 고수

14. 다음을 (가)~(라)의 순서로 가장 적절하게 배열한 것은?

> (가) 특히 현대 대중음악에서는 '비트 디자인'이 곡의 정체성을 결정짓는 핵심 전략으로 떠오르고 있다. 동일한 코드와 멜로디를 사용하더라도, 리듬의 배치 방식에 따라 완전히 다른 인상을 줄 수 있기 때문이다.
>
> (나) 음악에서 리듬은 단순한 시간 단위의 반복이 아니라, 청자가 음악을 어떻게 받아들이고 반응하게 만드는 핵심 요소다. 리듬의 배열 방식에 따라 음악은 안정감을 주기도 하고, 긴장감을 조성하기도 한다.
>
> (다) 이를 위해 프로듀서는 다양한 리듬 패턴, 박자 변화, 셈여림의 조절, 간격의 비대칭 등을 활용한다. 이와 같은 세부 리듬 설계는 곡의 에너지와 분위기를 섬세하게 조정하며, 장르 간 경계를 넘나드는 새로운 스타일을 창조한다.
>
> (라) 결국 리듬은 음악의 표면적 장식이 아니라, 청자와 곡 사이의 감정적 연결을 이끄는 구조적 장치라 할 수 있다. 청자는 비트를 따라 몸을 움직이고, 감정을 반응시키며, 그것을 기억하게 된다.

① (가)-(나)-(다)-(라)

② (가)-(다)-(나)-(라)

③ (나)-(가)-(다)-(라)

④ (나)-(가)-(라)-(다)

15. 글쓴이가 주장하는 도시의 모습으로 적절하지 않은 것은?

> 도시는 편리함과 발전을 상징한다. 그러나 높은 빌딩과 빠른 교통망이 도시의 전부일 수는 없다. 사람들은 도시에서 편리함을 누리지만, 동시에 고립과 소외를 경험하기도 한다. 이웃과의 관계는 약해지고, 공동체 의식은 점점 사라진다. 그렇기에 도시는 단순히 건물을 짓는 것이 아니라, 사람들이 어울리고 소통하며 삶의 질을 높일 수 있도록 설계되어야 한다. 공원, 광장, 도서관과 같은 공공 공간이 필요한 이유도 여기에 있다. 사람들은 그런 공간에서 만남을 가지고 관계를 형성하며, 도시의 진정한 가치를 발견한다. 도시의 성공은 건물의 높이나 경제적 규모로만 평가되어서는 안 된다. 사람들이 얼마나 행복하게 살아가는지가 도시를 가늠하는 기준이 되어야 한다.

① 소통이 이루어지는 공간
② 공공 공간이 마련된 공간
③ 건물의 높이로만 평가되는 공간
④ 공동체 의식을 느낄 수 있는 공간

16. 다음 글의 이해로 가장 적절한 것은?

> 뒤르켐은 사회 질서의 기초를 집합 의식에서 찾았다. 그는 『자살론』과 『사회분업론』에서 개인은 사회적 규범과 집단적 신념을 내면화함으로써 사회적 결속을 유지한다고 설명했다. 집합 의식은 개인을 넘어서는 객관적 실재로서, 개인의 의지와 무관하게 작동하며 사회 질서를 가능케 한다. 예를 들어 법이나 도덕 규범은 단순히 개인의 합의가 아니라 사회라는 실체가 강제하는 힘을 지니며, 개인은 이를 거부할 수 없다고 보았다. 이런 이유로 뒤르켐은 사회를 단순히 개인들의 집합으로 환원할 수 없고, 독자적 성격을 가진 실체로 보았다.
>
> 그러나 하버마스는 사회 질서를 언어적 의사소통 과정에서 찾았다. 그는 근대 사회의 정당성은 권력이나 전통에 의한 강제가 아니라, 합리적 담론을 통해 상호 이해와 동의를 형성하는 과정에서 비롯된다고 주장했다. 예를 들어 공적 토론장에서 시민들이 합의하는 법은 단순한 강제가 아니라, 참여자 모두가 동의 가능한 규범이라는 점에서 정당성을 지닌다. 따라서 사회 질서는 개인 위에 존재하는 실체가 아니라, 끊임없는 대화와 합의를 통해 유지되는 상호작용적 과정이다. 하버마스에게 사회는 억압적 외재물이 아니라 의사소통 행위의 산물이며, 이는 뒤르켐의 실체론적 사회관과 근본적으로 대립한다.

① 뒤르켐은 사회 질서를 대화와 합의의 결과라고 보았다.
② 하버마스는 사회 규범이 강제력으로 작동한다고 보았다.
③ 뒤르켐은 사회 질서를 집합 의식이라는 외적 실재에서 찾았다.
④ 하버마스는 사회 질서를 개인 위에 존재하는 실체로 설명했다.

17. 다음 글의 중심 내용으로 가장 적절한 것은?

> 오늘날 비만은 단순히 외형 문제가 아니라 전 세계가 주목하는 보건학적 과제다. 과거에는 영양 부족이 건강을 위협했지만, 경제 발전과 식량 공급 확대 이후에는 오히려 영양 과잉이 문제가 되었다. 도시화와 산업화로 신체 활동은 줄고, 고열량·가공식품 소비가 늘면서 비만 인구는 급격히 증가했다. 비만은 체중 증가 자체보다 여러 질환의 원인이라는 점에서 심각하다. 고혈압, 당뇨, 심혈관 질환뿐 아니라 일부 암 발생 위험까지 높인다. 삶의 질 저하, 우울증 등 심리적 문제도 동반된다. 세계보건기구(WHO)는 비만을 단순 생활 습관 문제가 아니라 '전 지구적 유행병'으로 규정한다.
>
> 하지만 대중은 여전히 비만을 개인의 의지 부족으로만 본다. 물론 식습관과 운동 습관은 중요하지만, 생활 환경과 사회 구조도 큰 영향을 미친다. 자동차 중심 교통체계는 신체 활동을 줄이고, 값싼 패스트푸드는 건강한 선택을 어렵게 만든다. 따라서 비만을 개인 책임으로만 돌리는 시각은 한계가 있다. 각국 정부는 학교 급식 개선, 식품 영양 성분 표시, 보행자 중심 도시 설계 등 정책을 통해 대응하고 있다. 결국 비만 해결은 개인적 노력과 더불어 사회적·제도적 지원이 병행될 때 효과를 거둘 수 있다.

① 비만은 영양 과잉의 결과이지만, 주로 정신 건강에만 영향을 미친다.
② 비만은 다양한 질환의 원인이 되므로 개인과 사회가 함께 대응해야 한다.
③ 비만은 최근 발생한 현상이므로 아직 사회적 대응이 이루어지지 않고 있다.
④ 비만은 개인의 생활 습관 문제에 불과하므로 의지 개선이 유일한 해결책이다.

18. 다음 글의 제목으로 가장 적절한 것은?

> 대화는 말하기와 듣기의 균형으로 이루어진다. 그러나 사람들은 종종 말하기에 치중해 상대의 말을 제대로 듣지 못한다. 효과적인 대화에서 듣기는 단순히 받아들이는 것이 아니라, 의미를 이해하고 반응하는 적극적 과정이다. 경청 태도를 보이면 상대는 존중받는다고 느끼며 신뢰와 유대감이 형성된다. 적절한 추임새와 질문은 상대의 생각을 구체화하게 하여 대화를 깊게 만든다. 반대로 말을 끊거나 무시하면 대화는 단절된다. 협력적 문제 해결 과정에서 듣기는 필수적이다. 상대의 의도와 필요를 파악해야 합의가 가능하다. 말하기와 듣기의 균형이 깨지면 대화는 독백이나 설득 강요로 전락한다. 듣기를 소홀히 하면 오해가 쌓이고 갈등은 커진다. 반면 경청을 실천하는 대화는 문제 해결뿐 아니라 감정적 안정에도 기여한다. 결국 듣기는 대화의 절반을 차지하며, 말하기와 균형을 이룰 때 소통은 완성된다.

① 대화와 신뢰 형성
② 듣기의 태도와 역할
③ 대화에서의 방해 요인
④ 문제 해결을 위한 말하기

19. 다음 글을 이해한 것으로 <보기>에서 옳지 않은 것만을 모두 고른 것은?

　멋은 획일적인 데에서 변화를 찾고 구속 속에서 자유를 찾는 감정이다. 그것은 한국인이 가질 수 있는 최대의 개인의식이었다. 개인의식과 자유 의식이 늘 억제당해 왔던 유교의 전통 속에서는 멋대로 행위 한다는 것이 곧 죄악과도 통하는 것이었다. 멋있고 멋진 것을 찬양하면서도 멋대로 구는 것은 큰 잘못이라고 생각해 왔던 사람들이다. 그리하여 멋은 자유와 해방과 개인의식 속에서 우러나는 감정이었지만 오직 풍류 하나로 그 뜻이 제한된 것은 유교적인 사회에 있어 제 흥과 제멋을 살리는 길이란 자연을 상대로 할 수밖에 없었던 까닭이다. 그것을 보면 사실 우리는 개성과 자유 의식을 존중하는 민족이었다고 볼 수 있다. 다만 자유 의식을 갖고 싶어 하면서도 부자연스러운 사회 예의나 유교적인 고식성 밑에서 그것을 제대로 발휘하지 못했던 것이라고 해석해야 할 것이다.

　규칙에 사로잡히고 격식에만 얽매여 있을 때 멋은 생겨나지 않는다. 차라리 그것은 스타일이라기보다 고정된 스타일을 파괴하는 순간에서 맛볼 수 있는 생의 진미라고 말할 수 있다. 형식의 가면에 은폐되어 있고, 규칙의 사슬에 얽매여 있는 생을 거부하고, 그리하여 그 안에 감추어진 사물의 진미를 자유로운 맛을 추구하는 것 그것이 바로 '멋'의 참뜻이라고 볼 수 있다. 그러므로 서구인은 자유에서 법칙을, 개체에서 전체를, 그리고 혼돈 속에서 어떤 격식을 쟁취해 내려 했다면, 우리는 정반대로 법칙에서 자유를, 전체에서 개체를, 그리고 격식에서 어떤 혼돈을 희구하려고 했던 것이다. 즉, 우리가 멋을 찾는다는 것은 한국인의 그러한 미의식과 자유 의식을 찾는 것이다.

< 보 기 >

㉠ 유교적 전통은 멋진 것을 찬양하면서도 멋대로 구는 것은 큰 잘못이라고 생각하도록 유도하였다.

㉡ 스타일을 벗어난 파격성에서 멋이 우러난다고 할 수 없으므로 혼돈 속에서 미의식을 찾기 어렵다고 판단하였다.

㉢ 글쓴이는 멋은 규칙과 격식에 얽매이기보다는 구속에서 자유를 찾을 때 그 참뜻이 나타난다는 의견을 부정하였다.

① ㉠

② ㉢

③ ㉠, ㉡

④ ㉡, ㉢

20. 다음 글을 이해한 것으로 <보기>에서 옳은 것만을 모두 고른 것은?

　19세기 중반에는 심리학에 영향을 미친 두 개의 학문이 존재했는데, 하나는 전통적인 사변 철학이었고, 다른 하나는 생리학이었다. 당시는 생리학자들이 그들의 학문보다 사회적 위상이 낮은 철학을 사변적인 학문으로 몰아붙이고 경멸하던 시기였다. 독일의 생리학자 분트는 생리학 분야에서 오랫동안 쌓아 온 경험과 실험 기법을, 비과학적이라고 경멸되었던 철학에 접목해 실험심리학이라는 새로운 학문을 탄생시켰다. 이 과정에서 분트는 특히 두 가지에 역점을 두었는데, 첫째는 실험심리학을 과학과 같은 경험적 관찰과 실험에 입각한 학문으로 전환하는 것이고, 둘째는 이 학문을 철학과는 별개인 새로운 학문으로 선언하는 것이었다.

　실험심리학은 이후 유럽 각국에서 대조적인 발전 양상을 보였다. 분트를 계승한 독일에서는 실험심리학이 하나의 분과 학문으로 자리 잡아 발전을 거듭했지만, 프랑스나 영국에서는 세월에 따라 쇠퇴하는 경향을 보였다. 그 원인은 다음과 같다. 첫째, 당시 프랑스에서는 생리학이 독일처럼 포화 상태에 이르지 않았고 아직 팽창하던 시기였기 때문에 생리학 분야의 경쟁이 독일보다 매우 약했다. 둘째, 프랑스에서 학자들은 대학교수가 아니어도 학문적 명성을 얻을 수 있었다. 다시 말하면, 프랑스에서는 대학교수 자리에 대한 경쟁이 독일보다 훨씬 미약했다. 셋째, 독일에 비해 프랑스에서는 학문의 전문화나 특화가 제대로 이루어지지 않았다. 따라서 한 학자가 곤충학, 실험심리학, 법학, 교육학 등의 여러 분야를 다루는 일도 있었다.

< 보 기 >

㉠ 학문의 전문화나 특화가 제대로 이루어진 프랑스에서는 실험심리학의 발전이 어려웠다.

㉡ 독일과 프랑스에서 생리학이 포화 상태에 이르렀는지의 여부는 실험심리학의 발전과 무관하다.

㉢ 분트는 생리학을 철학에 접목하여 실험심리학을 탄생시키면서 실험심리학을 철학과 구분할 필요가 있다고 보았다.

① ㉡

② ㉢

③ ㉠, ㉢

④ ㉡, ㉢

영 어

1. 밑줄 친 부분과 의미가 가장 가까운 것을 고르시오.

> Even though you lose your job, you don't have to <u>charge</u> yourself for what happened.

① denounce ② abridge
③ demolish ④ extract

2. 빈칸에 들어갈 말로 가장 적절한 것을 고르시오.

> He talked __________ and much more concretely about those efforts to try to get a perfect American accent, including all the slang.

① at most ② in brief
③ at length ④ with concision

3. 빈칸에 들어갈 말로 가장 적절한 것을 고르시오.

> Office equipment ____________ three percent of the nation's total demand for electricity.

① puts off
② accounts for
③ confines to
④ brings about

4. 빈칸에 들어갈 말로 가장 적절한 것을 고르시오.

> Most of the oldest trees _______ George Washington's home at Mount Vernon have died over the past century.

① surround
② surrounds
③ surrounded
④ surrounding

5. 빈칸에 들어갈 말로 가장 적절한 것을 고르시오.

> Deer continue to eat new trees as soon as they break through the ground _________ Mother Nature presents.

① what
② which
③ where
④ on what

6. 다음 밑줄 친 부분 중 어법상 틀린 것은?

> ① <u>Were</u> it not for responsible press and media ② <u>that</u> monitor the government, democracy ③ <u>could</u> not be maintained. However, some countries allow their presidents who ④ <u>is</u> accountable for the nation to serve another term consecutively.

7. 대화의 흐름으로 보아 빈칸에 가장 적절한 것은?

Emma

3:12 pm

Daivd

3:13 pm

Emma

3:14 pm

Daivd

3:15 pm

Emma

3:16 pm

① You've been working so hard, and I believe your chance will come soon
② Well, maybe you just didn't try hard enough this year
③ Everyone in the office knows how talented you are
④ I think you should complain directly to the manager right away

8. 대화의 흐름으로 보아 빈칸에 가장 적절한 것은?

> A: I got this new skin cream from a drugstore yesterday. It is supposed to remove all wrinkles and make your skin look much younger.
> B: ________________________
> A: Why don't you believe it? I've read in a few blogs that the cream really works.
> B: I assume that the cream is good for your skin, but I don't think that it is possible to get rid of wrinkles or magically look younger by using a cream.
> A: You are so pessimistic.
> B: No, I'm just being realistic. I think you are being credulous.

① I don't buy it.
② It's too costly.
③ I can't help you out.
④ Believe it or not, it's true.

[9~10] 다음 글을 읽고 물음에 답하시오.

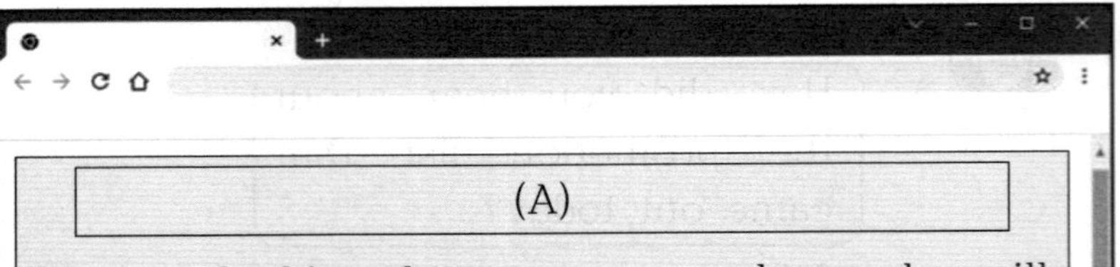

(A)

We are looking for summer workers who will take care of the animals rescued from Mount Donovahnn. These animals include injured birds, orphaned foxes, and abandoned pets that need daily feeding, medical attention, and gentle companionship. Workers will also help maintain clean shelters, assist veterinarians during check-ups, and guide visitors who come to learn about wildlife protection.

Schedule
- Dates: August 1st to 31st
- Hours: 10 a.m.—4 p.m.
※ On rainy days, working hours may change.

Requirements
- Only those aged 18 and over can apply.
- Prior experience with animals

Tasks
- Preparing food for animals and feeding them
- Writing reports about animals

Remarks
- Summer workers will get training from our caretakers.
- Free shuttle bus service will be provided twice a day.

To learn more, please visit our website, www.wildliferescue.org.

☐ Don't show again   Close ☒

9. (A)에 들어갈 윗글의 제목으로 가장 적절한 것은?
① Summer Workers at Mount Donovahnn
② Summer Job at Wildlife Rescue Center
③ Joyful Experience with Animals
④ Preparing Food for Animals

10. 윗글의 내용과 일치하지 않는 것은?
① 우천 시 근무 시간이 변경될 수 있다.
② 이전 경험은 필요로 하지 않는다.
③ 사육사로부터 교육을 받을 것이다.
④ 무료 셔틀 버스 서비스가 하루에 두 번 제공된다.

11. 다음 글에서 Healthy Heart Day에 대한 내용과 일치하지 않는 것은?

Healthy Heart Day

Healthy Heart Day is hosted by the National Health

Foundation to promote cardiovascular health and encourage people to adopt healthier lifestyles. The event emphasizes prevention, showing that small daily choices such as exercise and diet can reduce the risk of heart disease. It also provides opportunities for participants to learn practical ways to care for their health through professional guidance.

Main Highlights
- **Free Check-ups:** Doctors measure blood pressure and cholesterol levels.
- **Group Exercise:** Fitness trainers lead brisk walking and aerobics sessions.
- **Nutrition Lecture:** Nutritionists explain balanced diets and healthy eating.
- **Health Materials:** Participants receive brochures and diet guides at the end.

① It highlights that small daily choices help prevent heart disease.
② Doctors measure blood pressure and blood sugar levels for free.
③ Nutritionists announce healthy eating and harmonious diets.
④ Participants receive brochures and diet guides at the end of event.

12. Enter-K 앱에 관한 다음 글의 내용과 일치하지 않는 것은?

Enter-K app for your customs declaration.

Take advantage of the new Enter-K app upon your arrival at the airport. One notable feature offered by Enter-K is the Advance Declaration, which allows travellers the option to submit their customs declaration in advance, enabling them to save time at all our international airports. As part of the ongoing Traveller Modernization initiative, Enter-K will continue to introduce additional border-related features in the future, further improving the overall border experience. Simply download the latest version of the app from the online store before your arrival. There is also a web version of the app for those who are not comfortable using mobile devices.

① It allows travellers to declare customs in advance.
② More features will be added later.
③ Travellers can download it from the online store.
④ It only works on personal mobile devices.

13. 다음 글의 목적으로 가장 적절한 것은?

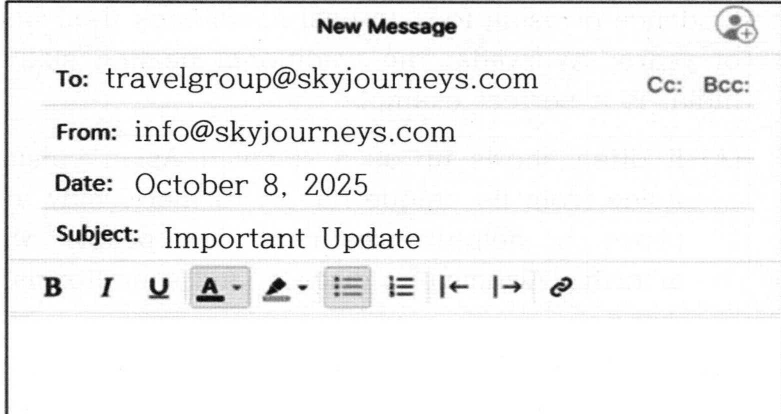

Dear Valued Customers,

We would like to inform you of a change in our travel schedule due to unexpected weather conditions. The departure originally planned for October 15 has been rescheduled to October 17. All other details of the trip, including accommodation and guided tours, will remain the same. Passengers who are unable to join on the new date may request a full refund or reschedule for another available trip. We sincerely apologize for any inconvenience this may cause and thank you for your understanding and cooperation.

Sincerely,

Sky Journeys Travel Team

① to promote new tourist attractions to international visitors

② to inform customers of a revised travel departure date

③ to request participants to prepare additional travel documents

④ to encourage passengers to extend their stay for leisure purposes

[14~15] 다음 글을 읽고 물음에 답하시오.

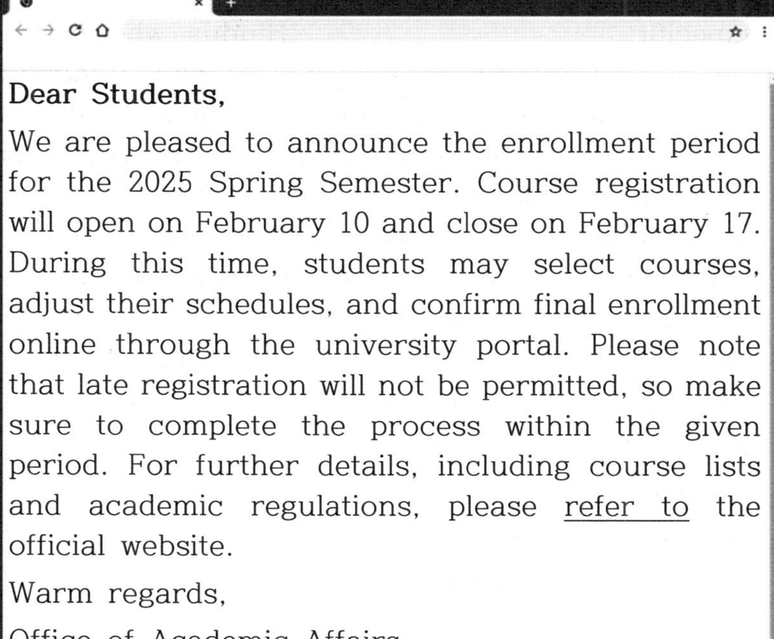

Dear Students,

We are pleased to announce the enrollment period for the 2025 Spring Semester. Course registration will open on February 10 and close on February 17. During this time, students may select courses, adjust their schedules, and confirm final enrollment online through the university portal. Please note that late registration will not be permitted, so make sure to complete the process within the given period. For further details, including course lists and academic regulations, please <u>refer to</u> the official website.

Warm regards,

Office of Academic Affairs

14. 밑줄 친 refer to의 의미와 가장 가까운 것은?
① mention
② upload
③ deter
④ consult

15. 윗글의 목적으로 가장 적절한 것은?
① to provide advice on effective study habits and strategies
② to encourage students to join extracurricular club activities
③ to inform students of the enrollment dates for course registration
④ to remind students to prepare documents for graduation application

16. 다음 글의 제목으로 가장 적절한 것은?

Social media is a great way to stay in contact with friends and family, but it's also being used to help generate funds for charities the world over. Social networking sites are organizing events to benefit others. Twestival, for example, is a one-day gathering of users all across the social media sites in an effort to raise funds for non-profit organizations around the globe. Last year, the festival raised $ 1.75 million through its campaign. Campaigns like this have sprung up all over the world, and with the help of social media, donation rates are higher than ever before.

① What Is Social Media?
② Social Media for Social Good
③ A New Money-making Business
④ Social Media Networking Tips

17. 다음 글의 빈칸에 들어갈 말로 가장 적절한 것은?

Human cultures have developed in response to specific ________________. Hindus, who are base on agricultural society for example, have a taboo on eating cows, which are their farm animal. If they ate their cows, there would be no young oxen to pull their plows the next season. Perhaps, as another illustration, we might look at the Jews and Moslems, who both have a prohibition on eating pork. These two groups originated in the desert, in which it would be difficult to raise pigs. As a result, they do not eat porks nowadays.

① national backgrounds
② regional traits
③ religious reasons
④ cultural characters

18. 글의 흐름으로 보아, 주어진 문장이 들어가기에 가장 적절한 곳은?

In Southern Africa, rainfall is likely to fluctuate on a yearly basis, which is a frightful thought for an area already struggling to procure or control water to sustain itself, too.

Three major risks caused by climate change in Africa — namely, global warming, changes in rainfall patterns, and the extinction of wildlife — have reached a critical level. (①) There has been a steady warming trend in the region since the 1960s, and climatologists have predicted an annual temperature rise of three to four degrees Celsius in the upcoming years. (②) Weather forecasters and climatologists generally agree on a dry or wet trend in the region for much of the 21 century. (③) Ironically, as the south suffers from a lack of water, the northern part of the continent is expected to receive heavy precipitation, with a real flooding possibility. (④) Also, some African wild animals facing new challenges for survival because of more frequent and intense drought, storms, heat waves from climate change must be in danger.

19. 주어진 글 다음에 이어질 글의 순서로 가장 적절한 것은?

Evidence of using food to heal dates back thousands of years. Ayurveda, the traditional healing skill of India, is a perfect example.

(A) It often shows up as a spice in Asian cuisine. Aside from its unique flavor, turmeric may also prove a helpful treatment for people with arthritis, Alzheimer's disease, and some forms of cancer.

(B) This therapeutic art borrows many of its ideas from Hinduism, incorporating multiple therapies that include herbs, massage, and meditation. Ayurvedic practitioners may even go so far as to try a new food to heal. One medicinal food from Ayurveda may be familiar to you: turmeric.

(C) Although the research evidence isn't yet conclusive, it certainly is highly recommended for these conditions. My own experience of using turmeric as an anti-inflammatory drug has been extraordinarily positive.

*turmeric: 강황 **antiinflammatory: 소염제

① (B) − (A) − (C)
② (B) − (C) − (A)
③ (C) − (A) − (B)
④ (C) − (B) − (A)

20. 다음 글의 흐름상 가장 어색한 문장은?

In the 1998 Nagano Olympics, world records in speed skating were continually broken by athletes using clap skates. The blade on a clap skate is hinged at the front of the shoe but not at the heel. ① The hinge allows the blade to stay in contact with the ice longer so that the skater is able to thrust at the ice for a longer time. ② The characteristic clapping noise occurs at the end of each stroke when the blade "claps" back into contact with the heel of the shoe. ③ Artificial ice entered the long track competitions in the 1960 Winter Olympics, and the competitions in 1956 on Lake Misurina were the last Olympic competitions on natural ice. ④ The clap skate requires a new technique in which the skater must push more directly backward and from the toe rather than out to the side and from the heel. Athletes who were accustomed to the older skates (with the blade permanently joined to the boot at heel and toe) had to adapt to the new equipment and change their technique.

*hinge 경첩을 달다; 경첩 **thrust 밀다

한 국 사

1. 청동기 시대에 대한 설명으로 옳은 것은?
   ① 가락바퀴와 뼈바늘로 옷 등을 만들었다.
   ② 마을 주변에 도랑을 파고 목책을 둘렀다.
   ③ 조개껍데기로 목걸이나 팔찌를 만들어 착용하였다.
   ④ 농경이 시작되어 조, 피, 수수 등을 재배하였다.

2. 다음 주장을 전개한 인물에 대한 설명으로 옳은 것은?

   > 농사를 힘쓰지 않는 자 중에 그 좀이 여섯 종류가 있는데, 장사꾼은 그중에 들어가지 않는다. 첫째가 노비요, 둘째가 과거요, 셋째가 벌열이요, 넷째가 기교요, 다섯째가 승니요, 여섯째가 게으름뱅이들이다.

   ① 『반계수록』을 저술하였다.
   ② 여전론과 정전제 시행을 주장하였다.
   ③ 영업전을 설정하는 한전론을 주장하였다.
   ④ 영농 방법의 혁신과 상업적 농업을 장려하였다.

3. 밑줄 친 '왕'에 대한 설명으로 옳은 것은?

   > □□년 9월, 왕이 병사 3만을 거느리고 백제를 침공하여 수도 한성을 점령한 후 백제 왕 부여경을 죽이고 남녀 8천 명을 생포하여 돌아왔다.

   ① 유학 교육 강화를 위해 태학을 설립하였다.
   ② 중국의 요서 지방과 산둥 지방에 진출하였다.
   ③ 평양으로 도읍을 옮기고 남진 정책을 추진하였다.
   ④ 백제 아신왕을 굴복시켜 한강 이북의 땅을 차지하였다.

4. 다음 토지 종류가 기록된 문서에 대한 설명으로 옳은 것은?

   > ○ 관모답
   > ○ 내시령답
   > ○ 연수유답
   > ○ 촌주위답

   ① 공물의 품목과 수량을 정한 장부이다.
   ② 매년마다 토지 변동에 대한 내용을 기록하였다.
   ③ 국가 재정을 관장하는 창부(倉部)에서 작성하였다.
   ④ 우마의 수와 전답(田畓)의 면적 등을 기록하였다.

5. 다음 빈칸에 들어갈 국왕에 대한 설명으로 옳은 것은?

   > ○○○는/은 김흠돌의 모역 사건을 계기로 귀족 세력을 숙청하고 정치 세력을 다시 편성하였다. 중앙 정치 기구와 군사 조직을 정비했으며, 문무 관리에게 관료전을 지급하였다.

   ① 최초의 진골 출신 국왕이었다.
   ② 유학 교육 기관인 국학을 설립하였다.
   ③ 백성들에게 처음으로 정전을 지급하였다.
   ④ 나·당 전쟁에서 승리하여 삼국 통일을 완성하였다.

6. 고려의 지방제도에 대한 설명으로 옳지 않은 것은?
   ① 예종은 속현에 감무를 파견하였다.
   ② 광종은 최초로 12목에 지방관을 파견하였다.
   ③ 성종은 경주에 동경을 설치하여 3경제를 마련하였다.
   ④ 현종은 지방 제도를 5도와 양계 4도호부 8목으로 정비하였다.

7. (가)와 (나) 각각의 시기에 전개된 역사적 사실로 옳지 않은 것은?

   > (가) 윤관이 건의하였다."… 또한 제가 패한 까닭은 적은 기병인데 우리는 보병이라 대적할 수 없었기 때문입니다."
   > (나) 윤관이 … 의주·통태진·평융진 및 함주·영주·웅주·길주·복주·공험진에 성을 쌓아 북계의 9성으로 하고, 모두 남계의 백성을 이주시켰다.

   ① (가): 국자감에 서적포를 설치하였다.
   ② (가): 최승로의 시무28조를 수용하였다.
   ③ (나): 구제도감과 혜민국을 설치하였다.
   ④ (나): 복원궁이라는 도교 사원을 건립하였다.

8. 다음 자료와 관련 있는 왕에 대하여 옳은 설명을 <보기>에서 모두 고른 것은?

   > 시전(市廛)을 정하였으니, 대시는 장통방 윗쪽, 미곡·잡물과 동부는 연화 동구, 남부는 훈도방, 서부는 혜정교, 북부는 안국방, 중부는 광통교로 정하고, 우마는 장통방 아래 천변으로 정하였으며, 여항의 작은 저자는 각기 사는 곳의 문전으로 정하였다.

   > <보기>
   > ㉠ 창덕궁을 건설하였다.
   > ㉡ 사간원으로 독립시켰다.
   > ㉢ 집현전과 경연을 폐지하였다.
   > ㉣ 성균관에 도서관인 존경각을 지었다.

   ① ㉠, ㉡
   ② ㉠, ㉣
   ③ ㉡, ㉢
   ④ ㉢, ㉣

9. 예송논쟁에 대한 설명으로 옳은 것은?
   ① 기해예송에서 서인은 3년설을 주장하였다.
   ② 갑인예송에서 남인은 기년설을 주장하였다.
   ③ 서인은 왕실과 사대부의 예는 다르다고 주장하였다.
   ④ 효종 때 일어난 왕위의 정통성과 관련된 논쟁이었다.

10. ㉠ ~ ㉣에 대한 설명으로 옳지 않은 것은?

   > 대저 농부와 ㉠ 공장·상인·㉡ 무당·㉢ 의원·약사는 나라에 없어서는 안 될 사람들입니다. 더구나 농업과 양잠[農桑]은 백성의 하늘이 되며 예악(禮樂)은 나라를 다스리는 근본이니, 의원과 ㉣ 역관에 비교하면 그 중요함이 헤아릴 수 없을 정도로 차이가 있습니다.
   > — 『성종실록』 —

   ① ㉠ - 관영이나 민영 수공업에 종사하였다.
   ② ㉡ - 천민으로 간주되어 사회적으로 천대받았다.
   ③ ㉢ - 문과 응시는 법적으로 금지되었다.
   ④ ㉣ - 사신 수행 중 무역에 관여하여 이득을 보았다.

11. (가) ~ (나)에 해당하는 서적으로 바르게 고른 것은?

   > (가) 사대부가 전원생활을 하면서 알아야 할 지식을 정리한 농촌 생활 백과 사전이다.
   > (나) 영조 때 국가적 사업으로 편찬하였으며 상위고, 여지고 등 13분야를 다루고 있다.

	(가)	(나)
①	농가집성	지봉유설
②	임원경제지	지봉유설
③	농가집성	동국문헌비고
④	임원경제지	동국문헌비고

12. 다음 빈칸에 들어갈 인물로 옳은 것은?

   > ○○○는/은 열강이 보장하는 한반도의 중립론을 주장하였다. 이와 같은 중립론은 실현되지는 못하였지만, 갑신정변 이후 조선을 둘러싼 국제 정세의 긴박한 상황을 입증해 주는 것이었다. 또한 ○○○는/은 서유견문을 저술하여 서양의 문물을 소개했으며 국·한문체의 보급에 크게 공헌하였다.

   ① 서재필
   ② 박영효
   ③ 유길준
   ④ 김홍집

13. 다음에 제시된 역사적 사건을 시간 순서대로 바르게 나열한 것은?

   > ㉠ 전주화약 체결
   > ㉡ 청일전쟁 발발
   > ㉢ 교정청 설치
   > ㉣ 군국기무처 설치

   ① ㉠ - ㉡ - ㉢ - ㉣
   ② ㉠ - ㉡ - ㉣ - ㉢
   ③ ㉠ - ㉢ - ㉡ - ㉣
   ④ ㉠ - ㉢ - ㉣ - ㉡

14. 다음 자료는 어떤 애국 계몽 운동 단체의 취지문이다. 이 단체의 활동으로 가장 옳은 것은?

   > 우리들이 예전에 스스로 새로워지지 못했기에 안 좋은 결과를 오늘에 거두었지만, 오늘 만약 새로워진다면 좋은 결과를 후일에 얻을 것이다. 그러므로 오늘 나라를 위하는 길은 역시 오직 새로워지는 것뿐이다.

   ① 서재필이 조직하였다.
   ② 대구와 평양에 태극 서관을 설립하였다.
   ③ 입헌 정치 체제의 수립을 목표로 활동하였다.
   ④ 정미7조약 체결에 반대하는 운동을 주도하였다.

15. 고려시대 과학기술에 대한 설명으로 옳은 것을 모두 고른 것은?

   > ㉠ 강화도에서 만들어진 대장경은 고려의 발달된 금속활자로 간행되었다.
   > ㉡ 고종 때 현존 최고(最古)의 의서인 『향약구급방』이 간행되었다.
   > ㉢ 당의 수시력을 사용하다가 충선왕 때부터 선명력을 사용하기 시작하였다.
   > ㉣ 고려 말 최무선을 중심으로 화통도감에서 화약을 제작하였다.

   ① ㉠, ㉡
   ② ㉡, ㉢
   ③ ㉠, ㉣
   ④ ㉡, ㉣

16. 다음 주장을 전개한 인물에 대한 설명으로 옳은 것은?

> 이(理)는 형체가 없고 기(氣)는 형체가 있으며, 이는 작용이 없고 기는 작용이 있다. … 이는 두루 통하고 기는 국한되며(理通氣局), 이는 작용이 없고 기는 작용이 있기 때문에 기가 발하며 이가 타는 것이다(氣發理乘).

① 양명학을 이단으로 간주하였다.
② 존화주의 성격의 역사서를 저술하였다.
③ 불교와 노장사상에 개방적인 태도를 지녔다.
④ 성리학을 상대화하고 6경과 제자백가를 중시하였다.

17. 다음 법령이 제정되었던 시기의 상황으로 옳지 않은 것은?

> 제1조 다음의 각호에 해당하는 자는 구류 또는 과료에 처한다.
>
>   14. 신청하지 않은 신문, 잡지, 기타의 출판물을 배부하고 그 대금을 요구하거나 억지로 그 구독 신청을 요구하는 자
>
>   20. 불온한 연설을 하거나 또는 불온 문서, 도서, 시가(詩歌)를 게시, 반포, 낭독하거나 큰 소리로 읊는 자

① 헌병 경찰제도가 실시되었다.
② 토지 조사 사업이 추진되었다.
③ 학도 지원병 제도를 실시하였다.
④ 태형을 조선인에 한하여 부활시켰다.

18. 다음 격문과 관련된 항일 투쟁에 대한 설명으로 옳은 것은?

> 학생, 대중이여 궐기하라!
> 검거된 학생은 우리 손으로 탈환하자.
> 언론, 결사, 집회, 출판의 자유를 획득하라.
> 식민지 교육 제도를 철폐하라.
> 조선인 본위의 교육 제도를 확립하라.
> 용감한 학생, 대중이여!
> 최후까지 우리의 슬로건을 지지하라.

① 대학 설립을 위한 모금 활동을 벌였다.
② 식민 지배 기구의 파괴 활동 등을 하였다.
③ 시위가 만주 및 일본 지역으로까지 확산되었다.
④ 순종의 인산일에 서울에서 만세 시위를 전개하였다.

19. 제시된 자료와 관련 있는 민주화 운동에 대한 설명으로 옳은 것은?

> 꽃다운 젊은이를 야만적인 고문으로 죽여 놓고 그것도 모자라서 뻔뻔스럽게 국민을 속이려 했던 현 정권에게 국민의 분노가 무엇인지를 분명히 보여 주고, 국민적 여망인 개헌을 일방적으로 파견한 4·13 폭거를 철회시키기 위한 민주 장정을 시작한다.

① 민주 헌법 쟁취를 구호로 내세웠다.
② 부정 선거를 규탄하는 시위를 전개하였다.
③ 김영삼을 국회에서 제명한 것이 계기가 되었다.
④ 공수부대를 투입하여 무자비하게 진압을 하였다.

20. 밑줄 친 '(가) 시기'에 일어난 역사적 사실로 가장 적절한 것은?

> '새마을운동 기록물'은 <u>(가) 시기</u> 대한민국에서 전개된 새마을운동에 관한 기록물들이다. 이 기록물은 대통령 연설문, 정부 문서, 마을 단위의 기록물, 편지, 새마을운동 교재, 관련 사진, 영상 등으로 이루어져 있다.

① 100억 달러 수출을 달성하였다.
② 진보당 사건으로 조봉암의 사형이 집행되었다.
③ 보도지침을 전달하여 언론을 철저히 통제하였다.
④ 10환을 1원으로 변경하는 화폐개혁을 단행하였다.

행정법총론

1. 집행정지에 대한 설명으로 옳지 않은 것은? (다툼이 있는 경우 판례에 의함)
   ① 집행정지의 결정 또는 기각의 결정에 대하여는 즉시항고할 수 있고, 이 경우 집행정지의 결정에 대한 즉시항고에는 결정의 집행을 정지하는 효력이 없다.
   ② 집행정지의 요건 중 하나인 '회복하기 어려운 손해'에 관한 주장·소명책임은 신청인에게 있다.
   ③ 처분의 효력정지는 처분등의 집행 또는 절차의 속행을 정지함으로써 목적을 달성할 수 있는 경우에는 허용되지 아니한다.
   ④ 보조금 교부결정의 일부를 취소한 행정청의 처분에 대하여 법원이 효력정지결정을 하면서 주문에서 그 법원에 계속 중인 본안소송의 판결 선고 시까지 처분의 효력을 정지한다고 선언하였을 경우, 본안소송의 판결 선고에 의하여 정지결정의 효력은 소멸하지만 당초의 보조금교부결정취소 처분의 효력이 당연히 되살아나는 것은 아니다.

2. 행정의 실효성 확보수단에 대한 설명으로 옳지 않은 것은? (다툼이 있는 경우 판례에 의함)
   ① 구「법인세법」제76조 제9항에 근거하여 부과하는 가산세는 형벌이 아니므로 행위자의 고의 또는 과실·책임능력·책임조건 등을 고려하지 아니하며, 조세의 부과절차에 따라 과징할 수 있다.
   ② 해당 공표의 성질상 의견청취가 현저히 곤란하거나 명백히 불필요하다고 인정될 만한 타당한 이유가 있는 경우, 행정청은 위반사실등의 공표를 하면서 당사자에게 의견제출의 기회를 주지 않아도 된다.
   ③ 병무청장이 「병역법」에 따라 병역의무 기피자의 인적사항 등을 인터넷 홈페이지에 게시하는 등의 방법으로 공개한 경우 병무청장의 공개결정은 항고소송의 대상이 되는 행정처분이다.
   ④ 구「국세징수법」에 따른 가산금은 행정법상 금전급부 불이행에 대한 제재로 가해지는 금전부담이므로 그 고지는 항고소송의 대상이 되는 처분에 해당한다.

3. 행정의 실효성 확보수단에 대한 설명으로 옳지 않은 것은? (다툼이 있는 경우 판례에 의함)
   ① 대집행에 요한 비용에 대하여서는 행정청은 사무비의 소속에 따라 국세와 동일한 순위의 선취득권을 가진다.
   ② 행정청은 의무 불이행의 동기, 목적 및 결과 등을 고려하여 이행강제금의 부과금액을 가중하거나 감경할 수 있다.
   ③ 재범의 위험성이 현저한 자를 상대로 긴급히 보호할 필요가 있는 경우에 단기간의 동행보호를 허용한 구「사회안전법」상 동행보호규정은 사전영장주의를 규정한 헌법규정에 반하지 않는다.
   ④ 납세자가 아닌 제3자의 재산을 대상으로 한 압류처분은 그 처분의 내용이 법률상 실현될 수 없는 것이어서 당연무효이다.

4. 행정법의 효력에 대한 설명으로 옳지 않은 것은? (다툼이 있는 경우 판례에 의함)
   ① 대통령령, 총리령 및 부령은 특별한 규정이 없으면 공포한 날부터 20일이 경과함으로써 효력을 발생한다.
   ② 법령등의 시행일을 정하거나 계산할 때에는 법령등을 공포한 날부터 일정 기간이 경과한 날부터 시행하는 경우 법령등을 공포한 날을 첫날에 산입한다.
   ③ 새로운 법령등은 법령등에 특별한 규정이 있는 경우를 제외하고는 그 법령등의 효력 발생 전에 완성되거나 종결된 사실관계 또는 법률관계에 대해서는 적용되지 아니한다.
   ④ 수강신청 후에 징계요건을 완화하는 학칙개정이 이루어지고 이어 시험이 실시되어 그 개정학칙에 따라 대학이 성적 불량을 이유로 학생에 대하여 징계처분을 한 경우라면 이는 이른바 부진정소급효에 관한 것으로서 특별한 사정이 없는 한 위법이라고 할 수 없다.

5. 행정입법에 대한 설명으로 옳지 않은 것은? (다툼이 있는 경우 판례에 의함)
   ① 경찰공무원의 채용시험에서 부정행위를 한 응시자에 대하여는 당해 시험을 정지 또는 무효로 하고, 그로부터 5년간 이 영에 의한 시험에 응시할 수 없도록 규정하고 있는 「경찰공무원임용령」제46조 제1항은 일반 국민이나 법원을 구속하는 법규명령에 해당한다.
   ② 구 「군법무관임용법」이 군법무관의 보수의 구체적 내용을 시행령에 위임했음에도 불구하고 행정부가 정당한 이유 없이 시행령을 제정하지 않은 경우, 국가배상책임이 인정된다.
   ③ 행정입법부작위의 위헌·위법성과 관련하여, 하위 행정입법의 제정 없이 상위 법령의 규정만으로 집행이 이루어질 수 있는 경우에도 상위 법령의 명시적 위임이 있다면 하위 행정입법을 제정하여야 할 작위의무는 인정된다.
   ④ 행정규칙의 내용이 상위법령에 반하는 것이라면 법치국가원리에서 파생되는 법질서의 통일성과 모순금지 원칙에 따라 그것은 법질서상 당연무효이고, 행정내부적 효력도 인정될 수 없다.

6. 행정행위의 효력에 대한 설명으로 옳지 않은 것은? (다툼이 있는 경우 판례에 의함)
   ① 일반적으로 행정처분이 불복기간의 경과로 확정될 경우에는 그 처분의 기초가 된 사실관계나 법률적 판단이 확정되고 당사자들이나 법원이 이에 기속되어 모순되는 주장이나 판단을 할 수 없게 된다.
   ② 위법한 행정행위에 대하여 불가쟁력이 발생한 이후에도 당해 행정행위의 위법을 이유로 직권취소할 수 있다.
   ③ 제소기간이 이미 도과하여 불가쟁력이 생긴 행정처분에 대하여는 개별 법규에서 그 변경을 요구할 신청권을 규정하고 있거나 관계 법령의 해석상 그러한 신청권이 인정될 수 있는 등 특별한 사정이 없는 한 국민에게 그 행정처분의 변경을 구할 신청권이 있다 할 수 없다.
   ④ 불가변력은 당해 행정행위에 대하여서만 인정되는 것이고, 동종의 행정행위라 하더라도 그 대상을 달리할 때에는 이를 인정할 수 없다.

7. 「개인정보 보호법」에 대한 설명으로 옳지 않은 것은? (다툼이 있는 경우 판례에 의함)
① 개인정보자기결정권의 보호대상이 되는 개인정보는 반드시 개인의 내밀한 영역에 속하는 정보에 국한되지 않고 공적 생활에서 형성되었거나 이미 공개된 개인정보까지 포함한다.
② 개인정보처리자의 고의 또는 중대한 과실로 인하여 개인정보가 분실된 경우로서 정보주체에게 손해가 발생한 때에는 법원은 그 손해액의 3배를 넘지 아니하는 범위에서 손해배상액을 정할 수 있다.
③ 단체소송의 원고는 변호사를 소송대리인으로 선임하여야 한다.
④ 단체소송에 관하여 「개인정보보호법」에 특별한 규정이 없는 경우에는 「민사소송법」을 적용한다.

8. 행정절차에 대한 설명으로 옳지 않은 것은? (다툼이 있는 경우 판례에 의함)
① 인허가의제의 경우 관련 인허가 행정청은 관련 인허가의 처분기준을 주된 인허가 행정청에 제출하여야 하고, 주된 인허가 행정청은 제출받은 관련 인허가의 처분기준을 통합하여 공표하여야 한다.
② 행정예고기간은 예고 내용의 성격 등을 고려하여 정하되, 20일 이상으로 한다. 다만, 행정목적을 달성하기 위하여 긴급한 필요가 있는 경우에는 행정예고기간을 단축할 수 있고, 이 경우 단축된 행정예고기간은 10일 이상으로 한다.
③ 행정청이 「주택법」상 주택건설사업계획을 승인하면 「국토의 계획 및 이용에 관한 법률」상의 도시·군관리계획결정이 이루어진 것으로 의제되는데, 이 경우 도시·군관리계획 결정권자와의 협의절차와 별도로 「국토의 계획 및 이용에 관한 법률」에서 정한 도시·군관리계획 입안을 위한 주민 의견청취 절차를 거칠 필요는 없다.
④ 행정청은 침익적 행정처분의 경우에만 이유를 제시하여야 하고 수익적 행정처분의 경우에는 이유제시를 하지 않아도 무방하다.

9. 신뢰보호의 원칙에 대한 설명으로 옳은 것은? (다툼이 있는 경우 판례에 의함)
① 개발사업을 시행하기 전에 사건 토지 지상에 예식장 등을 건축하는 것이 관계 법령상 가능한지 여부를 질의하여 민원 부서로부터 '저촉사항 없음'이라고 기재된 민원예비심사 결과를 통보받았다면, 이는 이후의 개발부담금부과처분에 관하여 신뢰보호의 원칙을 적용하기 위한 공적인 견해표명을 한 것에 해당한다.
② 행정청이 외국인인 상대방에게 공신력이 있는 주민등록번호와 이에 따른 주민등록증을 부여한 행위는 그 상대방에게 대한민국 국적을 취득하였다는 공적인 견해를 표명한 것이라고 보아야 한다.
③ 상대방에게 귀책사유가 있어 그 신뢰의 보호가치가 인정되지 않는다면 신뢰보호의 원칙이 적용되지 않는데, 이때 귀책사유의 유무는 상대방을 기준으로 판단하여야 하고, 상대방으로부터 신청행위를 위임받은 수임인 등의 귀책사유 유무는 고려하지 않는다.
④ 재량권 행사의 준칙인 행정규칙의 공표만으로 상대방은 보호가치 있는 신뢰를 갖게 되었다고 볼 수 있다.

10. 하자의 승계에 대한 설명으로 옳지 않은 것은? (다툼이 있는 경우 판례에 의함)
① 계고처분의 후속절차인 대집행에 위법이 있다고 하더라도 그와 같은 후속절차에 위법성이 있다는 점을 들어 선행절차인 계고처분이 부적법하다는 사유로 삼을 수는 없다.
② 적법한 건축물에 대한 철거명령의 불이행을 이유로 후행행위로 행해진 건축물철거 대집행계고처분은 당연무효이다.
③ 과세처분의 취소를 구하는 행정소송에서는 선행처분인 개별공시지가결정의 위법을 독립된 위법사유로 주장할 수 없다.
④ 두 개 이상의 행정처분이 연속적으로 행하여지는 경우 선행처분과 후행처분이 서로 결합하여 1개의 법률효과를 완성하는 때에는 선행처분에 하자가 있으면 그 하자는 후행처분에 승계되므로 선행처분에 불가쟁력이 생겨 그 효력을 다툴 수 없게 된 경우에도 선행처분의 하자를 이유로 후행처분의 효력을 다툴 수 있다.

11. 무효확인소송에 대한 설명으로 옳지 않은 것은? (다툼이 있는 경우 판례에 의함)
① 무효인 과세처분에 근거하여 세금을 납부한 경우 부당이득반환청구의 소로써 직접 위법상태의 제거를 구할 수 있는지 여부와 관계없이 「행정소송법」 제35조에 규정된 '무효확인을 구할 법률상 이익'을 가진다.
② 「행정소송법」 제18조 제1항 단서에 따라 행정심판전치주의가 적용되는 경우에도 무효확인소송은 행정심판을 거치지 아니하고 제기할 수 있다.
③ 취소사유 있는 처분에 대하여 무효확인소송이 제기된 경우, 그 소송이 취소소송의 소송요건을 갖추었다면 법원은 취소판결을 할 수 있다.
④ 불가쟁력이 발생한 행정처분에 대하여 그 행정처분의 근거가 된 법률이 위헌이라는 이유로 무효확인청구의 소가 제기된 경우, 다른 특별한 사정이 없는 한 법원으로서는 그 법률이 위헌인지 여부에 대하여는 판단할 필요 없이 그 무효확인청구를 각하하여야 한다.

12. 행정행위의 부관에 대한 설명으로 옳지 않은 것은? (다툼이 있는 경우 판례에 의함)
① 일반적으로 보조금 교부결정은 법령과 예산에서 정하는 바에 엄격히 기속되므로, 행정청은 보조금 교부결정을 할 때 조건을 붙일 수 없다.
② 기선선망어업의 허가를 하면서 운반선, 등선 등 부속선을 사용할 수 없도록 제한한 부관은 그 어업허가의 목적달성을 사실상 어렵게 하여 그 본질적 효력을 해하는 것이므로 위법한 것이다.
③ 기부채납 받은 행정재산에 대한 사용·수익허가에서 공유재산의 관리청이 정한 사용·수익허가의 기간은 그 허가의 효력을 제한하기 위한 행정행위의 부관으로서 독립하여 행정소송의 대상으로 삼을 수 없다.
④ 도로점용허가의 점용기간을 정함에 있어 위법사유가 있다면 도로점용허가처분 전부가 위법하게 된다.

13. 행정대집행에 대한 설명으로 옳은 것은? (다툼이 있는 경우 판례에 의함)
① 행정청이 구「토지구획정리사업법」상 토지구획정리사업의 환지예정지를 지정하고, 그 사업에 편입되는 건축물로서 지장물 소유자에게 지장물의 자진이전을 요구한 후 이에 응하지 않자 지장물의 이전에 대한 대집행을 계고하고 다시 대집행영장을 통지한 경우, 위 계고처분 등은 「행정대집행법」제2조에 따라 명령된 지장물 이전의무가 없음에도 그러한 의무의 불이행을 사유로 행하여진 것이므로 위법하다.
② 「공익사업을 위한 토지 등의 취득 및 보상에 관한 법률」상의 협의취득시에 매매대상 건물에 대한 철거의무를 부담하겠다는 취지의 약정을 건물소유자가 한 경우, 그 철거의무는 대집행의 대상이 된다.
③ 수용재결에 따른 행정청의 철거 및 퇴거명령에도 불구하고 상대방이 토지 인도의무를 이행하지 않을 경우, 그 토지 인도의무는 공법상 의무에 해당하므로 그 권리에 끼칠 현저한 손해를 피하기 위한 경우라 하더라도 행정청이 그 권리를 피보전권리로 하는 민사상 명도단행가처분을 구할 수는 없다.
④ 계고서라는 명칭의 1장의 문서로서 건축물의 철거명령과 동시에 그 소정기한 내에 자진철거를 하지 아니할 때에는 대집행할 뜻을 미리 계고한 경우, 「건축법」에 의한 철거명령과 「행정대집행법」에 의한 계고처분은 각 그 요건이 충족되었다고 볼 수 없다.

14. 행정심판에 대한 설명으로 옳은 것은? (다툼이 있는 경우 판례에 의함)
① 위원회는 직권에 의하여 심판청구의 대상이 되는 처분 또는 부작위 외의 사항에 대하여도 재결할 수 있다.
② 행정심판위원회가 처분을 취소하는 재결을 할 경우, 피청구인인 행정청은 이 인용재결의 취소를 구하는 행정소송을 제기할 수 있다.
③ 조세부과처분이 국세청장에 대한 불복심사청구에 의하여 그 불복사유가 이유있다고 인정되어 취소되었음에도 처분청이 동일한 사실에 관하여 부과처분을 되풀이 한 것이라면 설령 그 부과처분이 감사원의 시정요구에 의한 것이라 하더라도 위법하다.
④ 거부처분에 대한 취소심판이나 무효등확인심판청구에서 인용재결이 있었음에도 불구하고 피청구인인 행정청이 재결의 취지에 따른 처분을 하지 아니한 경우에는 당사자가 신청하면 행정심판위원회는 기간을 정하여 서면으로 시정을 명하고 그 기간에 이행하지 아니하면 직접 처분을 할 수 있다.

15. 행정소송에 대한 설명으로 옳은 것은? (다툼이 있는 경우 판례에 의함)
① 처분에 대한 취소소송과 그 처분과 관련되는 부당이득반환청구소송이 각각 다른 법원에 계속되고 있는 경우에 취소소송이 계속된 법원이 상당하다고 인정하는 때에는 당사자의 신청 또는 직권에 의하여 이를 관련청구소송이 계속된 법원으로 이송할 수 있다.
② 관련청구소송의 병합은 본래의 항고소송이 적법할 것을 요건으로 하는 것이어서 본래의 항고소송이 부적법하여 각하되면 그에 병합된 관련청구도 소송요건을 흠결한 부적합한 것으로 각하되어야 한다.
③ 소송참가할 수 있는 행정청이 자기에게 책임없는 사유로 소송에 참가하지 못함으로써 판결의 결과에 영향을 미칠 공격방어방법을 제출하지 못한 때에는 이를 이유로 확정된 종국판결에 대하여 재심을 청구할 수 있다.
④ 법원은 행정청이 소송의 대상인 처분을 소가 제기된 후 변경한 때에는 원고의 신청 또는 직권에 의한 결정으로써 청구의 취지 또는 원인의 변경을 허가할 수 있다.

16. 국가배상에 대한 설명으로 옳지 않은 것은? (다툼이 있는 경우 판례에 의함)
① 국가나 지방자치단체가 손해를 배상할 책임이 있는 경우에 공무원의 선임·감독 또는 영조물의 설치·관리를 맡은 자와 공무원의 봉급·급여, 그 밖의 비용 또는 영조물의 설치·관리 비용을 부담하는 자가 동일하지 아니하면 그 비용을 부담하는 자도 손해를 배상하여야 한다.
② 「국가배상법」 제5조 소정의 공공의 영조물이란 공유나 사유임을 불문하고 행정주체에 의하여 특정 공공의 목적에 공여된 유체물 또는 물적 설비를 의미한다.
③ 법령의 위탁에 의해 지방자치단체로부터 대집행을 수권받은 구 한국토지공사는 지방자치단체의 기관으로서 「국가배상법」 제2조 소정의 공무원에 해당한다.
④ 배상청구권의 시효와 관련하여 '가해자를 안다는 것'은 피해자나 그 법정대리인이 가해 공무원의 불법행위가 그 직무를 집행함에 있어서 행해진 것이라는 사실까지도 인식하는 것을 의미한다.

17. 행정상 손실보상에 대한 설명으로 옳지 않은 것은? (다툼이 있는 경우 판례에 의함)
① 사업인정은 공익사업의 시행자에게 그 후 일정한 절차를 거칠 것을 조건으로 일정한 내용의 수용권을 설정하여 주는 형성행위이다.
② 토지보상법에 따르면, 중앙토지수용위원회는 이의신청을 받은 경우 재결이 위법하다고 인정할 때에는 그 재결의 전부 또는 일부를 취소할 수 있으나 보상액을 변경할 수는 없다.
③ 토지보상법에 따르면, 사업시행자가 사업인정고시가 된 날부터 1년 이내에 재결신청을 하지 아니한 경우에는 사업인정고시가 된 날부터 1년이 되는 날의 다음 날에 사업인정은 그 효력을 상실한다.
④ 국립공원구역지정 후 토지를 종래의 목적으로도 사용할 수 없거나 토지를 사적으로 사용할 수 있는 방법이 없이 공원구역 내 일부 토지소유자에 대하여 가혹한 부담을 부과하면서 아무런 보상규정을 두지 않은 경우에는 비례의 원칙에 위반되어 당해 토지소유자의 재산권을 과도하게 침해하는 것이라고 할 수 있다.

18. 공법상 계약에 대한 설명으로 옳지 않은 것은? (다툼이 있는 경우 판례에 의함)
① 행정청은 법령등을 위반하지 아니하는 범위에서 행정목적을 달성하기 위하여 필요한 경우에는 공법상 법률관계에 관한 계약을 체결할 수 있고, 이 경우 계약의 목적 및 내용을 명확하게 적은 계약서를 작성하여야 한다.
② 공법상 계약의 한쪽 당사자가 다른 당사자를 상대로 효력을 다투거나 이행을 청구하는 소송은 공법상의 법률관계에 관한 분쟁이므로 분쟁의 실질이 공법상 권리·의무의 존부·범위에 관한 다툼이 아니라 손해배상액의 구체적인 산정방법·금액에 국한되는 등의 특별한 사정이 없는 한 당사자소송으로 제기하여야 한다.
③ 서울특별시립무용단 단원의 위촉은 공법상의 계약이라고 할 것이고, 따라서 그 단원의 해촉에 대하여는 공법상의 당사자소송으로 그 무효확인을 청구할 수 있다.
④ 계약직공무원 채용계약해지의 의사표시는 일반공무원에 대한 징계처분과는 다르지만, 침익적 행정작용인 점에 비추어 「행정절차법」의 처분절차에 의하여 근거와 이유를 제시하여야 한다.

19. 행정행위에 대한 설명으로 옳지 않은 것은? (다툼이 있는 경우 판례에 의함)
① 난민 인정에 관한 신청을 받은 행정청은 법령이 정한 난민 요건에 해당하는지를 심사하여 난민 인정을 거부할 수 있음은 물론, 법령이 정한 난민 요건과 무관한 다른 사유를 이유로도 난민 인정을 거부할 수 있다.
② 귀화신청인이 구 「국적법」 제5조 각호에서 정한 귀화요건을 갖추지 못한 경우 법무부장관은 귀화 허부에 관한 재량권을 행사할 여지없이 귀화불허처분을 하여야 한다.
③ 기속행위의 경우 법원이 사실인정과 관련 법규의 해석·적용을 통하여 일정한 결론을 도출한 후 그 결론에 비추어 행정청이 한 판단의 적법 여부를 독자의 입장에서 판정한다.
④ 기속행위에 대하여는 법령상 특별한 근거가 없는 한 부관을 붙일 수 없고 가사 부관을 붙였다 하더라도 이는 무효이다.

20. 항고소송의 소송요건에 대한 설명으로 옳은 것은? (다툼이 있는 경우 판례에 의함)
① 행정심판 전치주의가 적용되는 경우에도 동종사건에 관하여 이미 행정심판의 기각재결이 있은 때에는 행정심판의 재결을 거치지 아니하고 취소소송을 제기할 수 있으나, 이때에도 행정심판을 청구는 해야 한다.
② 개발제한구역 중 일부 취락을 개발제한구역에서 해제하는 내용의 도시관리계획변경결정에 대하여, 개발제한구역 해제대상에서 누락된 토지의 소유자는 위 결정의 취소를 구할 법률상 이익이 있다.
③ 당사자소송으로 서울행정법원에 제기할 것을 민사소송으로 지방법원에 제기하여 판결이 내려진 경우, 그 판결은 관할위반에 해당한다.
④ 현역입영대상자가 현역병입영통지처분에 따라 현실적으로 입영을 한 후에는 처분의 집행이 종료되었고 입영으로 처분의 목적이 달성되어 실효되었으므로 입영통지처분을 다툴 법률상 이익이 인정되지 않는다.

행정학개론

1. 행정운영에서 가외성이 갖는 가치에 대한 설명으로 옳지 않은 것은?
   ① 행정의 경제적 능률성과 상충관계를 띨 수 있다.
   ② 행정체제의 신뢰성과 안전성 유지에 기여할 수 있다.
   ③ 행정의 창의성이 다양성을 높일 수 있다.
   ④ 운영상의 갈등대립의 가능성을 줄여주는 효과를 기대할 수 있다.

2. 온실가스 감축인지 예·결산제도에 대한 설명으로 틀린 것은?
   ① 온실가스감축인지 예산서에는 온실가스 감축에 대한 기대효과, 성과목표, 효과분석 등을 포함하여야 한다.
   ② 온실가스감축인지 예산서의 작성에 관한 구체적인 사항은 대통령령으로 정한다.
   ③ 온실가스감축인지 결산서에는 집행실적, 온실가스 감축효과분석 및 평가 등을 포함하여야 한다.
   ④ 온실가스 감축인지 예·결산제도는 2024회계연도 예산안 및 결산부터 적용한다.

3. 자치경찰제도에 대한 설명으로 옳지 않은 것은?
   ① 경찰의 사무를 국가경찰사무와 자치경찰사무로 각각 구분하여 정한다.
   ② 시·도에 2개의 시·도경찰청을 두는 경우 시·도지사 소속으로 2개의 시·도자치경찰위원회를 둘 수 있다.
   ③ 시·도자치경찰위원회 위원은 국가경찰위원회가 추천하는 1명을 시·도지사가 임명한다.
   ④ 시·도자치경찰위원회 위원은 시·도의회가 추천하는 1명을 시·도지사가 임명한다.

4. 신공공관리론에 대한 설명 중 가장 옳지 않은 것은?
   ① 관료제는 비효율적이므로 다른 수단으로 대체되어야 하며, 혁신을 통해 기업형 정부로 변화되어야 한다고 본다.
   ② 가격 매커니즘과 경쟁원리를 활용한 공공서비스 생산, 고객 지향적인 공공서비스 제공 등을 중시한다.
   ③ 정부개혁의 주요 방향은 기업가적 정부, 투입에 기반을 둔 예산배분, 규칙 중심의 조직관리 등이다.
   ④ 기업의 경영원리와 관리기법들을 행정에 도입하여 정부의 성과 향상과 관리의 효율성을 제고시킬 것을 강조한다.

5. 사바티어(P. Sabatier)와 마즈매니언(D. Mazmanian)이 효과적인 정책집행을 위해서 필요하다고 본 전제조건에 해당되지 않는 것은?
   ① 정책결정의 내용은 타당한 인과이론에 바탕을 둔 것이어야 한다.
   ② 사바티어(Sabatier)는 정책대상집단의 행태변화의 정도가 크면 정책집행의 성공은 어렵다고 본다.
   ③ 정책목표의 집행과정에서 우선순위를 탄력적이고 신축적으로 조정하여야 한다.
   ④ 유능하고 헌신적인 관료가 정책집행을 담당해야 한다.

6. 정책의제설정모형에 대한 설명에서 옳지 않은 것은?
   ① 외부주도형(outside initiative model) 정책의제 설정은 다원화된 정치제제에서 많이 나타난다.
   ② 후진국에서 교도주의적 정책엘리트들이 국가발전정책을 추진하는 과정을 설명하는데 유용하게 쓰일 수 있는 것은 동원모형이다.
   ③ 내부접근형은 대중의 지지를 획득하기 위한 공중의제화 과정이 없다는 점에서 공중의제화 과정을 거치는 동원형과 다르다.
   ④ 정책결정자들이 정책의제를 먼저 채택하고 사후적으로 관심과 지지의 확산을 강조하는 것은 내부접근모형이다.

7. 잉그람과 슈나이더(Ingram & Schneider)가 분류한 '정책대상집단의 사회적 구성(Social Construction of Target Population)' 모형에서 상호 연결이 옳지 않은 것은?
   ① 사회적 이미지가 좋은 집단은 수혜집단과 주장집단이고, 이미지가 나쁜 집단은 의존집단과 이탈집단이다.
   ② 노숙자나 장애인과 같은 의존집단은 정치권력 부족으로 자신들의 요구를 정책으로 반영하기 어렵다.
   ③ 범법자나 마약상과 같은 이탈집단은 사회적 이미지도 부정적일 뿐만 아니라, 정치권력도 낮은 편이다.
   ④ 노동조합이나 무기생산자와 같은 주장집단은 높은 정치권력의 집단으로서, 법률에 의해 규제를 받는 집단이다.

8. 퀸과 로보그(Quninne & Rohrbaugh)가 제시하는 조직목표의 경쟁적 가치모형 설명으로 옳지 않은 것은?
   ① 융통성과 외부에 초점을 맞추어 개방체제 모형은 자원확보와 성장을 목표로 한다.
   ② 통제와 내부에 초점을 맞춘 내부과정 모형은 안정성과 균형을 목표로 한다.
   ③ 통제와 외부에 초점을 맞춘 합리목표 모형은 민주성과 형평성을 목표로 한다.
   ④ 융통성과 내부에 초점을 맞춘 인간관계 모형은 인적자원 개발을 목표로 한다.

9. 에치오니(Etzioni)가 분류한 조직의 유형 중에서 이념정당에 해당하는 조직유형은?
① 강제조직
② 공리조직
③ 규범적 조직
④ 상호수혜조직

10. 조직의 규모에 대한 설명으로 가장 옳지 않은 것은?
① 조직의 규모가 커질수록 집권성은 높아진다.
② 조직의 규모가 클수록 조직의 공식화 수준은 높아진다.
③ 조직의 규모가 커질수록 분화가 촉진되고, 복잡성은 커진다.
④ 조직의 규모가 클수록 조직 내 구성원의 응집력이 약해진다.

11. 공공기관에 대한 설명을 틀린 것은?
① 준정부기관은 기금관리형과 위탁집행형으로 나뉜다.
② 공기업의 비상임이사는 주무기관장이 임명한다.
③ 공기업의 장은 대통령이 임명한다.
④ 준정부기관의 장은 주무기관장이 임명한다.

12. 공무원 인사제도에 대한 설명으로 옳지 않은 것은?
① 엽관주의는 특권적인 정부관료제를 일반 대중에게 공개함으로 행정의 민주화에 공헌하였다.
② 대표관료제는 소외집단의 요구에 대한 정부정책의 대응성을 높임으로써 정부정책에 대한 국민의 신뢰감 향상에 기여하였다.
③ 실적주의 등장은 미국은 팬들턴법(Pendleton Act)이 계기가 되었다.
④ 실적주의는 반드시 공무원의 정치적 중립을 요구하지는 않으나 직업공무원제는 공무원의 정치적 중립이 필수적이다.

13. 개방형 인사관리에 관한 설명 중 가장 적절하지 않은 것은?
① 개방형 임용제도의 정당화 근거로 성과주의적 관리의 촉진, 정실인사의 배제 등을 들 수 있다.
② 개방형 인사관리는 적극적인 인사행정을 가능하게 한다.
③ 개방형 임용제도는 직무수행요건을 갖춘 자를 공직 내·외부에서 임용함으로써 공직의 전문성을 높일 수 있다.
④ 개방형 인사관리는 행정조직에 대한 민주적 통제를 강화할 수 있다.

14. 중앙인사기관의 형태 중 독립합의형의 장점으로 볼 수 없는 것은?
① 인사행정의 정치적 중립을 보장하여 실적제를 발전시키는 데 유리하다.
② 다수의 위원들이 인사행정에 관한 결정을 함으로써 신중한 의사결정을 할 수 있다.
③ 인사행정에 대한 이익집단의 요구를 균형 있게 수용할 수 있다.
④ 행정수반이 자신의 정책을 강력히 추진하는 데 도움이 된다.

15. 조세지출 예산제도에 대한 설명으로 옳지 않은 것은?
① 조세지출은 매년 의회의 심의에 의하여 집행되기 때문에 만성적 기득권화를 방지하는데 기여한다.
② 조세지출예산제도는 국회 차원에서 조세감면의 내역을 통제하고 정책효과를 판단하기 위한 제도이다.
③ 과세의 수직적, 수평적 형평을 파악할 수 있기 때문에 세수인상을 위한 정책판단의 자료가 된다.
④ 국가에 대해 조세지출예산서, 지방자치단체에 대해 지방세지출보고서의 작성을 의무화하고 있다.

16. 예산결정 과정에 참여하는 각 기관의 역할의 유형과 성향 및 행태가 잘 연계된 것은?
① 중앙예산기관 - 주창자 - 균형 지향적 행태
② 중앙관서 - 삭감자 - 증액 지향적 행태
③ 행정수반 - 수문장 - 삭감 지향적 행태
④ 중앙예산기관 - 절약자 - 삭감 지향적 행태

17. 신제도주의에 대한 설명으로 옳지 않은 것은?
① 제도는 공식적 · 비공식적 제도를 모두 포함한다.
② 합리적 선택의 신제도주의에서는 사회적 딜레마를 해결하기 위해 사람들이 스스로 만드는 게임의 규칙을 제도로 본다.
③ 역사적 제도주의는 경로의존성에 의한 정책선택의 제약을 인정한다.
④ 사회학적 제도주의에서 동형화를 개인들 간의 선택적 균형에 기초한다고 본다.

18. 다음 설명 중 옳지 않은 것은?
  ① 4차 산업혁명은 초연결성, 초지능성을 특징으로 한다.
  ② 스마트정부는 맞춤형서비스에서 쌍방향서비스로 정부혁신의 방향 변화를 추구한다.
  ③ 스마트 워크는 정보통신기술을 이용해 시간, 장소의 제약 없이 업무를 수행하는 유연한 근무형태이다.
  ④ 빅데이터의 주요특징은 크기, 다양성, 속도에서 찾을 수 있다.

19. 조직설립 및 사무처리에서 행정안전부 장관의 사전 승인이 요구되는 제도는?
  ① 행정협의회
  ② 자치단체장의 협의체
  ③ 시·도의 지방자치단체조합
  ④ 중앙지방협력회의

20. 국가와 지방과의 기능배분의 기준 중 지방자치단체의 기능에 해당하는 것은?
  ① 외교, 국방, 사법, 국세 등
  ② 수출입정책 등 전국적으로 통일적 처리를 할 필요가 있는 사무
  ③ 주민의 복지증진사무
  ④ 근로기준, 측량단위 등의 설정

2025 공무원 시험대비【10월분】

-제5회-

이 름: ________________

제1과목 국어
제2과목 영어
제3과목 한국사
제4과목 행정법총론
제5과목 행정학개론

주간 모의고사 정오표

합격까지 박문각

국　어

1. 다음 글에 대한 이해로 가장 적절한 것은?

국어에서 음운변동이란 음운이 일정한 환경에서 본래의 소릿값을 유지하지 않고 달라지는 현상을 뜻한다. 이러한 변동은 크게 네 가지 유형으로 나눌 수 있다. 첫째, 교체는 한 음운이 다른 음운으로 바뀌는 경우이다. 예를 들어 '신라'가 [실라]로, '낫'이 [낟]으로 발음되는 것이 여기에 해당한다. 둘째, 탈락은 특정 환경에서 음운이 사라지는 경우이다. '좋아'가 [조아]로 발음되면서 'ㅎ'이 탈락하는 것이 대표적이다. 셋째, 축약은 서로 다른 두 음운이 합쳐져 새로운 음운으로 변하는 경우이다. 예컨대 '국화'가 [구콰]로 발음되는 것이 있다. 넷째, 첨가는 본래 없던 음운이 새로 더해지는 경우이다. '담요'가 [담뇨]로, '눈요기'가 [눈뇨기]로 발음되는 것이 그 예이다. 따라서 음운변동은 발음을 쉽게 하려는 원리에서 비롯되며, 각각의 사례를 정확히 구분하는 것이 중요하다.

① '쌓아'에서 [싸아]로 발음되는 것은 'ㅎ'이 모음 앞에서 'ㅇ'으로 교체한 경우라고 설명하는 것은 타당하다.

② '훑이다'를 [훌치다]로 발음되는 것은 음운 첨가라고 설명하는 것은 잘못이며, 탈락의 예로 남겨 두어야 한다.

③ '광한루'는 인접 음운의 영향을 받아 조음 방법이 바뀌어 [광할루]로 발음되므로 음운 교체에 해당한다고 설명하는 것은 타당하다.

④ '꽂히다'에서 [꼬치다]로 발음되는 것은 'ㄷ'과 'ㅎ'이 합쳐져 'ㅌ'으로 축약된 후 'ㅌ'이 'ㅊ'으로 바뀌는 교체에 해당한다고 설명하는 것은 타당하다.

2. 다음 글에 대한 이해로 가장 적절한 것은?

국어의 단어는 보통 하나의 품사로만 쓰이지만, 문맥에 따라 둘 이상의 품사로 기능한 경우도 있다. 예를 들어 '고질적인 교통 체증으로 몇 시간을 낭비했다.'에서 '고질적'은 명사로 쓰였지만, '고질적 문제 가운데 하나이다.'에서는 관형사로 쓰인다. 또 '오늘은 공부만 했다'에서 '만'은 앞말을 제한하는 조사이지만, '삼 년 만에 만났다.'에서 '만'은 명사로 쓰인다. 이런 경우를 품사의 통용이라 한다. 따라서 단어가 어떤 품사로 쓰였는지는 단순히 형태만 보고 판단할 수 없고, 실제 문장에서의 기능과 결합 관계를 살펴야 한다.

① '사과가 하나 남았다.'의 '하나'와 '하나 가져와라.'의 '하나'는 품사의 통용에 해당한다.

② '그는 경위가 밝은 사람이다.'의 '밝다'와 '한학에 밝은 할아버지.'의 '밝다'는 품사의 통용에 해당한다.

③ '냄새라도 맡아 보았으면 좋겠다.'의 '라도'와 '어떤 음식이라도 먹을래.'의 '라도'는 품사의 통용에 해당한다.

④ '혀가 굳어 말이 잘 나오지 않는다.'의 '굳다'와 '어린 소년인데도 의지가 참 굳군.'의 '굳다'는 품사의 통용에 해당한다.

3. 다음 글에 대한 이해로 가장 적절한 것은?

한 문장이 다른 문장 속에 포함되어 하나의 성분처럼 기능할 때 이를 안은문장이라 하고, 포함된 문장을 안긴문장이라 한다. 안긴문장은 여러 유형이 있다. 먼저 명사절은 '-(으)ㅁ, -기'가 붙어 문장에서 주어, 목적어, 부사어 역할을 한다. 관형절은 '-(으)ㄴ, -는, -(으)ㄹ' 등이 붙어 뒤의 체언을 꾸민다. 부사절은 '-게, -도록' 등이 붙어 용언을 수식한다. 서술절은 절 전체가 서술어로 쓰이는 경우로, 특별한 표지가 없다. 마지막으로 인용절은 다른 사람의 말을 포함하는 경우로, 직접 인용절에는 '라고', 간접 인용절에는 '고'가 쓰인다. 또한 안긴문장의 성분이 안은문장의 성분과 겹칠 때 생략되기도 하며, 한 안긴문장 안에 또 다른 문장이 들어가기도 한다.

① '잘 다져진 음식을 준비했다.'는 관형절이 안겨 있어 서술어로 기능한다.

② '그가 소리도 없이 사라졌다.'는 부사절이 안겨 있어 부사어로 기능한다.

③ '운동장을 달리는 나를 불렀다.'는 명사절이 안겨 있어 목적어로 기능한다.

④ '그가 사냥개를 조심하라고 외쳤다.'는 인용절이 안겨 있어 주어로 기능한다.

4. 다음 진술이 모두 참일 때 반드시 참인 것은?

○ 이 대리가 검토하면, 최 과장이 결재한다.
○ 김 사원이 보고서를 작성하면, 이 대리가 검토한다.
○ 최 과장이 결재하지 않으면, 박 부장도 결재하지 않는다.

① 박 부장이 결재하면, 이 대리가 검토한다.

② 이 대리가 검토하지 않으면, 박 부장은 결재한다.

③ 최 과장이 결재하지 않으면, 김 사원도 작성하지 않는다.

④ 김 사원이 보고서를 작성하면, 박 부장은 결재하지 않는다.

5. 다음 진술이 모두 참일 때 반드시 참인 것은?

○ 철수가 발표를 하면, 영희는 질문을 하지 않는다.
○ 영희가 질문을 하지 않으면, 민수는 토론에 참여하지 않는다.
○ 민수가 토론에 참여한다.

① 철수가 발표하지 않는다.

② 영희가 질문을 하지 않는다.

③ 철수가 발표하고 민수가 토론에 참여한다.

④ 영희가 질문을 하고 민수는 토론에 참여하지 않는다.

6. 다음 대화의 (가)에 들어갈 말로 적절한 것은?

> 갑: 과학자는 연구자이고 연구자는 진리를 탐구하는 사람이지. 모든 과학자는 진리를 탐구하니까 과학자가 아닌 사람은 진리를 탐구할 필요가 없어.
>
> 을: 모든 책이 지식을 담는다고 해서 지식을 담는 것이 모두 책은 아니잖아. 네가 "과학자가 아닌 모든 사람은 진리를 탐구할 필요가 없다."라고 주장하려면 " (가) "가 참이어야 해.

① 진리를 탐구하는 사람은 모두 과학자다.
② 과학자가 아닌 사람도 진리를 탐구할 수 있다.
③ 모든 진리를 탐구하는 사람은 과학자가 아니다.
④ 진리를 탐구하지 않는 사람은 모두 과학자가 아니다.

7. (가)와 (나)를 전제로 결론을 이끌어 낼 때, 빈칸에 들어갈 말로 가장 적절한 것은?

> (가) 전기차 전용 구역에 주차할 수 있는 차량은 모두 친환경차 스티커가 부착되어 있다.
>
> (나) 전기차 전용 구역에 주차할 수 있는 차량 가운데는 고속도로 통행료 할인 대상이 아닌 차량도 있다.
>
> 따라서

① 친환경차 스티커가 부착된 차량은 모두 고속도로 통행료 할인 대상이다.
② 고속도로 통행료 할인 대상 차량은 모두 전기차 전용 구역에 주차할 수 있다.
③ 전기차 전용 구역에 주차할 수 있는 어떤 차량은 친환경차 스티커가 부착되어 있지 않다.
④ 친환경차 스티커가 부착된 차량 가운데는 고속도로 통행료 할인 대상이 아닌 차량도 있다.

8. 다음 중 문맥상 ㉠의 의미와 가장 가까운 것은?

> 재판의 결과는 전파를 ㉠ 타고 빠르게 퍼져 나갔다.

① 연이 바람을 타고 하늘로 올라간다.
② 부동산 경기를 타고 건축 붐이 일었다.
③ 스케이트를 처음 탈 때는 엉덩방아를 찧게 마련이다.
④ 바위를 타는 솜씨로 보아 저 사람은 암벽 등반가인가 보다.

9. <지침>에 따라 <개요>를 작성할 때 (가)~(라)에 들어갈 내용으로 적절하지 않은 것은?

> < 지 침 >
> ○ 서론은 보고서 작성의 배경과 필요성을 포함할 것.
> ○ 본론은 제목에서 밝힌 내용을 2개의 장으로 구성하되, 2장의 하위 항목이 3장의 하위 항목과 서로 대응하도록 할 것.
> ○ 결론은 기대 효과와 향후 과제를 순서대로 제시할 것.

> < 개 요 >
> ○ 제목: 지역 소멸 위기 대응을 위한 청년 정착 전략
> 1장 서론
> 1. 인구 구조 변화와 청년층의 대도시 유출 현황
> 2. (가)
>
> 2장 지역 청년 유출의 주요 원인
> 1. 일자리 부족과 생계 불안
> 2. (나)
>
> 3장 청년 정착 유도를 위한 정책 방안
> 1. 청년 고용 인센티브 및 스타트업 지원 확대
> 2. (다)
>
> 4장 결론
> 1. 지역 청년 인구 유지 및 공동체 활력 증진
> 2. (라)

① (가): 지역 소멸은 국가 차원의 경제 구조와도 밀접히 연관됨을 강조
② (나): 청년층의 문화·여가 공간 부족으로 인한 생활 만족도 하락
③ (다): 청년층 대상 주거 지원 및 문화 인프라 확충
④ (라): 청년층의 소도시 이주를 장려하는 홍보 캠페인 전개

10. <공공언어 바로 쓰기 원칙>에 따라 수정한 것으로 적절하지 않은 것은?

> < 공공언어 바로 쓰기 원칙 >
> ○ 표현의 정확성
> ㉠ 의미에 맞는 정확한 단어 쓰기.
> ○ 부적절한 피·사동 표현 자제
> ㉡ 부적절한 피·사동 표현은 자연스럽고 정확한 표현으로 바꿀 것.
> ○ 여러 뜻으로 해석되는 표현 삼가기
> ㉢ 문장이 오해 없이 하나의 의미로 읽히도록 함.
> ○ 대등한 것끼리 접속
> ㉣ '-고, -(으)며, 와/과' 등으로 연결된 말은 구조를 맞춤.

① "운송업체는 화물을 입하한 날짜를 기준으로 보관료를 산정한다."를 ㉠에 따라 "운송업체는 화물을 출하한 날짜를 기준으로 보관료를 산정한다."로 수정한다.
② "이 조치는 곧 시행되어질 예정이다."를 ㉡에 따라 "이 조치는 곧 시행될 예정이다."로 수정한다.
③ "위원회는 전문가와 시민들을 선발하였다."를 ㉢에 따라 "위원회는 전문가와 협의하여 시민들을 선발하였다."로 수정한다.
④ "산업 안전 기준 마련과 감시 활동을 확대한다."를 ㉣에 따라 "산업 안전 기준을 마련하고 감시 활동을 확대한다."로 수정한다.

11. 다음 대화를 분석한 내용으로 가장 적절한 것은?

> 갑: 배달 앱 시장은 커졌지만, 배달 노동자들의 처우는 여전히 열악해. 산재 보상도 제대로 안 되고, 사고 나도 책임질 곳이 없어. 이건 단순한 노동 문제가 아니라 사회적 안전망의 문제야. 따라서 반드시 국가가 나서야 해.
>
> 을: 나는 조금 다르게 봐. 플랫폼 노동은 기본적으로 자율성과 유연성이 강점이야. 오히려 규제로 고용 형태를 정형화하면 시장 경쟁력만 낮아져.
>
> 병: 둘 다 일리가 있어. 다만 나는 최소한의 법적 보호는 있어야 한다고 생각해. 배달 노동자를 '특수고용'으로만 계속 둘 게 아니라, 일정 기준 이상이면 고용보험이나 산재 적용은 되어야 해.
>
> 갑: 그렇지. 최소한의 안전망도 없이 일하다 사고 나면 개인 책임이라는 건 너무 가혹해.
>
> 을: 하지만 그렇게 되면 자영업자와 플랫폼 업체의 부담이 너무 커져. 노동자도 유연함과 보장을 동시에 얻을 순 없잖아.

① 배달 노동자에게 산재 보장 등 법적 보호가 필요하다는 점에 대해 갑과 병은 동의한다.

② 플랫폼 노동자는 자율성이 핵심이므로 규제가 필요 없다는 점에 대해 을과 병은 동의한다.

③ 플랫폼 노동은 시장 자율이 우선되어야 한다는 점에 대해 갑은 동의하고 을은 동의하지 않는다.

④ 플랫폼 노동의 고용 구조를 개편해야 한다는 점에 대해 을은 동의하고 병은 동의하지 않는다.

12. ㉠의 원인으로 가장 적절한 것은?

> 도시의 주택 가격은 오랫동안 꾸준히 상승해 왔다. 그러나 최근 몇 년간 주택 매매 시장은 과열 현상을 보이며 사회적 문제로 부상했다. 특히 수도권의 경우, 교통망이 확충되고 신도시 개발이 이어지면서 집값이 급등하였다. 이에 따라 무주택자들의 내 집 마련 기회는 갈수록 줄어들고 있다. 정부는 주택 공급 확대, 대출 규제 강화 등 다양한 정책을 내놓았지만 효과는 제한적이었다. 한편, 자산을 늘리려는 투자 수요가 주택 시장으로 몰리면서 실수요자들이 더욱 불리한 위치에 놓였다. 심지어 일부 지역에서는 분양권 전매 차익을 노린 투기적 거래까지 성행했다. 최근 보고서는 주택 가격 상승의 가장 큰 원인으로 저금리 기조를 지목했다. 저금리는 시중의 자금이 예금보다 부동산과 같은 자산 시장으로 흘러들어가게 만든다. 실제로 ㉠젊은 세대가 집을 사기 위해 과도하게 대출을 받는 사례가 늘어난 것도 이러한 배경과 관련이 있다.

① 신도시 개발이 늦어져 무주택자가 늘어났기 때문이다.

② 정부가 대출 규제를 완화하여 대출이 쉬워졌기 때문이다.

③ 주택 공급이 과잉되어 집값이 급격히 하락했기 때문이다.

④ 저금리 기조가 자산 시장으로 자금을 유입시켰기 때문이다.

13. 다음 글의 (가), (나)에 들어갈 말을 적절하게 나열한 것은?

> 역사를 바라보는 시각은 단순히 과거를 아는 것에 그치지 않는다. 사실의 축적만으로는 역사가 될 수 없다. 예를 들어, 한 왕의 즉위 연도나 전쟁의 발발 날짜 같은 사건들이 아무리 많이 나열된다고 하더라도, 그것은 단순한 연대기의 기록에 불과하다. 진정한 역사 연구라면 반드시 그 사건들 사이의 연결 고리를 찾아내고, 당시 사람들의 선택과 행동이 어떤 배경 속에서 비롯된 것인지를 탐구해야 한다. 그래야만 우리는 과거가 현재와 어떻게 이어지고 있는지를 파악할 수 있다. 즉 역사가의 임무는 사실을 단순히 모으는 것이 아니라, 그 속에 숨어 있는   (가) 를/을 밝혀내는 것이다. 이러한 인식이 중요한 이유는, 과거의 사건은 이미 끝났지만 그 의미는 여전히 오늘날의 사회와 개인에게 영향을 주기 때문이다. 실제로 오늘날의 정치적 갈등이나 사회 제도 속에는 오랜 역사적 배경이 스며 있다. 역사란 과거와 현재를 단절된 시간으로 보는 것이 아니라, 서로 긴밀히 맞물린 연속체로 이해해야 한다는 뜻이다. 따라서 역사는 곧   (나) 로/으로 작동한다. 역사를 돌아보는 것은 단순한 지식의 습득을 넘어서, 오늘날 우리가 어떤 방향으로 나아가야 할지를 가늠하는 기준이 된다.

	(가)	(나)
①	우연적 반복	단편적 기록
②	인과 관계	현재의 거울
③	사건의 배열	죽은 기록
④	문화의 다양성	사라진 기억

14. 다음을 (가)~(라)의 순서로 가장 적절하게 배열한 것은?

> (가) 이러한 이유로 최근 광고에서는 '스토리텔링' 전략이 활발하게 사용된다. 즉, 상품을 등장시키기보다는 한 편의 이야기를 먼저 구성하고, 그 안에 상품을 자연스럽게 녹여내는 방식이다. 이 전략은 감정적 몰입을 유도하는 데 효과적이다.
>
> (나) 이를 위해 광고 기획자는 인물 설정, 갈등 구성, 반전 요소, 여운 있는 결말 등 서사적 장치를 활용한다. 이는 단순한 시청을 넘어서 '기억에 남는 장면'을 만드는 데 기여한다.
>
> (다) 광고는 상품을 알리는 단순한 도구가 아니라, 브랜드와 소비자 사이의 감정적 관계를 설계하는 커뮤니케이션 전략이다. 이때 핵심은 제품의 기능보다 그것이 소비자에게 어떤 '경험'을 제공하는지에 초점을 맞추는 것이다.
>
> (라) 결국 성공적인 광고는 단순한 정보 전달을 넘어서, 소비자 기억 속에 브랜드의 감정적 이미지를 각인시킨다. 광고는 더 이상 제품을 팔기 위한 수단이 아니라, 브랜드 경험을 설계하는 스토리의 일부가 되었다.

① (가)-(나)-(다)-(라)

② (가)-(다)-(나)-(라)

③ (다)-(가)-(나)-(라)

④ (다)-(가)-(라)-(나)

15. 글쓴이가 주장하는 교육관으로 적절하지 않은 것은?

학교 교육은 단순히 성적을 올리기 위한 훈련이 되어서는 안 된다. 진정한 교육은 학생이 스스로 질문을 던지고 답을 찾아가는 과정에서 이루어진다. 그러나 현실의 교실에서는 여전히 암기식 교육과 문제 풀이 위주 수업이 많다. 이런 방식은 학생들을 수동적인 존재로 만들 뿐, 스스로 생각하는 힘을 길러 주지 못한다. 미래 사회는 창의성과 비판적 사고를 요구한다. 따라서 교육은 학생들의 호기심을 존중하고, 탐구심을 키우며, 실패 속에서 배우도록 이끌어야 한다. 교사가 모든 답을 제시하는 것이 아니라 학생이 스스로 찾아내도록 도와야 한다. 교육은 지식을 전달하는 행위에 머무르지 않고, 질문하고 탐구하며 협력하는 힘을 기르는 과정이어야 한다.

① 스스로 답을 찾아가는 교육

② 탐구 능력을 길러 주는 교육

③ 학생의 질문을 존중하는 교육

④ 문제 풀이 위주의 암기식 교육

16. 다음 글의 이해로 가장 적절한 것은?

소쉬르는 언어를 사회적 산물로 이해했다. 그는 '랑그(언어 체계)'와 '파롤(개별 발화)'을 구분하며, 언어 연구의 대상은 개별적 말하기가 아니라 사회적으로 공유되는 체계라고 주장했다. 언어는 개인이 창조적으로 만드는 것이 아니라 사회 전체가 약속한 체계를 습득하는 과정이며, 이 때문에 언어는 사회학적 분석을 통해 이해되어야 한다. 그는 언어를 장기적이고 집단적인 구조로 보았고, 개인은 이를 수동적으로 받아들이는 존재라 했다. 이런 이유로 소쉬르는 언어학을 '사회적 기호 체계학'으로 정립하려 했다.

반면 촘스키는 인간이 언어를 습득하는 능력은 선천적이라고 보았다. 그는 아이들이 매우 짧은 기간 안에 복잡한 문법 규칙을 익히는 것은 단순한 모방이나 환경 자극만으로는 설명할 수 없다고 지적했다. 따라서 인간은 태어날 때부터 '보편 문법'을 내재하고 있으며, 언어는 사회적 합의 이전에 생물학적 본성에 깊이 뿌리내려 있다고 설명했다. 예를 들어 어린아이가 부모가 가르쳐주지 않은 문장 구조를 스스로 만들어내는 현상은 선천적 언어 능력 없이는 불가능하다. 이런 점에서 촘스키는 언어 연구를 심리학·뇌과학적 차원에서 접근해야 한다고 보았고, 이는 언어를 사회적 약속의 결과로 본 소쉬르와 근본적으로 대립한다.

① 소쉬르는 인간의 선천적 언어 능력을 강조했다.

② 촘스키는 언어를 단순한 사회적 합의로 환원했다.

③ 소쉬르와 촘스키 모두 언어를 개인의 창조적 산물로 보았다.

④ 소쉬르는 언어를 사회적 약속의 산물로, 촘스키는 언어를 선천적 능력의 결과로 보았다.

17. 다음 글의 중심 내용으로 가장 적절한 것은?

인공지능(AI)의 발달은 사회 전반에 커다란 변화를 가져오고 있다. 과거에는 단순 반복 작업이나 계산 업무에만 활용되던 컴퓨터가 이제는 인간의 언어를 이해하고, 이미지를 인식하며, 심지어 창의적 결과물까지 만들어 내고 있다. 이러한 변화는 생산성과 효율성을 크게 향상시키지만, 동시에 새로운 문제를 제기한다.

우선 고용 문제를 들 수 있다. 인공지능이 일부 직종을 대체하면서, 저숙련 노동자의 일자리가 줄어들 가능성이 높아졌다. 동시에 새로운 직업이 창출되기도 하지만, 전환 과정에서의 불평등은 심화될 수 있다. 또한 인공지능은 정보의 편향성과 윤리 문제를 동반한다. 학습 데이터가 가진 편견은 그대로 결과에 반영될 수 있으며, 이는 사회적 불평등을 재생산할 수 있다. 더 나아가 인공지능의 의사결정 과정은 복잡해 인간이 결과를 이해하거나 책임 소재를 규명하기 어렵게 만든다.

그럼에도 인공지능의 활용을 막을 수는 없다. 따라서 중요한 것은 기술 발전을 어떻게 관리하고 활용하느냐에 있다. 법적 규제, 윤리 기준 마련, 교육 제도 개편은 반드시 필요한 과제다. 결국 인공지능은 우리 사회에 기회와 위험을 동시에 안겨 주며, 이를 균형 있게 관리하는 노력이 필수적이다.

① 인공지능은 편향적 결과를 초래하므로 활용을 최소화해야 한다.

② 인공지능은 주로 저숙련 노동자의 일자리를 보존하는 역할을 한다.

③ 인공지능의 발전은 법적 규제와 교육 개편과는 무관하게 진행될 것이다.

④ 인공지능은 사회 전반에 변화를 주지만, 이를 균형 있게 관리하는 노력이 필요하다.

18. 다음 글의 제목으로 가장 적절한 것은?

작문에서 개요 작성은 글의 체계를 미리 설계하는 단계이다. 글을 바로 쓰기 시작하면 논지가 흔들리거나 내용이 산만해질 수 있다. 개요는 글의 주제를 명확히 하고, 중심 논거와 보조 논거의 관계를 정리하며, 글의 전개 순서를 계획하게 한다. 주장하는 글에서는 '주제 제시, 근거 제시, 반론 예상, 결론'과 같은 틀을 잡을 수 있다. 설명하는 글에서는 '정의, 특징, 예시, 의의'의 순서를 고려할 수 있다. 개요 작성은 글을 쓰기 전의 단순한 준비를 넘어 글 전체의 완결성을 좌우한다. 제한된 시간 안에 글을 써야 할 때 특히 유용하며, 필수 요소와 불필요한 요소를 가려내 사고를 정리하게 한다. 실제 시험 작문에서 개요를 작성하면 글의 방향이 명확해지고, 글쓴이가 당황하지 않고 논리를 유지할 수 있다. 나아가 개요는 글의 목적과 독자층에 따라 표현 방식을 미리 점검하게 해 준다. 따라서 개요는 글의 구조적 설계도이자 논리적 안전망이라 할 수 있다.

① 작문과 반론의 전략

② 설명문과 논증문의 차이

③ 개요 작성의 의의와 효과

④ 글쓰기에서 주장 전개 방식

19. 다음 글을 이해한 것으로 <보기>에서 옳지 않은 것만을 모두 고른 것은?

하이퍼텍스트란 쉽게 생각하면 주석들이 끝없이 연결되어 더 이상 본문과 주석의 구분이 불가능해진 텍스트를 의미한다. 이제까지는 글에서 주석은 어디까지나 본문을 설명하기 위한 종속적인 기능만을 지니고 있었다. 본문은 순차적인 흐름으로 이어져간다. 본문은 저자의 논리에 따라 선형적으로 연결되어 있다. 그러다가 중간마다 저자는 별도의 설명이 필요하다고 생각하는 부분에 따로 표시해 놓고 주석을 단다. 그러면 독자들은 그 주석을 통해 부가적인 정보를 얻는다. 하지만 독자들이 그 주석을 통해 아무리 흥미 있는 어떤 사실을 발견한다고 하더라도 어쨌든 저자들은 그것을 보조적인 설명으로 취급한다.

독자들은 이러한 약속에 암묵적으로 동의한 상태로 책을 읽어나간다. 주석을 계속 추적해 나가는 것은 책 읽기와는 구별되는 별개의 행위로 취급된다. 주석은 주석일 뿐이다. 그러나 하이퍼텍스트성이란 이러한 본문과 주석의 구분을 무의미한 것으로 취급하는 비선형적 텍스트성이다. 글 읽기의 순차가 정해진 것도 없고, 가지를 치고 독자들에게 선택을 허용한다. 텍스트들은 끈들에 의해 연결되어 있을 뿐이며 어느 것이 중심이고 어느 것이 가지인지를 결정하는 것도 독자/사용자의 몫이다. 심지어는 독자/사용자조차도 어느 것이 중심이고 어느 것이 가지인지 알지 못한다. 그저 자신의 관심이 가는 대로 움직일 뿐이다.

< 보 기 >

㉠ 하이퍼텍스트에서 본문 읽기와 주석 읽기는 별개의 행위로 간주한다.

㉡ 하이퍼텍스트에서 주석은 독자에게 보조적 설명으로만 활용되므로 선택적 읽기가 불가능하다.

㉢ 독자는 하이퍼텍스트에서 본문을 중심 의미로 보고 읽어나가며 주석의 구분을 유의미하게 바라본다.

① ㉠, ㉡

② ㉠, ㉢

③ ㉡, ㉢

④ ㉠, ㉡, ㉢

20. 다음 글을 이해한 것으로 <보기>에서 옳은 것만을 모두 고른 것은?

제1차 세계대전 이후와 나치 시대를 거치는 동안의 불행한 경험들에도 불구하고, 플랑크는 독일이 위대한 국가로 부상하던 그 황금 시절에 그렇게도 확고하게 보였던 그 근본적 믿음들을 고수하였다. 그 시절에는 지적·사회적 삶, 국가에 대한 의무와 존경, 그리고 도덕적 명령들이 모두 서로 조화를 이루고 있었다. 나중에 국가와 과학과 도덕은 각기 제 갈길을 갔다. 세계의 질서는 시야에서 사라져 버렸다. 그리고 플랑크의 덕과 지식과 권위는 그의 가장 가까운 사람들에게 닥쳐온 재난들을 피하게 하는 데 아무런 소용이 없었다.

그러나 그것 자체도 또한 세계 질서의 일부분이었는지도 모른다. 우리가 처음에는 불행이라고 탄식하던 사건이 나중에 더 큰 불행으로부터 우리를 보호했음이 밝혀질 수 있다. 그때는 우리의 탄식이 아마도 만족과 기쁨으로 변할 것이다. 그리고 바로 거기에 딜레마 중의 딜레마가 있다. 정언적 명령에 의해 강제되는 행동은 거의 없다. 실제에 있어서 도덕적 행동은 사회적 경험들로부터 도출된 교훈들에 의해 이끌리며, 그 단기적·장기적 결과들에 의해 평가를 받는다. 언제 그리고 어떻게 그러한 평가를 내려야 할 것인가? 플랑크가 공직에 남아 있으면서, 할 수 있는 최대로 그의 깨끗한 양심과 선의를 보존한 것이, 그가 나치들을 상대하는 데 최선이었던가? 그의 세계관은 그를 고귀하게 하였는가, 아니면 욕되게 하였는가?

< 보 기 >

㉠ 나치 치하에서 플랑크가 보여주었던 행동에 대한 역사적 평가는 당대의 도덕적 관점에 의해 정의되었다.

㉡ 플랑크는 나치 치하에 공직에 남아 있으면서 최대한 양심을 유지하려고 노력했는데, 이것이 과연 최선이었는가는 여전히 논란이 된다.

㉢ 플랑크가 성장하던 시기에 독일은 황금시대를 구가하고 있었고, 그 시절에는 플랑크 개인에게 있어서 과학과 도덕은 조화롭지 못하였다.

① ㉡

② ㉢

③ ㉠, ㉢

④ ㉡, ㉢

영 어

1. 밑줄 친 부분과 의미가 가장 가까운 것을 고르시오.

> We are looking for fresh, <u>new</u> ideas that solve this problem. However, it is not easy.

① novel
② unique
③ multiple
④ instinctive

2. 빈칸에 들어갈 말로 가장 적절한 것을 고르시오.

> They have ___________ the crime site for days but turned out to have no concrete evidence.

① crawled
② violated
③ exploded
④ investigated

3. 빈칸에 들어갈 말로 가장 적절한 것을 고르시오.

> Olivia looked forward to going to Yale University. However, she failed to ________ all the requirements for entry to the university.

① intervene
② expire
③ gratify
④ delete

4. 빈칸에 들어갈 말로 가장 적절한 것을 고르시오.

> His parents who once loved each other ___________ and their relationship comes loose nowadays.

① grows distant
② grow distant
③ grows distantly
④ grow distantly

5. 빈칸에 들어갈 말로 가장 적절한 것을 고르시오.

> The military expert exactly predicted when the war ___________.

① won't break out
② would't break out
③ won't be broken out
④ would't be broken out

6. 다음 밑줄 친 부분 중 어법상 틀린 것은?

> The descriptions of sound production ① <u>have</u> been rewritten in this edition, so as to update the theory of sound and to provide better practical advice regarding pronunciation problems. Several figures, in order to achieve greater accuracy and clearer detail, ② <u>have</u> been redrawn. The authors have tried to eliminate traces of gender-biased attitudes, wherever they were detected, and a definite attempt ③ <u>has</u> been made to balance female and male references. Despite many adversities and setbacks until finishing this, the most significant kind of change in these new editions ④ <u>are</u> the result of the effort we have made.

7. 다음 밑줄 친 부분 중 어법상 틀린 것은?

> Even if chocolates and ice-cream taste ① <u>well</u> and you feel ② <u>comfortable</u> from them, trying to replace them with broccoli and carrot juice ③ <u>is</u> necessary. However, our will always run ④ <u>short</u> to attempt it.

8. 대화의 흐름으로 보아 빈칸에 가장 적절한 것은?

> A: Hi there. May I help you?
> B: Yes, I'm looking for a sweater.
> A: Well, this one is the latest style from the fall collection. What do you think?
> B: It's gorgeous. How much is it?
> A: Let me check the price for you. It's $120.
> B: ___________________________.
> A: Then how about this sweater? It's from the last season, but it's on sale for $50.
> B: Perfect! Let me try it on.

① I also need a pair of pants to go with it
② That jacket is the perfect gift for me
③ It's a little out of my price range
④ We are open until 7 p.m. on Saturdays

[9~10] 다음 글을 읽고 물음에 답하시오.

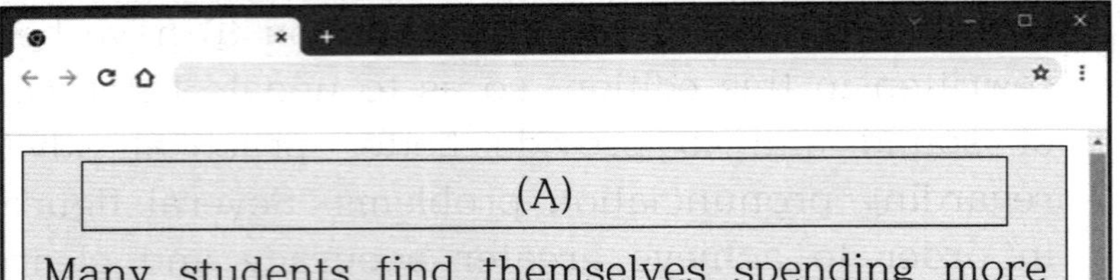

(A)

Many students find themselves spending more time on YouTube than they intend. To avoid wasting precious hours, here are some useful approaches:

- Decide on a daily viewing limit and set an alarm to remind yourself.
- Unsubscribe from channels that distract you from your goals.
- Turn off autoplay so videos don't continue without your choice.
- Use the saved-for-later list instead of watching everything immediately.
- Replace excessive screen time with offline hobbies like drawing, walking, or reading.

By practicing these habits, learners can take back control of their time and focus on what truly matters.

☐ Don't show again   Close ☒

9. (A)에 들어갈 윗글의 제목으로 가장 적절한 것은?
① Why Online Classes Are Becoming Popular
② The History of Online Video Platforms
③ How to Become a Famous YouTuber
④ Ways to Reduce YouTube Overuse

10. 윗글의 내용과 일치하는 것은?
① 집중력을 높이기 위해 좋아하는 채널은 더 많이 구독해야 한다.
② 자동 재생 기능을 켜 두면 학습에 더 도움이 된다.
③ 영상을 즉시 시청하기보다는 나중에 보기 목록을 활용하는 것이 좋다.
④ 화면 앞에서 보내는 시간을 늘리기 위해 취미 활동을 줄여야 한다.

11. 다음 글에서 City Science Discovery Tour에 대한 내용과 일치하지 않는 것은?

City Science Discovery Tour

The City Science Discovery Tour is designed for middle and high school students who are curious about how science influences everyday urban life. The tour aims to connect classroom knowledge with real-world experiences, helping students see the role of science in solving modern city challenges such as energy use, transportation, and

sustainability. Through guided visits, experiments, and discussions, participants explore how cities can become smarter and more eco-friendly.

Main Highlights

- **Guided Walk:** Students visit energy-efficient buildings and eco-parks.
- **Interactive Labs:** Participants conduct experiments related to air quality and water systems.
- **Technology Talk:** Engineers explain innovations in transportation and smart cities.
- **Reflection Session:** Students share what they learned and suggest ideas for future cities.

① It is designed for secondary school students interested in urban science.
② Students conduct experiments on air quality and water systems.
③ Engineers explain transportation innovations and smart city technology.
④ Students take a test on what they learned instead of revealing ideas.

12. 다음 글에서 How to Make Mistake Notebook에 대한 내용과 일치하는 것은?

How to Make Mistake Notebook

Keeping a well-organized mistake notebook can greatly improve learning efficiency. Here are several strategies to make it effective:

- Instead of analyzing the correct answer, explore why you got the question wrong.
- Add a short explanation of why your choice was incorrect.
- Record the correct solution and summarize it in your own words.
- Review your notes regularly rather than just before exams.
- Highlight repeated errors to identify patterns in your weaknesses.

This method helps students turn mistakes into opportunities for deeper understanding.

① In a mistake notebook, you should analyze only the correct answers instead of the wrong ones.
② While recording the right solution, it is better to abridge it in your own words.
③ Reviewing the mistake notebook only right before the exam is the most effective.
④ It is better not to emphasize repeated mistakes and just skip them.

13. 다음 글의 목적으로 가장 적절한 것은?

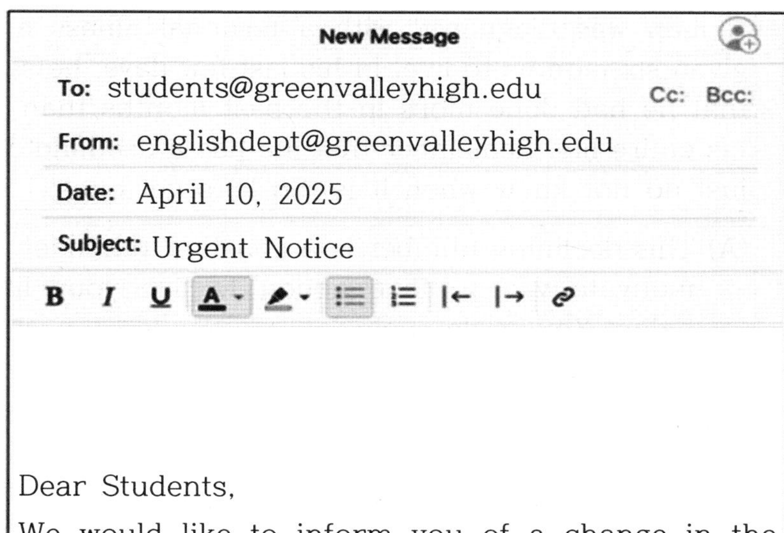

Dear Students,

We would like to inform you of a change in the scope of the upcoming midterm English exam. The exam will now cover Units 1 through 4, instead of Units 1 through 5 as originally planned. Please note that the grammar section from Unit 4 will not be included. All other details, such as the exam date and format, will remain the same. We apologize for any confusion this may cause and appreciate your attention to this update.

Sincerely,

Green Valley High School English Department

① to encourage students to read English novels during the midterm break

② to inform students of a modified scope for the English midterm exam

③ to request students to submit additional homework before the exam

④ to provide students with tips on preparing for midterm exam

[14~15] 다음 글을 읽고 물음에 답하시오.

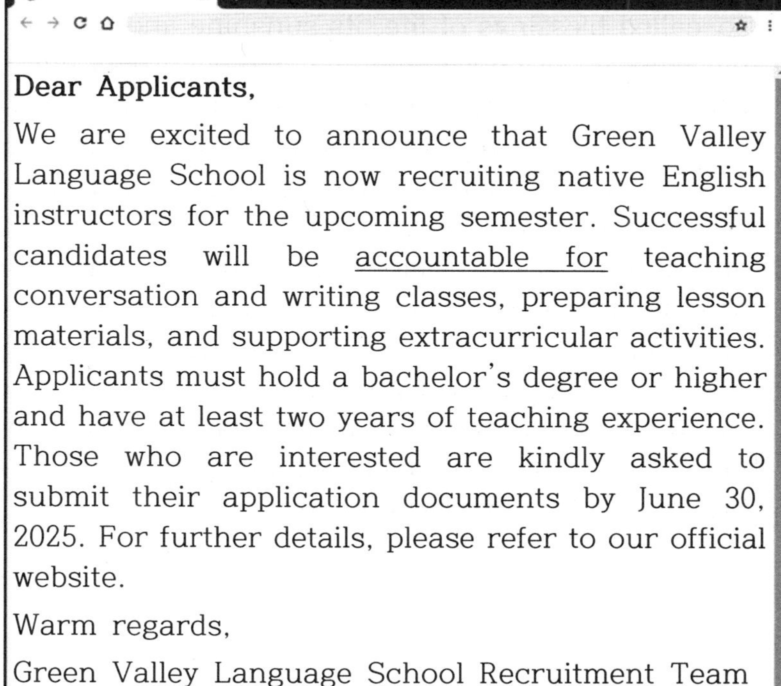

Dear Applicants,

We are excited to announce that Green Valley Language School is now recruiting native English instructors for the upcoming semester. Successful candidates will be <u>accountable for</u> teaching conversation and writing classes, preparing lesson materials, and supporting extracurricular activities. Applicants must hold a bachelor's degree or higher and have at least two years of teaching experience. Those who are interested are kindly asked to submit their application documents by June 30, 2025. For further details, please refer to our official website.

Warm regards,

Green Valley Language School Recruitment Team

14. 밑줄 친 "accountable for"의 의미와 가장 가까운 것은?

① in charge of

② independent of

③ free from

④ explanation for

15. 윗글의 목적으로 가장 적절한 것은?

① to notify applicants about the recruitment of native English instructors

② to encourage students to join extracurricular club activities

③ to inform customers of a revised travel departure date

④ to remind teachers to submit exam results on time

16. 다음 글의 주제로 가장 적절한 것은?

PCs are piling up in warehouses and stores, and PC manufacturers are cutting their sales and earnings estimates, especially in the US which is the world's biggest PC market, sending ripples of concern throughout the electronics and computer software industry which has thrived on the growing use of PCs. The PC industry, worth about $120 million in worldwide sales, has experienced slowdown in the past, only to bounce back with more vigor than ever. But this time could be different. The end of the PC's dominance of computer industry may be approaching.

① the scale of the American Computer Industry

② the growth in the American Computer Industry

③ the problems in the American Computer Industry

④ the recession in the American Computer Industry

17. 다음 글의 빈칸에 들어갈 말로 가장 적절한 것은?

It cannot be too often repeated that it is not the so-called blessings of life, its sunshine and calm and pleasant experiences that make men great, but its rugged experiences, its storms, and trials. Early adversity, especially, is often a blessing in disguise. It is the rough Atlantic Ocean, the cold, dark, winter nights, the fierce "northers," that make the British and the American sailors the toughest and most skillful in the world. The training in the school of hardship and sorrow produces the most able pupils, and the hill of difficulty is the best of all exercises for the strengthening of mental backbones. Great men can no more be made without __________ than bricks can be made without fire.

*norther: 북풍

① hardship

② pleasure

③ talent

④ effort

18. 글의 흐름으로 보아, 주어진 문장이 들어가기에 가장 적절한 곳은?

Language also makes possible an explosive growth in a child's capacity to retain information in memory.

It is not at all hard to understand why having a good start increases the likelihood of a young person eventually becoming an especially capable adult. (①) Consider, for example, some advantages of gaining above-average language skills at an early age. (②) Acquiring language affects a child's capacities as a thinker in the fundamental way. (③) That information in turn opens up the possibility of undertaking cognitive activities such as planning, reasoning and making choices and judgements, and anticipating the future, which are literally inconceivable in a species that lacks language. (④) In sum, acquiring language brings about a complete transformation in what a child is capable of.

19. 주어진 글 다음에 이어질 글의 순서로 가장 적절한 것은?

A man was diagnosed with a terminal illness and given six months to live. In his last few days, he said that he had done more in the past months than in his entire life. Remember that life has a deadline; we just do not know when it is. So let's get one!

(A) This declining number is a constant reminder to motivate you to take action to live your life, today. You trade each day of your life for what you do in that day. Make a good trade!

(B) What you have is the number of days that you have left to live. Write this number down, and every morning cross it out and write the novel number.

(C) We are going to do some calculations to find out how much longer you have to live. Start with the number 79, the average life expectancy. Now, subtract your current age. Multiply that number by 365.

① (B) - (A) - (C)

② (B) - (C) - (A)

③ (C) - (A) - (B)

④ (C) - (B) - (A)

20. 다음 글의 흐름상 가장 어색한 문장은?

Random sampling doesn't mean just choosing the people to participate in the study haphazardly— there's a difference between the meaning of the word 'random' in everyday use and its meaning in statistics and research methods. ① A random sample is a sample in which every member of the population has an equally likely chance of being selected for the study—and that isn't as easy as it sounds. ② Most sampling methods will unconsciously favour some people, and not others. ③ Picking names at random out of a telephone directory means that people who are ex-directory or who don't use landlines are not going to be included. ④ While landline phones are disappearing from homes, mobile phones are gaining in popularity.

*haphazardly: 되는 대로

**ex-directory: 전화번호부에 올라 있지 않은

한 국 사

1. 다음 유적지가 해당하는 시대에 관한 설명 중 옳은 것은?

> 이 곳은 연천 전곡리의 한탄강 유역의 현무암 대지에 자리 잡고 있다. 현무암 위에는 적색의 점토 퇴적층과 사질층의 퇴적물이 형성되어 있는데, 이 퇴적물의 상부 점토층에서 석기가 다량 발견되었다.

① 벼농사가 시작되었다.
② 주먹도끼 등 뗀석기를 사용하였다.
③ 사유재산제도와 계급이 출현하였다.
④ 빗살무늬 토기에 도토리 등을 저장하였다.

2. (가)와 (나) 나라의 설명으로 옳지 않은 것은?

> (가) 은력(殷曆) 정월에 지내는 제천 행사는 국중 대회로 날마다 마시고 먹고 노래하고 춤추는데, 그 이름을 영고라 하였다.
> (나) 본디 연노부·절노부·순노부·관노부·계루부 이렇게 5부족이 있었다. 처음에는 연노부에서 왕이 나왔으나 점점 약해져서 지금은 계루부가 왕위를 차지했다.

① (가) - 여섯 가축의 이름으로 관명을 정하였다.
② (가) - 국왕의 장례에는 옥갑(玉匣)을 사용하였다.
③ (나) - 중대한 범죄는 제가회의를 통해 사형을 처했다.
④ (나) - 해마다 10월에 무천이라는 제천행사를 열었다.

3. 밑줄 친 '이 나라'에 대한 설명으로 옳은 것은?

> 시조는 이진아시왕이다. 그로부터 도설지왕까지 대략 16대 520년이다. 최치원이 지은 『석이정전』을 살펴보면, 가야산신 정견모주가 천신 이비가지에게 감응되어 이 나라 왕 뇌질주일과 금관국왕 뇌질청예 두 사람을 낳았는데, 뇌질주일은 곧 이진아시왕의 별칭이고 뇌질청예는 수로왕의 별칭이라고 한다.
>
> - 『신증동국여지승람』 -

① 국사를 총괄하는 대대로를 선출하였다.
② 개국, 대창, 홍제 등의 연호를 제정하였다.
③ 6세기 신라 법흥왕과 결혼 동맹을 체결하였다.
④ 대표적인 유적지로는 김해 대성동 고분이 있다.

4. 4세기 근초고왕의 업적으로 옳은 것은?
① 왕위의 부자 상속이 확립되었다.
② 중앙 관청을 22부로 확대하였다.
③ 동진으로부터 불교를 수용하였다.
④ 나·제 동맹을 처음으로 체결하였다.

5. 밑줄 친 '왕'의 재위 기간에 있었던 일로 옳지 않은 것은?

> 왕의 국서에 이르기를 "… 고려의 옛 땅을 회복하고 부여의 유풍을 지니고 있습니다. … 우호를 맺고 옛날의 예에 맞추어 사신을 보내어 이웃을 찾는 것이 오늘에야 비롯하게 되었습니다."라고 하였다.

① 장문휴가 당의 등주를 공격하였다.
② 인안이라는 독자적 연호를 사용하였다.
③ 당과 신라를 견제하기 위해 돌궐과 손을 잡았다.
④ 당으로부터 발해군왕의 책봉호를 처음으로 받았다.

6. 다음 밑줄 친 '왕'의 업적에 대한 설명으로 옳은 것은?

> 대사헌 조준 등이 상소를 올리기를, "고려 왕이 즉위한 지 34일 만에 여러 신하를 맞이하면서 '최근 백성에 대한 수탈이 가혹해져서 1결의 조세가 6석에 이르러 백성의 삶이 너무 어려우니 … 지금부터 마땅히 10분의 1세로 하여 밭 1부의 조를 3되로 하여라'라고 한탄하여 말하였는데 …

① 서경 천도를 추진하였다.
② 공신들에게 역분전을 지급하였다.
③ 민생 안정을 목적으로 상평창을 설치하였다.
④ 불교를 장려할 목적으로 광학보를 설치하였다.

7. 다음 자료와 관련있는 인물에 대한 설명으로 옳은 것은?

> 지금 불교계를 보면, 아침, 저녁으로 행하는 일들이 비록 부처의 법에 의지하였다고 하나, 자신을 내세우고 이익을 구하는데 열중하며, 세속의 일에 골몰한다. 도덕을 닦지 않고 옷과 밥만 허비하니, 비록 출가하였다고 하나 무슨 덕이 있겠는가?

① 유·불일치설을 주장하였다.
② 백련사에서 결사를 조직하였다.
③ 돈오점수의 수행법을 주장하였다.
④ 『신편제종교장총록』을 편찬하였다.

8. 밑줄 친 '임금'에 대한 설명으로 옳은 것은?

> 지금 임금께서 왕위에 오르시자 먼저 예문관을 열어 옛 집현전의 제도를 회복하고, 날마다 경연에 참석하시어 문적을 깊이 연구하고, 유술(儒術)을 높이며 인재를 양육하니 옛날에 비하여 보아도 더하였다.

① 유향소를 폐지하였다.
② 호패법을 실시하였다.
③ 4군 6진을 개척하였다.
④ '경국대전'을 반포하였다.

9. 다음 역사적 사실들을 시대 순으로 바르게 나열한 것은?

> ㉠ 정묘호란
> ㉡ 인조반정
> ㉢ 병자호란
> ㉣ 이괄의 난

① ㉠ - ㉡ - ㉢ - ㉣
② ㉡ - ㉠ - ㉢ - ㉣
③ ㉡ - ㉠ - ㉣ - ㉢
④ ㉡ - ㉣ - ㉠ - ㉢

10. 밑줄 친 '왕' 대에 간행된 서적으로 옳지 않은 것은?

> 왕은 원나라의 수시력을 참고하여 역법을 만들게 하였다. 그 책의 말미에 동지·하지 후 일출·일몰 시각과 밤낮의 길이를 나타낸 표가 실려 있는데, 우리 역사상 최초로 한양을 기준으로 하여 계산 한 것이다.

① 『의방유취』
② 『총통등록』
③ 『삼강행실도』
④ 『세종실록지리지』

11. 다음 사건이 일어난 시기의 정치 상황으로 옳은 것은?

> (가)이/가 황해도에서 횡행했는데, 그는 원래 광대 출신으로 곤두박질을 잘하고 용맹이 뛰어났으므로 드디어 괴수가 되었다. 조정에서 이를 걱정하여 신엽(申燁)을 감사(監司)로 삼아 체포하게 하였으나 잡지 못했다.
> 　　　　　　　　　　　　　　　　　　　- 『성호사설』 -

① 영정법이 시행되었다.
② 백두산 정계비가 건립되었다.
③ 청계천을 준설하여 도시를 재정비하였다.
④ 수성윤음을 반포하여 수도 방위 체제를 강화하였다.

12. 다음 밑줄 친 '이 지역'에 대한 설명으로 옳은 것은?

> ○ 묘청 세력은 이 지역으로 천도할 것을 주장하였다.
> ○ 조위총이 무신 정권에 반발하여 이 지역에서 반란을 일으켰다.

① 망이·망소이가 반란을 일으켰다.
② 지눌이 수선사 결사운동을 펼쳤다.
③ 1920년대 초에 물산장려운동이 시작되었다.
④ 현존 세계 최고의 직지심체요절이 간행되었다.

13. 밑줄 친 '조약'에 대한 설명으로 옳지 않은 것은?

> 1905년 8월 4일 우리가 앉아있는 곳은 새거모어힐(루스벨트의 여름용 대통령 관저)의 대기실, 루스벨트의 저택이다. … 대통령과 마주하자 나는 말했다. "감사합니다. 각하. 저는 대한 제국 황제의 친필 밀서를 품고 지난 2월에 헤이 장관을 만난 사람입니다. 그 밀서에서 우리 황제는 1882년에 맺은 조약의 거중 조정 조항에 따른 귀국의 지원을 간곡히 부탁했습니다.

① 영사 재판권이 인정되었다.
② 갑신정변 이후 체결된 것이다.
③ 최혜국 대우 조항이 포함되었다.
④ 『조선책략』의 영향을 받았다.

14. (가) 단체에 대한 설명으로 옳은 것은?

> 아관파천 이후 러시아의 영향력이 강화되고 열강의 이권 침탈이 가속화하였다. 이러한 가운데 서재필 등은 (가)을/를 만들었다. (가)은/는 고종에게 자주독립을 굳건히 하고 내정 개혁을 단행하라는 내용이 담긴 상소문을 제출하였으며, 만민 공동회를 개최하여 외국의 간섭과 일부 관리의 부정부패를 비판하였다.

① 독립문을 건립하였다.
② 홍범 14조를 발표하였다.
③ 교육 입국 조서를 공포하였다.
④ 국채 보상 운동을 주도하였다.

15. 다음 자료의 근대 교육 기관은?

> 문·무관, 유생 중에 어리고 총명한 자 40명을 뽑아 입학 시키고 벙커와 길모어 등을 교사로 초빙하여 서양 문자를 가르쳤다. 문관으로는 김승규와 신대균 등 여러 명이 있고, 유사로는 이만재와 서상훈 등 여러 명이 있었다. 사색 당파를 골고루 배정하여 당대 명문 집안에서 선발하였다.

① 원산학사
② 배재학당
③ 대성학교
④ 육영공원

16. 다음 법령이 시행된 시기에 있었던 사실로 옳은 것은?

> 제1조 회사의 설립은 조선 총독의 허가를 받아야 한다.
> 제5조 회사가 본령이나 본령에 따라 나오는 명령과 허가 조건을 위반하거나 공공질서와 선량한 풍속에 반하는 행위를 할 때 조선 총독은 사업의 정지, 지점의 폐쇄, 또는 회사의 해산을 명할 수 있다.

① 국가 총동원법을 만들었다.
② 산미 증식 계획을 중단하였다.
③ 남면 북양 정책이 추진되었다.
④ 헌병이 경찰 업무까지 담당하였다.

17. 밑줄 친 '그'에 대한 설명으로 옳은 것은?

> 그는 대한 제국의 무관 출신으로 신민회 등에서 활동 하다 일제에 체포되었다. 이후 만주와 연해주를 중심으로 민족 운동을 전개하였다. 이상설과 대한광복군 정부 창설을 주도하며 부통령을 역임하였고, 최초의 국외 사회주의 정당인 한인 사회당을 창당하였다.

① 대한민국 임시 정부에 참여하였다.
② 한국광복군의 총사령관을 역임하였다.
③ 평양에서 물산 장려 운동을 주도하였다.
④ 정읍에서 남한만의 단독 정부 수립을 주장하였다.

18. 다음 의병 활동에 대한 설명으로 옳은 것은?

> 군사장은 미리 군비를 신속히 정돈하여 철통과 같이 함에 한 방울의 물도 샐 틈이 없는지라. 이에 전군에 명령을 내려 일제히 진군을 재촉하여 동대문 밖으로 진군하였다. … 그 목적은 서울로 들어가 통감부를 쳐부수고 성하(城下)의 맹(盟)을 이루어 저들의 소위 신협약 등을 파기하여 대대적 활동을 기도함이라.
>
> － 『대한 매일 신보』 －

① 최익현 등이 활약하였다.
② 고종의 해산 명령으로 해산하였다.
③ 단발령 실시에 항거하여 일어났다.
④ 연합 의병 부대인 13도 창의군이 결성되었다.

19. 다음 역사적 사실들을 순선대로 나열한 것은?

> ㉠ 국내에서 조선 건국 동맹이 결성되었다.
> ㉡ 덕수궁에서 1차 미·소 공동 위원회가 개최되었다.
> ㉢ 좌우 연합의 조선 건국 준비 위원회가 조직되었다.
> ㉣ 카이로 회담에서 최초로 한국의 독립을 약속하였다.

① ㉠ - ㉣ - ㉢ - ㉡
② ㉢ - ㉣ - ㉠ - ㉡
③ ㉣ - ㉠ - ㉡ - ㉢
④ ㉣ - ㉠ - ㉢ - ㉡

20. 밑줄 친 '그들'이 속한 단체에 대한 설명으로 옳지 않은 것은?

> 그들의 생활은 밝음과 어두움이 기묘하게 혼합된 것이다. 언제나 죽음을 눈앞에 두고 있었으므로 살아 있는 동안이라도 마음껏 즐기려 했던 것이다. … 사진 찍기를 아주 좋아했으며, 언제나 이번이 죽기 전에 마지막으로 찍는 것이라 생각하였다.

① 김원봉이 결성한 단체이다.
② 광주 학생 항일 운동을 지원하였다.
③ 식민 통치 기관 파괴에 주력하였다.
④ 조선혁명선언을 행동 강령으로 삼았다.

행정법총론

1. 사인의 공법행위에 대한 설명으로 옳지 않은 것은? (다툼이 있는 경우 판례에 의함)
   ① 사인의 공법상 행위는 명문으로 금지되거나 성질상 불가능한 경우가 아닌 한 그에 의거한 행정행위가 행하여질 때까지는 자유로이 철회나 보정이 가능하다.
   ② 「유통산업발전법」상 대규모 점포의 개설 등록은 이른바 '수리를 요하는 신고'로서 행정처분에 해당한다.
   ③ 정보통신매체를 이용하여 학습비를 받고 불특정 다수인에게 원격 평생교육을 실시하기 위해 구「평생교육법」에서 정한 형식적 요건을 모두 갖추어 신고한 경우라도, 행정청은 신고대상이 된 교육이나 학습이 공익적 기준에 적합하지 않다는 등의 실체적 사유를 들어 신고 수리를 거부할 수 있다.
   ④ 구「체육시설의 설치·이용에 관한 법률」의 규정에 따라 체육시설의 회원을 모집하고자 하는 자의 '회원모집계획서 제출'은 수리를 요하는 신고이며, 이에 대하여 회원모집계획을 승인하는 시·도지사 등의 검토결과 통보는 수리행위로서 행정처분에 해당한다.

2. 행정입법에 대한 설명으로 옳지 않은 것은? (다툼이 있는 경우 판례에 의함)
   ① 재량권 행사의 준칙이 되는 행정규칙이 행정의 자기구속원리에 따라 대외적 구속력을 가지는 경우에는 헌법소원의 대상이 될 수 있다.
   ② 행정관청 내부의 사무처리규정에 불과한 전결규정에 위반하여 원래의 전결권자 아닌 보조기관 등이 처분권자인 행정관청의 이름으로 행정처분을 한 경우, 그 처분은 권한 없는 자에 의하여 행하여진 것으로 무효이다.
   ③ 고시가 일반·추상적 성격을 가질 때는 법규명령 또는 행정규칙에 해당하지만, 고시가 구체적인 규율의 성격을 갖는다면 행정처분에 해당한다.
   ④ 행정규칙인 고시가 법령의 수권에 의해 법령을 보충하는 사항을 정하는 경우에는 법령보충적 고시로서 근거법령 규정과 결합하여 대외적으로 구속력을 가진다

3. 정보공개에 대한 설명으로 옳지 않은 것은? (다툼이 있는 경우 판례에 의함)
   ① 사면대상자들의 사면실시건의서와 그와 관련된 국무회의 안건자료는 공개대상이 되는 정보이다.
   ② 독립유공자서훈 공적심사위원회의 심의·의결 과정 및 그 내용을 기재한 회의록은 독립유공자 등록에 관한 신청당사자의 알 권리 보장과 공정한 업무수행을 위해서 공개되어야 한다.
   ③ 문제은행 출제방식을 채택하고 있는 치과의사 국가시험의 문제지와 정답지는 비공개정보에 해당한다.
   ④ '2002학년도부터 2005학년도까지의 대학수학능력시험 원데이터'는 연구목적으로 그 정보의 공개를 청구하는 경우 「공공기관의 정보공개에 관한 법률」 소정의 비공개대상정보에 해당하지 않는다.

4. 행정상 강제에 대한 설명으로 옳지 않은 것은? (다툼이 있는 경우 판례에 의함)
   ① 행정상 강제조치에 관하여 「행정기본법」에서 정한 사항 이외의 사항을 다른 법률에서 정할 수 없다.
   ② 공법인이 대집행권한을 위탁받아 공무인 대집행 실시에 지출한 비용을 「행정대집행법」에 따라 강제징수할 수 있음에도 민사소송절차에 의하여 상환을 청구하는 것은 허용되지 않는다.
   ③ 구「음반·비디오물 및 게임물에 관한 법률」상 등급분류를 받지 아니한 게임물을 발견한 경우 관계행정청이 관계공무원으로 하여금 이를 수거·폐기하게 할 수 있도록 한 규정은 영장주의에 위반되거나 헌법에 위반되지 아니한다.
   ④ 행정청은 직접강제를 하기 전에 미리 의무자에게 적절한 이행기간을 정하여 그 기한까지 행정상 의무를 이행하지 아니하면 직접강제를 한다는 뜻을 문서로 계고하여야 한다.

5. 취소소송의 대상이 되는 처분에 대한 설명으로 옳지 않은 것은? (다툼이 있는 경우 판례에 의함)
   ① 「국세기본법」에 따른 과세관청의 국세환급금결정이나 그 결정을 구하는 신청에 대한 환급거부결정은 항고소송의 대상이 되는 처분이라고 볼 수 없다.
   ② 어떠한 처분에 법령상 근거가 있는지, 행정절차법에서 정한 처분절차를 준수하였는지는 본안에서 당해 처분이 적법한가를 판단하는 단계에서 고려할 요소이지, 소송요건 심사단계에서 고려할 요소가 아니다.
   ③ 수익적 행정처분을 구하는 신청에 대한 거부처분이 있은 후 당사자가 다시 신청을 한 경우에는 신청의 제목 여하에 불구하고 그 내용이 새로운 신청을 하는 취지라면 관할 행정청이 이를 다시 거절하는 것은 새로운 거부처분이라고 보아야 한다.
   ④ 증액경정처분이 있는 경우, 당초처분은 증액경정처분에 흡수되어 소멸하고, 소멸한 당초처분의 절차적 하자는 존속하는 증액경정처분에 승계된다.

6. 국가배상에 대한 설명으로 옳은 것은? (다툼이 있는 경우 판례에 의함)
   ① 국가가 가해 공무원에 대하여 구상권을 행사하는 경우 국가가 배상한 배상액 전액에 대하여 구상권을 행사하여야 한다.
   ② 고속도로의 관리상 하자가 인정되더라도 피해자는 고속도로의 점유관리자가 손해의 방지에 필요한 주의를 해태하였다는 점을 주장·입증해야 한다.
   ③ 공익근무요원은 「국가배상법」 제2조제1항 단서규정에 의하여 손해배상청구가 제한된다.
   ④ 「국가배상법」 제2조제1항 단서에서 정한 '다른 법령의 규정'에 따른 보상금청구권이 모두 시효로 소멸된 경우라고 하더라도 「국가배상법」 제2조제1항 단서 규정이 적용된다.

7. 행정조사에 대한 설명으로 옳지 않은 것은? (다툼이 있는 경
   우 판례에 의함)
   ① 세관공무원이 「마약류 불법거래 방지에 관한 특례법」에
      따른 조치의 일환으로 특정한 수출입물품을 개봉하여 검
      사하고 그 내용물의 점유를 취득한 행위는 수출입물품에
      대한 적정한 통관 등을 목적으로 실시하는 행정조사라는
      점에서 사전 또는 사후 영장을 요하지 않는다.
   ② 우편물 통관검사절차에서 이루어지는 우편물 개봉 등의
      검사는 행정조사의 성격을 가지는 것으로서 수사기관의
      강제처분이라고 할 수 없으므로, 압수·수색영장 없이 검
      사가 진행되었다 하더라도 특별한 사정이 없는 한 위법하
      다고 볼 수 없다.
   ③ 금지되는 재조사에 기하여 과세처분을 하는 것은 단순히
      당초 과세처분의 오류를 경정하는 경우에 불과하다는 등
      의 특별한 사정이 없는 한 그 자체로 위법하다.
   ④ 세무조사결정은 납세의무자의 권리·의무에 직접 영향을
      미치는 공권력의 행사에 따른 행정작용으로서 항고소송
      의 대상이 된다.

8. 행정절차에 대한 설명으로 옳지 않은 것은? (다툼이 있는 경
   우 판례에 의함)
   ① 행정청은 필요한 처분기준을 해당 처분의 성질에 비추어
      되도록 구체적으로 정하여 공표하여야 하고, 이는 처분기
      준을 변경하는 경우에도 마찬가지이다.
   ② 행정청이 행정처분을 하면서 논리적으로 당연히 수반되어
      야 하는 의사표시를 명시적으로 하지 않았다고 하더라도,
      그것이 행정청의 추단적 의사에도 부합하고 상대방도 이
      를 알 수 있는 경우에는 행정처분에 위와 같은 의사표시
      가 묵시적으로 포함되어 있다고 볼 수 있다.
   ③ 교육부장관이 어떤 후보자를 총장 임용에 부적격하다고
      판단하여 배제하고 다른 후보자를 임용제청하는 경우라
      면 그러한 임용제청행위 자체로서 「행정절차법」상 이유
      제시의무를 다한 것이다.
   ④ 「도로법」상 도로구역을 변경할 경우, 이를 고시하고 그
      도면을 일반인이 열람할 수 있도록 하고 있는바, 도로구
      역을 변경한 처분은 「행정절차법」상 사전통지나 의견청
      취의 대상이 되는 처분이 아니다.

9. 행정상 사실행위에 대한 설명으로 옳지 않은 것은? (다툼이
   있는 경우 판례에 의함)
   ① 육군훈련소장이 훈련병들로 하여금 육군훈련소 내 종교행
      사에 참석하도록 한 종교행사 참석조치는 헌법소원심판
      의 대상이 되는 권력적 사실행위에 해당한다.
   ② 국가인권위원회의 성희롱결정과 이에 따른 시정조치의 권
      고는 행정소송의 대상이 되는 행정처분에 해당하지 않는다.
   ③ 세무당국이 주류제조회사에 대하여 특정 업체와의 주류거
      래를 일정기간 중지하여 줄 것을 요청한 행위는 권고적
      성격의 행위로서 행정처분이라고 볼 수 없다.
   ④ 행정기관이 같은 행정목적을 실현하기 위하여 많은 상대
      방에게 행정지도를 하려는 경우에는 특별한 사정이 없으
      면 행정지도에 공통적인 내용이 되는 사항을 공표하여야
      한다.

10. 행정행위에 대한 설명으로 옳지 않은 것은? (다툼이 있는 경
    우 판례에 의함)
    ① 구 「학교용지 확보 등에 관한 특례법」에 따른 학교용지부
       담금 부과는 재량행위이다.
    ② 행정청이 자신에게 재량권이 없다고 오인한 나머지 처분
       으로 달성하려는 공익과 그로써 처분상대방이 입게 되는
       불이익의 내용과 정도를 전혀 비교형량 하지 않은 채 처
       분을 하였더라도, 결과적으로 그 처분의 내용이 비교형량
       을 한 경우와 다르지 않다는 사정이 있다면 그러한 처분
       은 위법하지 않다.
    ③ 육아휴직 중인 여성 교육공무원이 출산휴가 요건을 갖추
       어 복직신청을 하는 경우는 물론 그 이전에 미리 출산을
       이유로 복직신청을 하는 경우에도 임용권자는 출산휴가
       개시 시점에 휴직사유가 없어졌다고 보아 복직명령과 동
       시에 출산휴가를 허가하여야 한다.
    ④ 건설부장관이 행한 국립공원지정처분에 따라 공원관리청
       인 시장이 행한 경계측량 및 표지의 설치는 사실상의 행
       위에 불과하고 공권력행사로서의 행정처분의 일부라고
       볼 수 없다.

11. 통치행위에 대한 설명으로 옳지 않은 것은? (다툼이 있는 경
    우 판례에 의함)
    ① 개성공단 전면중단 조치는 북한의 핵무기 개발로 인한 위
       기에 대처하기 위한 조치로서 국가안보와 관련된 대통령
       의 의사 결정을 포함하고 그러한 의사 결정은 고도의 정
       치적 결단을 요하는 문제이므로 사법심사의 대상에서 제
       외된다.
    ② 한미연합 군사훈련의 일종인 2007년 전시증원연습을 하
       기로 한 대통령의 결정은 사법심사를 자제해야 하는 통치
       행위가 아니다.
    ③ 외국에의 국군 파견결정은 그 성격상 국방 및 외교에 관
       련된 고도의 정치적 결단을 요하는 문제로서, 헌법과 법
       률이 정한 절차가 지켜진 것이라면 대통령과 국회의 판단
       은 존중되어야 하고 사법적 기준만으로 이를 심판하는 것
       은 자제되어야 한다.
    ④ 서훈취소는 대통령이 국가원수로서 행하는 행위이지만 통
       치행위는 아니다.

12. 「행정심판법」에 대한 설명으로 옳지 않은 것은?
    ① 국회사무총장의 처분에 대한 행정심판의 청구에 대해서는
       국민권익위원회에 두는 중앙행정심판위원회에서 심리·재
       결한다.
    ② 의무이행심판이란 당사자의 신청에 대한 행정청의 위법
       또는 부당한 거부처분이나 부작위에 대하여 일정한 처분
       을 하도록 하는 행정심판을 말한다.
    ③ 청구인은 청구의 기초에 변경이 없는 범위에서 청구의 취
       지나 이유를 변경할 수 있고, 청구의 변경결정이 있으면
       처음 행정심판이 청구되었을 때부터 변경된 청구의 취지
       나 이유로 행정심판이 청구된 것으로 본다.
    ④ 행정심판 청구인이 경제적 능력으로 인해 대리인을 선임
       할 수 없는 경우에는 행정심판위원회에 국선대리인을 선
       임하여 줄 것을 신청할 수 있다.

13. 단계적 행정결정에 대한 설명으로 옳지 않은 것은? (다툼이 있는 경우 판례에 의함)
① 행정청은 확약을 한 후에 확약의 내용을 이행할 수 없을 정도로 법령등이나 사정이 변경된 경우에는 확약에 기속되지 아니한다.
② 폐기물처리 사업계획서에 대한 적합통보가 있는 경우, 폐기물처리업의 허가 단계에서는 나머지 허가요건만을 심사한다.
③ 공정거래위원회가 부당한 공동행위를 한 사업자들 중 자진신고자에 대하여 구 독점규제 및 공정거래에 관한 법령에 따라 과징금 부과처분(선행처분)을 한 뒤, 다시 자진신고자에 대한 사건을 분리하여 자진신고를 이유로 과징금 감면처분(후행처분)을 한 경우, 후행처분의 취소를 구하는 것은 소의 이익이 없어 부적법하다.
④ 구「원자력법」상 원자로 및 관계 시설의 부지사전승인처분 후 건설허가처분까지 내려진 경우, 선행처분은 후행처분에 흡수되어 건설허가처분만이 행정쟁송의 대상이 된다.

14. 인허가의제에 대한 설명으로 옳지 않은 것은? (다툼이 있는 경우 판례에 의함)
① 관련 인허가 의제 제도는 사업시행자의 이익을 위하여 만들어진 것이므로, 사업시행자가 반드시 관련 인허가 의제 처리를 신청할 의무가 있는 것은 아니다.
② 「건축법」에서 관련 인·허가 의제 제도를 둔 취지는 인·허가 의제사항 관련 법률에 따른 각각의 인·허가 요건에 관한 일체의 심사를 배제하려는 것이 아니다.
③ 허가에 타법상의 인·허가가 의제되는 경우, 의제된 인·허가는 통상적인 인·허가와 동일한 효력을 가질 수 없으므로 '부분 인·허가 의제'가 허용되는 경우라도 그에 대한 쟁송취소는 허용될 수 없다.
④ 인허가의제의 경우 관련 인허가 행정청은 관련 인허가를 직접 한 것으로 보아 관계 법령에 따른 관리·감독 등 필요한 조치를 하여야 한다.

15. 취소소송의 소의 이익에 대한 설명으로 옳지 않은 것은? (다툼이 있는 경우 판례에 의함)
① 이른바 경원관계에 있어서 허가처분을 받지 못한 자는 비록 경원자에 대하여 이루어진 허가처분의 상대방이 아니라 하더라도 당해 처분의 취소를 구할 원고적격이 있으나, 명백한 법적 장애로 인하여 자신의 신청이 인용될 가능성이 처음부터 배제되어 있는 경우에는 당해 처분의 취소를 구할 정당한 이익이 없다.
② 신청에 대한 거부처분이 재결에서 취소된 경우, 그 신청에 대한 이해관계를 갖는 제3자는 위 재결의 취소를 구할 법률상 이익이 없다.
③ 학교법인 임원취임승인의 취소처분에 대한 취소소송 제기 후 임시이사가 교체되어 새로운 임시이사가 선임된 경우에도 위 취임승인취소처분 및 당초의 임시이사선임처분의 취소를 구할 소의 이익이 있다.
④ 소송계속 중 해당 처분이 기간의 경과로 그 효과가 소멸하더라도 예외적으로 그 처분의 취소를 구할 소의 이익을 인정할 수 있는 '행정처분과 동일한 사유로 위법한 처분이 반복될 위험성이 있는 경우'란 해당 사건의 동일한 소송 당사자 사이에서 반복될 위험이 있는 경우만을 의미한다.

16. 행정상 손실보상에 대한 설명으로 옳지 않은 것은? (다툼이 있는 경우 판례에 의함)
① 사업시행자가 동일한 토지소유자에 속하는 일단의 토지 일부를 취득함으로써 잔여지의 가격이 감소하거나 그 밖의 손실이 있을 때에 잔여지를 종래의 목적으로 사용할 수 있는 경우라면 잔여지 손실보상의 대상이 되지 못한다.
② 「공익사업을 위한 토지 등의 취득 및 보상에 관한 법률」에 의한 잔여지 수용청구를 받아들이지 않은 토지수용위원회의 재결에 대하여 토지소유자가 불복하여 제기하는 소송의 피고는 사업시행자가 된다.
③ 「공익사업을 위한 토지 등의 취득 및 보상에 관한 법률」에 따르면, 사업시행자는 동일한 소유자에게 속하는 일단의 토지의 일부를 취득하거나 사용하는 경우 해당 공익사업의 시행으로 인하여 잔여지의 가격이 증가하거나 그 밖의 이익이 발생한 경우에도 그 이익을 그 취득 또는 사용으로 인한 손실과 상계할 수 없다.
④ 도시계획시설의 지정으로 말미암아 당해 토지의 이용가능성이 배제되거나 또는 토지소유자가 토지를 종래 허용된 용도대로도 사용할 수 없기 때문에 이로 인하여 현저한 재산적 손실이 발생하는 경우에는, 원칙적으로 국가나 지방자치단체는 이에 대한 보상을 해야 한다.

17. 행정벌에 대한 설명으로 옳은 것은? (다툼이 있는 경우 판례에 의함)
  ① 국가가 그의 사무의 일부를 지방자치단체의 장에게 위임하여 처리하게 하는 기관위임사무의 경우 지방자치단체는 양벌규정에 의한 처벌대상이 되는 법인에 해당한다고 볼 수 있다.
  ② 행정질서벌인 과태료는 죄형법정주의의 규율 대상이다.
  ③ 행정청의 과태료 부과에 불복하는 이의제기가 있더라도 과태료 부과처분은 그 효력을 상실하지 않는다.
  ④ 「개인정보 보호법」에 따르면, 죄형법정주의의 원칙상 '법인격 없는 공공기관'을 「개인정보 보호법」 소정의 양벌규정에 의하여 처벌할 수 없고, 그 경우 행위자 역시 위 양벌규정으로 처벌할 수 없다.

18. 공법관계와 사법관계에 대한 설명으로 옳은 것은? (다툼이 있는 경우 판례에 의함)
  ① 「공익사업을 위한 토지 등의 취득 및 보상에 관한 법률」상 환매권의 존부에 관한 확인을 구하는 소송 및 환매금액의 증감을 구하는 소송은 행정소송에 해당한다.
  ② 지방자치단체가 보조금 지급결정을 하면서 일정 기한 내에 보조금을 반환하도록 하는 교부조건을 부가한 경우, 보조금을 교부받은 사업자에 대한 지방자치단체의 보조금반환청구소송은 민사소송에 해당한다.
  ③ 기부자가 기부채납한 부동산을 일정기간 무상 사용한 후에 한 사용허가기간 연장신청을 거부한 지방자치단체의 장의 행위는 사법상의 행위이다.
  ④ 납세의무자에 대한 국가의 부가가치세 환급세액 지급의무는 부당이득반환의무에 해당하므로, 그에 대한 지급청구는 민사소송의 절차에 따라야 한다.

19. 행정소송의 판결에 대한 설명으로 옳지 않은 것은? (다툼이 있는 경우 판례에 의함)
  ① 부작위위법확인소송에 있어서의 판결은 행정청의 특정 부작위의 위법 여부를 확인하는 데 그치고, 적극적으로 행정청에 대하여 일정한 처분을 할 의무를 직접 명하지는 않는다.
  ② 취소 확정판결의 기속력에 대한 규정은 무효확인판결에도 준용되므로, 무효확인판결의 취지에 따른 처분을 하지 아니할 때에는 1심 수소법원은 간접강제결정을 할 수 있다.
  ③ 행정청이 여러 개의 위반행위에 대하여 하나의 제재처분을 하였으나, 위반행위별로 제재처분의 내용을 구분하는 것이 가능하고 여러 개의 위반행위 중 일부의 위반행위에 대한 제재처분 부분만이 위법하다면, 법원은 제재처분 전부를 취소하여서는 아니 된다.
  ④ 기판력의 객관적 범위는 그 판결의 주문에 포함된 것, 즉 소송물로 주장된 법률관계의 존부에 관한 판단의 결론 그 자체에만 미치는 것이고 판결이유에 설시된 그 전제가 되는 법률관계의 존부에까지 미치는 것은 아니다.

20. 행정행위의 취소와 철회에 대한 설명으로 옳지 않은 것은? (다툼이 있는 경우 판례에 의함)
  ① 행정청은 당사자에게 권리나 이익을 부여하는 처분을 취소하려는 경우에도 당사자가 처분의 위법성을 중대한 과실로 알지 못한 경우에는 취소로 인하여 당사자가 입게 될 불이익을 취소로 달성되는 공익과 비교·형량하지 않을 수 있다.
  ② 행정청이 의료법인의 이사에 대한 이사취임승인취소처분(제1처분)을 직권으로 취소(제2처분)한 경우, 제1처분과 제2처분 사이에 법원에 의하여 선임결정된 임시이사들의 지위는 법원의 해임결정이 없더라도 당연히 소멸된다.
  ③ 「영유아보육법」에 제30조 제5항 제3호에 따른 평가인증의 취소는 평가인증 이후에 새로이 발생한 사유로 평가인증의 효력을 소멸시키는 경우에 해당하므로 법적 성격은 평가인증의 '철회'에 해당하고, 평가인증의 효력을 과거로 소급하여 상실시키기 위해서는 특별한 사정이 없는 한 별도의 법적 근거가 필요하다.
  ④ 행정청이 행한 공사중지명령의 상대방은 그 명령 이후에 그 원인사유가 소멸하였음을 들어 행정청에게 공사중지명령의 철회를 요구할 수 있는 법규상 또는 조리상 신청권이 없다.

행정학개론

1. 후기행태적 접근방법에 관한 설명으로 옳지 않은 것은?
① 정치체제론자 D. Easton에 의해 행정학에 도입되었다.
② 1960년대 미국에서의 대규모 흑인폭동, 배트남 전쟁과 이에 대한 반전데모 등 미국 사회의 혼란이 배경이다.
③ 가치평가적인 정책연구를 지향하는 입장보다는 가치중립적인 과학적·실증적 연구를 지향하는 입장이다.
④ 주지주의(主知主義)가 아닌 주의주의(主意主義), 객관주의가 아닌 주관주의를 표방한다.

2. 다음의 설명에 부합하는 조직 원리는?

> 두 개의 브레이크가 설치된 자동차의 경우 고장 확률이 각각 1/10이면, 두 브레이크가 설치된 자동차의 경우 고장 확률은 1/100에 지나지 않는다. 그러므로 이 원리를 적용하게 되면 당연히 전체로서의 조직의 신뢰성은 올라가는 것이다.

① 가외성의 원리
② 관료제적 전문화 원리
③ 통솔범위의 원리
④ 파킨슨의 원리

3. 직위분류제와 관련된 개념에 대한 설명으로 가장 옳지 않은 것은?
① 직류 - 동일한 직렬 내에서 담당 직책이 유사한 직무의 군
② 직렬 - 난이도와 책임도는 서로 다르지만 직무의 종류가 유사한 직급의 군
③ 직군 - 직무의 성질이 유사한 직렬의 범주
④ 직급 - 직무의 종류는 다르지만 그 곤란성.책임도 및 자격 수준이 상당히 유사하여 동일한 보수를 지급할 수 있는 직위의 군

4. 다음 글의 (ㄱ)과 (ㄴ)에 해당하는 것은?

> (ㄱ)은(는) 지출이 직접 수입을 수반하는 경비로서 기획재정부장관이 지정하는 것을 의미하며 전통적 예산원칙 중 (ㄴ)의 예외에 해당한다.

	(ㄱ)	(ㄴ)
①	수입금마련경비	통일성의 원칙
②	수입대체경비	통일성의 원칙
③	수입금마련지출	한정성의 원칙
④	수입대체경비	한정성의 원칙

5. 니스카넨(Niskanen)의 예산극대화모형(budget-maximization model)에 대한 설명으로 옳지 않은 것은?
① 정치가는 사회후생의 극대화를 추구한다고 가정한다.
② 정치가는 총편익과 총비용의 차이인 순편익이 최대가 되는 수준에서 공공서비스를 공급하려 한다고 본다.
③ 관료는 자신의 효용을 극대화하려는 합리적 경제인이라고 가정한다.
④ 관료는 한계편익곡선과 한계비용곡선이 교차하는 점에서 공공서비스를 공급하려 한다고 본다.

6. 시장실패와 정부실패에 대한 설명으로 옳지 않은 것은?
① 정부정책에 있어서 비용의 투입과 편익이 서로 분리되어 있기 때문에 정부실패가 일어난다.
② 정치인들의 제한된 임기로 인해 시간할인율(time discount rate)이 높기 때문에 시장실패가 일어난다.
③ 자연독점으로 인한 시장실패를 방지하기 위하여 공적 공급이 필요하다.
④ 재화의 공급자와 수요자 외에 제3자가 환경오염의 피해를 겪게 되는 경우 시장실패가 일어난다.

7. 정책지지연합 모형에 대한 설명으로 옳지 않은 것은?
① 정책지지연합 모형은 정책 과정 참여자의 신념체계를 강조하는 모형이다.
② 정책상위체제라는 분석 단위에 초점을 두고 정책변화를 이해한다.
③ 외부안정적 요인에는 정책문제의 특성, 자원의 배분, 법적 구조 등이 있다.
④ 외부역동적 요인에는 사회·경제적 조건의 변화, 통치집단의 변화 등이 있다.

8. 조직의 구조가 과업, 기능, 지리가 아닌 핵심과정에 기초하고 있고, 수직적 계층과 부서 간 경계를 제거하여 의사소통을 원활하게 만든 조직구조는?
① 네트워크 구조
② 수평구조
③ 매트릭스 구조
④ 사업구조

9. 우리나라 예산심의의 특성으로 틀린 것은?
① 증액보정권 행사가 제한되어 있다.
② 위원회 중심으로 예산이 심의되고 있다.
③ 의결성격은 법률주의보다 예산주의 성격을 띤다.
④ 소극적 수정보다 적극적 수정의 성격이 강하다.

10. 이슈네트워크(Issue Network)와 정책공동체(Policy Community)에 관한 비교 중 가장 적절하지 않은 것은?

	구분	이슈네트워크	정책공동체
①	참여자 범위	제한적 폐쇄적	광범위 개방적
②	기본가치목표	공유감 약함	공유감 높음
③	행위자간 관계	경쟁적 갈등적	의존적 협력적
④	정책산출	정책산출 예측 곤란	의도한 정책산출 가능

11. 직무설계에 대한 다음 내용 중 올바르지 않은 것은?

① 전문화는 수직적 측면에서 직무의 범위를 결정하고 수평적 측면에서의 직무의 깊이를 결정한다.

② 조직의 전략과 정책을 결정하는 고위관리직무는 낮은 수평적.수직적인 전문화가 효과적이다.

③ 일선관리 직무는 수평적인 전문화의 정도는 낮고 수직적인 전문화의 정도는 높은 것이 효과적이다.

④ 비숙련 직무는 높은 수평적.수직적인 전문화가 효과적이다.

12. 자치경찰제의 장점에 관한 설명 중 가장 옳지 않은 것은?

① 지역적 특성에 맞는 치안행정을 구현할 수 있어 경찰행정의 대응성을 제고할 수 있다.

② 지역치안활동에 대한 지역 주민의 협조가 용이하다.

③ 지역치안의 유지에 대한 경찰의 책임성을 확보할 수 있다.

④ 경찰기관 상호간의 협조가 용이하여 경찰행정의 능률성을 확보할 수 있다.

13. 집단역학(Group dynamics) 관점에서의 집단사고(groupthink)의 개념에 대한 설명으로서 가장 거리가 먼 것은?

① 높은 집단응집력(group cohesiveness)

② 만장일치에 대한 환상(illusion of unanimity)

③ 영감적 동기부여(inspirational motivation)

④ 그룹규범(group norms)의 내재화

14. 고위공무원단제도 대한 설명으로 틀린 것은?

① 개방성과 성과관리를 특징으로 하는 통합적 인사시스템이다.

② 미국의 고위공무원단의 경우 직위분류제적 요소에 계급제적 요소를 가미하였다.

③ 고위공무원단은 성과계약을 통한 성과급을 지급한다.

④ 계급 중심의 인사관리를 실시한다.

15. 정책평가의 외적 타당성의 저해요인에 해당하지 않는 것은?

① 동일집단에 여러 번의 실험적 처리를 할 경우 실험 처리에 어느 정도 익숙해짐으로써 얻은 결과는 그렇지 않은 경우와 동일한 결과를 얻는다는 보장을 할 수 없다.

② 일정한 연령층을 대상으로 선정한 실험집단과 통제집단으로부터 얻은 평가결과는 다른 연령 층에 그대로 적용되지 않을 수 있다.

③ 사전 측정이 실험처리에 대한 피조사자의 감각에 영향을 줄 수 있으므로 그에 따라 얻는 결과를 모집단에 일반화하면 편의가 발생할 수 있다

④ 실험집단과 통제집단이 무작위로 배정된 구성원이 각 집단으로부터 상실되어 나머지 구성원만으로 처리 효과를 추정한다면 그 결과가 왜곡될 가능성이 있다.

16. 행정윤리 규정에 대한 설명 중 적절하지 못한 것은?

① 국가공무원법은 공무원 복무규정에 대해 폭넓게 제시하고 있다.

② 공직자윤리법은 내부고발자 보호제도를 규정하고 있다.

③ 공직자윤리법에 고위공직자의 재산 등록에 대한 내용이 규정되어 있다.

④ 부패방지 및 국민권익위원회 운영에 관한 법률은 국민감사청구제를 규정했다.

17. 다음 특별회계 중 「정부기업예산법」의 적용을 받지 않는 것은?

① 우체국보험특별회계

② 양곡관리특별회계

③ 우편사업특별회계

④ 조달특별회계

18. 평가대상 직위의 직무구성요소를 정의하고 각 요소의 비중 혹은 등급을 직무평가기준표로 정한 다음 그에 따라 각 요소를 평가하는 계량적 방법으로서 제일 많이 사용하고 있는 평가방식은?

	서열적, 상대평가 (직무와 직무)	계급적, 절대평가 (직무 대 척도기준)
비계량적·종합적	①	②
계량적·분석적	③	④

19. 다음의 내용을 띠고 있는 정책의제설정 이론은?

> ㄱ. 정책결정에서 정부의 보다 적극적인 역할을 인정하고 이익집단과의 상호협력을 중시한다.
>
> ㄴ. 정부는 집단 간 이익의 중재에만 머물지 않고 국가이익이나 사회 공동선을 달성하기 위한 주도적인 역할을 담당하는 것으로 전제한다.
>
> ㄷ. 정부는 이익집단과 우호적인 협력관계를 유지하며 정책을 주도해 나간다.
>
> ㄹ. 각 이익집단은 분야별 이익을 독점적으로 대표하고 그 수가 제한되어 있으며 심지어 국가의 승인을 받기까지 한다.

① 마르크스주의 이론(Marxist theory)

② 다원주의 이론(pluralist theory)

③ 선량주의 이론(elitist theory)

④ 조합주의 이론(corporatist theory)

20. 다음 중 우리나라 지방자치에 대한 설명으로 가장 적절하지 않은 것은?

① 지방자치단체는 법인격을 가지고 있다.

② 지방의회와 집행기관이 대립하는 기관분립형이다.

③ 지방자치단체의 조례로 중소기업지도기관, 시험연구기관 등을 직속기관으로 설치할 수 있다.

④ 지방세로는 인지세와 증여세 등이 있다.